Kohlhammer

Der Autor

Michel-Angelo Fédida ist Historiker. Er hat an der Universität Paris Panthéon Sorbonne Geschichte der zeitgenössischen (westlichen) Gesellschaften studiert. Seit 2017 arbeitet er als freier Journalist für verschiedene französische Musikmedien (Open Minded, Manifesto XXI, Gonzaï) und ist auch in der Werbebranche tätig.
(Foto: Willfried Fédida)

Michel-Angelo Fédida

Manchester

Erwachen einer Musikszene

Aus dem Französischen
von Andreas G. Förster

Verlag W. Kohlhammer

Die Arbeit des Übersetzers am vorliegenden Text wurde vom Deutschen Übersetzerfonds gefördert im Rahmen des Programms »Neustart Kultur« der Beauftragten der Bundesregierung für Kultur und Medien.

 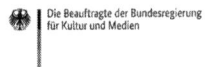

Dieses Werk einschließlich aller seiner Teile ist urheberrechtlich geschützt. Jede Verwendung außerhalb der engen Grenzen des Urheberrechts ist ohne Zustimmung des Verlags unzulässig und strafbar. Das gilt insbesondere für Vervielfältigungen, Übersetzungen, Mikroverfilmungen und für die Einspeicherung und Verarbeitung in elektronischen Systemen.

Dieses Werk enthält Hinweise/Links zu externen Websites Dritter, auf deren Inhalt der Verlag keinen Einfluss hat und die der Haftung der jeweiligen Seitenanbieter oder -betreiber unterliegen. Zum Zeitpunkt der Verlinkung wurden die externen Websites auf mögliche Rechtsverstöße überprüft und dabei keine Rechtsverletzung festgestellt. Ohne konkrete Hinweise auf eine solche Rechtsverletzung ist eine permanente inhaltliche Kontrolle der verlinkten Seiten nicht zumutbar. Sollten jedoch Rechtsverletzungen bekannt werden, werden die betroffenen externen Links soweit möglich unverzüglich entfernt.

Umschlagabbildung: British Flag Guitar. Foto: Miguel Garcia Saaved. https://stock.adobe.com.

Das französische Original erschien erstmals 2021 unter dem Titel *Manchester: L'Éveil d'une scène musicale* (MJW Fédition, Vanves, ISBN 978-2-491494-55-1).

1. Auflage 2024

Alle Rechte der deutschen Übersetzung vorbehalten
© W. Kohlhammer GmbH, Stuttgart
Gesamtherstellung: W. Kohlhammer GmbH, Stuttgart

Print:
ISBN 978-3-17-042645-0

E-Book-Format:
pdf: ISBN 978-3-17-042646-7

Inhaltsverzeichnis

Vorwort 9

Manchester in historischer Perspektive 13

Teil 1
Mitten in der Krise: Eine rebellische Jugend legt Fundamente (1976–1982) 21

1. England, »der kranke Mann Europas« 23
   Verlorene Illusionen in England 23
   Die Brachflächen von Manchester 24
   Entstehung und Bedeutung des britischen Punk 27

2. Punkrock – Aufschrei einer desillusionierten Jugend 30
   Die Buzzcocks und die Geburt einer Legende 30
   Nieten und Sicherheitsnadeln 33
   Fanzines: Rohrpost für die Alternativ-Szene 35
   »Breakdown« 37
   Die Punk-Szene kommt in Fahrt 40

3. Das Universum des Postpunk 51
   Ein eigener Sound muss her 51
   The Factory im Russell Club 56
   Die britische Musikindustrie in den 1970er-Jahren 59
   Die Entstehung von Factory Records 62
   Der Siegeszug einer Ikone in Manchester 66
   New Order – ein neuer Star in Manchester 72
   »Die Hacienda muss gebaut werden« 78

Inhaltsverzeichnis

Teil 2
Die Achtziger und ihr neues Tempo: Revolution in Musik und Kultur 83

4. Eine neue Ära 85
   Eine neue Welle in Thatchers England 85
   Aller Anfang ist schwer, auch im ›Haçienda‹ 92
   1983, die zweite *British Invasion* 95
   Musikalischer Wandel im ›Haçienda‹ 99
   Streik der Bergarbeiter und Solidarität der Künstler 103
   Die kulturelle Renaissance Manchesters auf dem Höhepunkt 106

5. Elektronensturm über England 117
   Die Entstehung der Clubkultur 117
   Die Geburt von House und Techno in den USA 122
   Import und Adaption der elektronischen Musik in England 125
   Kriminalität und Drogenhandel in Manchester 129
   Acid House, Manchester Vibes In The Area 135
   Verlassene Orte eröffnen neue Freiräume 143

6. Madchester als kulturelle Expansionsbewegung 149
   ... And on the sixth day God created MANchester 149
   Neue Generation, neue Codes 162
   Madchester wird landesweit musikalischer Trend 165
   Madchester second coming 174

Teil 3
Stadterneuerung und Popmusik: Manchester auf dem Weg ins neue Jahrtausend 185

7. Der Untergang einer Ikone 187
   Die Party ist vorbei 187

Factory Records auf dem Weg in den Abgrund 195
Factory Records steht zum Verkauf 199

8. Relaunch in Manchester und Identitätskrise in England ... 204
Neue Zeiten, neue Bands 204
Oasis und der Britpop unterm Union Jack 213
Die Nebelkerze »Cool Britania« 221
Die Stadterneuerung in Manchester 225
Die Manchester-Szene wird zum Mythos 231

Epilog 235

Danksagung 241

Anmerkungen 243

Ausgewählte Literatur 279

Index 283

Vorwort

2015 war ich auf der Suche nach musikalischen Entdeckungen fernab der Pariser Szene und brütete zudem über persönlichen Zukunftsplänen, also entschloss ich mich zu einer Reise nach Großbritannien. Für London sah ich nur einen Tag vor, schließlich steht die britische Hauptstadt kraft ihrer zentralistischen Stellung für viele Franzosen ohnehin für das ganze übrige Land. Dies ist die unglückliche Folge einer langjährigen Regierungspraxis, welche die Machtfülle in der Hauptstadt konzentriert und somit den Eindruck vermittelt, als geschehe in der Provinz nichts Wichtiges. Angezogen von ihrem industriellen Erbe und ihrer innovativen Architektur, die mich bereits früher fasziniert hatten, entschied ich mich schließlich für die Stadt mit dem etwas unfairen Spitznamen »Madchester«, dessen Herkunft und Geschichte mir damals noch unbekannt war. Durch meine erste große Liebe zur populären Musik hatte ich einen gewissen Bezug zur Gegenkultur der Hippies und den psychedelischen Erfahrungen in den 60ern. Aber von der Geschichte der Musikszene in Manchester hatte ich keinen blassen Schimmer, wusste nur, dass Joy Division, New Order, The Smiths und Oasis aus der Gegend kamen. Die Musik der Achtziger bestand für mich nur aus *mainstream*, ich hegte daher zahlreiche Vorurteile gegen Bands aus dieser Zeit.

Mein Aufenthalt auf der Insel, eine Art *break*, dauerte letztlich nur ein paar Monate. Zurück in Frankreich brütete ich weiter vor mich hin, nachhaltig bestürzt über die nach wie vor bestehende, tiefgreifende Ungleichheit in der britischen Gesellschaft. Als reicher Mann kehrte ich zwar nicht heim, doch ich hatte einen ganz besonderen Schatz entdeckt, der meinen Altersgenossen auf dem Festland eher unbekannt ist: Die legendäre Geschichte dieser Stadt und einer Musikszene, die für die Genese einer neu entstandenen Stadtkultur und -identität eine unverzichtbare Rolle gespielt hat. Ich entschied mich, an der Sorbonne einen Masterabschluss in Geschichte zu erwerben, und vereinbarte mit meiner Betreuerin, Prof. Dr. Pascale Goetschel, eine Arbeit zum Thema »Der Einfluss von Musik und Subkulturen auf die soziale und kulturelle Konstruktion einer neuen Identität in Manchester«. Nach zwei forschungsintensiven Jahren und erfolgreichem Studium hatte ich von der Kultur- und Sozialgeschichte dieser Stadt noch immer nicht genug, wollte mein Wissen vertiefen und auch teilen. Was ursprünglich eine Mischung war aus Eindrücken aus meiner Zeit auf der Insel und Erkenntnissen, die ich im fortgesetzten Studium in Paris gewonnen habe, hatte sich zu einer wahren Obsession entwickelt. Also setzte ich meine Recherchen fort und schrieb an einer detaillierten Darstellung jenes Vierteljahrhunderts, in dem sich eine postindustrielle Stadt, die man allzu lang vernachlässigt hatte, zur zweitgrößten Stadt des Vereinigten Königreichs mauserte.

Das vorliegende Buch will jene Faktoren bestmöglich veranschaulichen, die zu dieser Verwandlung beitrugen, und versteht sich als Kulturgeschichte der Stadt Manchester und ihrer Musikszene: Eine Geschichte der alternativen Rockbands, die ihrem tristen Alltag entfliehen wollten, die ihr Heil in der Musik fanden, mit der sie die *charts* stürmen und mehrere Musikergenerationen beeinflussen sollten. Eine Geschichte voll von leidenschaftlichen Soloinitiativen, durch die eine ohnmächtige Stadt inmitten einer furchtbaren Wirtschaftskrise (man denke an die Regierungen unter Thatcher!) ihre Vitalität wiederfand. Eine Geschichte sozialer Auseinandersetzungen auf der Straße und in den Liedern, eine Geschichte alternativer Musikrichtungen, die heute zu den tragenden Säulen der zeitgenössischen populären Musik gehören.

Der besondere Anspruch dieser Arbeit liegt vor allem darin, dass es (meines Wissens) sonst weder auf Französisch noch auf Deutsch ein Buch gibt, das sich auch auf die Zeitgeschichte Manchesters und nicht allein auf die musikalische Produktivität konzentriert. In den letzten Jahren haben einige Künstler und Akteure der kulturellen Transformation ihre Erinnerungen publiziert und schildern neben ihren Erfolgen auch die damit einhergehenden Entwicklungen, man denke an Anthony Wilson (2002), Mark E. Smith (2008), Shaun Ryder (2012), Peter Hook (2012, 2014, 2017), Steven Morrissey (2013), Tim Burgess (2013), Bernard Sumner (2014), Dave Haslam (2018), Johnny Marr (2018) sowie John Cooper Clarke (2020). Der DJ und Autor Dave Haslam hat eine Stadtgeschichte vorgelegt, die besonders auf die Bedeutung der lokalen musikalischen Produktivität abstellt (*Manchester England. The story of the pop cult city*, 2000, bisher nicht auf Deutsch), und James Nice schrieb ein Standardwerk über die Geschichte des Kult-Labels Factory Records (*Shadowplayers. The Rise and Fall of Factory Records*, 2011, auch auf Französisch). Auf diese Zeitzeugnisse stütze ich mich und verknüpfe sie mit Artikeln einer britischen Musikpresse, deren Stellung zum Ende des 20. Jahrhunderts man wohl nur als hegemonial bezeichnen kann, und mit der historischen Forschung zu den wirtschaftlichen, politischen und gesellschaftlichen Entwicklungen zwischen 1976 bis 2000, die ich in den Sälen der British Library einsehen konnte. Das Ergebnis liegt nun vor und richtet sich an ein deutschsprachiges Publikum, das mehr über diese musikalischen Bewegungen, ihre Hintergründe und die jeweiligen Gruppen erfahren will.

Manchester zieht inzwischen viele Touristen an, was im Wesentlichen auf die legendären Fußballclubs zurückzuführen ist: Manchester United und Manchester City – eine Kulturgeschichte des Sports wäre nicht minder interessant, und sie gehört unweigerlich zur Kultur in Manchester. Dennoch werden wir das Thema lediglich streifen, ungeachtet der leidenschaftlichen Beziehung vieler Musiker zur populärsten aller Sportarten und zu den beiden Traditionsvereinen ihrer Stadt.

Manchester in historischer Perspektive

Manchester liegt im Nordwesten Englands und wurde im ersten Jahrhundert n. Chr. als römisches Kastell Mamucium gegründet, das die Straße zwischen York und Chester sichern sollte. Im 17. Jahrhundert erlebte Manchester seinen ersten Aufschwung, damals wurde Baumwolle aus den britischen Kolonien in Nordamerika über den Liverpooler Hafen verschifft und in den Manufakturen Manchesters verarbeitet. Ebenfalls in Manchester eröffnete 1653 die erste öffentliche Bibliothek des Landes. Als schließlich die Flüsse Mersey und Irwell 1736 schiffbar waren, entfaltete sich in Manchester die industrielle Revolution. 1773 befuhren die ersten Dampfschiffe den Bridgewater Canal und wenige Jahre später, nämlich 1803, legte John Dalton mit seinen Forschungen den Grundstein der modernen Chemie. Außerdem führte seit 1830 die weltweit erste Eisenbahnstrecke für den öffentlichen Personenverkehr ins benachbarte Liverpool und verwandelte Manchester in eine der fortschrittlichsten Städte Englands.[1] Mit dem wirtschaftlichen Aufschwung gingen starke Wanderungsbewegungen von Menschen unterschiedlichster Herkunft und Religion einher, die in den Fabriken und Manufakturen Arbeit suchten. Aus Deutschland und Osteuropa stammte eine große jüdische Gemeinde, die sich in Higher Broughton und Broughton Park in Salford konzentrierte, einer Stadt in der westlichen Peripherie von Manchester.[2] Im Verlauf des 19. Jahrhunderts war die anfangs 77.000 Einwohner zählende Bevölkerung auf gut zwei Millionen angewachsen.[3]

Der Großraum Manchester mit seinen Arbeitervierteln wie Ancoats entwickelte sich zum wichtigsten Industriegebiet der Welt, zur Welthauptstadt der Baumwollverarbeitung. Im Jahr 1835 waren 90 % der britischen Baumwollindustrie in Manchester und Umgebung konzentriert.[4] Damals wurden rund 800 Lagerhäuser, hauptsächlich für die Rohbaumwolle, errichtet.[5] Fast ein Jahrhundert später umschrieb George Orwell die Erscheinung des industriellen England wie folgt:

> »Wenn man so durch die Industriestädte geht, verliert man sich in Labyrinthen kleiner, rauchgeschwärzter Ziegelhäuser, die in planlosem Durcheinander um schmutzige Gassen und kleine rußige Gärten modern, in denen man stinkige Mülleimer, Reihen dreckiger Waschräume und baufälliger W.C.'s sieht.«[6]

Die Massenindustrialisierung prägte das für den Norden des Landes typische Stadtbild. Den überaus zahlreichen Fabriken und Manufakturen verdankte Manchester seinen Ruf einer düsteren und schmutzigen, verrauchten, ruß- und kohleschwarzen Stadt.

Die Arbeiterklasse in Manchester machte die Stadt zu einer Hochburg der sozialistischen und der Gewerkschaftsbewegung in Großbritannien, auf dem industriellen Fundament ruhte aber auch der Reichtum jener Unternehmer und Direktoren, die für den Freihandel eintraten. Am 16. August 1819 sammelte sich eine enorme Menge zur Kundgebung und Demonstration der Manchester Patriotic Union auf dem St. Peter's Field, schätzungsweise 60.000 Menschen wollten den glänzenden Redner Henry Hunt hören und forderten eine Reform des britischen Parlamentarismus. Die lokalen Behörden bekamen es mit der Angst zu tun und befahlen einen Kavallerieangriff – unter den Säbeln und Hufen starben elf Menschen, hunderte wurden verletzt.[7] Dieser Vorfall ging als »Peterloo Massacre« in die Geschichte ein und steht in der Welt der Arbeiterklasse noch heute für die Unterdrückung des Volkes durch die Obrigkeit.[8] Im März 1839 gründete der einflussreiche Geschäftsmann Richard Cobden zusammen mit anderen Liberalen die Anti-Corn Law League in Manchester, um gegen die protektionistischen Zollgesetze der Corn Laws zu protestieren; ihren Sitz hatte diese Liga in den Newall's Buildings in der Market Street.[9] Auch Friedrich Engels (1820–1895) lebte seit 1842 in Manchester und schrieb 1845 auf Grundlage seiner Beobachtungen in den ärmsten Arbeitervierteln der Stadt *Die Lage der arbeitenden Klasse in England*.[10] Engels schildert darin Arbeiter und Arbeiterfamilien, die unter Hunger, miserablen hygienischen Bedingungen und unhaltbaren Wohnverhältnissen litten, die von einem Industriebürgertum unterjocht waren, das ihnen Reichtum versprochen, sie aber ihrer Freiheit beraubt hatte. Jene Schrift, die erst 1892 in England veröffentlicht wurde (just in dem Jahr gründete sich, in Manchester übrigens, die Independent Labour Party), prägte auch das *Manifest der Kommunistischen Partei*, das Engels 1848 mit Karl Marx verfasste.[11] Einige dieser Arbeiter in den Armenvierteln von Manchester schildert auch der Schriftsteller Thomas de Quincey in seinem Buch *Bekenntnisse eines englischen Opiumessers*. Er beschreibt eine notleidende *working class* in prekären Lebensbedingungen, die opiumsüchtig war, weil sie sich Alkohol nicht leisten konnte, er beschreibt,

Manchester in historischer Perspektive

»was ich vor einigen Jahren auf der Durchreise in Manchester von mehreren Baumwollfabrikanten hörte, nämlich daß sich ihre Arbeiter mit erstaunlicher Schnelligkeit das Opiumessen angewöhnten, so daß jeden Samstagnachmittag die Apotheker ihre Ladentische mit Pillen zu ein, zwei oder drei Gran spickten, um für die am Abend einsetzende Nachfrage gerüstet zu sein. Die unmittelbare Ursache dieser Angewohnheit seien die niedrigen Arbeitslöhne, die es dem Arbeiter nicht erlaubten, sich mit Bier oder Spirituosen zu betäuben«.[12]

Das Leben in Manchester war von Missständen gekennzeichnet, die in allen großen Industriestädten herrschten. Mitte des 19. Jahrhunderts spielten neben der Baumwollverarbeitung die Bordelle und die Brauereien eine große Rolle. Man zählte 330 Freudenhäuser, tausende Prostituierte.[13] Genau 781 Gasthäuser mit Bierschanklizenz, sogenannte ›beerhouses‹, waren im Jahr 1843 registriert.[14] Die breite Masse strömte in der Freizeit auch in die *music halls*, wobei eine der erschwinglichsten – nämlich ›Ben Lang's Music Hall‹ – am 31. Juli 1868 von einer Tragödie heimgesucht wurde: 23 Menschen kamen bei einem Brand ums Leben, den eine Gasleckage während der Vorstellung verursacht hatte.[15]

Die Baumwollindustrie verlor nach dem Ende des Amerikanischen Bürgerkriegs stetig an Bedeutung, denn die Abschaffung der Sklaverei in den USA dämpfte die Exporte. Doch Manchester blieb ein wichtiges industrielles Zentrum, und noch 1913 verarbeitete man hier 65 % des weltweiten Baumwollvolumens.[16] Nach der Jahrhundertwende kamen auch die Schlagwörter ›Manchesterschule‹ und ›Manchesterliberalismus‹ in Mode, sie bezeichneten die Freihandelsdoktrin im Gegensatz zum konservativen Londoner Protektionismus. Hier im Nordwesten gelang es dem jungen Abgeordneten Winston Churchill 1906 – der 32-jährige Tory war gerade zu den Liberalen gewechselt – den Wahlkreis Manchester für sich zu gewinnen, wo er auch von konservativen Geschäftsmännern, der Arbeiterschaft und der jüdischen Gemeinde unterstützt wurde.[17]

Im Zweiten Weltkrieg bombardierte die deutsche Luftwaffe das Industriezentrum Manchester, zwischen dem 22. und dem 24. Dezember 1940 wurden während des ›Manchester Blitz‹ – auch ›Christmas Blitz‹ genannt – insgesamt 467 Tonnen Bomben abgeworfen. Der gigantische Brand ließ die Stadt erglühen, zerstörte unter anderem die ›Free Trade Hall‹ und verwüstete nahegelegene Städte wie Salford (die »Dirty Old Town« von Ewan McColl) und Stretford; 684 Todesopfer und 2.000 Verletzte forderten die weihnachtlichen

Luftangriffe.[18] Wenige Monate später, am 11. März 1941, wurde das symbolträchtige Stadion des Fußballclubs Manchester United, das Old Trafford, von den Nazi-Bomben stark in Mitleidenschaft gezogen und ganze Stadtteile wie etwa Hulme verwüstet.[19] Derweil trug ein junger britischer Mathematiker namens Alan Turing nicht unwesentlich zum Sieg der Alliierten bei, als er die von den Nazis eingesetzte Chiffriermaschine Enigma entschlüsselte. Bekannt ist Turing auch als Erfinder des sogenannten Turing-Tests in den 1950er-Jahren, bei dem einem maschinellen Kommunikationssystem das Ziel gesteckt ist, auf menschlichem Niveau zu kommunizieren: Kann ein Mensch nicht mehr unterscheiden, ob er mit einem Artgenossen oder einer Maschine spricht, hat das System den Test bestanden. Alan Turing war ein großer Mathematiker, lehrte nach dem Krieg an der Universität Manchester und wird auch als Wegbereiter für die Erfindung der modernen Informatik verehrt.

Nach der Kapitulation der Achsenmächte hatte das Vereinigte Königreich 360.000 Kriegstote zu beklagen und saß auf Auslandsschulden von mehr als drei Milliarden £.[20] In der Nachkriegszeit entstand nun – als Konsequenz aus dem Zusammenbruch des British Empire, den die Unabhängigkeitsbewegungen in den Kolonialgebieten herbeigeführt hatten – der Commonwealth und bildete in den 1950er-Jahren die Grundlage für eine massive Einwanderung aus den ehemaligen Kolonien in der Karibik, in Indien und Afrika.[21]

Zwar gewann die Labour Party 1945 die Unterhauswahlen, doch ihr Triumph war nur von relativ kurzer Dauer, denn nach einer Niederlage im Jahr 1951 übernahmen die Konservativen für mehr als ein Jahrzehnt das Ruder – allerdings stagnierte das Wachstum von 1955 bis 1958 und Großbritannien fiel hinter die anderen westlichen Staaten zurück. In Sachen Freizeit und Unterhaltung traten in der zweiten Hälfte der 1950er-Jahre die *coffee bars* und Jukeboxen ihren Siegeszug insbesondere unter der Jugend an, die nun stets nach der neuesten amerikanischen Popmusik gierte. Auch in Manchester eröffneten diese Lokale, etwa das ›Cona‹ in der Tib Street, der ›700 Club‹ von Pauline Clegg in der Stockport Road seit 1958 sowie auch (seit dem 4. November 1961) die ›Oasis Coffee Bar‹ in der Lloyd Street Nr. 44 bis 47, wo die Beatles am 2. Februar 1962 ihr erstes Konzert in Manchester gaben – glaubt man dem Inhaber Rick Dixon, war es ein mittelmäßiger Auftritt, der beim Publikum keinen bleibenden Eindruck hinterließ.[22]

Die Unterhauswahlen 1959 gewann der Konservative Harold Macmillan, hatte sich doch die Konjunktur unlängst aufgehellt, während die Tories im Wahlkampf für den Massenkonsum eingetreten waren und die »affluent society«, eine *Gesellschaft im Überfluss* als Leitbild gesetzt hatten. Fünf Jahre später war die Beatlemania in vollem Gange und der Labour-Politiker Harold Wilson trug den Wahlsieg davon, doch eine Lösung für den industriellen Niedergang im Norden des Landes und die damit einhergehenden gesellschaftlichen Umwälzungen hatte auch der neue Premier nicht zu bieten. 1968 schloss dann der Baumwollhandel an der Manchester Royal Exchange endgültig.[23] Das Image der Stadt verfinsterte sich in den sechziger Jahren noch zusätzlich, nachdem man im Oktober 1965 die leblosen Körper von Lesley Downie (zehn Jahre alt) und John Kilbride (elf Jahre) im Saddleworth Moor, wenige Kilometer nordöstlich von Manchester, gefunden hatte. Ihre Peiniger Ian Brady und Myra Hindley wurden im Mai 1966 wegen des Mordes an dem 17-jährigen Edward Evans angeklagt. Das Paar hatte in Manchester insgesamt fünf Kinder entführt, gequält und getötet.[24]

Anfang der Siebzigerjahre war der Wiederaufbau der Stadt mit viktorianischem Antlitz noch nicht abgeschlossen. Ende der 50er-Jahre wurden zunächst neue Wohnblocks errichtet,[25] dann sollten in den Sechzigern auch die Elendsviertel beseitigt werden: Die alten Häuser riss man ab und brachte deren Bewohner in neuen Wohnungen unter. Zwischen 1957 und 1976 wurden 90.000 Wohnhäuser zerstört[26], 30.000 Personen hatten Anspruch auf eine neue Wohnung.[27] Dieser massive Umbau hinterließ zahllose Baustellen und Brachflächen im Stadtbild.

»I would like to live in Manchester, England.
The transition between Manchester and death would be unnoticeable.«

›In Manchester, England, würd' ich gerne leben.
Der Schritt von Manchester zum Tode dürfte winzig sein.‹

Mark Twain

Teil 1

**Mitten in der Krise:
Eine rebellische Jugend legt Fundamente
(1976–1982)**

1. England, »der kranke Mann Europas«

Verlorene Illusionen in England

Nach einer deutlichen Euphorie in den sechziger Jahren durchlebte England eine große Krise. Die 1970er-Jahre, genauer die Jahre 1973 bis 1979, waren eine turbulente Zeit, allein aufgrund der verschärften Spannungen im Nordirland-Konflikt und der Massenarbeitslosigkeit infolge der Finanzkrise von 1973, die das gesellschaftliche Klima belasteten.[1] Das jährliche Wirtschaftswachstum im Vereinigten Königreich belief sich zwischen 1950 und 1973 auf nur 3 %, während es in Japan bei 9,7 %, in Deutschland bei 6 % und in Frankreich bei 5,1 % lag.[2] England befand sich auf einem absteigenden Ast und galt als »kranker Mann Europas«. Die Siebziger waren geprägt von vielfältigen politischen und sozialen Unruhen, vom Zwist im Parlament, endlosen Streiks seit 1973 sowie der Drei-Tage-Woche, die der konservative Premier Edward Heath den Fabriken verordnete, womit er das Ende des britischen Industrie-Zeitalters einläutete. 1975 erreichte die Inflation des britischen £ einen Rekordwert von 24,05 %.[3] Im selben Jahr stiegen die Preise um 27 %.[4] Ein Jahr später nahm die Regierung beim Internationalen Währungsfonds (IWF) einen Kredit in Höhe von 3,5 Milliarden £ auf.[5] In dieser katastrophalen Lage explodierte die Arbeitslosenquote, rund 1,5 Millionen Menschen standen auf der Straße.[6]

Der Niedergang des sekundären Sektors traf insbesondere jene Städte schwer, deren Ökonomie wesentlich auf der Industrieproduktion gefußt hatte. Dies war der Fall für Liverpool, Birmingham, New Castle, Coventry, Leeds sowie auch Manchester. In der industriell geprägten Grafschaft Yorkshire hat sich die Arbeitslosenquote von 1973 bis 1978 mehr als verdoppelt und erreichte ganze 6 %.[7] Die Ölkrise von 1973 brachte die Automobilindustrie zum Erliegen, was vor allem die Städte Coventry und Birmingham mit aller Härte traf. Der Zerfall des British Empire hatte einen Bevölkerungszustrom aus den Ländern des Commonwealth zur Folge und führte zu ethnischen Spannungen auf der Insel; Leeds entwickelte sich zu einem Knotenpunkt der extremen Rechten und neonazistischer Organisationen im Norden Englands. Manchester blieb von dem wirtschaftlichen Niedergang nicht verschont. Gina Sobers spielte in der Band The Liggers und beschreibt die turbulente Zeit so:

> »Ich erinnere mich noch an die Drei-Tage-Woche, wie ich die Hausaufgaben bei Kerzenlicht machte, an die stinkenden Berge von Müll in den Straßen, den niemand abholte, und an die Hausfrauen, die für Zucker-, Tee- und Weißbrot-Rationen vor den Supermärkten Schlange standen. Es war eine graue, gedrückte Stimmung.«[8]

Zwischen 1961 und 1983 verlor Manchester 150.000 Arbeitsplätze in der Industrie, allein zwischen 1966 und 1972 entfiel ein Drittel des industriellen Outputs, und jede vierte Fabrik oder Werkstatt machte dicht.[9] In der Stadt, deren Wirtschaft hauptsächlich auf die industrielle Produktion ausgerichtet war, war nun ein Großteil der Bevölkerung arbeitslos. Gina Sobers schildert das Ausmaß der Krise in ihrer Stadt, die man früher »Cottonopolis« genannt hatte:

> »Mitte der Siebziger war Manchester noch ganz und gar nicht zu vergleichen mit der Stadt heute. Quasi ein anderer Planet. Das Stadtzentrum umschloss ein Ring aus verlassenen und verfallenen Lagerhäusern, dazwischen lagen Brachflächen voller Ziegel und Müll. Damals bestand die Whitworth Street bloß aus einer langen alten, zugenagelten Ladenzeile.«[10]

Manchester wirkte trostlos, allein durch den Niedergang der Industrie. Seinerzeit beschrieb man Manchester oft als graue, beängstigende Stadt: mit Brachflächen gespickt und trotz des *Clean Air Act* von 1956 in rußigen Nebel getaucht, der die Häuser schwarz färbte.[11] Die Beatles ließen sich am 7. Dezember 1965, nach ihrem Auftritt im Ardwick Theatre, mit Atemschutzmasken vor dem Gesicht ablichten.[12] Die Stadt war von ihrer krisenhaften Deindustrialisierung geschwächt und harrte des Funkens, der ihre kulturelle Renaissance entfachen würde.

Die Brachflächen von Manchester

Die Bee Gees, The Hollies, Freddie & the Dreamers oder auch Herman's Hermits waren in den 1960ern die letzten Musikbands aus Manchester gewesen, die sich oder die Stadt auf nationaler oder gar internationaler Ebene ins Gespräch gebracht hatten. Zudem hatten sie zwar einige Hits zu verbuchen – die Single »I'm Into Something Good« von Herman's Hermits stand im August 1964 an der Spitze der Charts, im November desselben Jahres hatten

Freddie & the Dreamers vier Lieder in den Top Ten, und »I'm Alive« von The Hollies war im Mai 1965 die Nummer eins[13] –, doch ihre Musik verband man eher mit dem Rock und Pop der *swinging sixties* als mit Manchester an sich. Das lag auch daran, dass die Bands regelmäßig die Hits anderer britischer oder amerikanischer Bands coverten, um ihr Standing in der Musikindustrie zu verbessern. In den 1960er-Jahren waren mit dem Mersey Beat in Liverpool und dem Black Country Sound der Midlands regional spezifische Musikstile und -szenen entstanden, während sich in Manchester nur schwer eine eigene Szene mit unverwechselbarem Sound herausbildete. Die Musikszene in Manchester galt als Hochburg des afroamerikanisch inspirierten Northern Soul, der regelmäßig in den örtlichen Clubs zu hören war, wo in den Sechzigern die jungen *mods* verkehrten. Dem Vernehmen nach hat Dave Godin, Reporter des *Blues & Soul* und zudem Miteigentümer des Schallplattengeschäfts Soul City in der Monmouth Street in Soho, den Begriff »Northern Soul« geprägt, als er damit 1970 in einem Artikel jene nordenglische Musikrichtung bezeichnete.[14] So erhielt Northern Soul seine Bezeichnung nicht am Entstehungsort, sondern am Ort seiner Wertschätzung. Der beliebteste Club dafür war der ›Twisted Wheel‹ in Manchester: Er bildete die Avantgarde des Northern Soul, zunächst seit seiner Eröffnung 1963 in der Brazennose Street und dann von 1966 bis zur Schließung 1971 in der Whitworth Street.[15] Der ›Twisted Wheel‹ war bekannt für seine *all-nighters* und musste wegen massiven Amphetaminkonsums schließen.[16] Die Journalisten und Autoren Bill Brewster und Frank Broughton schreiben:

> »Nicht zufällig bestand das Repertoire im Wheel nur aus schnellen Stücken: Das Publikum war auf Speed. Alles Mögliche war im Umlauf: Amphetamine (*black bombers* und *purple hearts*), Drinamyl, Preludin und Dexamphetamin (*prellies* und *dexys*), man kaufte das von den Dealern im Club oder stahl es aus Apotheken.«[17]

Seinen Ruf erwarb sich der ›Twisted Wheel‹ allerdings nicht mit Musik aus Manchester, sondern dank der Raritäten, mit denen die DJs das Publikum auf die Tanzfläche lockten.

Im Verlauf der Siebziger erklommen Gruppen wie 10CC und die Soulband Sweet Sensation die Spitze der britischen Charts – letztere schaffte es als erste Gruppe schwarzer Musiker in die Sendung *Top Of The Pops* und ihr Titel »Sad Sweet Dreamer« landete im September 1974 auf Platz eins[18] –, doch Manchester hatte keine Band vom Rang der Beatles, der Rolling Stones oder

1. England, »der kranke Mann Europas«

der Animals hervorgebracht. Natürlich gaben auch international bekannte Künstler Konzerte in der Stadt, man denke an den berühmten Auftritt von Bob Dylan am 17. Mai 1966 in der ›Manchester Free Trade Hall‹, bei dem Dylan »Judas« geschimpft wurde,[19] an das Konzert von David Bowie am 7. Juni 1973 oder an Lou Reeds Auftritt vom 31. Mai 1974, ebenfalls in der ›Manchester Free Trade Hall‹ – doch die Musiker aus Manchester hatten ihre liebe Mühe schon mit einem Durchbruch auf überregionaler Ebene. Steven Morrissey, der Ex-Sänger von The Smiths, schildert die Lage der Musikszene zu Beginn der Siebziger:

> »Vor dem Punk war die Lage in Manchester katastrophal. Die Gegend war völlig fertig. Manchester war ein Gewirr schmutziger Straßen. […] Gewalt war allgegenwärtig, und allseits akzeptiert. Eine mittelalterliche und düstere Zeit, in jeder Hinsicht. […] Sieben von zehn Häusern im Stadtzentrum standen leer. […] Die Nachkriegszeit war in der Stadt immer noch deutlich zu sehen. Ganz Hässlichkeit und Industrie, alles war überzogen von einem hundertjährigen Schmutzfilm, und die Rockmusik war grauenhaft.«[20]

Das Bild einer quasi inexistenten Musikszene zeichnet auch der Fotojournalist Kevin Cummins, der 1953 in Manchester zur Welt kam:

> »Es war eine seltsame Zeit. In den Siebzigern hatte ich nicht die geringste Ahnung, ob es in Manchester überhaupt eine Szene gab. Für die Bands herrschte wieder einmal Ebbe.«[21]

Zu Anfang des Jahrzehnts zeichnete sich für die örtlichen Musiker kein noch so winziger Schimmer am Horizont ab. Abgesehen von einigen Ballhäusern, darunter dem ›Pips‹ mit seinen sechs Tanzflächen (einschließlich des berühmten »Roxy room«),[22] gab es praktisch keinen eigenen Raum für Jugendliche. Einige solcher Räume hatten Anfang der Sechziger mit dem Aufschwung der Coffee-Bars eine Blüte erlebt, doch die musikspezifischen Tanzlokale wie das ›Manchester Cavern‹, das ›Jigsaw‹ oder das ›Magic Village‹ mussten bald einer Großbaustelle weichen, auf der von 1971 bis 1979 das Arndale Centre als Shopping-Mall mit 210 Geschäften und 200 Ständen errichtet wurde.[23] In einem solch krisenhaften Klima und leeren Raum suchte die junge Generation, dem Kulturleben einen neuen Platz in der postindustriellen Stadt zu schaffen. Es war ein England der verlorenen Illusionen, in dem jugendlicher Protest bald die Form des Punk annehmen sollte.

Entstehung und Bedeutung des britischen Punk

Die Punk-Musik entwickelte sich in England vor dem Hintergrund von sozialen Spannungen, Zusammenstößen und einem Vertrauensverlust der amtierenden Regierung. Diese Musikrichtung war, so erklärt der Autor Craig O'Hara mit Tricia Henry, in erster Linie ein Ausdruck der proletarischen Jugend Englands:

>»Die offensichtliche Verbindung zwischen dem Phänomen Punk und der wirtschaftlichen und gesellschaftlichen Ungleichheit in Großbritannien zu ignorieren hieße, die Gültigkeit der ideengeschichtlichen Basis der Bewegung zu leugnen. Punk in Großbritannien war letztlich eine Bewegung von unterprivilegierten, weißen Jugendlichen der Arbeiterklasse.««[24]

Die Punk-Bewegung entstand in Reaktion auf den sozialen Unmut, der damals vor allem die junge Arbeiterklasse erfasste. Der Punk, verstanden als Musikrichtung und Bewegung, hat keinen konkreten Anfangspunkt. Die Strömung entwickelte sich Ende der Sechziger in den USA aus den sogenannten »garage rock«-Bands und wollte mit der *old-wave* brechen, sowie auch mit den Rock-Stereotypen, wie sie in den Siebzigern von Bands wie Genesis und Led Zeppelin verkörpert wurden. Craig O'Hara erklärt also, über Geburtsort und -tag der Punkbewegung lasse sich streiten: »Allgemein geht man davon aus, dass die New Yorker Punks den musikalischen Stil erfunden haben [mit Punkvorläufern wie den New York Dolls oder den Ramones], während die Briten die politische Einstellung und das bunte Aussehen populär machten.«[25]

Das Wort *punk* (aus dem Englischen für Gauner und Handlanger, oder auch abschätzig für Prostituierte und Stricher)[26] wurde schon vor Entstehung des Punkrock mehrmals als Bezeichnung für Musik verwendet. Der Begriff taucht 1970 in der Zeitschrift *Creem* in einem Artikel des amerikanischen Musikkritikers Lester Bangs auf,[27] ebenfalls 1972 erscheint er auf der Hülle eines Garagenrock- und Psychedelic-Samplers *Nuggets: Original Artyfacts From the First Psychedelic Era, 1965-1968*, hier zeichnet der Journalist und Gitarrist von Patti Smith, Lenny Kaye, verantwortlich. Die Compilation versammelte amerikanische Bands wie The Electric Prunes, Count Five und The 13th Floor Elevators. Die Bezeichnung wurde dann 1973 von verschiedenen Musikjournalisten aufgegriffen. Anfangs beschrieb man damit, im Gegensatz zur Zeit der Blumenkinder Ende der Sechziger, einen aufkeimenden Geist der Revolte. Mit Erscheinen der ersten Ramones-Alben in den USA und den Sex Pistols in England war die Bezeichnung als Kategorie gesetzt.[28]

Musikalisch grenzt sich das Genre von der »traditionellen« Rockmusik der 1960er und 1970er-Jahre durch generell schnellere und kürzere Stücke ab (die Botschaft sollte härter und klarer rüberkommen), durch eine simple und stürmische Instrumentierung sowie durch oftmals kritische und systemkritische Texte.

Die neue Bewegung spiegelte (in Verbindung mit einer antiautoritären Stoßrichtung) das soziale Unbehagen wider, das die britische Gesellschaft erfasst hatte. Die Sex Pistols, Ende 1975 vom Bandmanager Malcolm McLaren in London gegründet, sind das Urbild jener entwurzelten Jugend auf ihrer Suche nach Eindrücken und Empfindungen. Die ersten Songs der Londoner Band The Clash schließlich, ebenfalls Mitte der 70er in der Hauptstadt gegründet, sind noch politischer, sie wollen den Zuhörer aufklären und nicht so sehr die Gesellschaft mit Worten zerstören. Joe Strummer, Frontmann der Band, fasste ihren Ansatz wie folgt:

> »Politisch wollten wir die Sachen machen, die wir für unsere Generation für wichtig hielten und die, mit etwas Glück, eine nachfolgende Generation anregen würden, noch weiter zu gehen.«[29]

Kennzeichen des Punk wie später des Rap ist es, die Meinungsäußerung von allgemein übergangenen Bevölkerungsgruppen besonders zu schätzen und daher in seiner Ausprägung die inhaltliche Botschaft stärker zu gewichten als die musikalische Virtuosität.[30] Die Punk-Musik wird zur Stimme der Jugend gegen eine Gesellschaft, die sie entwürdigt und erniedrigt, in der der Einzelne allein einem hierarchischen System gegenübersteht, allein des eigenen Glückes Schmied sein muss.

Das Motto *Do It Yourself* (»Mach es selber«) ist in dieser Bewegung von besonderer symbolischer Bedeutung. Es heißt einerseits, zur Verwirklichung der eigenen Ziele soll man sich nicht auf die Hilfe anderer verlassen, zugleich erscheint es als Schlachtruf aller Amateure: »Das kann jeder!« Das machte einen eigenen Kleidungsstil erforderlich, mit dem man sich von der Masse abheben konnte, und man konnte auch nicht auf Plattenfirmen oder gar Major-Labels bauen, um die eigene Musik zu veröffentlichen. Kurz gesagt: »Tu was, auf eigene Faust, damit man dich hört.« Das Do-It-Yourself-Konzept ist offenbar ein Grundprinzip vieler verschiedener Gegenkulturen, die im Laufe der Zeit entstanden sind.[31] Allein äußerlich wurzelt die Punkbewegung in verschiedenen Denkströmungen des 20. Jahrhunderts. Sie steht in der Tradition der Situationistischen Internationale, die 1957 als marxistisch inspirierte Gruppe von Guy Debord, Michèle Bernstein sowie Asger Jorn ins Leben gerufen worden war. Die »SI« war einer der zentralen Bezugspunkte in den Studentenbewegungen von 1968, löste sich 1972 allerdings auf. Der Grafiker der Sex Pistols, Jamie Reid, und deren Manager Malcolm McLaren kamen in der Londoner Studentenbewegung mit den Situationisten in Kontakt und brachten ihre Ideen seit 1976 in die Punk-Ästhetik ein.[32] Das Bestreben dieser Strömung war es, die konventionelle Moral der britischen Gesellschaft zu erschüttern. Dafür nutzte man verschiedene Ausdrucksmittel, darunter Musik, Grafik und Kleidung. Die »Wut« des Punk kam auch auf den Konzerten zum Ausdruck: Dosen und Flaschen flogen regelmäßig sowohl ins Publikum wie auch auf die Bühne, endloses Spucken und Rotzen, Selbstverletzungen (großer Inspirator war hier Iggy Pop, der als »Godfather of Punk« gilt) und der »Pogo«, bei dem man auf der Tanzfläche umherspringt und mehr oder weniger heftig gegeneinanderprallt – das alles war Ausdruck einer Punkidentität.

2. Punkrock – Aufschrei einer desillusionierten Jugend

Die Buzzcocks und die Geburt einer Legende

Während in der Hauptstadt ein Wind der Revolte und des Aufstands blies, verfolgte das altehrwürdige Manchester die Entwicklung aus der Distanz. Es waren zwei Studenten am Bolton Institute of Technology – beide standen kurz vor dem Abschluss, Howard Trafford in Literatur und Peter McNeish in Elektronik –, die 1976 unter dem Einfluss von The Stooges, Velvet Underground, David Bowie, Brian Eno und des Krautrock beschlossen, eine eigene Musikband zu gründen. (*krautrock* war eine Wortschöpfung des britischen Journalisten Ian Mcdonald, der die jüngste deutsche Rockbewegung – mit Bands wie Tangerine Dream, Can, Neu!, Faust, Amon Düül und Kraftwerk – bereits 1972 im *New Musical Express* mehr oder weniger abschätzig so bezeichnet hatte.[33]) Die beiden studentischen Amateurmusiker fanden über einen Aushang zueinander, den Howard zwecks Gründung einer Band an der Universität platzierte. Peter hatte bereits erste Erfahrungen, als Schüler spielte er bei den Jets of Air,[34] und Howard blickte auf sieben Jahre Klavierunterricht zurück, den er als 15-Jähriger aufgegeben hatte.[35] Zwei Jahre später hatte er sich zunächst mit seinem Kindheitsfreund Richard Boon, dann mit Richard Famous, einem Schulkameraden aus Leeds (und späteren Mitglied der Poison Girls), erfolglos an einem Musical-Projekt versucht.[36] Zu allererst gaben Howard und Peter nun ihrer Band einen Namen. Als Inspiration diente ihnen eine Artikelüberschrift in der Zeitschrift *Time Out*, die da lautete: »Feeling a Buzz, Cocks?«[37] Die neue Formation nannte sich »Buzzcocks« und sorgte bald für eine Revolution der musikalischen Identität Manchesters.

Ein Artikel im *NME*, der von einer jungen Londoner Band namens Sex Pistols handelte, begeisterte Howard Trafford, der sich den Künstlernamen Howard Devoto zugelegt hatte. Die Pistols coverten auch ein Lied der Stooges, schienen aber eher am Chaos als an der Musik selbst interessiert zu sein. Howard Devoto und Pete Shelley – der Künstlername von Peter McNeish – beschlossen also, in die Hauptstadt zu fahren und die Sex Pistols live zu erleben; diese spielten am 20. Februar 1976 in High Wycombe und am 21. in der Welwyn Garden City als Vorband von Screaming Lord Sutch.[38] Die beiden »Mancs« trafen sich mit dem Manager der Pistols, Malcolm McLaren, in dessen Bekleidungsgeschäft und gewannen ihn für einen Auftritt der Londoner in Manchester. Als die beiden mit der ›Manchester Lesser Free Trade Hall‹ eine Räumlichkeit bieten konnten, überzeugte ihr Vorschlag: Die Sex Pistols sollten Anfang Juni ein Konzert im Norden geben und die Buzzcocks würden als Vorband auftreten. Shelley und Devoto hatten nämlich herausgefunden, dass man den kleinen, bestuhlten Saal direkt über der großen ›Free Trade Hall‹ für die bescheidene Summe von 32 £ mieten konnte. Malcom McLaren kümmerte sich um die Reservierung und die Buzzcocks entwarfen eigenhändig die Eintrittskarten sowie die A3-Plakate und die Flugzettel im Vorfeld des Konzerts.[39] Sie hegten die Hoffnung, der Auftritt würde für ordentlich Werbung, wenn nicht gar den Durchbruch der Buzzcocks in der taufrischen Welt der britischen Punkmusik sorgen. Damit auch professionelle Branchenvertreter anwesend wären, schickte Devoto ein Demo-Tape der Sex Pistols an Anthony Wilson, der als Journalist bei Granada Television eine neue nächtliche Musiksendung namens *So It Goes* moderierte.[40] Derweil war das allererste Konzert der Buzzcocks am 1. April die reinste Katastrophe gewesen, weil sie mit dem Schlagzeuger und dem Bassisten noch nicht geprobt hatten.[41]

Als nun der große Tag gekommen war, hatten sich die beiden Mitglieder des Teams Rhythmus von der Formation verabschiedet: Die Buzzcocks konnten nicht spielen und wurden am Abend des 4. Juni 1976 von der Band Solstice vertreten.[42] An diesem denkwürdigen Abend überredete Malcom McLaren gar noch einfache Passanten, sich das Konzert anzusehen. Bei dieser Gelegenheit hat er wohl Steve Diggle kennengelernt, den er den Buzzcocks als ihren neuen Bassisten vorstellte. Nachdem man Diggle am nächsten Tag hatte vorspielen lassen, erlagen die Bandmitglieder einige Tage später auch noch dem Charme von John Maher, einem 16 Jahre jungen Schlagzeuger.[43] So waren sie nun bereit für ihren Auftritt als Vorband beim zweiten Konzert der Sex Pistols, das am 20. Juli 1976 am selben Ort mit der Band Slaughter and the Dogs stattfand; der Eintritt kostete 1 £.[44] An diesem Abend lernte Howard die junge Linda »Linder« Sterling kennen und verliebte sich in sie – alsbald bezog Sterling ein Zimmer in Howards Wohngemeinschaft in einem Haus in der Lower Broughton Road in Salford.[45]

Die Legende von der musikalischen wie kulturellen Wiederauferstehung Manchesters beginnt mit jenem Konzert am 4. Juni 1976, bei dem Tausende dabei gewesen sein wollen, obwohl verschiedene Quellen die Zahl der Zuschauer übereinstimmend mit rund vierzig angeben.[46] Im Publikum befanden sich höchstwahrscheinlich Pete Shelley und Howard Devoto, der spätere Smiths-Sänger Steven Morrissey, der Journalist Anthony Wilson sowie Mark E. Smith – der gleich die Band The Fall gründete und, das Konzert noch im Ohr, zu der Auffassung gelangte, seine Band sei gar nicht so schlecht, es fehle nur noch ein Schlagzeuger;[47] zugegen waren außerdem Mick Hucknall, der bald die Frantic Elevators gründete und schließlich den Kern von Simply Red bildete, der legendäre John the Postman, der Fotograf Kevin Cummins, der Journalist Paul Morley sowie Peter Hook und dessen Schulkamerad von der Salford Grammar School, Bernard Sumner.[48] Pete Shelley war der Überzeugung, die Manchester-Szene sei just an diesem Abend entstanden, denn das Konzert habe einige Zuschauer dazu veranlasst, sich ganz der Musik zu verschreiben.[49] Nach dem Konzert beschloss auch Peter Hook, mit Bernard Sumner eine Band zu gründen.[50] Dieses entscheidende Datum Anfang Juni, mithin die beiden Konzerte der Sex Pistols in der ›Lesser Free Trade Hall‹, waren der Ausgangspunkt für den Wunsch nach einer neuen örtlichen Musikszene. Seit dem Spätsommer 1976 griffen die Kultur und Musikrichtung des Punk Raum in Manchester, wo die Zahl der Konzerte exponentiell zunahm und die Jugend einen neuen Kleidungsstil auf die Straße trug.

Dank seiner Beharrlichkeit gegenüber dem Produzenten der Sendung *So It Goes* gelang es Anthony Wilson, die Sex Pistols in der letzten Sendung des Jahres unterzubringen. Am 28. August 1976 nahmen sie im Studio von Granada TV in Manchester eine Live-Version von »Anarchy in the UK« auf, ausgestrahlt wurde die Sendung am 4. September. Es war der erste Fernsehauftritt der Sex Pistols,[51] die Bedeutung der Produktion wird allerdings regelmäßig überschätzt, denn nur drei Regionen im ITV-Sendernetz strahlten *So It Goes* überhaupt aus.[52]

Nieten und Sicherheitsnadeln

Die Gegenkultur der Punks brachte, wie zuvor die der Mods, der Rocker und der Teds, ihre Ablehnung gegenüber der Norm durch einen eigenen Kleidungsstil zum Ausdruck, der mit der Mode früherer Generationen brach. Glaubt man Susan Ballion alias Siouxsie Sioux, Sängerin der Band Siouxsie and the Banshees, spiegelte sich in den Klamotten der Punker die Härte der damaligen Zeit.[53] So sah man 1976 in der Hauptstadt vermehrt ganz extravagante Frisuren wie den Irokesenschnitt, grellbunte Haarfarben oder Rasurmuster, man sah durchlöcherte Kleidungsstücke, eng anliegende T-Shirts mit Sprüchen oder Slogans, man sah auch schwarze Leder- und Motorradjacken mit zusätzlichen Nieten, Ketten, Sicherheitsnadeln und sonstigen Accessoires. Der Underground-Experte Steven Jezo-Vannier beschreibt den Kleidungsstil des Punk wie folgt:

> »Die Personalisierung des Kleidungsstücks geschieht durch mutwillige Beschädigung, durch Zerreißen oder Einschneiden – als Zeichen gegen den Konsumismus, den der Gegenstand repräsentiert, und als Symbol der Selbstzerstörung. [...] Über ihre identitätsstiftende Funktion hinaus ist die punkige Aufmachung ein Mittel, in subversiver Weise Andersartigkeit zu demonstrieren und zu schockieren.«[54]

Insofern lässt sich sagen, die Punk-Mode sei von den Futuristen beeinflusst worden. Diese trugen ihre kunstfeindliche Haltung nämlich mit krassen Klamotten, Ohrringen und Make-up zur Schau.[55] Durch ihr Äußeres demonstrierten die Punks ihrerseits die Ablehnung konservativer und traditioneller Einstellungen.

Diese modische Antihaltung auf der Grundlage von Wiederverwertung und Umgestaltung wurde von der Modeschöpferin Vivienne Westwood und Malcolm McLaren, der an verschiedenen Kunsthochschulen studiert hatte, zum Trend gemacht. Westwood und McLaren eröffneten 1972 ihre Boutique Let It Rock in der King's Road 430 in London, zunächst unter dem Namen Paradise Garage. Neben Schallplatten boten sie Second-Hand-Mode im Stil der 50er und Eigenkreationen an. Seit 1973 hieß die Boutique Too Fast to Live, Too Young to Die und spezialisierte sich auf Rocker-Bekleidung und -Accessoires, bevor sie zur Punk-Boutique namens Sex wurde. Vivienne Westwood erinnert sich:

> »Malcolm hatte Kataloge für unterm Ladentisch gefunden, da gab es seltsame Fetischobjekte und er baute sie in den Rocker-Stil mit ein. Wir versahen die Lederjacken mit

jeder Menge Ketten und die Bikerklamotten mit SM-Elementen. Und wir änderten den Namen, der Laden hieß nun ›Sex‹.«[56]

Unter neuem Namen brachte die Boutique Artikel in Umlauf, die Bondage- und Fetischkleidung salonfähig machten. Die Jungen fanden dort »Nietenjacken, zerrissene und gebleichte Jeans, Hundehalsbänder, Karo- oder PVC-Hosen mit zahlreichen Reißverschlüssen [...] und aufgenähten Bondage-Seilen, durchlöcherte T-Shirts mit Sicherheitsnadeln und aufgedruckten Sprüchen [...] und Provo-Motiven wie zwei halbnackten Cowboys à la Tom Of Finland, deren Pimmel sich in die Augen schauen«.[57] Die Mädchen ihrerseits suchten »Miniröcke aus Leder, die sie über zerrissenen Strumpfhosen trugen, und offen zu tragende Sport-BHs«.[58] Die Sachen waren zwar recht teuer – eine Hose kostete 70 £[59] –, doch der Laden war ein Magnet für jene britischen Jugendlichen, die sich von der Masse abheben wollten, und ein Fundus für die Londoner Punkszene. In eben diesem Laden lernte McLaren den jungen Johnny Lydon kennen, über den er Manager der Sex Pistols wurde.

Die Mode der Punk-Bewegung – sie verwendete Nazi-Symbole, aber auch Hammer und Sichel – war weniger ideologisch als vielmehr provokativ motiviert, wobei die kommunistische Symbolik auf die Einstellung einiger Protagonisten zurückzuführen war, vor allem aber eine im Kalten Krieg verwurzelte Gesellschaft schockieren sollte. Seither waren einige Jugendliche mit Nazi-Armbinden oder Hakenkreuz-T-Shirts in den Straßen unterwegs.

Die Boutique Sex war ein Alleinstellungsmerkmal Londons, in Manchester gab es kein derart spezialisiertes Bekleidungsgeschäft. Das hinderte die Leute in Manchester nicht daran, auf den Zug aufzuspringen und einen eigenen, weniger extravanten Punk-Stil zu kreieren. Als Jugendkultur wollte man sich von den vorherigen abheben und sah sich in einem gemeinsamen unkonventionellen Look vereint. Der urbane Dichter John Cooper Clarke meint:

> »Du konntest richtig asozial sein, du konntest klingen wie die Ramones, aber wenn du nur ein Fitzelchen nach Hippie aussahst, dann warst du raus.«[60]

Die Musiker der Buzzcocks, zum Beispiel, waren in ihrem Äußeren sehr viel ordentlicher als die Sex Pistols. Ihr Gitarrist Steve Diggle erinnert sich:

> »In Manchester reichten enge Hosen und ein schwarzer Mantel, um Punk zu sein.«[61]

Linder Sterling, Sängerin der Band Ludus, erklärt:

> »Punk war die letzte DIY-Bewegung. So etwas hat es seitdem nicht mehr gegeben. Es war wirklich aufregend, die Vorstellung, seine Anziehsachen zu finden oder selbst zu machen. Wir erfanden uns buchstäblich selbst, man tauschte ständig Ideen aus und schlug diese oder jene Kombi vor.«[62]

Der Punk-Stil in Manchester war mithin nicht so kommerziell wie der in London, denn die Akteure recycleten ihre Kleidung, anstatt sich mit gekauften Accessoires in ein vorgefertigtes Image der Bewegung einzufügen. Der Fotograf Kevin Cummins erinnert sich:

> »In Manchester kleideten wir uns anders als die Punks in London. Wir trugen altmodische Retro, kürzten unsere Krawatten und schrieben Slogans mit Edding auf unsere Hemden. In Manchester kam man einfach nicht an Punk-Klamotten.«[63]

»In Manchester kam man einfach nicht an Punk-Klamotten«, doch die provokante Mode war schwer angesagt und führte zu einer abwehrenden Haltung der älteren Generationen und eines Teils der Arbeiterjugend, die sich mit der Bewegung nicht identifizierte. Glaubt man Mark E. Smith, dem Sänger von The Fall, entstammten die Jugendlichen, die sich in Manchester punkig kleideten, zumeist finanziell abgesicherten Familien und wurden von Jugendlichen aus Collyhurst mit Steinen beworfen, wenn sie zum ›Electric Circus‹ gingen.[64] John Cooper Clarke erinnert sich:

> »Der Punkrock eroberte zwar die Provinz, doch insgesamt wurde er als neue, abstoßende Jugendbewegung wahrgenommen, die abscheulicher war als alles davor.«[65]

Damals herrschte in einem Teil der Bevölkerung tatsächlich großes Unverständnis, das in Aggressivität gegen die als verwahrlost empfundene Kleidung einer nonkonformistischen Jugend umschlug.

Fanzines: Rohrpost für die Alternativ-Szene

Eine weitere Facette der Punk-Gegenkultur zeigte sich in Manchester wie London und andernorts in der Verbreitung von Fanzines, in denen diejenigen zu Wort kamen, die sonst keine Stimme hatten, in denen Themen aufgegriffen wurden, die damals in der Presse keinen Platz fanden. Fanzines sind älter als der Punk, als allererste Fanzine-Macher gelten die Amerikaner Raymond Palmer und Walter Dennis, die im Mai 1930 *The Comet* herausbrachten; sie entwickelten eine Plattform von Science-Fiction-Fans für Science-Fiction-Fans und erfanden damit einen Nebenberufsjournalismus für Amateure. In den 1960ern wandelte sich das Fanzine-Konzept, verlagerte sich in den Bereich der Musik und machte das Fanzine zu einem nicht-kommerziellen Medium, das von Enthusiasten geschrieben oft im Eigenverlag erschien. Somit bietet das Fanzine-Format der Gegenkultur eine zugängliche Alternative zu den traditionellen Medien.

Ende der 1960er, Anfang der 1970er-Jahre existierte in Manchester bereits eine Underground-Presse etwa in Gestalt des *Mole Express* und des *Grass Eye*, die von Alternativzeitschriften wie *International Times* und *Oz* inspiriert waren (erstere erschien 1963–1969 in Sydney, letztere 1967–1973 in London). Form und Inhalt machten solche Fanzines bald zu den wichtigsten Medien der Punk-Szene, insbesondere seit Mark Perry im Frühjahr 1976 in London das *Sniffin' Glue* herausbrachte.[66] Obwohl sein aus Fotokopien bestehendes Fanzine mit der zwölften Nummer im Juli 1977 zuletzt erschien, spielte *Sniffin' Glue* als treibende Kraft in der Verbreitung des britischen Punk eine wichtige Rolle. Trotz ihres nichtkommerziellen DIY-Charakters verkaufte sich die letzte Ausgabe 15.000 Mal.[67] Sein Projekt machte Mark Perry, neben Johnny Rotten, zur wichtigsten Figur der britischen Punk-Bewegung.[68] Nachdem er das Fanzine aufgegeben hatte, gründete er die Gruppe »Alternative TV«.

Nach dem Vorbild Perrys gründeten Liz Naylor und Cath Carroll 1977 in Manchester das Fanzine *City Fun*. Darin fand sich unter anderem eine Auflistung anstehender Konzerte sowie auch Sonderseiten für die Schwulen- und Lesbenszene, über die in der Tagespresse nur selten berichtet wurde.[69] Weitere Fanzines wurden ins Leben gerufen, beispielsweise *Ghast Up* von Mick Middles, das auf dem Kopierer im ›Electric Circus‹ vervielfältigt wurde[70] und dessen Erstausgabe im April 1977 erschien; sowie *Girl Trouble* von Paul Morley, das aus nur einem einzigen Blatt bestand: vorn meist mit einer Collage von Jon Savage oder Linder Sterling und auf der Rückseite ein Text von Paul Morley;[71] nicht zu vergessen *Shy Talk* von Steve Shy, das von März bis Mai 1977 in drei Ausgaben erschien. Diese Fanzines sollten – im Vergleich zu den Massenmedien zwar mit sehr geringer Auflage – die anstehenden Punkkonzerte in Manchester bekanntgeben, außerdem boten sie Hintergründe und Interviews mit den Musikern, Fotos von den Konzerten, Zeichnungen und Bilder sowie Informationen über die örtliche Musikszene. Das nahbare Auftreten der Redaktionen, die auf Amateure ausgerichtete Kommunikation auf Augenhöhe und die mitunter kostenlosen und werbefreien Hefte machten die Fanzines zu einem bevorzugten Medium der DIY-Kultur.

»Breakdown«[72]

Am 20. und 21. September 1976 veranstaltete der Londoner ›100 Club‹ mit dem »100 Club Punk Special« das erste Punkmusik-Festival Englands. Für Montag, den 20. September waren die Sex Pistols, Subway Sect, Siouxsie and the Banshees sowie The Clash angekündigt, für den nächsten Tag verzeichnete das Plakat Chris Spedding & The Vibrators, die französische Band Stinky Toys sowie Damned und die aus Manchester stammende Formation Buzzcocks. Alain Pacadis, als Journalist für die erst drei Jahre alte französische Tageszeitung *Libération* vor Ort, beschrieb die Setlist der Buzzcocks als »sehr ähnliche Stücke« und Howard Devoto »erinnert ein bisschen an Tim im Lande der Sowjets«[73] (ja, an den von *Tim und Struppi*). Wenig später, am 8. Oktober 1976, unterschrieben die Sex Pistols beim Major-Label EMI.

Bevor die Pistols zu ihrer »Anarchy Tour« durch England aufbrachen, brandaktuell war damals ihre Single »Anarchy in the UK«, sorgten sie am 1. Dezember 1976 bei Bill Grundy in der Sendung *Today* auf Thames Television noch für einen Skandal, nachdem sie zuvor schon zur Hauptsendezeit Beleidigungen über den Äther verbreitet hatten. Es handelte sich zwar nur um eine Regionalsendung, doch die Presse und Boulevardblätter machten den Skandal landesweit publik, was dem Moderator zwei Wochen Freistellung einbrachte. Die Pistols mussten ihrerseits hinnehmen, dass die meisten Termine auf ihrer Tournee von der Rank Leisure Services Ltd abgesagt wurden, weil der Veranstalter mit der dekadenten Band nicht mehr in Verbindung gebracht werden wollte.[74] Die Tournee begann schließlich am 6. Dezember an der heutigen Hochschule Leeds Polytechnic, denn nur wenige Orte boten den Sex Pistols eine Bühne. Zu diesen Orten zählte der ›Electric Circus‹ in Manchester, der von Allan Robinson und Graham Brooks geführt wurde und bisher eher als Heavy-Metal-Location bekannt gewesen war – am 9. und 19. Dezember fanden hier zwei Konzerte der Tournee statt.[75] Ursprünglich sollten The Damned auftreten, sie wurden aber von den Buzzcocks ersetzt. Das Line-up verzeichnete die Buzzcocks, The Clash, Johnny

Thunders & the Heartbreakers sowie die Sex Pistols und lockte ein zahlreiches einheimisches Publikum, das punkig gekleidet war, mit Flaschen warf und sowohl ins Publikum als auch auf die Bühne spuckte – hier zeigte sich die Hinwendung eines Teils der Jugend zu der neuen Bewegung. Die Buzzcocks machten keinen großen Eindruck auf den Journalisten von *Sounds*, Peter Silverton, der sie als »Provinzabklatsch der Pistols« bezeichnete.[76] Nichtsdestotrotz sangen und spielten sie eine Musik, die von ihrer Zeit geprägt war und der verunsicherten Jugend von Manchester eine Stimme gab. Anthony Wilson beschrieb es so:

> »Manchester war der perfekte Ort für Punk, alle Voraussetzungen waren erfüllt. Die Wut des Punk entsprach einer postindustriellen Brachfläche wie Manchester vollkommen. Die sozialen Voraussetzungen waren auch gegeben. [...] Der Punk war eine Reaktion auf das öde Leben in Londoner Vorstädten, doch in einer postindustriellen Mondlandschaft kam er erst voll zur Geltung. Der Punk prägte bald ganz Manchester.«[77]

Man glaube jedoch nicht, damals hätten alle Bands in Manchester diese Art von Musik gespielt, oder Punk wäre *der Hit* schlechthin gewesen – nein, die meisten Platten verkauften 1976 Bands wie Led Zeppelin, Queen, Abba und die Eagles. Zudem belegt der Erfolg der frisch gegründeten Rockband Sad Café, dass die Punkmusik in Manchester noch ziemlich *underground* und das Publikum sehr klein war. John Cooper Clarke erinnert sich:

> »Punk war nicht das Massenphänomen, als das man ihn heute gern darstellt; so richtig dabei waren vielleicht siebzig Leute, die damit erzeugte öffentliche Aufmerksamkeit war natürlich unverhältnismäßig. Die meisten Städte waren gänzlich feindliches Terrain und in den Städten, in denen sich die Bewegung entfaltete, blieb sie doch ein marginales Randphänomen.«[78]

Als relativ kleine, aber symbolisch starke Bewegung bildete der Punk eine unabhängige Jugendkultur mit eigenen Codes, eigenen Riten und Ausdrücken, eigener Kunst und Musik, wodurch man sich um einen gemeinsamen Diskurs gruppierte und gegen die früheren Generationen stellte, die eine verkommene Gesellschaft ohne irgendeine Perspektive hinterlassen hatten.

Die Mitglieder der Buzzcocks vertraten die DIY-Philosophie des Punk und finanzierten also ihre erste EP *Spiral Scratch* aus eigener Tasche; aufgenommen am 28. Dezember 1976 in den Indigo Sound Studios von Dave Kent-Watson (Manchester), wurde die Platte am 29. Januar 1977 beim eigenen, frisch gegründeten Label »New Hormones« veröffentlicht. Es war das erste unabhängige Punk-Label in England. Auf die Beine gestellt wurde es von Richard Boon, der (nach dem Ende seines Studiums) nach Manchester gezogen und Manager der Band geworden war, sowie von Shelley und Devoto, die ihre Musik selbst produzieren wollten. Produziert wurde die EP mit ihren vier Titeln von Martin »Zero« Hannett, den die Band über den Dichter John Cooper Clarke kennengelernt hatte. Hannett hatte 1970 an der Manchester Polytechnic einen Abschluss in Chemie gemacht. Seit 1973 war er Teil einer Agenturgenossenschaft namens Music Force, die »die Musik lebendig halten« wollte und also den einheimischen Jugendlichen nicht nur Proberäume zur Verfügung stellte, sondern für sie auch Konzerte organisierte, Werbung machte und bei Auftritten logistische Hilfe leistete.[79] Dort lernte er auch seine zukünftigen Partner von Rabid Records kennen, Tosh Ryan und Lawrence Beedle. Seine Agentur organisierte Konzerte in Pubs und besonderen Sälen wie dem ›Rafters‹ oder dem ›Band on the Wall‹. Der ›Band‹ war im 19. Jahrhundert zunächst eine Kneipe namens ›George and Dragon‹ gewesen, die Ende der 1930er mit ihrem Musikprogramm Bekanntheit erlangte. In den 1970er-Jahren wurde das Pub von dem Jazz-Klarinettisten Steve Morris geführt, dem Gewerkschaftsboss der örtlichen Musicians' Union.[80] Hannett kümmerte sich um die Tontechnik der Konzerte und spielte zudem Bass in einer Band namens Greasy Beat.[81]

Spiral Scratch war die erste selbstproduzierte Punk-Platte.[82] Pete Shelley erinnert sich:

> »Man musste echt irre sein, um sowas zu machen. Das war völlig neu damals, denn die Labels machten nunmal die Platten und nicht die Bands. Uns war dann aber klar, dass die Presswerke die Platten auch für uns pressen konnten. Wir wollten einfach eine Platte machen und sie unseren Kumpels zeigen. Wir haben zuerst 1.000 Stück gepresst, später dann ein paar mehr.«[83]

Die Lieder der EP erzählen auf ihre Weise vom Alltag der Jugendlichen in Manchester. So beschreiben beispielsweise die ersten beiden Strophen von »Boredom«, Howard Devoto schrieb das Lied auf Nachtschicht in einer Fabrik bei Salford,[84] die Langeweile der Jugendlichen in Manchester:

> »Yeah – well – I say what I mean / I say what comes to my mind / I never get around to things / I live a straight – straight line / You know me – I'm acting dumb / You know the scene – very humdrum / boredom – boredom«[85]

Die Erstpressung der EP war ein voller Erfolg, immerhin verkaufte sie sich auch ohne echtes Vertriebsnetz 16.000 Mal.[86] Ungeachtet dieses Durchbruchs verließ Howard Devoto die Band im Februar nach nur elf Konzerten, wandte sich vom Punk ab und seiner literaturwissenschaftlichen Abschlussarbeit am Bolton Institute wieder zu.[87] Nach seinem Ausstieg unterstützte er Richard Boon weiterhin im Management der Buzzcocks und des Labels New Hormones.[88] Pete Shelley fand sich hinter dem Mikro wieder, Steve Diggle übernahm die Gitarre und Garth Smith, ein Freund von Peter, den Bass. Ihr erstes Konzert ohne Devoto gaben sie am 11. März 1977 im ›Coliseum‹, im Londoner Stadtteil Harlesden.[89] Zwei Monate später begleiteten die Buzzcocks The Clash auf der »White Riot Tour« durchs ganze Land. Einigermaßen erfolgreich, unterschrieben die Buzzcocks dann am 16. August 1977 (dem Tag, an dem Elvis Presley starb) in der Kneipe im ›Electric Circus‹ einen Vertrag mit dem Major-Label United Artists.

Die Punk-Szene kommt in Fahrt

Das Jahresende 1976 stand für einen Aufbruch in der Musikszene Manchesters, doch erst seit 1977 gewann die Szene an Bedeutung. Im Herbst 1976 und im Frühjahr 1977 traten die Bands Buzzcocks und Slaughter and the Dogs bei Anthony Wilson in der Sendung *What's On* auf, damit machte der Sender Granada TV die lokalen Bands in der Region populär.[90] Der Journalist Paul Morley, der von 1977 bis 1983 als Korrespondent des *New Musical Express* in Manchester tätig war, erinnert sich:

> »Im Laufe des Jahres 1977 veränderte sich Manchester im Wochenrhythmus [...] Die Szene entstand und nahm Gestalt an, es gab ja neue Orte, an denen man auftreten konnte.«[91]

Seit April 1977 veranstaltete der ›Electric Circus‹ regelmäßig Punk-Abende, bei denen die beliebtesten Bands aus UK und USA auftraten, so etwa The Clash am 8. Mai, The Jam und The Slits ebenfalls im Mai sowie am 22. des Monats The Ramones und Talking Heads (für 1,50 £ pro Karte). Die blutjunge Band Stiff Kittens – wenig später umbenannt in Warsaw – gab dort ihr allererstes Konzert, am 29. Mai als Vorband von Penetration und Buzzcocks.[92] Als ehrgeiziger Journalist war Anthony Wilson bald Stammgast im neuen Punk-Tempel von Manchester.[93] Der ›Electric Circus‹ war indes nicht der einzige

Saal, der sich der aufstrebenden Szene öffnete. Die Bands tourten vielmehr durch den ›Ranch‹ in der Dale Street – dort hatten die Buzzcocks, einen Monat nach dem Konzert mit den Sex Pistols, ihren zweiten Auftritt[94] –, den ›Band on the Wall‹ in der Swan Street und durch den ›Mayflower Club‹ in der Birch Street im Stadtteil Belle Vue, den ›Oaks Hotel‹ in der Barlow Moor Road in Chorlton (Rob Gretton war dort DJ und Programmgestalter)[95] sowie einen Kellerclub in der Oxford Street namens ›Rafters‹ und den ›Squat Club‹ in der Devas Street, der früher zum Royal Manchester College of Music gehört hatte, das Anfang der 70er abgerissen und durch ein Parkhaus ersetzt wurde. Das Gebäude war von Studenten besetzt und in ›The Squat‹ umbenannt worden, seither diente es als Ort für Konzerte, Theateraufführungen und einige Studentenversammlungen – bevor 1982 die Abrissbagger anrückten.[96]

Unter dem Eindruck dieser Dynamik entstanden in der Stadt und in den Vororten zahlreiche Bands. Nach einigen Artikeln über die Buzzcocks, auch einer Besprechung ihrer EP *Spiral Scratch*,[97] verfasste der Journalist Paul Morley für den *New Musical Express* einen Text mit dem Titel »They mean it M-a-a-a-nchester«,[98] in dem er die musikalische Energie beschrieb, die von der Stadt ausging. Zur Szene in Manchester zählten denn die Salford Jets (die Band hatte ursprünglich zum Glam tendiert), Lister Ray (wo sich Johnny Marr seine ersten Sporen verdiente) und Fast Breeder, außerdem The Worst (die Bandmitglieder, allesamt Mechaniker, spielten in Arbeitskluft) und The Drones (deren Manager war der Journalist Paul Morley[99]) sowie Ed Banger and The Nosebleeds (hier waren unter anderem Steven Morrissey und Vini Reilly mit von der Partie), nicht zuletzt The Frantic Elevators und The Panik (deren EP *It Won't Sell* bei Rob Grettons Label, Rainy Days Records, erschien und die einzige Platte sowohl der Band als auch des Labels bleiben sollte),[100] schließlich auch The Fall und Warsaw sowie natürlich die Buzzcocks und Slaughter and the Dogs.

Slaughter and the Dogs

Mick Rossi und Wayne Barrett stammten beide aus der Arbeiterklasse im südlichen Vorort Wythenshawe, sie gründeten 1975 Slaughter and the Dogs. Die Band war bald einer der Wegbereiter des Punk im Nordwesten Englands. Man warf ihnen zwar vor, eine Modewelle auszunutzen, nichts-

2. Punkrock – Aufschrei einer desillusionierten Jugend

destotrotz wurde Slaughter and the Dogs 1977 als erste Band der Punkszene in Manchester beim Major-Label Decca unter Vertrag genommen. Ihre erste Single »Cranked Up Really High« produzierte Martin »Zero« Hannett, und teilfinanziert wurde der Spaß mit ganzen 200 £ von Rob Gretton, der DJ im ›Rafters‹ und zugleich auch Präsident des Fanclubs der Band war.[101] Sie erschien im Juni 1977 bei Rabid Records.[102] Es war die allererste Single des Labels, das in einem ehemaligen Lebensmittelgeschäft in der Cotton Lane 20 in Withington im Süden von Manchester residierte.[103] Die Pressung verkaufte sich 18.000 Mal und bescherte der kleinen Firma einen beträchtlichen Gewinn. Als Gitarrist und Gründungsmitglied der Band blickt Mick Rossi zurück:

> »Noch bevor die Pistols auftauchten, füllten wir so langsam die Säle und machten die Dinge auf unsere Art. Ich glaube nicht, dass man über Nacht zur Punkband werden kann. Wir waren jedenfalls eine.«[104]

Ihre Fans, vornehmlich aus Wythenshawe, waren berühmt-berüchtigt dafür, die Konzerte bei jeder Gelegenheit zu einer Massenschlägerei umzufunktionieren, insbesondere wenn Leute aus Salford im Saal waren.[105]

The Fall

The Fall wurde 1976 von Mark E. Smith in Prestwich gegründet und hob sich vom übrigen Punk ab, weil Mark in seinen Liedern nicht die Gesellschaft schmähen, sondern Geschichten erzählen wollte. Er wollte, wie er sich ausdrückte, »primitive Musik« mit »intelligenten Texten« kombinieren.[106] So handelt zum Beispiel »Industrial Estate«, seine dritte oder vierte Komposition, von der Arbeit im Hafen, die er aus eigener Anschauung als 16-jähriger Transportarbeiter in den Docks von Salford kannte.[107]

Mit sechs Jahren hatte er gesundheitliche Probleme gehabt, die ihn von seinen Schulkameraden entfremdeten. So freundete er sich mit den irischen Kindern in Salford an, für die Kultur kaum eine Rolle spielte.[108] Für Texte und Literatur begeisterte er sich im Alter von vierzehn, fünfzehn Jahren, als er anfing, kleine Geschichten zu schreiben, und sich für den Roman *Der Bürgermeister von Casterbridge* von Thomas Hardy interessierte.[109] Damals hatte er gegen etwas Northern Soul nichts einzuwenden, Musik spielte für ihn aber keine große Rolle.[110] Mit fünfzehn begann er langsam, »die Türen seiner Wahrnehmung zu öffnen« und LSD zu nehmen, mit sechzehn fing er an zu rauchen. Seine Wünsche beschränkten sich damals darauf, eine Wohnung zu finden, Drogen zu nehmen und alle fünfe gerade sein zu lassen, doch die gesellschaftliche Realität holte ihn bald ein und nötigte ihn, in den Sommerferien mit seinem Vater zu arbeiten.[111] Nachdem er seinen Job in den Docks von Salford verloren hatte, vertiefte sich Mark ins Lesen und Schreiben, bevor er mit seiner Freundin Una Baines, die er im Heaton Park kennengelernt hatte, eine Band gründete.[112] Beeinflusst waren sie von den Bands auf den »Nuggets«-Samplern, von Patti Smith, The Ramones und Krautrockgruppen wie Can und Neu![113]

Den Namen der Band wählten Mark und der Bassist Tony Friel in Anlehnung an den englischen Titel von Albert Camus' *Der Fall* aus: Tony hatte die Band »The Outsider« nennen wollen, doch Camus' *Der Fremde* hatte Mark als Buch nicht so gut gefallen, außerdem nannte sich eine andere Band schon so.[114] Bis zum Tod ihres Gründers Mark E. Smith im Jahr 2018 wechselte die Besetzung von The Fall immer mal wieder, zu Beginn bestand sie aus Mark an der Gitarre und am Mikrofon, Una Baines am Keyboard, Martin Bramah an Gitarre und Mikro ganz zu Anfang der Band sowie aus Tony Friel am Bass.[115] Als Schlagzeuger gewann Mark im ›Labour Club‹ Karl Burns – dieser hatte schon mit einem gewissen Vini Reilly gespielt.[116]

Ihren ersten Auftritt hatten sie am 23. Mai 1977[117] im ›North West Arts Basement‹, weil sie Mitglied im Manchester Musicians' Collective waren, einer Selbsthilfegruppe für Bands in Manchester unter der Leitung von Trevor Wishart und Richard »Dick« Witts, dem Sänger von The Passage; beide waren Kollegen des Fernsehjournalisten Anthony Wilson von Granada TV.[118] Die Mitglieder der Vereinigung liehen sich gegenseitig Ausrüstung und tauschten auch Veranstalterkontakte aus, so schloss sich die Szene des Großraums zusammen.[119] Paul Morley berichtet über das Konzert von The Fall am 18. August 1977 im ›Ranch‹:

> »Im Ranch gab es keine Bühne und ich weiß noch, wie The Fall mitten im Publikum spielte, das maximal zwanzig Personen umfasste.«[120]

Im Sommer 1977 spielte The Fall eine Zeitlang als Vorband für die Buzzcocks.[121] Ihre Kompositionen zwischen Garage-Rock und Post-Punk – wie man sie auf dem Album *Live 77* findet[122] – machten sie zu einer atypischen Band der neuen Szene. Der britische Autor und Journalist Simon Reynolds beschreibt ihre Musik so:

»Mark E. Smith von The Fall erfand eine Art magischen, nordenglischen Realismus, indem er den industriellen Schmutz mit Überirdischem und Unheimlichem verband und das Ergebnis auf einzigartig monotone Weise vortrug, was wie betrunkenes Faseln und wütendes Speedgequassel gleichzeitig klang.«[123]

Ihre erste EP *Bingo-Master's Break Out!* finanzierte Richard Boon von New Hormones im November 1977. Das Label hoffte vergebens auf Geldmittel von United Artists, die gerade die Buzzcocks unter Vertrag genommen hatten: Dem Label ging das Geld aus und die Zusammenarbeit scheiterte.[124] *Bingo-Master's Break Out!* kam schließlich ein Jahr später heraus, nachdem eine erste »Peel Session« der Band am 15. Juni 1978 in der BBC ausgestrahlt worden war[125] und die Aufmerksamkeit des Londoner Labels Step Forward erregt hatte, welches ihnen eine Chance gab, weil man sie für originell und »underground« hielt.[126]

Der BBC-Radiomoderator John Peel hatte sich in den späten 1960er-Jahren einen Namen gemacht. 1967 legte er beim Piratensender »Radio London« auf und war Stammgast im legendären Londoner ›UFO-Club‹, wo er auf LSD unterwegs war.[127] Nachdem er bei der BBC angeheuert hatte, stach Peel vor allem dadurch hervor, dass er in seiner Sendung Folk-Rock, Progressive Rock, Reggae sowie Kult- und Alternativkünstler spielte. In der zweiten Hälfte des Jahrzehnts spielte er mit seinem Interesse für Punk- und später für Post-Punk-Bands eine wichtige Rolle. Dank seines Scout-Talents war er bald eine Figur der Bewegung, an der niemand vorbei kam, denn er spielte unbekannte Bands in seiner Sendung und verhalf ihnen damit zu einem gewissen Bekanntheitsgrad.

Warsaw

Nach dem Konzert der Sex Pistols in der ›Lesser Free Trade Hall‹ kaufte sich Peter Hook einen Bass und wollte mit seinem Freund Bernard Sumner, der bereits eine Gitarre besaß, eine Band gründen. Sie erlernten die Grundlagen ihrer Instrumente im Wohnzimmer von Sumners Großmutter, doch nachdem alle ihre Freunde für den Gesang vorstellig geworden waren, aber niemand überzeugen konnte, standen sie ohne Schlagzeuger und ohne Sänger da. Auf dem Konzert der »Anarchy Tour« im ›Electric Circus‹ hatten sie am 9. Dezember 1976 einen jungen Mann namens Ian Curtis angesprochen, der sich mit der Zeit bereit erklärte, in ihrer Band zu singen.[128] Der frisch verheiratete Curtis verdiente seinen Lebensunterhalt als Angestellter einer Arbeitsagentur.

Ursprünglich als Stiff Kittens – der Name geht auf Richard Boon zurück[129] – nahmen sie Kontakt zu Pete Shelley auf, der ihnen anbot, am 29. Mai 1977 als Vorband der Buzzcocks im ›Electric Circus‹ aufzutreten. Wenige Tage vor dem Konzert gewannen sie Tony Tabac als Schlagzeuger und änderten den Bandnamen in Warsaw, nach dem Song »Warszawa« auf dem damals neuesten Album von David Bowie, Low. Es folgten Auftritte im ›Rafters‹ am 31. Mai als Vorband der Heartbreakers[130] sowie am 3. Juni im ›Squat‹ auf dem Festival »Stuff the Jubilee«, wo sie neben The Fall, The Drones, The Worst und The Negatives spielten.[131] Aus beruflichen Gründen verließ Tony die Band nach nur einem Monat wieder, das Konzert am 25. Juni im ›Squat‹ war sein letztes.[132] Ersetzt wurde er durch Steve Brotherdale und später Stephen Morris, der sich auf einen Aushang hin vorstellte, den Ian Curtis im Jones Music Store in Macclesfield gemacht hatte.[133] Das erste Konzert mit Stephen Morris gaben sie am 27. August 1977 im ›Eric's‹ in Liverpool.[134] Die vier Musiker hatten sich anfangs auf den Pfad des Punk begeben und sich um einen von den Sex Pistols und Buzzcock inspirierten Stil bemüht.

John Cooper Clarke

Als die Punkbewegung aufkam, war der *urban poet* John Cooper Clarke schon vergleichsweise alt, verglichen mit den übrigen Künstlern der jungen Szene. Er gehörte einer anderen Generation an, der unmittelbaren Nachkriegszeit. 1949 in Salford geboren, begeisterte er sich für die großen Namen des amerikanischen Rock'n'Roll, der Ende der 50er-Jahre an Fahrt aufnahm.[135] Neben der Schule arbeitete er bereits als Elfjähriger im Wettgeschäft. Sein Job war es, die Wetteinsätze bei Pferderennen, aber auch bei illegalen Hundekämpfen und konspirativen Boxkämpfen einzusammeln.[136] 1962 entdeckte und bewunderte er die Beatles bei ihrem Auftritt in der Sendung *People and Places* auf Granada TV.[137] Besonders von ihrem Kleidungsstil war Cooper beeindruckt und interessierte sich fortan für Mode, wie ein Gutteil der Jugend in der Mod-Hochburg Manchester. Er erzählt:

> »Manchester war Mod und es war von kapitaler Bedeutung, wie du aussahst. Es ging darum, sich von der Masse abzuheben und das sichere Selbstvertrauen zu haben, dass du besser aussiehst als andere Leute, egal welche Sprüche kommen.«[138]

Als Teenager interessierte er sich für Literatur und beschloss mit fünfzehn, Dichter zu werden.[139] Cooper war mit der Beat-Kultur aufgewachsen und hatte in den Sechzigern die Anfänge des British Rock verfolgt, quasi folgerichtig wurde er Mitglied des ›Oasis Club‹, eines Konzertsaals mit 200 Plätzen, in dem britische Bands wie The Animals, The Who, Jimmy Powell and The Five Dimensions, The Stylos, Wayne Fontana and the Mindbenders, The Cymerons und die Beatles, aber auch amerikanische Gruppen wie Bo Diddley, Lee Dorsey und viele andere auftraten.[140] Die Entfaltung der Popkultur der 1960er-Jahre, die *Swinging Sixties* veranlassten ihn, mit Freunden eine eigene Band zu gründen und zur Bassgitarre zu greifen. Ursprünglich The Mafia, benannte sich die Band bald in The Vendettas, später in The Chaperones um. John Cooper Clarke erinnert sich: »Im Grunde wollten wir die Rolling Stones sein.«[141] Dieses amateurhafte Unterfangen erlaubte es ihm, sich als Lieddichter und Texter zu versuchen, schließlich sollte ihr Repertoire nicht nur aus Coverversionen bestehen.

Doch der junge John brauchte eine echte Erwerbsarbeit und begann mit 17 eine Ausbildung als Drucker bei Cheetham & Co. im Stadtteil Ancoats.[142] In seiner Freizeit verkehrte er in Jazzclubs wie dem ›Club 43‹ und trug dort erste Gedichte vor.[143] Als kleines Nachtlokal im Norden von Manchester, in Harpurhey, suchte der von Bernard Manning geleitete ›Embassy Club‹ nach etwas Pepp und gab Cooper die Gelegenheit, seine Gedichte auf der Bühne vorzutragen.[144] Seinen ersten bezahlten Auftrag erhielt Cooper von einem Unternehmer namens Alex Norton, der eine Hymne auf seinen neuen Nachtclub brauchte, der ›Penny University‹ heißen sollte.[145] Ende der Sechziger frisch verheiratet, zog Cooper ins südenglische Shaftesbury und später nach Plymouth, wo er als Brandschutzbeauftragter des Royal Naval Dockyard arbeitete.[146] Schließlich kehrte er mit seiner Frau Christine, von der er sich kurz darauf trennte, nach Manchester zurück. Bald brach er – nach einem Unfall – mit einer Freundin zu einem Roadtrip auf, per Anhalter reisten sie nach Frankreich und Spanien. In Barcelona wollte er auf unbestimmte Zeit verweilen.[147] Mit 26 entschloss er sich zur Heimkehr und arbeitete als Techniker am Salford Technical College. Gleichzeitig behielt er sein Ziel im Auge und verdingte sich als Unterhalter und Stammkünstler im zentral gelegenen Nachtclub ›Mr Smiths‹ sowie in anderen Lokalen wie dem ›Piccadilly Club‹ und dem ›New Luxor Club‹.[148] Dank dieser Nachtschichten konnte er regelmäßig die Wirkung seiner Gedichte ermessen. Sein Wunsch war es nicht, klassischer Dichter, sondern urbaner Dichter zu sein, der mit seinen Texten eine Konsumgesellschaft verspottet, die ihm zur Inspiration dient. Inspirieren ließ er sich von Werbeclips im Fernsehen und von Filmtiteln wie *I Married a Monster from Outer Space* des amerikanischen Regisseurs Gene Fowler Junior. Cooper Clarke erzählt:

> »Ich achtete damals sehr auf gesellschaftliche Entwicklungen, und wenn ich einen witzigen Dreh mit einer Lokalnachricht aus Manchester hinbekam, lief das immer ganz gut.«[149]

In der ersten Hälfte der 1970er-Jahre verkehrte er im ›Russell Club‹, dessen künstlerische Leitung vor allem Dub- und Reggae-Künstler bedachte. Glaubt man Cooper, waren diese Abende wegen der ohrenbetäubenden Beschallung und der schrägen Atmosphäre die ersten Punk-Vorläufer-Veranstaltungen in Manchester.[150] Steve Morris bot ihm an, seine Arbeiten im ›Band on the Wall‹ vorzutragen – ein Glücksfall für den aufstrebenden Dichter, denn der Saal schloss spät und war Anlaufpunkt für die Lokalgrößen aus dem Showbusiness.[151]

John Cooper Clarke war da, beim zweiten Konzert der Sex Pistols in der ›Lesser Free Trade Hall‹ am 20. Juli 1976, auf dem auch die Buzzcocks spielten. Er erinnert sich:

> »Das Konzert war die bestmögliche Initiation in das Phänomen Punk. Im Unterschied zu dem trägen Matsch, den man sonst damals hörte, trimmten alle drei Bands ihre Songs auf Kürze und Tempo, weitere Gemeinsamkeiten gab es nicht. Der Punk hatte Manchester noch nicht erreicht [...], doch das Line-up selbst verband wirklich perfekt drei sehr unterschiedliche Ausformungen des Punk, wie wir ihn kennen.«[152]

Trotz seines relativ fortgeschrittenen Alters gefiel Cooper Clarke der Hang zu Selbstzerstörung und Systemkritik, der in der Punkmusik der jungen Generation zum Ausdruck kam. Wenn er hier eine besondere Vorliebe hatte, dann zur Musik der Stranglers.[153] Kurz nach dem zweiten Manchester-Konzert der Sex Pistols lernte er im ›Band on the Wall‹ Pete Shelley, Howard Devoto und Linder Sterling kennen; die drei Jugendlichen wurden wegen seiner untypischen Dandy-Kleidung auf ihn aufmerksam. Es waren die Buzzcocks, die ihn in Punkerkreise einführten und dazu brachten, sich der aufstrebenden Szene anzuschließen.[154] Schon kurz nach der Gründung von The Fall teilte er sich mit ihnen die Bühne. Sie pflegten enge Verbindungen, denn John kannte die Mutter von Mark E. Smith, die im Postamt von Sedgley Park arbeitete.[155] Weil sie keinen Proberaum fanden, nutzten der junge Mark und seine Band das Haus des Dichters zum Proben.[156]

Cooper Clarke suchte die Anerkennung seiner Begabung für zeitgenössische Poesie und ihm war klar, dass er als Teil dieser Szene in der Hauptstadt würde auftreten können. Am 4. Juli 1977 war es so weit: John Cooper Clarke und The Fall traten erstmals in London auf, sie begleiteten die Buzzcocks bei der Eröffnung des neuen Punk-Schuppens ›Vortex‹ in der Wardour Street 203. Das Londoner Publikum schenkte den Künstlern[157] aus Manchester jedoch keine Beachtung, die in ihren nordenglischen Sälen wie dem ›Band on the Wall‹ – wo man die blutjunge Szene mit offenen Armen empfing – merklich erfolgreicher waren. John Cooper Clarke erinnert sich:

> »Unter Steve Morris, dem langjährigen und überragenden Kopf der Gruppe, wurde der ›Band on the Wall‹ bald zur Avantgarde einer Szene aufstrebender Punkbands in Manchester. Für Steve war klar, Geschäft ist Geschäft: Der Alkoholverkauf war wichtiger als jede Musikrichtung. Die Punkmusik war ganz und gar nicht nach seinem Geschmack, das Interessante an den Punks war ihr enormer

> Durst, und wenn du Gäste im Schlepptau hattest, dann war Steve Morris dein Freund.«[158]

Der Dichter blieb weiter Teil der neuen Szene und lernte den Produzenten Martin »Zero« Hannett kennen, der Cooper Clarke trotz anfänglicher Skepsis dazu brachte, seine Texte mit der Musik einer Band einzuspielen. Der Publicity wegen stimmte er zu, seine Gedichte mit der Musik der eigens gegründeten Band The Curious Yellows zu unterlegen, die für Rabid Records eine erste EP produzierten – *Innocents E.P.* erschien im November 1977.[159] Der Radio-DJ John Peel sendete einige Wochen im Vorhinein mehrfach einige Stücke der noch unveröffentlichten EP und kurbelte damit die Verkäufe an. Nach Veröffentlichung der Platte wurde Cooper Clarke ins Fernsehen eingeladen und sein Bekanntheitsgrad festigte sich, so dass er in Sälen wie dem ›Eric's‹ (Liverpool), dem ›Limit‹ (Sheffield), dem ›Nikkers‹ (Keighley), dem ›Barbarella's‹ und dem ›Cedar Ballroom‹ (beide Birmingham) oder dem ›Rock Garden‹ (Middlesborough) auftreten konnte.[160]

Am 4. Dezember 1977 trat er zum zweiten Mal in Tony Wilsons Sendung *So It Goes* bei Granada TV auf, ausgestrahlt wurde die Aufnahme eines Auftritts im ›Elizabeth Ballroom‹ von Belle Vue Garden, wo er sein Gedicht »Kung Pu International« vortrug. Drei Wochen später, am 27. Dezember, landete sein Song »Suspended Sentence« auf dem fünften Platz von John Peels jährlicher Hitliste »Festive Fifty«.[161]

Die Punkmusik hatte auf Manchester elektrisierende Wirkung, doch die Blüte des ›Electric Circus‹ war nur von kurzer Dauer. Bevor der Saal mit dem 3. Oktober 1977 endgültig schloss, spielten an den letzten beiden Abenden die Bands Steel Puise und The Droites am Samstag sowie Warsaw, The Perfects, The Worst, The Fall, Magazine – die neue Band von Howard Devoto absolvierte an diesem letzten Abend ihren ersten Auftritt[162] – und die Buzzcocks sowie John Cooper Clarke.[163] Die Konzerte wurden mit einem tragbaren Studio von Virgin Records aufgezeichnet, Produzent war Mike Howlett, und am 9. Juni 1978 erschien die LP unter dem Titel *Short Circuit: Live at the Electric Circus*[164] – für die Bands The Fall und Warsaw eine erste Platte mit ihren Songs. Der Fakt, dass ein Major-Label wie Virgin Records Interesse an solch einem Ereignis zeigte, zeugt von der beachtlichen Entwicklung der Punk-

2. Punkrock – Aufschrei einer desillusionierten Jugend

musik in der britischen Konzertlandschaft wie auch der Musikszene von Manchester. Im Juni 1977 war »God Save the Queen« von den Sex Pistols die bestverkaufte Single in England gewesen, obwohl sie von Radiosendern und Plattenläden boykottiert wurde.[165] Der Journalist Paul Morley berichtete für den *New Musical Express* von diesem Abschlussabend.[166] Die Schließung des ›Electric Circus‹ setzte der musikalischen Vitalität der kraftstrotzenden Szene allerdings kein Ende. Peter Hook erinnert sich:

> »Obwohl der Electric Circus schon ein Jahr geschlossen war, boomte die Punkszene 1978 wie verrückt, folglich gab es ständig irgendwo ein Konzert. [...] Eine Zeitlang lief alles fabelhaft, die Szene war klasse, doch ein Jahr später ging dann alles den Bach runter, als das Ranch und das Rafters ihr Interesse an Punk verloren.«[167]

Die Musikszene in Manchester hatte sich seit 1976 erstaunlich entwickelt und zahlreiche Bands hervorgebracht. Verstärkt wurde diese Dynamik durch die tatkräftige Unterstützung der Buzzcocks für aufstrebende Bands, die ihren Platz in der Szene noch erringen mussten; allerdings steckte die Szene der Stadt noch immer in den Kinderschuhen. Bereits 1977 entwickelte die Punkszene in Manchester eine neue Musikrichtung, den Post-Punk.

3. Das Universum des Postpunk

Ein eigener Sound muss her

Zwar hatte Punk die britische Jugend im Jahr 1976 in helle Begeisterung versetzt, doch war der Aufstieg der Bewegung von kurzer Dauer. Erstens unterschrieb The Clash am 25. Januar 1977 beim Major-Label CBS und gab damit in den Augen ihrer Fans der ersten Stunde den untergründigen und unkommerziellen Aspekt der Anfänge auf.[168] Mit der Auflösung der Sex Pistols, nachdem John Lydon infolge einer katastrophalen US-Tournee die Band im Januar 1978 verlassen hatte, und dem Tod von Sid Vicious (John Simon Ritchie) durch eine Überdosis Heroin am 2. Februar 1979 endete die ursprüngliche Energie der Bewegung. Der britische Autor und Journalist Simon Reynolds erklärt es wie folgt:

> »Im Sommer 1977 war Punk zur Parodie seiner selbst geworden. Viele der ursprünglich an der Bewegung Beteiligten hatten das Gefühl, etwas Offenes, das einst voller Möglichkeiten zu stecken schien, sei zur kommerziellen Formel verkommen. Schlimmer noch: Punk hatte sich als Jungbrunnen eben jener etablierten Plattenindustrie erwiesen, welche die Punks zu entmachten gehofft hatten.«[169]

Schon 1977 sprach man über eine kommerzielle Vereinnahmung der Bewegung, bereits 1978 brachte die Band Crass den Song »Punk Is Dead« heraus und prangerte darin diese Vorgänge an. Der Punk, der eine Stunde Null der Rockmusik hatte sein wollen, war bloß noch eine subversive Strömung unter kommerziellen Vorzeichen.

Im selben Jahr betitelte die Presse mit einem neuen Begriff einen neuen Stil, der sich aus der Punkmusik ableitete.[170] Der Begriff »Post-Punk« sollte eine Richtung bezeichnen, deren Instrumentierung aufwändiger und experimenteller war, während die Texte sich düsterer und introspektiver gaben. Zu ihren Haupteigenschaften zählte die Mischung früherer Musikstile: Die Bands, denen man das Etikett Post-Punk anheftete, zogen so verschiedene Register wie Reggae und Dub, Krautrock, Disco und gar Funk. Die Richtung verwies auch auf den Glamrock der frühen Siebziger, etwa auf Bowie oder Roxy Music. Der Post-Punk wollte mit den Stereotypen des Rock'n'Roll und des »Rockstars« brechen und sich auf die Musik an sich, auf das klangliche

3. Das Universum des Postpunk

Experiment konzentrieren. Wie beim Punk liegt dem der Gedanke zugrunde, den typisch weißen US-Rock hinter sich zu lassen und auch europäische Erfahrungen wahrzunehmen. Die Bands bemühten sich um eine moderne, zeitgenössische Musik; in den Stücken nahm der Bass eine neue Rolle ein und beschränkte sich nicht mehr auf eine Begleitfunktion, in manchem Lied trat er nun als melodischer und zentraler Akteur auf. Doch Post-Punk lässt sich als eigenständige Strömung nur schwer bestimmen, eben weil es den Gruppen, die unter diesem Begriff subsummiert werden, an einem gemeinsamen Nenner fehlt. So ähnelten sich die Einflüsse von A Certain Ratio, Joy Division, Gang of Four, Magazine und Public Image Limited vielleicht, doch in den Stücken all dieser Formationen schlugen sie sich nicht in gleicher Weise nieder.

Seit Anfang der 1970er-Jahre ließ sich eine gewisse deutsche Experimentalband von der industriellen Atmosphäre ihrer Heimatstadt Düsseldorf inspirieren und erschuf eine neuartige Musik. Kraftwerk konzipierte mit ihrem Synthesizer-Klangteppich eine Instrumentierung, deren düstere, lärmende, atmosphärische Stimmung ganz wunderbar zu Stadtlandschaften passte, die von Fabriken und Industriebauten aller Art durchzogen waren. Das Album *Autobahn* (1974) bildete bald die Speerspitze eines neuen Stils, der sich als Avantgarde der elektronischen Musik abzeichnete, bei der Sequenzer, Drumcomputer und Synthesizer den Takt vorgaben. Diese Klangfarben, die die Stimmung in den postindustriellen Großstädten wiedergeben, scheinen David Bowie zum Album *Low* (Januar 1977) und in der Produktion von *The Idiot*, dem ersten Soloalbum von Iggy Pop (März 1977), inspiriert zu haben: Zwei wirkmächtige Alben der Post-Punk-Bewegung, die ungeachtet ihrer unkommerziellen Stoßrichtung den Sound der späten 1970er-Jahre prägten – dies teils auch dank der Synthesizer, die man damals in erster Linie mit Progressive Rock assoziierte.[171] In dieser Zeit vollzogen sich die Synthese verschiedener Musikrichtungen und die Begegnung von Musikern im Zentrum Europas, das von der Deindustrialisierung und dem Klima des Kalten Krieges ganz erfasst war: »Wir laufen 'rein in Düsseldorf City / Und treffen Iggy Pop und David Bowie / Trans Europa Express / Trans Europa Express / Trans Europa Express / Trans Europa Express / Trans Europa Express«.[172]

Magazine

1977 vom früheren Buzzcock-Mitglied Howard Devoto gegründet, entwickelte sich Magazine dank der unpolitischen Positionen und der Klangforschung ihres Gründers zu einer der Avantgarde-Gruppen des Post-Punk in Manchester, die sich von den rohen Stücken des Punk zu lösen suchte. Die Ablehnung politischer Musik, im Gegensatz zum ursprünglichen Punk, kennzeichnet den Schritt zum Post-Punk. Auch wenn die ziemlich elaborierten Stücke von The Fall gewissermaßen schon als eine Form von Post-Punk gelten können, geht diese Gegenbewegung in Manchester doch auf Devoto zurück. Der Autor und Musiker John Robb erinnert sich:

> »Nach den Buzzcocks gründete Devoto die Band Magazine, mit der er alle Grenzen des Punk sprengte und ein neues musikalisches Territorium definierte, den Post-Punk.«[173]

Tatsächlich standen deren Kompositionen für die Fusion zwischen dem Manchester-Punk der Buzzcocks und einer stilistischen Weiterentwicklung, die experimenteller und fortgeschrittener sein sollte. Seine Texte erinnerten an Stücke des berühmten Dramatikers des absurden Theaters, meinte der Journalist Paul Morley, und nannte Howard Devoto einen Samuel Beckett.[174] Simon Reynolds analysiert:

> »Die europäische Atmosphäre auf *Low* und *The Idiot*, die reichhaltige strukturelle Palette und die oft düstere Stimmung beeinflussten Devotos Vorstellungen von seiner Band nach den Buzzcocks ungemein.«[175]

Zu Devoto stießen John McGeoch an der Gitarre (kennengelernt hatten sie sich über Malcolm Garett, den Grafiker der ersten Buzzcocks-Single »Orgasm Addict«), Barry Adamson am Bass (der in der ›Lesser Free Trade Hall‹ das zweite Konzert der Sex Pistols gesehen hatte),[176] Martin Jackson am Schlagzeug und Bob Dickinson am Keyboard (er kam aus der klassischen Musik); Devotos Aushang in der örtlichen Virgin-Filiale soll folgenden Wortlaut gehabt haben: »Suche Musiker für langsame und schnelle Musik. Punk-Attitüde nebensächlich«.[177] Devoto hatte seine Band bereits eine Woche nach dem Aushang beisammen.

Die Band begann im September 1977 mit den Proben, gab im Oktober erste Konzerte und unterschrieb schon im November beim Major-Label

Virgin Records, teils auch dank Devotos Erfolg mit den Buzzcocks.[178] Noch im selben Jahr trennte sich die Band von ihrem Keyboarder, die von Dickinson hinterlassene Lücke füllte Dave Formula (eigentlich Dave Tomlinson). Formula war Devoto vom Produzenten Martin Hannett vorgestellt worden.[179]

Anfang der Siebziger hatte sich Virgin als Sprachrohr des Progressive Rock positioniert, doch Ende 1977 zielte das Label mit Bands wie XTC, Devo, Public Image Limited, Human League und Magazine auf ein neues Image als Zentrum »moderner Musik«. Nach einem ersten kurzen Auftritt zur Schließung des ›Electric Circus‹ im Herbst 1977 ging Magazine im Januar 1978 bei *Top of the Pops* auf Sendung, um ihre erste Single »Shot by Both Sides« zu promoten, die von der Kritik gefeiert werden sollte. Für dieses Stück verwendete Devoto das Gitarrenriff des Songs »Lipstick«, den er mit seinem Buzzcocks-Mitstreiter Shelley komponiert hatte. *Top of the Pops* (TOTP) lief seit 1964 einmal wöchentlich auf BBC One und präsentierte dort mit den Charts die großen Namen der britischen Musikindustrie. Anfang der 1970er-Jahre verzeichnete die Sendung regelmäßig zwölf bis dreizehn Millionen Zuschauer.[180] Ein Auftritt bei TOTP garantierte somit landesweite Sichtbarkeit und barg das Potenzial steigender Verkaufszahlen. Der frühere Buzzcock-Sänger hatte die Einladung zunächst abgelehnt und lieferte schließlich einen so laschen Auftritt, mit dem er gegen das Establishment protestierte, dass er seine Single direkt in den Keller der britischen Charts schickte. Seine Bandkollegen verstanden nicht wirklich, warum Devoto eine der besten Gelegenheiten für den landesweiten Durchbruch sabotiert hatte. Jedenfalls fanden sie schon am 26. Januar zu einem Konzert im ›Rafters‹ wieder zusammen[181] und im April erschien ihre zweite Single »Touch and Go«. Allerdings fühlte sich der Schlagzeuger Martin Jackson in der Gruppe schon nicht mehr wohl und stieg daher aus; Magazine ließ dutzende Schlagzeuger vorspielen und entschied sich schließlich für Paul Spencer.[182] Letzterer war nur für die Dauer ihrer Tournee als Vorband von Patti Smith mit von der Partie. Sein Nachfolger John Doyle, der damals bei Idiot Rouge spielte, kam über John McGeoch mit Devoto in Kontakt.

Joy Division

Seit Anfang 1978 nannte sich die Band Warsaw nun Joy Division, um Verwechslungen mit der Londoner Band Warsaw Pact zu vermeiden. Der Namenswechsel fiel mit einem Wechsel des Schlagzeugers zusammen, und mit einer Neuausrichtung des musikalischen Kurses. Für »Joy Division« hatte man sich in Anlehnung an Ka-Tzetniks Roman *Das Haus der Puppen* entschieden, in dem der Autor von dem speziellen Bereich eines NS-Konzentrationslagers während des Zweiten Weltkriegs berichtet, in dem junge Frauen als Sexsklavinnen gehalten wurden. Dieser Bereich hieß in der englischen Ausgabe »Joy Division« (Vergnügungsabteilung).[183] Bezüglich der musikalischen Entwicklung der Band – man beachte die EP *An Ideal For Living*, aufgenommen am 14. Dezember 1977 in den Pennine Sound Studios, Oldham,[184] die allerdings erst am 3. Juni 1978 als LP bei Rabid Records erschien, weil die ursprüngliche 45er-Platte nicht schmerzfrei anzuhören war – zitieren wir den Journalisten Philippe Robert, der den Übergang vom Punk zum Post-Punk folgendermaßen beschreibt: »Das unverwechselbare Rezept von Joy Division bestand darin, das Tempo des Punk bis zu einer betäubenden Benommenheit zu verringern und bleischwer zu gestalten«.[185] Inspiriert von Zeitgenossen wie Siouxsie and the Banshees gingen die Texte von Joy Division, von Ian Curtis' Baritonstimme kalt und melancholisch vorgetragen, mit einer schweren, angstschwangeren Instrumentierung einher und spiegelten ein plastisches Bild der Stadt Manchester, die in kaltem Klima und grauen Farben erstarrte. Das erste Konzert unter neuem Namen fand am 25. Januar 1978 im ›Pips‹ in Manchester statt.[186] Um einen Plattenvertrag zu ergattern, meldete sich die Band für das musikalische Casting an, das die Londoner Labels Chiswick und Stiff am 14. April 1978 im ›Rafters‹ veranstalteten. Beide Firmen, 1975 bzw. 1976 gegründet, waren als allererste Musik-Labels finanziell und vertrieblich völlig unabhängig. Beide konzentrierten sich auf die Pubrock-Szene.[187] Bei diesem Event wurden Anthony Wilson und Rob Gretton auf Joy Division aufmerksam,[188] nach dem Konzert bot sich Gretton der Band als Manager an, einen Vertrag hatten sie damit aber noch nicht.

3. Das Universum des Postpunk

> Um ihre Auftrittsmöglichkeiten zu erweitern, trat Joy Division im Laufe des Jahres 1978 dem Musicians' Collective bei. Dieses Netzwerk organisierte im ›Band on the Wall‹ regelmäßig Konzerte und so traten Joy Division am 12. Juli 1978 dort auf, sowie am 29. August mit Stage 2 und The Elite sowie noch einmal am 4. September.[189]

A Certain Ratio

Die 1977er-Gründung von Simon Topping und Peter Terrel (die ihrerseits von Brian Eno, Kraftwerk, Wire sowie Parliament-Funkadelic und Velvet Underground beeinflusst waren) erhielt ihren Namen in Anlehnung an Enos Lied »The True Wheel«.[190] Zu der Band stießen bald Jeremy »Jez« Kerr als Bassist – dem eine Fußballerkarriere offen gestanden hatte – und Martin Moscrop als Gitarrist; ihre musikalische Reise begann die Band ohne Schlagzeuger. Von Anfang an wollten sie experimentelle, kalte und unkonventionelle Musik spielen,[191] womit sie zunehmend in die Post-Punk-Schublade passten, sie mischten funkige Bassrhythmen mit satten, schneidenden Punk-Gitarren und dekorierten das Ganze mit einem kalten, lässigen Gesang. Sie waren die lokale Avantgarde des »Punk-Funk«, einer Unterkategorie, die in New York von James Chance and the Confortions entwickelt worden war.

Ebenso wie The Fall und Joy Division trat A Certain Ratio dem Musicians' Collective bei, zu dem auch Bands wie Dislocation Dance, Gay Animals, The Hamsters, Spherical Objects und Grow Up gehörten.[192] Die Struktur organisierte für sie Auftritte am 4. September 1978 im ›Band on the Wall‹[193] und am 26. September ebendort als Vorband von Joy Division.[194] Über das Musicians' Collective kamen sie mit Rob Gretton in Kontakt, der sie dann dem Journalisten Anthony Wilson vorstellte.[195] Allerdings stieß der Schlagzeuger Donald Johnson erst Ende 1979 zu ihnen.

The Factory im Russell Club

Mit zahlreichen Bands und Konzerten bildete Manchester 1978 eine Hochburg der britischen Punk- und Postpunk-Szene, auch wenn das Phänomen in den Augen der Musikgroßindustrie noch immer relativ randständig war. Nachdem er im Januar 1978 in seiner Eigenschaft als Journalist in die junge Szene Eingang gefunden hatte, wollte Anthony Wilson selbst direkt mitmischen und eine Band managen. Ein Wunsch, der nach dem Anruf eines befreundeten Schauspielers, Alan Erasmus, nur größer wurde, als dieser sich beklagte, mit dem Management von Fast Breeder sei es aus und vorbei.[196] Anthony H. Wilson – genannt Tony Wilson – wurde am 20. Februar 1950 in Salford geboren. Er studierte Englisch an der Cambridge University und absolvierte dann eine Ausbildung zum Drehbuchautor und Journalisten bei den International Television News in London,[197] bevor er 1973 nach Manchester zurückkehrte und als Reporter sowie Moderator beim Lokalsender Granada Television anfing, der großen Wert auf regionalen Dialekt legte.[198] Wilson, der Moderator der Nachrichtenmagazine *Granada Reports* und *What's On* war, wurde schließlich angeboten, ab Juni 1976 die erste Staffel von *So It Goes* im Nachtprogramm zu moderieren.[199] Die zweite und letzte Staffel ging zwischen Oktober und Dezember 1977 über den Äther und präsentierte Künstler wie Buzzcocks, Talking Heads, Elvis Costello, The Jam, Magazine, Siouxsie and the Banshees, Steel Pulse und The Clash.[200]

The Durutti Column

Nach dem Ende von Fast Breeder verfielen Wilson und Erasmus auf die Idee, eine eigene Band zu gründen und deren Manager zu werden. Die Musiker Chris Joyce und Dave Rowbotham von Fast Breeder, der unter Magersucht leidende Vini Reilly von Nosebleeds[201] sowie Bassist Tony Bowers und Sänger Phil Rainford von Alberto y Lost Trios Paranoias gaben sich die Ehre als Mitglieder der neuen Band namens The Durutti Column. Der Name war eine Anspielung auf den spanischen Anarchisten Buenaventura Durruti Dumange, der zu Beginn des Spanischen Bürgerkriegs die 26. Division anführte, die später Kolonne Durruti heißen sollte. Bekanntheit erlangte der Name wieder im Jahr 1966, als situationistisch inspirierte Studenten der besetzten Universität von Straßburg in der Stadt einen riesigen Comic mit dem vielsagenden Namen »Die Rückkehr der Kolonne Durutti« plakatierten.[202] Nach ihrer Gründung sollte die Band, so der Plan, schnellstmöglich bei einem Major-Label unterzeichnen.

3. Das Universum des Postpunk

Sobald er die Band zusammenhatte, wollte Wilson sie auf die Bühne bringen und das Vakuum nutzen, das durch die Schließung des ›Electric Circus‹ und die vorübergehende Schließung des ›Rafters‹ entstanden war: Mit Erasmus suchte er nach einem Saal für ihre Konzerte.[203] Bald wurden sie auf den ›Russell Club‹ aufmerksam, der karibische Club von Don Tonay lag an der Royce Road im ehemaligen Arbeiterbezirk Hulme und fasste bis zu 800 Personen.[204] In dem Unterfangen fanden Anthony Wilson und Alan Erasmus Unterstützung durch Roger Eagle, den Programmgestalter des Liverpooler Clubs ›Eric's‹ – so entwickelte sich eine Art Partnerschaft rivalisierender Städte.[205] Beginnend mit dem 19. Mai 1978 mieteten sie den Saal für vier Freitage und nannten ihn an jenen Abenden ›The Factory‹ (»Die Fabrik«). Der Name war eine Anspielung auf die industrielle Vergangenheit der Stadt, Wilson und Erasmus dementierten später stets jeglichen Zusammenhang mit Andy Warhols Factory. Die Idee dazu hatte wohl Alan Erasmus, als er an einem Schild mit der Aufschrift »Fabrikschließung« vorbeilief.[206] Der erste ›Factory‹-Abend – es spielten The Durutti Column (zum ersten Mal überhaupt) sowie Jilted John und die Liverpooler Band Margox and the Zinc – war recht gut besucht, da der Eintritt nur 70 Pence betrug.[207] Don Tonay hatte darauf bestanden, dass seine Haus-DJs den Bühnenumbau wie im ›Russell Club‹ üblich mit Reggae und Dub überbrücken sollten.[208] ›The Factory‹ öffnete wieder am 26. Mai mit Big in Japan (den Stars aus dem Liverpooler ›Eric's‹), Manicured Noise und den Amerikanern von The Germs sowie am 2. Juni mit Durutti Column, aber auch FC Domestos und den Industrial-Pionieren des Cabaret Voltaire aus Sheffield, der Stadt, die einst den Edelstahl erfand.[209] Der letzte der vier ursprünglich geplanten Abende war der 9. Juni und versammelte in quasi leerem Saal die beiden Bands Joy Division und The Tiller Boys, letztere ein Nebenprojekt des Buzzcock-Gitarristen Pete Shelley, an dem auch Eric Random und Francis Cookson beteiligt waren.[210]

Durch den ganz ordentlichen Erfolg dieser Abende, bei denen die neue lokale Szene im Mittelpunkt stand, ließ sich dieses Veranstaltungsformat bis Oktober 1979 in Zusammenarbeit mit Alan Wise, dem ehemaligen Programmgestalter des ›Rafters‹,[211] fortsetzen. Am 14. Juli 1978 trat in ›The Factory‹ die Leedser Band Gang of Four auf – tags darauf veranstaltete die Anti-Nazi League eine Manchesteraner Ausgabe von *Rock Against Racism* im Alexandra Park, wo die Buzzcocks, Mick Hucknall, Steel Pulse, X-O-Dus und China Street spielten.

Am 28. Juli trat Joy Division als Vorgruppe der amerikanischen Suicide auf und am 4. August spielten The Durutti Column, Cabaret Voltaire und Feathered Version.[212] Später standen hier örtliche Bands wie Magazine, The Fall und Ludus – die Band der Künstlerin Linder Sterling –, aber auch größere Namen der Musikindustrie auf der Bühne, etwa Iggy Pop oder auch Public Image Limited, die neue Band des ehemaligen Frontmanns der Sex Pistols, John Lydon.[213]

Die britische Musikindustrie in den 1970er-Jahren

Die Erfindung der Schallplatte war ein beispielloser Fortschritt für die Verbreitung populärer Musik im 20. Jahrhundert. Sie hatte den Vorteil, dass sich ein Künstler auch ohne Auslandsreisen international etablieren konnte. Zu Beginn des Jahrhunderts beherrschte die Schellackplatte mit 78 Umdrehungen pro Minute den Weltmarkt, Hauptmanko war ihre maximal vierminütige Spieldauer. Entsprechend setzte sich das Format des *Long Play* durch, mit dem man bis zu 20 Minuten Musik auf eine Platte bringen konnte.[214] Das US-Unternehmen Columbia brachte 1948 die erste Vinylschallplatte mit 33 Umdrehungen auf den Markt. Ein Jahr später brachte die Firma RCA-Victor die erste 45er-Platte heraus. Die Spielzeit einer 45er entsprach der einer 78er-Platte, bot aber bessere Klangqualität und war der Tonträger für Singles und Hits, die danach auf 12-Zoll-Alben (mit 33 Umdrehungen) erschienen.[215] 1974 erfand der Amerikaner Tom Moulton die 12-Zoll-Single (»Maxi-Single«), indem er einen sechsminütigen Titel auf eine 12-Zoll-Platte schnitt und dabei durch den breiten Abstand zwischen den Rillen zu einer dynamischen Optimierung gelangte.[216]

Insbesondere die drei Jahrzehnte nach dem Zweiten Weltkrieg erwiesen sich für die Musikindustrie als beispiellose Blütezeit, in der die Schallplatten zur Massenware wurde.[217] In England teilten EMI und Decca den boomenden Markt unter sich auf, erstere hatten 1962 die Beatles unter Vertrag genommen, letztere schnappten sich 1963 dafür die Rolling Stones.[218] Seit Mitte der 1950er-Jahre waren in der westlichen Konsumgesellschaft immer mehr Haushalte mit Plattenspielern ausgestattet, und auch die Vorliebe der Babyboomer für populäre Musik befeuerte die Musikindustrie ganz enorm. Zwischen 1945 und 1975 wuchs die britische Bevölkerung von 49 auf 56 Millio-

3. Das Universum des Postpunk

nen Menschen,[219] im gleichen Zeitraum stieg dort die Zahl der verkauften Schallplatten von 60 Millionen im Jahr 1955 auf 177 Millionen im Jahr 1973.[220] Zwei Jahre später stand der Weltmarkt bei 1,5 Milliarden verkauften Schallplatten, davon 165 Millionen in Großbritannien, während der US-Markt mit 446 Millionen natürlich der dominierende war.[221] Der Markt wuchs in den 70er-Jahren kontinuierlich weiter und geriet zu einer internationalen Wettbewerbsökonomie der verschiedenen Major-Labels. Diese kontrollierten den Vertrieb und belieferten die Plattenläden nur mit den absatzträchtigsten Alben.[222] Die britischen *Charts* und das *Billboard* in den USA (mit ihren Absatzranglisten für Alben und Singles wie mit ihren Alben der Woche) informierten über Neuheiten sowie Erfolge und kurbelten so den Absatz der Plattenindustrie an. Um aus diesem System auszubrechen, entstanden die britischen Independent-Labels wie Rough Trade (1976 von Geoff Travis in London gegründet), Fast Product (1977 von Robert Last in Edinburgh gegründet), New Hormones (1977), Rabid Records (1977) und Factory Records (1978) in Manchester.

Als frisch gebackener Cambridge-Absolvent trampte Geoff Travis durch die USA, wo er Hunderte von Platten kaufte und nach London schickte.[223] 1976 eröffnete er mit Rough Trade einen einfachen Plattenladen in Ladbroke Grove – einem Londoner Bohème-Viertel –, der auf Importe und Reggae spezialisiert war. Der Laden entwickelte sich rasch zu einem Raum alternativer Musik, verlegte sich auf den Versandhandel und später auf den Vertrieb. Der Erfolg von Rough Trade ermöglichte die Gründung eines unabhängigen Labels und Geoff Travis startete im Februar 1978 die Distribution seiner ersten Band, der französischen Métal Urbain mit ihrer Single »Paris Maquis«.[224] Das erste Album des Labels war, im Februar 1979, *Inflammable Material* von Stiff Little Fingers, einer Punkband aus Belfast.[225] Das Album erreichte direkt Platz 14 der Charts.[226]

Absolut bemerkenswert an dem unabhängigen Label war die Tatsache, dass die Gewinne zur Hälfte an die Künstler flossen, was ziemlich ungewöhnlich war, denn normalerweise schoss der Produzent die Produktionskosten vor, während der Künstler erst dann Tantiemen in Höhe von rund zehn Prozent erhielt, wenn alle Kosten eingespielt waren. Außerdem gab es bei Travis keine schriftlichen Verträge mit den Künstlern, vielmehr basierten sie auf gegenseitigem Vertrauen und umfassten immer nur eine Platte.[227] Dieses beidseitige Vertrauen zeigte sich auch darin, dass den Künstlern die Master-

Bänder übereignet wurden.[228] Simon Reynolds erklärt, das Label habe »freigebig Informationen und Ermutigungen« gestreut:

> »Noch entscheidender war, dass Rough Trade vielen Bands Geld gab, damit die ihre eigenen Labels gründen oder mehr Exemplare ihrer Veröffentlichungen pressen lassen konnten. Oft ging man eine Partnerschaft mit kleinen, nur aus einer Band bestehenden Labels ein (wie Rather von den Swell Maps), wobei Rough Trade die Herstellungskosten übernahm und im Gegenzug die Vertriebsrechte erwarb.«[229]

Geoff Travis versuchte auf diese Weise, ein neues Vertriebsmodell zu etablieren, bei dem die Künstler im Mittelpunkt standen und die völlige Kontrolle über ihre Produktionen behielten.

Rabid Records entstand auf Initiative von Tosh Ryan, Lawrence Beedle und Martin »Zero« Hannett in Manchester. Sie hatten das Label mittels der Plakatkampagnen ihrer Konzertagentur Music Force aufgebaut. Ihre erste Veröffentlichung war die Single »Cranked Up Really High« von Slaughter and the Dogs im Mai 1977, im Juli desselben Jahres folgte »Ain't Bin to No Music School«, die einzige Single der bald aufgelösten Nosebleeds, und im Oktober erschien die erste EP des Salforder Dichters John Cooper Clarke. Im Januar 1978 verschaffte ihm das Label einen CBS-Vertrag, worauf im Februar dessen erste landesweite Tournee als *opening act* von Be-Bop Deluxe folgte.[230] Mit dem Vertrag konnte Cooper Clarke seine erste LP herausbringen, *Disguise In Love*, an der die folgenden Musiker beteiligt waren: Pete Shelley (Buzzcocks), Stephen Morris (Joy Division), Karl Burns (The Fall), Paul Burgess (10CC) und Bill Nelson (Be-Bop Deluxe).[231] Das Album wurde im *NME* gut aufgenommen. Rabid war neben New Hormones das zweite unabhängige Punk-Label in Manchester.

Der Plattenmarkt verlor seinen elitären Charakter und öffnete sich auch alternativen Bands, die von den unabhängigen Strukturen unterstützt wurden. Ende 1979 führte Ian McNay, Chef des unabhängigen Labels Cherry Red, im *Record Business* die Independent Singles- und Albumcharts ein. Seine Angaben basierten auf den Daten, die von vielen kleinen Plattenläden im ganzen Land gesammelt wurden.

3. Das Universum des Postpunk

Die Entstehung von Factory Records

Zwar waren die Factory-Partys kein großer Erfolg, doch es gelang ihnen zumindest, die nordenglische Post-Punk-Szene auf einem gewissen Niveau zusammenzubringen. Unterdessen erreichte das erste Album der Buzzcocks, *Another Music in a Different Kitchen* (United Artists), Platz 15 der britischen Charts,[232] Slaughter and the Dogs lösten sich im Juni 1978, kurz nach Veröffentlichung ihres Debütalbums *Do It Dog Style* (Decca Records) im Mai auf,[233] und Magazine brachte sein erstes Album *Real Life* im Juni bei Virgin heraus.

Am 3. Juni 1978 erschien die erste offizielle EP von Joy Division, *An Ideal For Living*, die dank Rob Gretton von Rabid Records vertrieben wurde. Diese EP-Veröffentlichung und die sechs Tage jüngere LP *Short Circuit: Live at the Electric Circus* ermöglichten es der Band, sich lautstark in der aufstrebenden Szene im Nordwesten Englands bemerkbar zu machen. Tony Wilson bereitete ihren ersten Fernsehauftritt in der Sendung *Granada Reports What's On* am 20. September 1978 vor, wo sie bei Moderator Bob Greaves ihre Komposition »Shadowplay« zum Besten gaben – den Bühnenhintergrund bildeten Negativbilder aus der Reportage-Sendung *World in Action*.

Im Juli 1978 fand das dritte Deeply Vale Festival statt, wieder kostenlos und hauptsächlich wieder organisiert von Chris Hewitt, dem Betreiber des einzigen Plattenladens in Rochdale und Manager der lokalen Progressive-Rock-Band Tractors, die bei Dandelion Records unter Vertrag stand, das als Label vom Radiomoderator John Peel betrieben wurde.[234] Das Festival fand auf den Feldern zwischen Rochdale und Bury bei Manchester statt und sollte zu einem Glastonbury-Pendant im Norden werden. Bei seiner Premiere 1976 zählte das Festivalpublikum kaum 300 Zuschauer.[235] In Anbetracht der Zeit und der Lage geriet das Deeply Vale sehr schnell zu einer Mischung aus Punks und Hippies: The Fall und The Durutti Column, die von Tony Wilson als neue Generation bezeichnet wurden, spielten am 22. Juli 1978 vor einem Publikum von zwanzigtausend Teilnehmern (die Zahl bezieht sich auf das gesamte Festival).[236]

Als Großbritannien in den »Winter der Unzufriedenheit« schlitterte und die *Transport and General Workers Union* in den Ford-Werken zum Streik aufrief,[237] beschlossen Wilson und Erasmus, mit einer Handvoll Künstlern von den Factory-Partys eine Compilation aufzunehmen. Zu den Künstlern auf diesem Album, das die Geburtsstunde von Factory Records markieren sollte, zählten Joy Division, The Durutti Column, der Komiker John Dowie und Cabaret Voltaire, die kurz vor Veröffentlichung ihrer ersten EP bei Rough Trade standen.[238] Mit der Produktion von *A Factory Sample* wurde Martin Hannett betraut, der sich durch seine Arbeit bei *Spiral Scratch* und seine Produktionen bei Rabid Records ausgezeichnet hatte; finanziert wurde das Vorhaben von Tony Wilson mit 5.000 £, die er von seiner 1975 verstorbenen Mutter geerbt hatte.[239] Martin Hannett nahm am 11. Oktober 1978 die Joy Division-Titel »Digital« und »Glass« im Cargo Studio in der Kenion Street (Rochdale) auf, das frühere Lagerhaus war zu einem Studio umgebaut worden und unterstand von 1978 bis 1984 der Leitung von John Brierley.[240] The Durutti Column nahmen »Thin Ice« und »Communication« mit dem Produzenten Laurie Latham auf, die Aufnahmen wurden dann in den Strawberry Studios von Martin Hannett neu gemischt.[241] Die Gruppe, die von der Aufnahme enttäuscht war, trennte sich kurz darauf.

Peter Saville war quasi schon der Haus- und Hofgrafiker des Factory und übernahm die Gestaltung des Covers von *A Factory Sample*, wobei er eine Idee aufgriff, die er bereits auf dem ersten Werbeplakat für die Konzerte im ›Russell Club‹ verwendet hatte. Das Plakat sollte die industriellen Aspekte des Namens ›Factory‹ spiegeln, Saville verwendete daher das Design eines Baustellenschildes, das er auf dem Weg zur Manchester Polytechnic gesehen hatte und das die Arbeiter mahnte, einen Gehörschutz zu tragen. Die Botschaft auf gelb-schwarzem Grund lautete: »*Use Hearing Protection*«. Katalogisiert wurde sein Plakat als FAC 1 und das Cover von *A Factory Sample* als FAC 2; solche Referenznummern sollten für alle Factory-Produktionen verwendet werden.[242] Saville studierte Grafikdesign an der Manchester Polytechnic, wo er mit Linda »Linder« Sterling (Howard Devotos damaliger Freundin und Sängerin von Ludus) und Malcolm Garrett (beide wirkten an der Grafik für Buzzcocks und Magazine mit) zusammenarbeitete. Saville stand kurz vor dem Abschluss, als er Tony Wilson kontaktierte, um ihm seine Dienste anzubieten.[243] Linder Sterling berichtet:

> »Sie boten mir an, die Factory-Grafik zu machen, aber ich wollte keine Cover gestalten. Ich sagte ihnen, dass ich jemanden kenne, der das an meiner Stelle tun könne, und empfahl ihnen Peter Saville.«[244]

Saville wurde zum künstlerischen Leiter ernannt, der sich um die visuelle Identität von Factory und alle Werbeartikel wie Konzertplakate und Plattenhüllen kümmern sollte. Die offizielle Veröffentlichung von *A Factory Sample*

3. Das Universum des Postpunk

verzögerte sich aufgrund der »hand made«-Gestaltung leicht und erfolgte im Januar 1979 (zum Verkaufspreis von 1,50 £).[245] Die Auflage betrug 5.000 Exemplare, von denen innerhalb von vier Monaten 4.700 Stück verkauft wurden; gesteigert wurde der Absatz durch die Sendung und Besprechung der EP in der John Peel Show, so dass Factory einige hundert £ Gewinn erzielte.[246]

Trotz dieser hoffnungsfroh stimmenden ersten Erfolge sollte die Karriere von Joy Division nun zu Beginn des Jahres 1979 eine Wende in zwei gegensätzliche Richtungen nehmen. Zum einen kam der Sänger Ian Curtis am 13. Januar auf das Titelblatt des NME, was gewissermaßen für die Anerkennung und Integration der Band in die britische Musikindustrie stand. Andererseits wurde bei Curtis am 23. Januar im ›Macclesfield District and General Hospital‹ Epilepsie diagnostiziert, nachdem er mehrere Anfälle erlitten hatte; der erste hatte sich am 27. Dezember 1978 unmittelbar nach dem ersten London-Konzert im ›Hope & Anchor‹ ereignet.[247] Drei Tage später, am 26. Januar, traten Joy Division, Cabaret Voltaire und John Dowie bei der Release-Party von *A Factory Sample* im ›Russell Club‹ auf. Curtis, Hook, Sumner und Morris beendeten den Monat mit der Aufnahme der Titel »Exercise One«, »Insight«, »Transmission« und »She's Lost Control« für John Peels Radiosendung am 31. Januar 1979, die Bob Sargeant für die BBC produzierte.[248]

Bereits mit der ersten Factory-Platte keimte bei den Partnern der Wunsch, diese Erfahrung fortzuführen. Factory Records beflügelte bald die Karriere anderer örtlicher Bands, die als Musiker zur kulturellen Vitalität der Region beitrugen. Martin Moscrop, Gitarrist der Gruppe A Certain Ratio erzählt:

> »Wir gründeten A Certain Ratio, weil wir keine Punkband sein wollten. Factory nahm uns sehr früh unter Vertrag, kurz nachdem ich zur Band gestoßen war. Rob Gretton hatte uns mit Joy Division beim Manchester Musicians' Collective gesehen und erzählte Tony Wilson von uns, der uns bei Factory auftreten ließ, um uns zu sehen.«[249]

Wilson und Erasmus erklärten sich bereit, eine erste Pressung von A Certain Ratio zu produzieren und zu veröffentlichen: aufgenommen wurde im Februar in den Cargo Studios und im Mai 1979 erschien die Single mit »All Night Party« und »The Thin Boys« (FAC 5).[250] Eine weitere Gruppe, die ihren ersten Plattenvertrag bei Factory »unterschrieb«, kam aus Liverpool und hieß Orchestral Manoeuvre in the Dark. Sie waren bei Factory im Oktober 1978 als Vorband von Cabaret Voltaire aufgetreten und ihr Manager Paul

Collister schickte dann ein Demotape mit dem Titel »Electricity« an Tony Wilson, der trotz der unverkennbaren Pop-Einflüsse den Katalog des Labels gern erweiterte.[251] Nachdem es etwas Zoff mit dem Produzenten Martin Hannett gegeben hatte, erschien »Electricity« (FAC 6) zwei Wochen nach der »All Night Party«, erntete aber bessere Presse als die Single von A Certain Ratio.[252] Die Factory-Strategie bestand darin, für ihre Bands eine erste Platte zu produzieren und sie dann bei einem Major-Label unterzubringen,[253] so wie ganz am Anfang mit ihrem Projekt The Durutti Column. Anthony Wilson erinnert sich:

»Eines Abends im ›Band on the Wall‹ sagte Rob zu mir: ›Wie wäre es, wenn wir das erste Album von Joy Division selbst machen würden? Wir könnten sie dann bei Warner unterbringen.‹ Ich fragte ihn, ob er sich sicher sei und wie viel uns der Spaß kosten würde. Martin Hannett meinte, mit rund 8.000 £ müsse man rechnen – eine glatte Lüge. Ich war so überrascht, dass ich nicht mal mit der Wimper gezuckt habe, aber wenn ich daran zurückdenke, war dieser Moment die Geburtsstunde der britischen Independents. Zu verdanken war das alles Rob, der sich dachte, wenn ich 5.000 £ für die erste Single ausgebe und nach Deckung aller Kosten 5.300 £ übrig sind, bleiben bei jedem von uns 100 £ hängen. Wenn wir ein Album machen würden, würde das richtig Geld einbringen und das hieße – ich zitiere Rob –, dass ›wir nicht mehr jede Woche nach London fahren müssen, um bei irgendwelchen Idioten zu betteln.‹«[254]

Als Joy Division am 13. März im ›Band on the Wall‹ spielte, einigten sich Tony Wilson und Rob Gretton, das erste Album der Band mit Factory zu produzieren – wobei sie davon ausgingen, das werde die einzige Produktion mit Joy Division bleiben, bevor sie die Band an ein Major-Label vermitteln würden.[255] Das Album *Unknown Pleasures* wurde an zwei Wochenenden beginnend mit dem 31. März 1979, in den Strawberry Studios im Vorort Stockport, genauer in 5 Waterloo Road, aufgenommen. Hannett bestand darauf, dass jede Drum einzeln aufgenommen wurde, um die Störgeräusche einer Live-Aufnahme zu vermeiden.[256] Das Stück »Candidate« war ursprünglich bloß eine Improvisation und sollte nicht aufs Album, wurde von Martin Hannett aber hinzugefügt, da er fand, die Platte habe noch zu wenige Titel.[257]

Unknown Pleasures (FACT 10) erschien am 14. Juni 1979,[258] gut einen Monat nach Margaret Thatchers Wahlsieg. Das Album wurde in der Fachpresse positiv besprochen und verkaufte sich rasch 15.000 Mal, was Factory Records in weniger als sechs Monaten einen Gewinn von 40.000 bis 50.000 £ einbrachte.[259] Der *NME* kürte es zum drittbesten Album des Jahres 1979, nur überragt von *Fear of Music* der Talking Heads und *Metal Box* von Public Image Limited.[260] Eine weitere Factory-Produktion des Jahres 1979 war die Reggae-Band X-O-Dus, die regelmäßig im ›Russell Club‹ auftrat. Aufgenommen wurde die Single mit »English Black Boy« und »See Them A'Come« im Juni in den Cargo Studios, doch Verzögerungen beim Abmischen verzögerten die Veröffentlichung von FAC 11 bis Februar 1980.[261] Die Band löste sich kurz nach Erscheinen jener Platte auf, die die einzige Zusammenarbeit von Factory Records mit einer Reggae-Band bleiben sollte. Ganz unabhängig von dem neuen Label erschien am 16. März das erste Album von The Fall, *Live At The Witch Trials*, beim Label Step Forward.

Der Siegeszug einer Ikone in Manchester

Das Ende des Jahrzehnts, das mit einem letzten Regierungswechsel ausklang, ließ keinerlei soziale Besserung für England erwarten und bot Manchester auch keine kulturellen Aussichten, abgesehen einmal vom wachsenden Erfolg von Joy Division, die es endlich schafften, ganze Hallen im ganzen Land zu füllen. Am 20. Juli 1979 waren sie in die Granada-Sendung *What's On* eingeladen, geboten wurde der Titel »She's Lost Control«.[262] Trotz der mangelhaften Band-PR durch Factory genoss Joy Division die Sympathie von John Peel sowie die Bewunderung der Journalisten Paul Morley vom *New Musical Express* und Dave McCullough von *Sounds*, die in ihren Zeitungen die größten Befürworter der Band waren. Diese Begeisterung für Joy Division verbesserte die mediale Präsenz.

Als Joy Division und Orchestral Manoeuvre in the Dark am 27. Juli 1979 bei einem Benefizkonzert im Blackpool Imperial Hotel auftraten, lernten sie die Brüder Vincent und Larry Cassidy der Band Section 25 kennen,[263] die das Konzert initiiert hatten und bei dieser Gelegenheit auch ihre eigene Band aufs Programm setzten. Ian Curtis und Rob Gretton fanden die Brüder sympathisch und boten ihnen an, einige Factory-Aufnahmen zu produzieren.[264] Am selben Tag erklärte Carol Wilson, Gründerin und Chefin des semi-unabhängigen Virgin-Ablegers Dindisc (für den Peter Saville ebenfalls als Grafiker tätig war), Orchestral Manoeuvre in the Dark unter ihre Fittiche nehmen zu wollen. Der offizielle Vertrag für die Factory-Schützlinge folgte im September,[265] womit Wilson und Erasmus ihr Ziel erreichten, ihre Künstler in Strukturen unterzubringen, die ihnen breitere Vertriebskanäle eröffneten. In Sachen ›Freiheit der Kunst‹ orientierte sich das junge Label aus Manchester am Londoner Konkurrenten Rough Trade: Die Factory-Bands hatten keine vertragliche Bindung und blieben Eigentümer ihrer Musik.

Ohne ihr ursprüngliches Ziel aus den Augen zu verlieren, beschloss Factory, das Debütalbum der Durutti Column im August 1979 aufzunehmen und zu produzieren, wobei man weiterhin mit Martin Hannett als Produzenten arbeitete. Die neue Formation, für das Instrumentalalbum *The Return of the Durutti Column* von Factory frisch zusammengestellt, bestand aus Vini Reilly an der Gitarre, Pete Crooks am Bass und Toby Toman am Schlagzeug. Das Album, das als neopsychedelisch galt,[266] klingt zart und schwebend, besonders durch Reillys atmosphärische Soli und Hannetts Synthesizer-Sounds. Das Ziel der Katalogerweiterung führte dazu, dass Factory (auf Grettons Anraten hin) im September die erste EP der Band The Distractions aus Manchester veröffentlichte, obwohl das poppige »Time Goes By So Slow« (FAC 12) nicht der künstlerischen Richtung entsprach, die Tony Wilson mit dem Label einschlagen wollte.[267] Die FAC 12 führte immerhin dazu, dass die Band einige Wochen später beim Label Island einen Vertrag für ein ganzes Album unterschrieb.[268]

Ende der 70er änderten sich Geschmack und Trends derart, dass das dritte Album der Buzzcocks, *A Different Kind of Tension* (United Artists Records, September 1979), in den britischen Charts über Platz 26 nicht hinauskam und sich dort auch nur drei Wochen behaupten konnte, womit die Erfolgsgeschichte jener Band an ihr Ende gelangt war, die ein Motor der musikalischen Wiederauferstehung Manchesters gewesen war.[269] Das zweite Album von Magazine, *Secondhand Daylight* (März 1979) hatte von Tony Visconti, dem Produzenten von Bowies *Berlin*-Trilogie, verantwortet werden sollen, stattdessen aber übernahm ein junger Toningenieur namens Colin Thurston die Produktion. Das Album wurde von der Kritik sehr schlecht aufgenommen und beißend gar als ›Prog-Rock-Album‹ bezeichnet – eine Beleidigung für Magazine.[270] Derweil brach die Band zu einer kurzen Tournee nach Amerika auf, wo sie für ihr Album live einstehen wollte.

In der zweiten Jahreshälfte veranstaltete das junge Unternehmen Factory Records Konzerte in allen Teilen des Landes. Noch im Juni hatte Joy Division

3. Das Universum des Postpunk

den Dichter John Cooper Clarke auf seiner Promotion-Tour für *Walking Back To Happiness*,[271] sein zweites Album (erschienen bei Epic Records, einer Firma von CBS) begleitet, nun tourten sie mit den Buzzcocks in rund zwanzig Auftritten durchs Land, angefangen am 2. Oktober in der ›Mountford Hall‹ der Universität Liverpool – dieser Auftritt endete mit einem epileptischen Anfall des Sängers – bis zum 10. November im Londoner ›Rainbow Theatre‹.[272] Diese Tournee verschaffte der jungen Post-Punk-Band, die selbst die Untergattung Cold Wave erfunden hatte, einerseits Zugang zu größeren Hallen und andererseits beachtliche Aufmerksamkeit, ungeachtet der zunehmenden gesundheitlichen Probleme von Ian Curtis, aufgrund derer die Konzerte am 10., 11. und 13. Oktober sowie am 3. November abgesagt wurden.[273] Die eindringliche Musik von Joy Division stahl den Pionieren des Manchester-Punk die Show. Neben den vier krankheitsbedingt entfallenen Terminen (die epileptischen Anfälle des Sängers bereiteten der übrigen Crew zunehmend Sorgen) unterbrach Joy Division die gemeinsame Tournee für einen Auftritt am 16. Oktober im ›Plan K‹ in Brüssel und stieß erst am 18. Oktober in der Universität von Bangor, in Wales wieder zu den Buzzcocks hinzu.[274] Die letzte Unterbrechung der Tournee war ein Gig am 26. Oktober im ›Electric Ballroom‹ in London, wo neben Joy Division auch The Distractions und A Certain Ratio auftraten, was aufgezeichnet wurde. Am selben Tag kam das zweite Album von The Fall heraus: *Dragnet*, das letzte der Band beim Label Step Forward. Aufgenommen wurde es in nur drei Tagen in den Cargo Studios und Step Forward hatte um die Bänder geradezu kämpfen müssen, da das Studio wegen der Aufnahmen um seinen Ruf fürchtete.[275] Mark E. Smith sah in den Texten auf *Dragnet* den »Horror der Normalität« im Stil der Schauergeschichten eines Arthur Machen.[276]

Auf der Großbritannien-Tournee der US-Band Talking Heads zum Jahresende 1979 trat Section 25 als Vorband bei den ersten Konzerten in Schottland am 28. November in Aberdeen und am 29. November mit A Certain Ratio im ›Odeon Theatre‹ von Edinburgh auf.[277] A Certain Ratio spielte als Vorgruppe für den Rest der Tournee in Manchester, Birmingham, London und Portsmouth.[278] Der Sound von Manchester beschränkte sich nicht mehr nur auf den Nordwesten des Landes und mit den gut besuchten Konzerte einer solchen Tournee überstieg die Popularität der Bands nun die überschaubare Szene in Manchester.

Der Januar 1980 begann mit der Aufnahme eines neuen Songs von Joy Division, »Love will Tear Us Apart«, in den Pennine Sounds Studios in der Ripponden Road, im nordöstlichen Vorort Oldham: der erste Schritt zu einem zweiten Album. Aufgenommen wurde es dann in der Britannia Row Street, im Londoner Stadtteil Islington, dort hatten Pink Floyd 1975 Teile eines kirchlichen Gebäudekomplexes erworben und Studios sowie Lagerräume eingerichtet.[279] In diesem Studio war von April bis Dezember 1976 das Album *Animals* entstanden, das erste Studioalbum (abgesehen von den Soundtrack-Alben) der britischen Pioniere des Psych-Rock, das nicht aus den Abbey Road Studios kam.[280] Im Januar 1980 veröffentlichte Factory Records auch das Debütalbum der Durutti Column, dessen Cover wie die *Mémoires* der Situationisten Guy Debord und Asger Jorn gestaltet war: die Hülle bestand aus Schleifpapier und sollte nebenstehende Plattenhüllen zerkratzen.[281] Eine schöne Idee, doch leider löste sich die Hülle zu schnell und musste für die nächste Pressung neu gestaltet werden. *The Return of the Durutti Column* (FACT 14) wurde von beiden führenden Musikzeitschriften, *NME* und *Melody Maker*, insgesamt gut aufgenommen.[282]

Das Geschäft kam in Gang und zu Beginn des neuen Jahrzehnts gab es eine Annäherung zwischen dem neuen Label aus Manchester und der Musikindustrie auf dem alten Kontinent. Joy Division startete ihre Europatournee am 11. Januar 1980 im ›Paradiso‹ in Amsterdam und spielte in den Niederlanden, in Belgien und Deutschland.[283] Als die Gruppe am 17. Januar 1980 erneut im ›Plan K‹ in Brüssel auftrat, stand eine lokale Band namens The Names als Vorband auf dem Programm. Diese nutzte die Gelegenheit und überreichte Rob Gretton ein Exemplar ihrer ersten Single, der sie in der folgenden Woche kontaktierte und wissen ließ, dass Martin Hannett bereit sei, ihre nächste Platte mit Factory zu produzieren.[284] Eine weitere kontinentaleuropäische Band vermochte Tony Wilsons Label für sich einzunehmen. Sie stammte aus den Niederlanden und nannte sich The Minny Pops. Rob Gretton beschloss, sie für den Auftakt bei den Joy-Division-Konzerten in Eindhoven und Den Haag einzusetzen.[285]

Das erste Album von A Certain Ratio versammelte sieben Stücke, die Hannett im Graveyard Studio (Prestwich) und während des Konzerts im ›Electric Ballroom‹ am 26. Oktober 1979 aufgenommen hatte, und erschien im Februar 1980 nur auf Kassette mit dem schlichten Titel *The Graveyard and the Ballroom*

(FACT 16).[286] In dieser Zeit legte sich die »Post-Punk-Funk«-Band modisch auf khakifarbene Shorts und Hemden fest, die bissige Kritiker doch sehr an die Uniformen des *Deutschen Afrikakorps* erinnerten. Die Band rechtfertige sich mit Verweis auf die Band Parliament Funkadelic und deren Kleidungsstil bei ihrer britischen Promotion-Tour für das Album *One Nation Under A Groove*.[287] Factory Records konnte sich nur ein Jahr nach der Erstveröffentlichung von *A Factory Sample* eines Katalogs rühmen, der absolut alternative Bands versammelte und die Originalität des Manchester-Sounds widerspiegelte. Der Autor und Journalist John Robb erläutert die Hintergründe:

> »Die Geschichte von Factory beschränkt sich nicht auf Joy Division. Die wahre Stärke des Labels war sein Katalog, eine faszinierende Sammlung von Bands am Rande der Gesellschaft. [...] Alle Künstler, die bei dem Label unter Vertrag waren, erwiesen sich als äußerst innovativ.«[288]

Es gelang dem jungen unabhängigen Label, eine überwiegend lokale und alternative Musikszene um sich zu scharen, die nicht von den großen Plattenfirmen vertrieben wurde.[289] Allerdings schien eine ihrer Vertriebsstrategien völlig geschäftsabträglich, bestand sie doch darin, rein gar nichts für die Promotion ihrer Künstler auszugeben.[290] Stattdessen wurden die Künstler des Labels als Vorband für den Publikumsmagneten Joy Division eingesetzt. Am 7. Februar 1980 trat die Gruppe im ›New Osborne Club‹ in Manchester zusammen mit A Certain Ratio und Section 25 bei einer Benefizveranstaltung für das Fanzine *City Fun* auf.[291] Dasselbe Line-up spielte am 29. Februar 1980 im Londoner ›Lyceum‹, wobei zudem die Band Killing Joke auftrat.[292]

Joy Division waren drauf und dran, ihren ersten Hit zu landen, und um den Gig am 21. Mai im New Yorker ›Hurrah‹ kristallisierte sich eine US-Tournee.[293] Zwar war »Love will Tear Us Apart« Anfang Januar 1980 schon im Kasten, aber im Live-Tempo, kurz: Der Song wurde am 13. März in den Strawberry Studios neu aufgenommen.[294] Fünf Tage später begannen im Britannia Row die Aufnahmen für das zweite Album, *Closer*, die bis zum 30. März dauerten. Für die Band ging es aufwärts, nicht aber für ihren Sänger. Bevor er das Tourneeleben kennenlernte, hatte Ian Curtis Deborah Woodruff geheiratet und seit April 1979 war er Vater der kleinen Natalie Curtis; bald verliebte er sich in eine belgische Journalistin namens Annik Honoré, die Joy Division am 24. August 1979 nach einem Konzert im ›Walthamshow Youth Centre‹ für das Fanzine *En Attendant* interviewte.[295] Zusätzlich zu dieser ehebrecherischen, wiewohl platonischen Beziehung kam es immer häufiger zu epileptischen Anfällen, die der Stroboskopeinsatz bei den Konzerten noch verschlimmerte, etwa am 4. April im ›Rainbow Theatre‹ in London.[296] Der schnelle Aufstieg und Erfolg von Joy Division wurde für den Sänger, zwischen zwei Lebenswelten hin- und hergerissen, zunehmend unerträglich. Am 6. April 1980 nahm er in seinem Haus eine Überdosis Phenobarbital – ein Barbiturat, das ihm gegen die Epilepsie verschrieben worden war.[297] Ein Selbstmordversuch. Zwei Tage später stand Curtis wieder auf der Bühne und gab ein Konzert in der ›Derby Hall‹ in Bury, Vorbands waren die Minny Pops und Section 25. Der Auftritt endete in einer Saalschlacht.[298] Am 2. Mai 1980 fand in der High Hall der Universität von Birmingham das letzte Konzert der Gruppe statt, Vorband war A Certain Ratio.[299] Die geplanten Konzerte am 3. Mai in Liverpool, am 8. in Edinburgh und am 9. Mai in Stirling wurden wegen der zunehmenden gesundheitlichen Probleme des Frontmanns abgesagt.[300]

Am 18. Mai 1980, am Vorabend der US-Tournee von Joy Division, beging Ian Curtis Suizid in seinem Haus in Macclesfield. Seine Frau, Deborah Curtis, fand ihn am Morgen erhängt auf.[301] Dieses völlig unerwartete Ereignis stürzte das ganze Label in Trauer, das mit Curtis eine zunehmend populäre Band verlor, die sich angeschickt hatte, die Neue Welt zu erobern. Der *New Musical Express* vom 14. Juni 1980, die Zeitschrift hatte gerade eine sechswöchige Pause überstanden, ehrte den Sänger mit einem Foto auf der Titelseite, doch es war Radiomoderator John Peel, der am 19. Mai den britischen Fans alternativer Musik die Nachricht vom Tod dieses Märtyrers der Popmusik überbrachte. Die Single »Love Will Tear Us Apart« erschien wie als Abschiedsbrief am 27. Juni. Sie kletterte auf Platz 13 der Single-Charts und war damit der bestplatzierte Factory-Titel seit Gründung des Labels.[302] Am 18. Juli kam das letzte Album von Joy Division, *Closer*, auf den Markt und erreichte Platz 6 der Charts.[303] Allerdings dauerte es ein ganzes Jahr, bis die 15.000 Exemplare für den amerikanischen Markt verkauft waren, weil die Gruppe in den USA noch nicht populär gewesen war[304] – und wohl auch wegen des hohen Preises von 12 Dollar.[305] Der Tod von Ian Curtis führte indes dazu, dass das Debütalbum im August wieder auf Platz 71 der Charts landete.[306]

Zeitgleich erschien im Mai die dritte LP von Magazine, *The Correct Use Of Soap* (Virgin), die es zwar auf Platz 28 schaffte und damit das bestplatzierte Album der Gruppe werden sollte, als Triumph konnte die Platzierung aber nicht gelten.[307] Nach dieser Enttäuschung verließ Gitarrist John McGeoch die Band und warf Devoto vor, die notwendigen Anstrengungen für einen kommerziellen Erfolg zu scheuen. Er gründete mit Dave Formula die Band Visage und versuchte sich an stärker elektronischen Stücken, bevor er sich Siouxsie and the Banshees anschloss. Magazine kämpfte derweil verzweifelt ums Überleben und gewann den Gitarristen Robin Simon von Ultra Vox für sich.

Im Mai erschien auch das dritte Album von John Cooper Clarke – dieser war nun als Dichter anerkannt und wurde zu literarischen Veranstaltungen wie dem One World Poetry Festival in den Niederlanden und in England zum Hammersmith und zum Oxford Poetry Festival eingeladen wurde. Für das Album *Snap, Crackle & Bop* hatte Peter Saville das Cover entworfen, es wurde sehr gut aufgenommen und kam in den Charts auf den 26. Platz, der NME nahm es auf Platz 39 in seine ›Top 40‹ des Jahres 1980 auf.[308] Ebenfalls im Mai 1980 erschien *Totale's Turns (It's Now or Never)*, das erste Album von The Fall bei Rough Trade, das hauptsächlich aus Konzertaufnahmen vom Oktober 1979 in Bircoats und vom Februar im Bradforder ›Palm Cove‹ bestand. Mark E. Smith fand das grundsätzliche Angebot des Londoner Independent-Labels einfach unwiderstehlich, 50 Prozent der Einnahmen an die Künstler auszuzahlen.[309] 1980 hatten, vom Sänger abgesehen, alle Gründungsmitglieder die Band verlassen. Das dritte Studioalbum von The Fall, *Grotesque (After the Gramme)*, erschien bereits wenige Monate später, im November 1980, ebenfalls bei Rough Trade. Factory hatte der Band noch seine Dienste angeboten, doch Mark lehnte Tony Wilsons Angebot ab.[310] *Grotesque* wurde von der Kritik ziemlich gut aufgenommen, Adam Sweeting lobte die Band im *Melody Maker* ausführlich und verglich sie wegen des Titels »New Place in Hell« gar mit Velvet Underground.[311]

New Order – ein neuer Star in Manchester

Der Tod von Ian Curtis, so tragisch er war, hatte die Zeit nicht angehalten und Curtis' drei Mitstreiter mussten rasch wieder auf die Beine kommen, um die nächsten Stufen ihrer Karriere zu nehmen: Die Band Crispy Ambulance aus Manchester unterzeichnete im Laufe des Jahres 1980 bei Factory. Im Juli erschien *Girls Don't Count* (FAC 18), die erste Single von Section 25, die stilistisch an Joy Division erinnerte. Im selben Jahr entfielen rund 10 % der Plattenverkäufe im Vereinigten Königreich auf unabhängige Labels.[312] Im August deckte die Sendung *World In Action* (Granada TV) einen Korruptionsskandal bei den britischen Charts auf und brachte damit John Fruin, den Vorsitzenden der British Phonographic Industry, zu Fall.[313]

Das Land versank seit der Wahl von Margaret Thatcher am 3. Mai 1979 in einer Rezession. Das gesellschaftliche Klima ließ bereits die wirtschafts- und sozialpolitischen Reformen der Achtzigerjahre erahnen, etwa die Erhöhung der Mehrwertsteuer auf 15 % für alle Produkte.[314] Der Gitarrist Johnny Marr beschreibt die Zeit wie folgt:

> »Bereits kurz nach ihrem [Thatchers] Amtsantritt sah man in dem Viertel, in dem ich aufgewachsen war, eine Veränderung: Die Familien litten unter der Arbeitslosigkeit und es griff echte Angst um sich. Sie hatte ein gigantisches Ego und ihre Philosophie fußte auf den schlimmsten Facetten der menschlichen Natur. Sie hatte begriffen, dass man die Menschen nur unter ausreichend großen Druck setzen muss, damit sie sich voneinander abwenden und ihren Einzelinteressen nachjagen. Genau wie die Weltsicht anderer konservativer Regierungen, war ihre wahrhaft zynisch, sie war geprägt von Angst, Gier und Gleichgültigkeit gegenüber anderen – wie das Weltbild eines Mannes, für den seine neue Doppelgarage wichtiger ist als die Grundbedürfnisse des arbeitslosen Vaters dreier Kinder nebenan – und die schlimmen Folgen dieser Weltsicht sollten das britische Volk noch lange Zeit belasten.«[315]

Die britische Premierministerin – ihr Biograph Jean-Louis Thiériot beschrieb sie als »politisch konservativ, wirtschaftlich liberal, gesellschaftlich traditionell«[316] – veränderte das Land und verschärfte die sozialen Ungleichheiten. Mehrere Branchen, die nach 1945 von der Labour Party verstaatlicht worden waren, wurden nun wieder privatisiert, so Verkehrs-, Telekommunikations-, Stahl-, Öl- und Gas- sowie Elektrizitätsunternehmen.[317] Damit sollte auch die soziale Kluft in der *working class* zunehmen. Im März 1980 betraf die Arbeitslosigkeit im ganzen Land 2,8 Millionen Menschen.[318]

New Order

Bernard Sumner, Peter Hook und Stephen Morris setzten ihre Proben mit den beiden Stücken fort, die Ian Curtis und Joy Division hinterlassen hatten: »Ceremony« und »Little Boy« (das sie in »In A Lonely Place« umbenannten). Kurzzeitig wollten die Mitglieder der Band ihren verstor-

3. Das Universum des Postpunk

benen Frontmann ersetzen und unter dem Namen Joy Division weitermachen, da sie aber einen eigenen Sound entwickeln wollten, verwarfen sie diese Idee sehr schnell. Alle drei versuchten sich als Sänger und Bernard Sumner erwies sich als der qualifizierteste, so dass er den Job übernahm. Sie brauchten auch einen neuen Namen für die Band, die auf den Trümmern von Joy Division entstand: »The New Order of Kampuchan« vielleicht? Knapper hieß die Band dann einfach New Order[319] – weshalb Kritiker auf eine Nähe zu rechtsextremen Ideen schlossen.[320] Am 29. Juli 1980 standen sie zum ersten Mal wieder auf der Bühne (noch ohne Namen), und zwar bei einem Factory-Konzert im ›Beach Club‹ als Vorband von A Certain Ratio.[321] Damals übernahmen noch alle Bandmitglieder einen Teil des Gesangs.

Mit dem ›Beach Club‹ eröffnete im April ein neuer Mittwochabend-Club in den Räumlichkeiten des ›Oozit's‹ (ursprünglich ein kleines Schwulenlokal an der Ecke Bradshaw Street und Newgate Street), gegründet wurde er von Liz Naylor vom Fanzine *City Fun* und Richard Boon vom Label New Hormones. Diese Neueröffnung eines Raumes speziell für die kulturelle Dynamik der Stadt, in dem Kino und Konzerte stattfanden, sollte die Schließung des ›Factory‹ im ›Russell Club‹ kompensieren und ein Angebot unter der Woche schaffen.[322] Anfang der 80er-Jahre gab es kaum solche Orte für Jugendunterhaltung jenseits des Wochenendes. Trotz der Kürze seiner Existenz spielten im ›Beach Club‹ zahlreiche Konzerte lokaler Bands wie The Durutti Column, Ludus (deren erste EP *The Visit* gerade bei New Hormones erschienen war), Section 25, The Fall, A Certain Ratio, Blue Orchids (die 1979 von Martin Bramah, dem ehemaligen Gitarristen von The Fall, gegründet wurde), Biting Tongues, Dislocation Dance, Swamp Children (bei denen Martin Moscrop von ACR am Schlagzeug saß) und The Freshies – im ›Beach Club‹ spielten aber auch andere britische Bands und Künstler wie Felt, Blurt, The Nightingales, Fire Engines, The Delmontes, Poison Girls sowie Kevin Hewick.[323] Trotz seiner alternativen Strahlkraft war der ›Beach Club‹ nicht jeden Mittwoch gut besucht, so dass er Anfang 1981 nach nur acht Monaten wieder schloss. Damals waren sogenannte Post-Punk-Bands, von einigen wenigen Ausnahmen abgesehen, im Massenmarkt der Musikindustrie immer noch sehr randständig im Vergleich zu Rockbands wie Dire Straits, die viel mehr Fans und auch ein treues Publikum hatten.[324] Daher war solides Wirtschaften und dauerhaftes Bestehen für Kultureinrichtungen wie einen ›Beach Club‹ nicht leicht, trotz des alternativen Drives, den sie der ganzen Stadt einhauchten.

Obwohl Ruth Polsky die US-Tour von Joy Division absagen musste, organisierte sie doch einige Auftritte für die neue Formation.[325] Im September 1980 trat New Order in mehreren US-Bundesstaaten auf, unter anderem zweimal in New York als Vorband von A Certain Ratio, die zusammen mit Martin Hannett und Tony Wilson in den USA, genauer: in den Eastern Artists Recording Studios in New Jersey, ihr zweites Album *To Each* aufnahmen.[326] Auf dieser Tournee stieg die amerikanische Sängerin Martha Tilson in die Band ein, nachdem sie den Ratio-Bassisten Jeremy Kerr in einem Club kennengelernt hatte. New Order, ihrerseits, nutzte den Aufenthalt und finalisierte, ebenfalls in genanntem Tonstudio, die Single-Versionen der beiden neuesten Titel »Ceremony« und »In a Lonely Place«.[327]

Auf dieser Amerikareise entdeckte das Factory-Team die neue elektronische Musik in New Yorker Clubs wie ›Hurrah‹ und ›Danceteria‹, was ihr Bild von einem Club revolutionierte.[328] Außerdem produzierte Factory seine erste US-Band, nachdem im ›Danceteria‹ die Frauenband ESG im Vorprogramm von A Certain Ratio begeistert hatte.[329] Martin Hannett betreute ihre erste EP mit dem Titel *ESG*. Der Autor und Journalist Philippe Robert beschreibt die Platte so:

> »Primitiv gesetzte Akkorde, wenige aufgepfropfte Noten und Instrumente, die in Endlosschleifen an schlichten Melodielinien hängen, verleihen dieser Platte eine kalte mechanische Kraft, die von Kraftwerk und Joy Division gar nicht so weit weg ist.«[330]

Die EP erschien 1981 bei Factory, den US-Vertrieb übernahm Ed Bahlmans Label 99 Records. Die Stücke auf dieser Platte, insbesondere »UFO« und »Moody«, erwiesen sich später als wichtige Einflüsse in Hip-Hop (2Pac, 3rd Bass) und House.

Als New Order wieder zurück in Manchester war, wurde Gillian Gilbert, die Lebensgefährtin des Schlagzeugers Stephen Morris, als Keyboarderin und Gitarristin in die neue Band aufgenommen. Ihr erstes Konzert in der endgültigen Besetzung gab New Order am 24. Oktober im ›Squat Club‹. Seit diesem Tag war Factory zudem eine Gesellschaft mit beschränkter Haftung (Factory Communications Ltd.), an der Wilson, Erasmus, Saville, Hannett und Gretton – der Manager von New Order – je 20 % der Anteile hielten.[331] Factory

3. Das Universum des Postpunk

hatte auch der Gründung von Factory Benelux zugestimmt, das 1980 von Michel Duval und Annik Honoré als Projekt von deren Independent-Label Les Disques du Crépuscule ins Leben gerufen wurde. Ende Oktober 1980 waren A Certain Ratio, begleitet von The Durutti Column und Section 25, für eine kurze Tournee in Nordeuropa unterwegs.[332] Die Ikonen des »Post-Punk-Funk« aus Manchester waren mit ihrer Coverversion von Banbarras Funk-Klassiker »Shack Up« (aufgenommen am 19. Mai im Graveyard) ziemlich populär geworden. Ihre Auftritte in den USA hatten ein positives Echo gefunden und die Sängerin Grace Jones, die im August eine Coverversion von Joy Divisions »She's Lost Control« veröffentlicht hatte, strebte eine musikalische Zusammenarbeit mit der Band an (die indes nie zustande kam).[333]

Ihren ersten Gig auf dem Kontinent gaben New Order am 13. Dezember im Rotterdamer ›Hal 4‹, organisiert war das Ganze von Mike Pickering, einem Jugendfreund Rob Grettons, der in die Niederlande ausgewandert war.[334] Mike organisierte Partys im ›Utopia Club‹ und hatte mit seiner Lebensgefährtin Hillegonda »Gonnie« Rietveld sowie deren Bruder Reiner gerade eine Band namens Quando Quango gegründet, die sich die Elektroband Vice Versa aus Sheffield zum Vorbild genommen hatte.[335]

Das Jahr 1981 begann für New Order mit einer kleinen Reihe von Konzerten in Großbritannien und der schließlich siebenmonatigen Arbeit am Debütalbum.[336] Die *Melody Maker*-Journalistin Penny Kiley schrieb eine gute Kritik über das Konzert in ›Plato's Ballroom‹ in Liverpool und attestierte der Band die gleiche Kraft und Stärke wie Joy Division – sie könne einen Sänger wie Ian Curtis notfalls entbehren.[337] Die Stücke der Gruppe tendierten rasch in eine elektronischere Richtung, ähnlich wie die Kompositionen von Kraftwerk. In dem Lied »Truth« kam erstmals die Drum Machine ›Boss Dr. Rhythm DR-55‹ zum Einsatz, die 1979 von Roland auf den Markt gebracht wurde: Sie kann vier Schlagzeugsounds (Kick, Snare, Rimshot und Hi-Hat) erzeugen sowie einige analog programmierbare Patterns.[338] Die frühen 80er-Jahre bahnten mit immer zahlreicheren Drumcomputern und Synthesizern einem neuen Musikverständnis den Weg. 1981 fanden sich im *Melody Maker* immer wieder Artikel oder Anzeigen für die neuen Taktgeber wie die Roland TR-808 oder den Synthesizer Casiotone 202.[339]

Am 22. Januar erschien die erste Single von New Order, »Ceremony«/»In A Lonely Place« (FAC 33), die für Factory die erste Platte des Jahres war.[340] Binnen zweier Wochen gingen 100.000 Exemplare über die Ladentische und das Lied erreichte Rang 34 in den Charts, was nach der Platzierung von »Love Will Tear Us Apart« einige Monate zuvor doch enttäuschte.[341] Vier Tage nach der Veröffentlichung kam die Einladung für die Band, ihre erste Session für John Peels Show aufzunehmen.[342]

Anschließend entstand das Debütalbum von New Order, aufgenommen vom 24. April bis 4. Mai 1981 in den Strawberry Studios in Manchester und den Marcus Studios in London;[343] worauf eine kurze Europatournee zwischen dem 13. und 27. Mai folgte.[344] Die Aufnahmen für *Movement* bildeten den Schlusspunkt in der Zusammenarbeit von Martin Hannett und New Order, die sich über die Produktion des Albums nicht einigen konnten. Peter Hook berichtet:

> »Mehr als jeder andere Song stand ›Everything's Gone Green‹ für das Ende unserer Zusammenarbeit mit Martin Hannett. Als der Song im Kasten war, hatten Barney und ich ein ganz neues Selbstbewusstsein und waren absolut überzeugt, wir wären ohne Martin genauso gut, wenn nicht sogar besser. Also informierten wir Rob, Tony, Steve und Gillian darüber, dass Schluss sei, dass er gefeuert ist, und auf dem Flug nach Amerika hatten wir das Gefühl, eine neue Band zu sein.«[345]

Stephen Morris, der Schlagzeuger der Band, hält das Stück »Everything's Gone Green« ebenfalls für einen Wendepunkt für New Order.[346] Das erste Zerwürfnis mit Hannett hatten allerdings die Musiker von A Certain Ratio, nach der Produktion von *To Each*;[347] es folgte Vini Reilly, Gitarrist und Sänger von The Durutti Column, der ebenfalls nichts mehr mit dem Produzenten zu tun haben wollte. Der kreative Kopf von Factory wurde trotz der unbestreitbaren Qualität seiner Produktionen zunehmend infragegestellt.[348]

Das erste Album von New Order wurde in Übersee vom 6. bis 22. November vorab live vorgestellt, hauptsächlich in Kalifornien, aber auch in einem ersten Konzert auf kanadischem Boden (Toronto, 15. November 1981), bevor es weiter nach Massachusetts, New York und New Jersey ging.[349] *Movement* (FAC 50) wurde in Großbritannien am 19. November, in Abwesenheit, veröffentlicht. Es stieg am 28. November für zehn Wochen in die Charts ein und erreichte Platz 30 – weit hinter den Alben von Orchestral Manoeuvre In The Dark, Heaven 17, The Human League und Depeche Mode, die ebenfalls im

Herbst 1981 erschienen.[350] Auch die Besprechung von Adam Sweeting im *Melody Maker* war wenig schmeichelhaft:

> »Ich sehe die Notizen durch, die ich mir zu den einzelnen Stücken gemacht habe, und immer wieder tauchen die gleichen Worte auf – ›eintönig‹, ›repetitiv‹, ›Trauerspiel‹. Was hier so frustrierend ist, ist die Weigerung, aus sich herauszugehen und zu kämpfen. New Order hätte ihre Tragödie nutzen und die Veränderungen aufgreifen können, die es nach dem Tod gab.«[351]

Dennoch zeigte das Debütalbum einen durchaus vollzogenen Kurswechsel der Band, die sich von alten Vorstellungen gelöst und aufgemacht hatte, das neue Jahrzehnt musikalisch zu prägen. Der neue Kurs schlug sich auch auf dem Cover nieder, das Peter Saville entworfen hatte: Es ist so nüchtern wie minimalistisch und greift den italienischen Futurismus auf, insbesondere ein Werk von Fortunato Depero aus dem Jahr 1932.

Im Herbst 1981 erschien auch *Always Now* (FACT 45), das Debütalbum von Section 25. Obwohl 5.000 Exemplare der Erstpressung verkauft wurden und das Album in die Independent Top Ten aufstieg, zeigten sich die Kritiken im *NME* und im *Melody Maker* recht ablehnend – der Durchbruch blieb aus.[352] Die internen Spannungen nahmen zu, nachdem Section 25 am 6. September als Vorband von New Order in Helsinki aufgetreten war, woraufhin Larry Cassidy den Gitarristen Paul Wiggin rausgeworfen hatte – und zwar kurz vor ihrer US-Tournee; Tony Wilson bot einem jungen Gitarristen namens John Maher (Johnny Marr) den Platz bei Section 25 an, der aber lehnte ab.[353] Die Aufmerksamkeit von Factory richtete sich seit kurzem auf ein neues Projekt mit dem Potenzial, das kulturelle Leben der Stadt zu revolutionieren.

»Die Hacienda muss gebaut werden«

Das wirtschaftliche Kapital, das Factory Records durch den Erfolg von Joy Division zufiel (bis Mitte 1981 verkauften sich die beiden Alben der Band 150.000 Mal),[354] erlaubte das Nachdenken über ein neues Medium zur Förderung und Verbreitung der Factory-Bands – inspiriert von der Reise nach New York: Die Eröffnung eines Clubs im Besitz des Labels würde das Kultur- und Nachtleben der Stadt elektrisieren, die eigenen Künstler könnten regelmäßig auftreten und neue wären zu entdecken. Nur Martin Hannett sprach sich gegen das Projekt aus, das Label solle stattdessen in ein Aufnahmestudio mit modernster Ausrüstung investieren. Die Entscheidung seiner Kollegen verstärkte seinen Unmut über Factory Records, dessen Ziele er kaum mehr teilte. Nach mehreren ergebnislosen Besuchen im ›Tropicana‹ in der Oxford Road sowie im ›Tatler Cinema Club‹ in der Oldham Street[355] entschieden sich Wilson, Gretton und Erasmus für das ›International Marine Center‹, ein dreistöckiges Industriegebäude in 11 Whitworth Street, das bis zu 1650 Zuschauer fassen konnte – hier erbauten sie 1981 das ›Haçienda‹.[356] Seit Oktober hatte der geplante Club eine eigene Rechtsform (Fact 51 Limited), die aufgeteilt war zwischen der Factory Communication Ltd und der Gainwest Ltd (einer eigenständigen Firma, die Rob Gretton für das Management von New Order gegründet hatte).[357] Beide Parteien investierten jeweils 70.000 £, die restlichen 60.000 £ wurden dem Projekt von der Brauerei Whitbread zur Verfügung gestellt.[358]

Den Namen ›The Haçienda‹ wählte man mit Blick auf die Schriften von Ivan Chtcheglow, der 1958 in der ersten Ausgabe der Zeitschrift *Situationistische Internationale* geschrieben hatte:

> »Und Du, die Vergessene, mit deinen durch die Erschütterungen der Welt verwüsteten Erinnerungen, ohne Musik und Heimat in den Roten Kellern von Pali-Kao gestrandet, die Du nicht mehr zur Hacienda wegfährst, ›wo die Wurzeln an das Kind denken und der Wein mit Kalendergeschichten zuende geht‹. Jetzt ist das Spiel aus. Die Hacienda wirst Du nicht sehen – es gibt sie nicht. Die Hacienda muss gebaut werden.«[359]

Wie Reid und McLaren, ihres Zeichens Grafiker bzw. Manager der Sex Pistols, war auch Wilson ein Anhänger situationistischen Gedankenguts und wollte es mit diesem Namen ehren (wie mit dem Cover von *The Return of the Durutti Column*). Das Projekt wurde mit der Referenznummer ›FAC 51‹ katalogisiert, wobei die »51« für das »çi« in Haçienda stehe. Peter Hook zitiert Peter Saville wie folgt:

> »›Der Punk planierte das Gelände‹, sagte Peter Saville, ›nach etwa anderthalb Jahren war die Bewegung verbraucht und alle, die dabei gewesen waren, fragten sich, was man da aufbauen sollte. Wir waren der festen Überzeugung, eine postrevolutionäre Phase zu erleben, in der wir die Zukunft erbauen mussten. ›Die Hacienda muss gebaut werden‹, was für ein fantastischer Satz! Er passt perfekt zu diesem Teil der Geschichte.‹«[360]

Die Eröffnung des ›Haçienda Clubs‹ war die Fortsetzung jener kulturellen Renaissance, die 1976 mit den Konzerten der Buzzcocks in der ›Lesser Free Trade Hall‹ begonnen hatte. Der Bassist von New Order benennt die Ziele, die man mit der Eröffnung in Manchester verfolgte:

3. Das Universum des Postpunk

»Rob und Tony wollten einen Ort, der wie ein Privatclub funktionert und sieben Tage die Woche offen hat. Sie träumten von einem Ort, wo man auf der Durchreise einen Happen essen und einen Kaffee oder ein Bier trinken kann. Wichtig war ihnen außerdem, dass man den Club unabhängig von jeglichen stilistischen Vorlieben betreten konnte. Es gab keine Kleiderordnung.«[361]

Zu dieser Zeit wurden die örtlichen Pubs nicht von den Jugendlichen, sondern von deren Eltern besucht. Die jungen Trendsetter trafen sich in Konzertsälen, hatten aber tagsüber kaum einen anderen Treffpunkt als die Straße. Das ›Haçienda‹ würde diesen Zweck erfüllen: ein für alle offener Ort ohne modische Konventionen, an dem jeder etwas trinken, essen oder ein Konzert besuchen kann. Der Lizenzausschuss erteilte ihnen jedoch nur eine einfache Lizenz für Privatclubs, weil die Behörden eine Schanklizenz nicht vergeben wollten.[362] Polizeichef James Anderton sah das Nachtleben in Manchester kritisch und äußerte Vorbehalte gegen die Eröffnung des ›Haçienda‹.[363] Factory musste eine Hausordnung aufstellen und führte ein Abosystem mit Mitgliedsausweisen ein (die Saville gestaltete), die den Gast 5,25 £ pro Jahr kosteten, für Musiker und die Partner des Labels jedoch kostenlos waren.[364] Diese Zugangsbeschränkungen begrenzten die Besucherzahlen deutlich.

Die Gestaltung der Clubeinrichtung wurde nicht Peter Saville anvertraut, sondern der Firma Ben Kelly Design. Kelly hatte sein Innenarchitekturbüro als Absolvent des Royal College of Art im Jahr 1974 gegründet und hatte bereits Projekte für Londoner Punks durchgeführt, darunter die Neugestaltung von Malcolm McLarens »Sex«-Boutique.[365] Die Wände des Industriegebäudes ließ er mit »Pigeon Blue BS409« in blaugrauen Tönen streichen, während die Balken und Säulen mit gelben und schwarzen Streifen im Stil einer Baustellenbeschilderung bemalt wurden.[366] Diese Ästhetik war bereits bei den von Peter Saville für das Label entworfenen Plakaten verwendet worden, insbesondere bei dem Plakat mit dem Schriftzug »USE HEARING PROTECTION«,[367] der bald ein wichtiger Teil der visuellen Identität von Factory war. Nach intensiven Debatten der Hauptprotagonisten entstand die Bühne mit 72,25 m^2 schließlich in der Mitte des Clubs. Die Tanzfläche mit einer Größe von 136 m^2 sollte aus weichem Ahornholz, die Theken aus Beton und Granit gefertigt werden.[368] Im Untergeschoss wurde eine Cocktailbar eingerichtet, die nach Anthony Blunt – einem britischen Spion, der die Krone an die Sowjetunion verraten hatte – ›Gay Traitor‹ genannt wurde.[369] Zwei weitere Bars, ›The Kim Philby Bar‹ und ›Hicks‹, beide ebenfalls nach dem Codenamen von Doppelagenten benannt,[370] wurden in den oberen Stockwerken eingerichtet. Die Arbeiten begannen 1981 und kosteten 344.000 £.[371]

Die Programmgestaltung für das ›Haçienda‹ wurde Mike Pickering anvertraut, der am 22. November 1981 aus Rotterdam zurückkehrte, um seine neue Aufgabe wahrzunehmen und also Bands sowie DJs zu engagieren und Veranstaltungen zu organisieren.[372] Der Club wurde am Freitag, den 21. Mai 1982 mit einem Konzert der amerikanischen Band ESG eröffnet;[373] anwesend waren unter anderen auch Mark E. Smith von The Fall, Martin Fry von ABC aus Manchester, der Journalist Paul Morley, Buzzcock-Sänger Pete Shelley, Alan Wise und Vini Reilly, Mitglieder von A Certain Ratio, New Order, Section 25 und 52nd Street sowie eine Reihe von Rough Trade-Mitarbeitern, die mit einem Bus aus London angereist waren. Aufgrund der behördlich verordneten Beschränkungen firmierte der Abend jedoch als private Veranstaltung, zu der nur geladene Gäste Zugang hatten.[374]

Teil 2

Die Achtziger und ihr neues Tempo: Revolution in Musik und Kultur

4. Eine neue Ära

Eine neue Welle in Thatchers England

Der Amtsantritt von Margaret Thatcher im neuen Jahrzehnt hinterließ auch in Manchester einen bitteren Beigeschmack, immerhin aber bot das kulturelle Leben der Stadt etwas Hoffnung auf eine bessere Zukunft. 1981 lösten sich die Buzzcocks auf, gleichzeitig ging der Staffelstab vom ›Beach Club‹ ans ›Haçienda‹ über und eine neue Musikergeneration trat auf den Plan. 1982 eröffnete ›Affleck's Palace‹ im ehemaligen Affleck & Brown-Kaufhaus an der Kreuzung von Church Street, Tib Street, Dale Street und Oldham Street im Northern Quarter, nordöstlich des Stadtzentrums. Der Gebäudekomplex mit seinen Ständen und Läden war bald ein kreatives Zentrum und bot einen alternativen Treffpunkt für ganz Manchester. Der junge Tom Boxham, der später mit seiner Firma Urban Splash eine wichtige Rolle im Immobiliensektor und in der Stadtplanung von Manchester spielen sollte, eröffnete hier als Student einen Stand, an dem er Schallplatten und Poster verkaufte.

Während der ersten Amtszeit von Margaret Thatcher (1979–1983) stieg die offizielle Arbeitslosenzahl von 1,2 auf 3,2 Millionen,[1] 2,8 Millionen waren es Ende 1981. In Manchester lag die Arbeitslosenquote bei 30 %.[2] In vier Jahren wurden zwei Millionen Arbeitsplätze vernichtet.[3] Die Politik setzte darauf, staatseigene Unternehmen wie British Steel zu »sanieren« und deren Rentabilität zu steigern, um sie dann an private Unternehmen zu veräußern.[4] Diese regierungsseitigen Maßnahmen verwandelten die Rezession zu Beginn des Jahrzehnts in eine industrielle und gesellschaftliche Kernschmelze (die Industrieproduktion fiel zwischen 1979 und 1981 um 17 %),[5] die die Arbeiterhochburgen destabilisierte. Das Vereinigte Königreich, dessen Hegemonie auf der industriellen Revolution gegründet hatte, importierte 1983 erstmals mehr Güter als es exportierte.[6] Das Land wurde im Eilverfahren reformiert, die Zuschüsse für Universitäten sanken um 18 % und die Zahl der Beamten ging um 14 % zurück.[7] Der Journalist Bernard Cassen rechnete vor, binnen vier Jahren habe »der arbeitslose Arbeiter und Familienvater 21,3 % an Kaufkraft eingebüßt, der Arbeiter im öffentlichen Dienst seinerseits 4,6 % und der Facharbeiter noch 1,2 %. Dahingegen profitierte der junge Beamte

4. Eine neue Ära

von einem Kaufkraftzuwachs um 5,4 %, der leitende Angestellte um 9,5 % und der Geschäftsführer um 24,5 %.«[8] Bereits 1981 führte die allgemeine Krise vor dem Hintergrund der sozialen Spaltung zu Unruhen in den Vororten der Großstädte, die von der Arbeitslosigkeit besonders stark betroffen waren: Brixton und Southall in London, Moss Side in Manchester, Towteth in Liverpool sowie in Wolverhampton, Birmingham und Coventry. In den Auseinandersetzungen griff die Polizei erstmals im Kernland auf CS-Gas zurück, ganz wie in Nordirland.[9] In die erste Amtszeit der »Eisernen Lady« fielen auch zunehmende Unruhen in Nordirland – Bobby Sands, ein Protagonist der IRA, starb als eines von insgesamt elf Todesopfern am 5. Mai 1981 an den Folgen seines 65-tägigen Hungerstreiks[10] – sowie 1982 der Falklandkrieg, wobei der Sieg zu einem relativ starken Nationalgefühl (unter dem Motto »*Britain is great again*«)[11] beitrug und Thatcher 1983 die Wiederwahl sicherte.

Schon sechs Jahre lang gab es den Punk in England und es formierte sich nun eine neue Generation von Musikern, die sich von ihren Vorgängern abheben wollte. Anfang der 1980er-Jahre ebnete der technische Fortschritt den Weg für eine neue Art der Popmusik und prägte mit seinen zunehmend erschwinglichen Synthesizern[12] und Drum-Computern die »Zukunft des Pop«.[13] Die aufstrebenden Formationen standen für Synthiepop – dessen Vorläufer war die Band Ultravox mit ihrem Album *Systems of Romance* (1978) – und New Pop (ein Begriff, den der Manchesteraner *NME*-Journalist Paul Morley geprägt hatte):[14] moderne und tanzbare Musik, ein Zurück zu Glamour und sexueller Mehrdeutigkeit im Takt der Synthesizer, die nun das phallische Symbol der Gitarre als Hauptinstrument ablösten. Jenseits des Atlantiks nahm man Begriffe wie New Wave – oder simpler noch: »New Music«, womit man vage die unterschiedlichsten Musikrichtungen von Punk bis Synthiepop zusammenfasste – und bezeichnete damit die neue britische Pop-Welle, die das seit den Sechzigern so überaus erfolgreiche Genre »Pop« ganz neu definierte.[15]

Zu Beginn des Jahrzehnts entstand in den USA ein weiteres Medium zur Künstlerförderung: Der Start des neuen Fernsehsenders MTV am 1. August 1981 ermöglichte es – ähnlich wie zuvor das Medium der Schallplatte – ohne aufwändige Tournee international bekannt zu werden. Hier wurden beispielsweise die Songs »Girls on Film« und »Hungry Like the Wolf« schon gesendet, bevor sich die Radiosender dann drei Monate später für Duran Duran interessierten – dank MTV wurden die beiden Lieder der Band aus Birmingham zu echten Hits bei Uncle Sam.[16] »Don't You Want Me« von The Human League erklomm den Spitzenplatz der amerikanischen wie der britischen Charts und die Verkaufszahlen des dazugehörigen Albums der Sheffielder Band, *Dare* (Virgin), stiegen auf 5 Millionen Exemplare.[17] MTV trug erheblich zur »zweiten britischen Invasion« im folgenden Jahr bei und das »Synthesizer-Phänomen« griff derart um sich, dass die Gewerkschaft Musicians' Union im Frühjahr 1982 eine Rationierung dieser Geräte forderte.[18] Auch Pete Shelley versuchte sich 1981 mit dem Lied »Homosapien«, allerdings erfolglos, am Synthiepop.

In eben diesem Jahr zog Nico, die frühere Sängerin von The Velvet Underground, – ruiniert und drogenabhängig – auf Anraten ihres baldigen Managers Alan Wise von London nach Manchester, um ihre Karriere von Nordengland aus wieder aufzunehmen. Sie wohnte im Süden der Stadt, wo es noch mehr Heroinsüchtige gab, darunter John Cooper Clarke[19] – dessen jüngster Erfolg eröffnete ihr die Bühne von Glastonbury.[20] Im Juli 1982 erschien ihre neue Single *Procession* unter dem Namen Nico and the Invisible Girls (mit einer Neueinspielung von »All Tomorrows Parties« auf der B-Seite), die von Martin Hannett produziert wurde. Auch Martin Bramah und Una Baines, die früher bei The Fall und nun als Blue Orchids spielten, standen in Kontakt mit der früheren Sängerin und Vokalistin der New Yorker Untergrundband und traten verschiedentlich mit ihr auf.[21] Die »bekiffteste Gang von Salford«, wie John Cooper Clark sie nannte, hatte gerade bei Rough Trade ihr erstes und einziges Album in der Originalbesetzung veröffentlicht: *The Greatest Hit (Money Mountain)*, das es auf Platz 5 der Independent Charts schaffte.[22] Simon Reynolds kommentiert: »The Blue Orchids waren im Prinzip eine Fortsetzung der ursprünglichen Fall mit einem etwas stärkeren Hang zum Psychedelischen.«[23]

The Smiths

Nachdem er in einigen lokalen Bands wie Sister Ray gespielt hatte, gründete der junge Gitarrist John Maher endlich seine eigene Band. Zunächst hatte er Tony Wilson erfolglos um die Vermittlung eines Sängers gebeten[24] und entschied er sich dann für einen gewissen Steven Morrissey, der ihm von Billy Duffy (The Cult) empfohlen worden war – beide hatten bei der Punkband The Nosebleeds in Manchester angefangen.[25] Der Gitarrist berichtet:

> »Ich wusste nur, dass er irgendwo in Stretford wohnt und für den NME Artikel über die New York Dolls geschrieben hatte. Ich überlegte eine knappe Woche und machte mich dann daran, ihn ausfindig zu machen.«[26]

Tatsächlich erhielt der NME-Journalist Nick Kent, stets aufs Neue überrascht, 1974 fast wöchentlich einen Brief von einem jungen Mann namens Steven Morrissey, der von den New York Dolls besessen war.[27] Kent reagierte nicht. Morrissey suchte die Nähe der Punkszene in Manchester, beteiligte sich aber nicht direkt; Linder Sterling hatte er während der Anarchy Tour der Sex Pistols beim Konzert am 9. Dezember 1976 im ›Electric Circus‹ kennengelernt. Bei dieser Gelegenheit stellte Linder ihm ihren Lebensgefährten Howard Devoto vor, auf den Steven jedoch kaum Eindruck gemacht hatte.

Nachdem der mysteriöse Sänger ausfindig gemacht war, besuchte John Maher – der fortan den Künstlernamen Johnny Marr trug – Morrissey in dessen Elternhaus. Die beiden Musiker verstanden sich auf Anhieb und Steven Morrissey zeigte Johnny Marr den Text eines seiner Lieder mit dem Titel »Don't Blow Your Own Horn«. Wenige Tage später komponierten beide das Stück »The Hand That Rocks the Cradle«. Ein Duo gab es nun bereits, aber noch keine Band. In der Autobiografie gibt sich Johnny Marr weitsichtig:

> »Als wir uns das zweite Mal trafen, zählte ich ihm eine Handvoll Dinge auf, die unsere Band meiner Meinung nach tun und verkörpern sollte. Erstens sollte unser Debütalbum den Namen der Gruppe als Titel haben. Zweitens sollte unsere erste Single einen marineblauen Aufkleber haben und unter dem Titel sollte in Klammern ›Morrissey und Marr‹ stehen. Ich sagte ihm, dass wir bei Rough Trade unterschreiben sollten und bestimmte, dass wir einen Song für Sandie Shaw schreiben müssten, auch wenn sie seit Jahren nichts mehr aufgenommen hatte.«[28]

Bei einem weiteren Gespräch reichte Steven Morrissey Johnny Marr ein Stück Pappe, auf dem mit blauem Stift drei Vorschläge für den Bandnamen standen: »The Smiths Family«, »The Smiths« und »The Walking

Wounded«. Nach reiflicher Überlegung entschied sich Johnny Marr für den Namen, der ihm am wenigsten missfiel: The Smiths.

Der Name für die Band war gefunden, doch für eine vollständige Besetzung fehlten noch Bassist und Schlagzeuger.[29] Die Band sollte also die typische Rockbesetzung (Gitarre, Bass, Schlagzeug, Gesang) aufweisen, Synthesizer kamen – trotz der Glamrock-Prägung des Sängers[30] und ihres gemeinsamen Strebens nach moderner Musik – nicht infrage. Um ein Demotape zu machen und ihre neuen Stücke in Umlauf zu bringen, fragte Johnny Marr den Schlagzeuger Simon Wolstencroft (mit dem er bereits gespielt hatte) sowie als Bassisten Dale Hibbert, den Toningenieur der Decibel Studios, an. Die »Spielkünste« seines Bassisten brachten Marr schließlich dazu, die Basslinie für die Aufnahme in den Decibel Studios selbst einzuspielen.[31]

Nachdem das Demo im Kasten war, wollte Morrissey es an Tony Wilson schicken, doch in der neuen Generation zeigte sich wegen der starken Präsenz des Labels bereits eine gewisse Abneigung gegen Factory Records:

> »Tony erzählte später überall, er habe die Gelegenheit verpasst, die Smiths unter Vertrag zu nehmen, dabei wusste er ganz genau, dass ich mit den Smiths nie zu seinem Label gegangen wäre. Ich mochte Tony, aber ich hatte ihm schon zweimal eine Absage erteilt [bei einer seiner Bands einzusteigen] und es kam nicht in Frage, dass irgendwer meine Band dazu bringen würde, in kurzen Hosen aufzutreten. Meine Überzeugung war, wenn wir bei einem Independent-Label unterschreiben müssen, dann bei Rough Trade, und sicher nicht bei Factory.«[32]

Der Schlagzeuger Simon Wolstencroft war mit dem Demo unzufrieden und verließ das Projekt schon nach dieser ersten Aufnahme. Damit war die Band um ein Mitglied ärmer, während Johnny Marr einen ersten Auftritt für den 4. Oktober 1982 im ›Ritz‹ hatte organisierten können, wo Andrew Berry und James Maker auf einer Modenschau einige örtliche Designer präsentieren wollten. Die Schlagzeugersuche verlief ergebnislos, bis Johnny Marr von einem Mike Joyce aus Chorlton im südlichen Manchester hörte.[33] Nach einem mäßigen ersten Vorsprechen (bei dem Mike psychoaktive Pilze konsumiert hatte) beschloss Marr doch, ihm eine Chance zu geben.[34]

4. Eine neue Ära

Die Feuertaufe am 4. Oktober überstanden sie ganz gut. Johnny Marr schlug Joe Moss – einem Freund, dem die Modemarke ›Crazy Face‹ mit einem Geschäft in der Chapel Street gehörte[35] und der von Marrs Auftritt mit Morrissey begeistert war – vor, als Agent für die Smiths zu fungieren. Nach diesem Debüt bat Tony O'Connor, ein weiterer Freund Marrs, den Gitarristen um ein Demotape, das er seinem neuen Chef beim Major-Label EMI geben wollte, der daraufhin 200 £ für eine Neuaufnahme locker machte.[36] Das erste Konzert zeigte nochmals die Grenzen von Dales Können auf, sodass sich die Band von ihrem Bassisten trennte. Für Januar 1983 war bereits ein zweites Konzert geplant, diesmal im ›Manhattan Sound‹, einem Schwulenclub in Spring Garden – vorher musste die Band dringend einen Bassisten finden. Mit Andy Rourke fiel die Wahl auf einen alten Freund Marrs, mit dem er bereits in einer anderen Formation gespielt hatte. Zwar war er damals wegen Andys Heroinsucht auf Abstand gegangen, nun aber war Marr überzeugt, Rourke sei die beste Wahl für The Smiths.

Als die Band komplett war, versammelte sie sich in den Drone Studios in Chorlton und nahm das Demotape für EMI auf: »Handsome Devil«, »Miserable Lie« und ihre neueste Komposition »What Difference Does It Make«. Leider erklärte das Major-Label nach Übermittlung der Kassette, »darin keine Musik erkennen« zu können,[37] und die Band konzentrierte sich auf ihren Auftritt Anfang 1983 – der sorgte für einen ersten Artikel im Fanzine *City Fun*.

52nd *Street*

Die Band 52nd Street entstand Ende der 70er-Jahre in Wythenshawe, im Süden Manchesters, und bestand als zunächst aus Tony Henry (Gitarre), Desmond Isaacs (Keyboard), Tony Thompson (Schlagzeug), Jennifer McCloud (Gesang) und Derrick Johnson (Bass); Derrick war der jüngere Bruder des Ratio-Schlagzeugers Donald Johnson. Sechs Monate später ersetzte John Dennison den Keyboarder und Beverley McDonald die Sängerin. 1981 hatte die junge Disco-Funk-Band als Teil des funkelnagelneuen Britfunk bereits Demotapes für RCA und Warner aufgenommen, worauf allerdings keine verlockenden Angebote folgten.[38] Auf Empfehlung des Schlagzeugers von A Certain Ratio sah sich Rob Greffon, seines Zeichens Manager von New Order und Mitbegründer von Factory Records, die Gruppe im ›Band on the Wall‹ an, was 52nd Street eine rasche Annäherung an das Independent-Label in Manchester ermöglichte. Greffon engagierte sie als Vorband von New Order für die Auftritte am 24. Mai im ›Pennies‹ in Norwich und am 25. Mai 1982 im ›Kilburn National Ballroom‹ in London. Ihre erste Single *Look Into My Eyes* (FAC 59) wurde von Donald Johnson produziert und im August 1982 herausgebracht – sie wirkte wie ein UFO im Katalog von Factory Records, war das Label doch bis dato (von A Certain Ratio abgesehen) nicht gerade für tanzbare Musik bekannt. Am 7. November trat 52nd Street übrigens als Vorband von A Certain Ratio im ›Lyceum‹ in London auf.

A Certain Ratio brachte im Januar 1982 ihr zweites Studioalbum *Sextet* (FACT 55) heraus, das von den Bandmitgliedern selbst produziert wurde und ihren zügellosen Funk-Stil verstetigte. Im Februar jedoch verließ Martha Tilson die Band, weil sie sich als neue Leadsängerin gestresst fühlte.[39] Nach Tilson verließ Ende des Jahres auch Peter Terrel, Gitarrist und Mitbegründer der Gruppe, die Band und ging nach Indien; im November erschien das nächste Album. Die Kritiken urteilten darüber wesentlich schärfer als über *Sextet* und die Promotion-Tour durch Amerika für *I'd Like to See You Again* (FACT 65) musste im Dezember 1982 ohne eines der Gründungsmitglieder und ohne Sängerin über die Bühne gehen. Derweil nahm die Band mit Andy Connell einen neuen Musiker auf, der nunmehr Keyboard und Synthesizer bediente.

Go Exciting (FAC 67), die erste Single von Mike Pickerings Band Quando Quango – Pickering war auch Diskjockey und Programmgestalter im ›Haçienda‹ – erschien im Oktober 1982. Nach der Rückkehr der Band nach Manchester war Donald Johnson, Schlagzeuger von A Certain Ratio, als Bassist zur Gruppe gestoßen. Diese erste, vom Saxophon dominierte Aufnahme war eine tanzbare erste Single im Stil der neuen Musik der erwachenden 80er-Jahre. Dennoch gelang der Gruppe ein Durchbruch nicht.

Die Musiker von New Order kehrten ihrerseits von einer kleinen Europa-Tournee mit acht Terminen zurück, bei der die Stockholm Monsters aus Burnage, einem südlichen Vorort von Manchester, als Vorband aufgetreten waren.[40] Nach ihrer Rückkehr kam ihre Single *Temptation* (FAC 63) heraus:

4. Eine neue Ära

ihre erste Produktion ohne Hannett und ihre ersten Stücke mit analogem Sequenzer – einem Apparat mit Aufnahmegerät, der eine vorprogrammierte Musik wiedergeben konnte. *Temptation* stand sieben Wochen in den Charts und erreichte Platz 29.[41] Die Gruppe beendete das Jahr 1982 mit einer Tournee durch Neuseeland und Australien, wo sie als Vorband des Salforder Barden John Cooper Clarke auftrat.[42]

Factory Records, das als Independent-Label zum Zeitpunkt der Übergangs vom Punk zum Post-Punk gestartet und mit den düsteren Sentenzen samt schwerer, schneidender Instrumentierung von Joy Division berühmt geworden war – deren Doppel-LP *Still* (FACT 40) als Hommage mit Live-Mitschnitten und anderen unveröffentlichten Raritäten im Oktober 1981 erschien –, Factory Records hatte nun mit A Certain Ratio, 52nd Street, Quando Quango und New Order (die ihre Tanzbarkeit mit *Temptation* im Mai unter Beweis gestellt hatten) auch Tanzbands im Angebot. Die Hinwendung des Labels zur *dance music* war hauptsächlich durch Rob Grettons Geschmack motiviert, der sich für die Auferstehung des Tanzens begeisterte. Er machte die Musiker des Cabaret Voltaire auf das Stück »Planet Rock« der US-Band Afrika Bambaataa, einem der wichtigsten Vertreter der aufstrebenden elektronischen Musik, aufmerksam.[43]

Aller Anfang ist schwer, auch im ›Haçienda‹

Die Inhaber von Factory Records, die erst jüngst ihr Büro in der Palatine Road 86 bezogen hatten, mussten aufgrund zunehmender beiderseitiger Abneigung auf die Dienste ihres Produzenten und Mitgesellschafters verzichten. Hannetts letzte Produktionen mit Factory waren *Art - Dream - Dominion* (FAC 43), die erste Single der Liverpooler Band The Royal Family and the Poor vom August 1981, und *Fairy Tales* (FAC 41), die Debütsingle der Stockholm Monsters vom Februar 1982. Gut einen Monat vor der Eröffnungsfeier des ›Haçienda‹ am 16. März 1982 erhob Martin Hannett vor dem High Court Klage gegen Factory Communication Ltd., es ging um entgangene Einnahmen aus den Tantiemen des Labels.[44] Hannett verließ die Factory-Leitung erst im Juni 1983 und akzeptierte eine Abfindung von 25.000 £.[45] Mit situationistischem Humor bezeichnete Wilson Hannetts Klage als »FAC 61«, als gehöre auch sie zu dem Gesamtkunstwerk der Marke Factory Records.

Die Factory-Platten verkauften sich zunehmend gut, aber die Strategie des »Nicht-Marketing« verhinderte einen echten Durchbruch der Künstler. Anders als die Musiker bei New Hormones – zum Beispiel Ludus, Eric Random, The Diagram Brothers und Dislocation Dance, die regelmäßig von den Titelseiten der Musikpresse blickten[46] – kamen die Factory-Bands in der Berichterstattung, von Konzert- und Albumbesprechungen abgesehen, praktisch nicht vor und Ende 1982 geriet das avantgardistische Independent-Label aus Manchester gar in finanzielle Schwierigkeiten. Tony Wilson erwirkte auch, dass seine Künstler nur begrenzt im Radio gespielt wurden – was sich dann in den Verkaufszahlen niederschlug; John Peel war einer der wenigen Radiomacher, die Mitschnitte von Factory-Bands sendeten. Zudem erschien im Monat nach Eröffnung des ›Haçienda‹ keinerlei Werbung in der Presse und das Programm des Clubs blieb nahezu unbekannt.[47] Alastair Best schrieb im September 1982 immerhin für die *Architectural Review* einen hymnischen Artikel auf das künstlerische Schaffen Ben Kellys in dem Club.[48]

Der Eröffnungsabend des ›Haçienda‹ verlief recht erfolgreich, doch die Erträge des Clubs blieben hinter den Erwartungen für die Anfangszeit zurück. Peter Hook, der Bassist von New Order, berichtet:

> »Der erste Abend war ausverkauft, volles Haus, aber danach konnte man die Laufkundschaft buchstäblich an den Fingern einer Hand abzählen.«[49]

Die Besucherzahlen in den ersten Wochen waren minimal: Obwohl der Club jeden Abend geöffnet hatte, waren in der Regel weniger als fünf Personen anwesend, außer samstags, wenn der Club zur Diskothek wurde.[50] Das ›Haçienda‹ sollte auch als Schaufenster für die Künstler des Factory dienen. So spielten 1982 The Durutti Column am 23. Juni und 23. September, A Certain Ratio am 9. Juli (in der Kellerbar ›Gay Traitor‹) und am 22. Dezember (nach ihrer Promotiontour durch die USA), New Order am 26. Juni sowie Swamp Children und 52nd Street am 29. Juni. Der Club zeigte anfangs sogar Filme, darunter gelegentlich auch Softpornos. Beim Ludus-Konzert am 5. November 1982 betrat die Leadsängerin Linder Sterling die Bühne in einer Pose des Protests: Bedeckt mit Eingeweiden, trug sie ein Kleid aus schwarzem Netz und zusammengenähten Geflügelabfällen. Als sie es beim letzten Song, »Too

4. Eine neue Ära

Hot to Handle«, auszog, kam ein schwarzer Dildo zum Vorschein – das Publikum war schockiert und Tony Wilson kochte vor Wut.[51]

Im ersten Jahr seines Bestehens traten im ›Haçienda‹, neben Hormis Ludus, auch John Cooper Clarke (8. Juni) und The Jazz Detektors (21. August) auf, ebenfalls lokale Bands und Künstler. Der Club bot auch den jungen Stars des britischen Synthiepop eine Bühne, etwa Culture Club (19. Juni) und Simple Minds (17. Juli), und empfing auch internationale Künstler wie die Jamaikaner Gregory Isaacs (22. November) und Dillinger (6. Dezember). Am 4. Oktober hatten die Besucher sogar Gelegenheit zum Besuch einer Lesung des Paten der Beatnik-Gegenkultur, William S. Burroughs.

Das Jahr 1983 begann im ›Haçienda‹ am 26. Januar mit einem ausverkauften New Order-Konzert, 1500 Zuschauer.[52] Gleich im Februar folgte der Aufbruch der Band nach New York, um mit dem führenden US-Produzenten für *Dance*-Musik, Arthur Baker, die neue Single *Confusion* aufzunehmen.[53] Den ersten Kontakt zu Baker stellte Michael Shamberg von Of Factory New York her, der Distributionsfirma für Factory-Platten in den USA; ausschlaggebend war der Erfolg von Afrika Bambaataas Hit »Planet Rock«, den Baker im Vorjahr produziert hatte.

Am 4. Februar gaben The Smiths ihr drittes Konzert, diesmal im ›Haçienda‹ als Vorband für 52nd Street, denn Tony Wilson war von ihrem Auftritt am 25. Januar im ›Manhattan Sound‹ begeistert gewesen.[54] Hier präsentierten sie nun erstmals ihren Song »Hand In Glove« vor Publikum,[55] der bald in den Strawberry Studios für ein Demo aufgenommen werden und an Rough Trade gehen sollte[56] – das Londoner Independent-Label übernahm die Produktion und auf die B-Seite kam ein Mitschnitt von »Handsome Devil«, der mit dem Mischpult des ›Haçienda‹ bei dem Konzert gemacht worden war.[57] Anfang 1983 unterzeichneten The Smiths also bei Rough Trade, am 6. Juli traten sie erneut im Factory-Club auf. Ihre erste Single war das Eintrittsticket in den engen Kreis der britischen Indie-Musik. Johnny Marr erinnert sich:

> »*Hand in Glove* kam am 13. Mai 1983 heraus [...] Die erste Ausstrahlung erfolgte in der *John Peel Show* auf BBC 1 [...] Die *John Peel Show* war die einzige Radiosendung, die Leute in meinem Umfeld hörten, sie war wie ein Leuchtfeuer für meine Generation. Einen Song bei John Peel unterzubringen, bedeutete nicht, dass wir automatisch zu Popstars wurden, gar keine Frage, sondern vielmehr, dass wir aus der Sicht der Alternativszene nun dazugehörten.«[58]

The Fall hatte ihrerseits das Label von Geoff Travis Ende 1981 verlassen und war zum Mikrolabel Kamera gewechselt, wo im März 1982 ihr viertes, teils in Island aufgenommenes Studioalbum *Hex Henduction Hour* erschien. Am 27. Juli und 16. Dezember 1983 traten sie im ›Haçienda‹ auf. John Peel wählte »The Classical«, den Eröffnungstitel des Albums, auf Platz 38 seiner Liste der 50 besten Singles aller Zeiten.[59]

> ### James
>
> Der allererste Name der Band aus Whalley Range lautete Model Team International, die Gruppe bestand aus Paul Gilbertson an der Gitarre, Jim Glennie am Bass und Gavin Whelan am Schlagzeug. Im März 1982 gewann die Band den Theaterstudenten Tim Booth als Sänger und benannte sich um in: James. Tony Wilson hatte sie in Liverpool entdeckt, nachdem er sich ihr Demo angehört hatte. James wurde als Vorband für das Konzert von Discobolisk am 21. Januar 1983 im ›Haçienda‹ gebucht. Nach dem Auftritt wollte Mike Pickering schon ein Album produzieren, doch die Band hielt es für ratsamer, zunächst eine Single zu veröffentlichen. Greffon besorgte der Band die Auftritte als Vorgruppe von New Order, am 23. und 24. März im Liverpooler ›State‹, am 9. Mai im ›Tower Ballroom‹ in Birmingham sowie am 10. in der ›Victoria Hall‹ in Hanley. Ihre EP *Jimone* (FAC 78) wurde im August live in den Strawberry Studios aufgenommen. Sie erschien im September und wurde von *NME*, *Melody Maker* und *Sound* zur Single der Woche gekürt.[60]

1983, die zweite *British Invasion*

Das Jahr 1983 brachte die Renaissance eines kulturellen Phänomens der 60er-Jahre: Damals eroberte sich eine ganze Reihe von englischen Bands einen Platz in den amerikanischen *Billboard*-Charts (The Beatles, The Rolling Stones, The Who, The Kinks, The Animals ...) – die Rede ist von der *British Invasion*. 1983 erlebte man die sogenannte *Second British Invasion*, wobei die Ausstrahlung englischer Hits im US-Fernsehsender MTV eine wesentliche Rolle spielte – 1984 war der Fernsehsender in 50 Staaten vertreten und erreichte 184 Millionen Haushalte.[61] Am 16. Juli 1983, als Michael Jackson den

4. Eine neue Ära

Musikmarkt jenseits des Atlantiks dominierte, erreichten 18 Singles britischer Künstler die Top 40 der USA und damit vier mehr als bei der ersten *British Invasion* im Jahr 1965.[62] Dieser zweite Siegeszug beschränkte sich nicht auf Synthie- und New Pop – auch Heavy-Metal-Bands wie Def Leppard, Iron Maiden oder Fastway schafften es in die US-Charts –, vielmehr gab es in den amerikanischen Top Ten bald eine Vielzahl britischer Bands wie Duran Duran, Spandau Ballet, The Human League, Adam & the Ants, Heaven 17, Wham, Kajagoogoo, Naked Eyes, The Thompson Twins, The Fixx, Billy Idol, A Flock of Seagulls, Howard Jones, Madness, Ultravox, Eurythmics, The Police, Culture Club und Bananarama.[63] In der Sonderausgabe »England Swing« der Zeitschrift *Rolling Stone* wurde 1983 als »das tollste Jahr der Rockgeschichte seit 1977« gefeiert,[64] zumindest aber war es das Jahr des New Pop im Land von Ronald Reagan.

Interessanterweise war die erste *British Invasion* von weißen britischen Musikern dominiert, die sich den afroamerikanischen Blues, Soul und Rhythm'n'Blues angeeignet hatten. Der Schwerpunkt der zweiten *British Invasion* lag auf der funkigen und tanzbaren afroamerikanischen Pop-Musik von Bands wie Chic, Parliament-Funkadelic, Michael Jackson sowie Quincy Jones und auf der neuen elektronischen Musik, die sie ins weiße Amerika exportierten. Die beiden »Invasionen« erschöpften sich also nicht darin, dass britische Musiker die amerikanischen Hitparaden eroberten; vielmehr handelte es sich um eine kulturelle Übernahme afroamerikanischer Musik in England, die weiße britische Künstler sich aneigneten und schließlich wieder an junge US-amerikanische WASP[65] verkauften.

Eine Band aus Manchester hatte es in den USA bislang noch nicht in die Charts geschafft. Howard Devoto hatte versucht, seine Karriere mit einem ersten und einzigen Soloalbum *Jerky Versions Of The Dream* (Virgin 1983) wieder in Gang zu bringen und an Magazine anzuknüpfen – es gelang diesem Herkules der musikalischen Erneuerung Manchesters aber kein Neuanfang mehr, vielmehr stand das Album für den Niedergang eines allmählich vergessenen Avantgardisten. Factory versuchte derweil, seinen neuen Club zu pushen und bot jungen britischen Talenten eine Bühne im ›Haçienda‹, unter anderen Eurythmics (3. März), Big Country (7. April) und Frankie Goes to Hollywood (19. November).

Doch die Fact 51 Ltd. schrieb im ersten Betriebsjahr ganze 8.867,87 £ Verluste, teils wegen des Exklusivvertrags mit der Brauerei Whitbread, wodurch das ›Haçienda‹ gehindert war, anderswo günstigeres Bier einzukaufen.[66] Ein weiterer Grund war die Höhe der Gagen für die Künstler. Laut Peter Hook verlor der Club 1983 pro Monat durchschnittlich 10.000 £, wobei der Großteil auf Honorare und Gehälter entfiel.[67] Trotz eines bescheidenen Gewinns von 5.213 £ im Geschäftsbereich »Label«[68] benötigte Factory Records unbedingt frisches Geld, um einen Bankrott abzuwenden, und das gelang mit dem ersten großen Hit von New Order: der fünften Single, der Maxi-Single *Blue Monday* (FAC 73), die am 7. März 1983 in die Läden kam. *Blue Monday* stieg am 19. März für 38 Wochen in die britischen Charts ein und erreichte dort den 9. Platz.[69] In den Independent-Charts blieb »Blue Monday« insgesamt 186 Wochen.[70] Dank dieses Erfolgs konnte New Order ihren neuen Hit erstmals in der Sendung *Top of the Pops* am 31. März spielen.[71] Überraschenderweise führte der Auftritt in der Show dazu, dass die Single – dasselbe Phänomen wie fünf Jahre zuvor bei Magazine – in den Charts abstürzte. Peter Hook, der Bassist der Gruppe, berichtet:

> »In der Woche nach unserem Auftritt büßte die Single zehn Plätze ein [...] Normalerweise bewirkte ein Auftritt bei *Top of the Pops* einen Sprung um 10 Plätze. [...] Trotz des Einbruchs nach *Top of the Pops* war ›Blue Monday‹ unsere meistverkaufte Single und ist es bis heute geblieben.«[72]

Normalerweise präsentierten die Bands ihren Titel in der Sendung als Playback, doch New Order bestand auf einer Live-Darbietung, obwohl die Fernsehtechniker dafür nicht ausgerüstet waren. Dennoch war »Blue Monday« ein echter Erfolg und der Vorbote einer elektronischen Musik, die in den europäischen Clubs damals noch selten war. Das zweite Album, *Power, Corruption and Lies* (FACT 75), erschien am 2. Mai 1983 und gelangte ebenfalls in die Charts, wo es 29 Wochen präsent war und den vierten Platz erreichte. 75.000 Exemplare wurden in den ersten zwei Monaten nach Veröffentlichung allein in Großbritannien verkauft.[73] New Order rettete das ›Haçienda‹ und Factory Records vor der Insolvenz. Zusammen mit A Certain Ratio waren sie das Herzstück des Labels und die meisten Besucher interessierten sich für die übrigen Factory-Bands nur als Vorbands der beiden Großen.

The Smiths, die erst kürzlich bei der Konkurrenz in London unterzeichnet hatten, waren bald nach Erscheinen ihrer zweiten Single *This Charming Man* im Oktober 1983 – sie schaffte es immerhin auf Platz 25 – die neuen Botschafter der Manchester-Musik in England. Ihr musikalischer und öffentlichkeitswirksamer Ansatz unterschied sich deutlich von der Factory-Riege. Im Gegensatz zu New Order scheute die Band die Interviews mit der britischen Musikpresse – Morrissey verstand Interviews als Kunstform – keineswegs und suchte sich von Tony Wilsons Bands abzuheben, denn in Morrisseys Augen hatte sich Factory Records überlebt.[74] Johnny Marr erzählt:

> »*This Charming Man* erschien im Oktober und hat mein Leben, ja das aller anderen Bandmitglieder völlig verändert. Die Platte schoss in die oberen Regionen der Verkaufscharts hinauf und plötzlich kannte man uns nicht mehr nur in der Musikpresse, sondern auch in den Vorstädten und auf den Schulhöfen. Es war fast so, als stammten wir aus einem Paralleluniversum und würden nun die Popszene kolonisieren, wir waren so anders und unnachahmlich, uns galt die Aufmerksamkeit des ganzen Landes und jeder hatte eine Meinung zu unserer Band – ob uns das gefiel oder nicht.«[75]

Dieser Erfolg verschaffte den Smiths eine Einladung in die Sendung *Top of the Pops* vom 24. November 1983. Am selben Tag sollte die Gruppe im ›Haçienda‹ spielen. Johny Marr erinnert sich an diesen denkwürdigen Moment ihrer noch jungen Karriere:

> »Die Fahrt dauerte gefühlt nur wenige Minuten und in Manchester erwartete uns Rob Gretton, der Agent von New Order, zusammen mit Mike Pickering. Beide waren überwältigt von der Menschenmenge, die uns im ›Haçienda‹ sehen wollte. Mike kam auf mich zu und sagte: ›Euch erwarten 2300 Leute, in einem Saal für regulär 1800 … und draußen stehen noch einmal tausend Leute, die nicht mehr reinpassen.‹«[76]

Das Jahr 1983 endete für The Smiths in New York, mit einem Konzert in der ›Danceteria‹ am 31. Dezember. Zwei Tage später unterschrieben sie bei Sire Records für den Vertrieb ihrer Platten in den USA und fanden sich damit in bester Gesellschaft von Patti Smith, The Ramones, Brian Eno und Talking Heads.[77] Am 4. Februar schafften sie es aufs Titelblatt des *NME*: The Smiths waren von den Lesern der Zeitschrift zur besten Newcomer-Band des Jahres gewählt worden. Johnny Marr versucht, den Erfolg seiner Band folgendermaßen zu erklären:

> »Punk war schon lange tot und Post-Punk war nicht wirklich unser Ding. Die Fans der Smiths waren auf der Suche nach etwas, das ihrer Generation und ihrer Kultur Ausdruck verleiht, und genau das suchten wir auch, sowohl für unsere Fans als auch für uns selbst.«[78]

Die Unterstützung der damaligen Post-Punk-Szene hatte das Fundament für Factory Records gebildet, nun aber verlor das Label sein Monopol auf erfolgreiche Bands aus Manchester und die Stadt verlor allmählich ihr lässiges Image, das sie dem Label und seiner Musikproduktion verdankte. Währenddessen beflügelte der Erfolg einer neuen Manchesteraner Band in London das Interesse am kulturellen Leben der postindustriellen Stadt – immerhin hielt sich The Smiths' »What Difference Does It Make« neun Wochen lang in den Independent-Charts und erreichte Platz 12,[79] sie traten am 26. Januar 1984 bei Top of the Pops auf, vor allem erreichte ihr Debütalbum The Smiths nach seinem Erscheinen im Februar den 2. Platz der britischen Charts[80] und Platz 100 in den USA.

Musikalischer Wandel im ›Haçienda‹

Ende 1983 gelangten die Betreiber des ›Haçienda‹ zu dem Schluss, eher Discjockey-Abende anzubieten als Konzerte. Der Club bot nicht die besten Bedingungen für Auftritte und die Musiker spielten, wenn sie die Wahl hatten, lieber in der ›Free Trade Hall‹ oder im ›Apollo‹.[81] Darüber hinaus verzeichnete die Bilanz des Clubs im zweiten Jahr seines Bestehens ganze 49.800 £ Verlust.[82] Zunächst musste Howard Jones, der Geschäftsführer des Clubs, seinen Hut nehmen.[83] Mike Pickering suchte die Attraktivität des ›Haçienda‹ mit einer Atmosphäre zu steigern, die er auf seinen Reisen in New York kennengelernt hatte. Mit Quando Quango hatte er am 7. Juli 1983 im ›Paradise Garage‹ als Vorband für New Order gespielt und wollte die Atmosphäre des Clubs in Manchester nachbilden. Peter Hook erinnert sich:

> »Genau so eine Atmosphäre hat Pickering gewollt. Dafür versuchte er, das Interesse des schwarzen Publikums zu wecken, das in Manchester regelmäßig ins ›Legends‹ ging. [...] Um sein Ziel zu erreichen, kontaktierte er zunächst den DJ Greg Wilson, damals eine feste Größe im ›Legends‹. Bekannt war Wilson dafür, den Electro nach Manchester gebracht zu haben.«[84]

Die elektronische Musik aus den Vereinigten Staaten brachte bereits einige wenige britische Dancefloors in Schwung, Zulauf verzeichneten auch Hip-Hop und Breakdance. Der Hip-Hop war mit der Musik von DJ Kool Herc, Grandmaster Flash und Afrika Bambaataa schon um 1974 in der Bronx entstanden,[85] doch erst 1979 überschritt dieser Stil die Grenzen seines Geburtsortes.[86] 1982 eroberte der Song »The Message« von Flash and the Furious Five Platz 8 der britischen Charts, damit hatte Hip-Hop auch diesseits des Atlantiks Fuß gefasst.[87] Eine der ersten Breakdance-Crews aus Manchester nannte sich Reflex und bestand aus einem Dutzend Mitgliedern. Zu deren Hauptakteuren zählten Patrick Booth, Royston, Danny und Kermit. Mit der neuen künstlerischen Richtung setzte Pickering auf ein avantgardistisches Produkt und bezog sich dabei auf New Yorker Clubs wie ›Paradise Garage‹ und ›Danceteria‹, um die Popularität des ›Haçienda‹ zu steigern. Eine geniale Idee war zudem das Engagement von Greg Wilson, mit dem das Musikprogramm des Clubs auf avantgardistische Musik umschwenkte. Wilson hatte einen guten Ruf als Vorreiter des englischen *dancefloor*. Am 25. Februar 1983 war er in der Sendung *The Tube* (Channel 4) aufgetreten und hatte dem britischen Fernsehpublikum erstmals die Technik des Mischens auf dem Plattenteller demonstriert.

Unter der Überschrift »Friday Go Truly Transatlantic« legte Greg Wilson vom 19. August 1983 bis in den Januar 1984 jeden Freitagabend im ›Haçienda‹ auf, seine Stücke basierten auf den Beats elektronischer Musik.[88] Die Dienstagabende unter dem Titel »The End: A No-Funk Night« bespielte DJ John Tracey; sie waren bis Mitte 1984 die beliebtesten Veranstaltungen des Clubs.[89]

Am 27. Januar 1984 trat eine aufstrebende amerikanische Sängerin namens Madonna im ›Haçienda‹ auf. Mit diesem Auftritt war sie auch erstmals im britischen Fernsehen in der Sendung *The Tube* zu sehen, womit auch der Club ins Fernsehen kam; interviewt wurden für die Sendung Tony Wilson, Paul Morley – der 1982 seinen Posten als Redakteur beim *NME* aufgegeben hatte und mit dem Produzenten Trevor Horn (The Buggies) das Label Zang Tuum Tumb (ZTT) aufzog[90] –, The Jazz Defektors sowie Marcel King und The Breaking Glass Dance.[91] Neben den Interviews konnte das Label sein Portfolio in einem zehnminütigen Medley der Factory-Allstars ausbreiten, darunter »Cool as Ice« (die jüngste Veröffentlichung von 52nd Street, produziert von Donald Johnson), »Shack Up«, »Confusion« und »Love Will Tear Us Apart«.[92] Factory gab diesem Fernsehauftritt die Referenznummer »FAC 104«.

Diese Sternstunde geriet jedoch schnell in den Hintergrund, denn seit Mai lief ein Verfahren der britischen Steuerbehörde wegen fehlerhafter Buchhaltung des Clubs: Factory hatte das mit New Order verdiente Geld direkt in die Kassen des ›Haçienda‹ geleitet, ohne den Umweg über Gainwest Ltd. (die von Rob Gretton gegründete Finanzverwaltungsfirma für New Order), und außerdem die Löhne für Gelegenheitsarbeiter »schwarz« gezahlt. Die Band wurde zu einer Geldstrafe von rund einer Million £ verurteilt, was laut Peter Hook bis dato das höchste Steuerbußgeld war, das eine britische Popband je bezahlen musste.[93] Die zunehmenden sozialen Spannungen vor dem Hintergrund eines Bergarbeiterstreiks waren Mitte der Achtziger auch nicht gerade das ideale Klima für Party und Clubbing.

Am 12. Oktober – jenem Tag, als die IRA einen Bombenanschlag auf das Grand Hotel in Brighton verübte, in dem Margaret Thatcher gastierte – fand im ›Haçienda‹ die erste der freitäglichen *Nude Nights* statt. Mike Pickering und Andrew »Mark« Berry boten eine breite Palette, von Soul bis Hip-Hop.[94] Andrew Berry, der als »Mark Berry« an den Plattentellern stand, hatte früher bei The Weeds gesungen und arbeitete als Friseur im ›Swing‹, dem Friseursalon im ›Haçienda‹ (in dem Tracy, die ältere Schwester der Donnelly-Brüder, 1983 an der Rezeption arbeitete). In jenem Salon in den Umkleideräumen hinter der Bühne kümmerte Berry sich unter anderem um die Haartrachten von The Smiths, von Rob Gretton und von Bernard Sumner, dem Sänger und Gitarristen von New Order.[95] In seiner Rolle als DJ legte er normalerweise vor und nach den Konzerten auf und ließ sich, wenn er verhindert war, heimlich von seinem jungen Freund Dave Haslam vertreten.[96] Dave Haslam stammte aus Birmingham und war 1980 zum Studium nach Manchester gezogen. Mitte der 80er-Jahre besuchte Haslam den Club von Factory Records regelmäßig und versuchte dort in der Schlange am Einlass,[97] seine *Debris*-Fanzines zu verkaufen: Die erste Ausgabe erschien 1983 in 500er-Auflage und umfasste 16 A4-Seiten; Haslam schrieb sowohl über Bands, Filme und Bücher, die er bekanntmachen und besprechen wollte, als auch über den Alltag von »Otto und Anna Normalverbraucher« und interviewte den Friseur um die Ecke wie den Zeitungsverkäufer,[98] schrieb über Fish and Chips oder auch über die Strafvollzugsreformen.[99] Peter Hook erinnert sich:

> »Organisiert wurden die Nude Nights ursprünglich von Pickering und Andrew ›Mark‹ Berry, [...] sie boten Jazz, Salsa, Motown, Pop, Hiphop und Elektro. [...] Bei Nude war stets volle Hütte, und das Publikum war noch gemischter als bei Greg Wilson.«[100]

Die Nude-Abende verzeichneten laut Pickering immer mehr als tausend Gäste[101] und waren somit ein Format, mit dem das ›Haçienda‹ endlich Eintrittseinnahmen generieren konnte.

4. Eine neue Ära

Diese quasi unbekannten Musikstile lockten die afrikanisch-karibische Gemeinschaft Manchesters ins ›Haçienda‹ und sorgten für eine soziale wie kulturelle Mischung, die der Club bis dahin kaum hatte. Mit diesen Partys entdeckten die Perry Boys das ›Haçienda‹ für sich – jene junge Subkultur der Arbeiterschicht, die sich in den späten siebziger und frühen achtziger Jahren der Soulmusik wie dem Fußball zuwandte und normalerweise mit Sneakers und einem Fred-Perry-Polohemd, ihrem namengebenden Markenzeichen, gekleidet war.[102] Diese DJ-Abende waren bald durchaus lukrativ und veränderten den Sound von Manchester. Das ›Haçienda‹ war nicht mehr der Konzertsaal, von dem die Factory-Bands träumten, sondern hatte sich zu einer Diskothek an der Spitze der musikalischen Avantgarde entwickelt. Peter Hook erinnert sich:

> »Für den Club war klar, die lukrativsten Veranstaltungen waren die Abende mit exklusivem DJ-Lineup. Dieser Entschluss beeinflusste nicht nur die künftige Linie des ›Haçienda‹, sondern prägte die gesamte britische Clubkultur.«[103]

1985 unternahm das ›Haçienda‹ das Experiment, hauptsächlich Partys mit Mike Pickering als DJ zu veranstalten – dessen ungeachtet standen in dem Jahr unter anderen auf dem Programm: Die Einstürzenden Neubauten am 28. Februar, The Pogues am 7. März, 13. Juni sowie am 18. September, Nick Cave & the Bad Seeds mit Sonic Youth am 25. April, The Colourfield am 16. Mai, der afroamerikanische Aktivist Gil Scott-Heron am 5. Juni und 31. Oktober, The Jesus and Mary Chain am 26. Juni und 26. November, The Fall am 9. Oktober sowie eine Show mit Quando Quango und 52nd Street am 5. Dezember.[104] Die Disk Jockeys zogen damals zunehmend mehr Nachtschwärmer an, die nach rhythmischer und tanzbarer Musik dürsteten. Ungeachtet der Veröffentlichung des Debütalbums von Quando Quango, *Pigs + Battleships*, im November und der anschließenden Europatournee mit New Order im Dezember 1985,[105] beschleunigte Pickerings Aufstieg zum DJ den Niedergang seiner Band. Nicht zuletzt erkannte Tony Wilson, dass seine Strategie des »Nicht-Marketing« dem Label nicht nützte, und beauftragte die Firma Pro-Motion, das öffentliche Bild seiner Künstler aufzupolieren.[106]

Streik der Bergarbeiter und Solidarität der Künstler

1984 kam es mit einem der längsten und härtesten Streiks, die das Land im 20. Jahrhundert erlebt hatte, zu einer außerordentlichen Krise der britischen Gesellschaft. Zwar war die Region Greater Manchester nicht allein betroffen, dennoch erfasste das soziale Erdbeben, das die Thatcher-Regierung provoziert hatte, die angrenzenden Bergbauregionen in Nord- und Westengland wie Yorkshire und Lancashire in besonderem Maße.

Zunächst einmal muss man wissen, dass der Bergbau eine zentrale Rolle für die industrielle Hegemonie Großbritanniens gespielt hatte. Der Schriftsteller George Orwell erläutert, wie unverzichtar die Kohle für die britische Krone war:

> »Unsere Zivilisation beruht – mit Verlaub, Herr Chesterton – auf Kohle, und zwar viel umfassender, als man sich im klaren ist, bis man einmal darüber nachdenkt. Die Maschinen, die für uns lebensnotwendig sind, und die Maschinen, die die Maschinen herstellen, sind alle direkt oder indirekt von Kohle abhängig. Im Stoffwechsel der Westlichen Welt ist nur noch der Mann, der die Erde pflügt, wichtiger als der Bergmann.«[107]

Das Land verfügt über Mineralien, Metalle und Steinkohle, die für den Betrieb seiner Fabriken und Manufakturen, für deren Maschinen und für den Transport verschiedenster Waren unerlässlich waren. Friedrich Engels klärt uns weiter über die unterirdischen Reichtümer auf:

> »Während in Cornwall ergiebige Kupfer-, Zinn-, Zink- und Bleibergwerke sind, liefern Staffordshire, Nord-Wales und andere Bezirke große Mengen von Eisen und fast ganz Nord- und Westengland, Mittelschottland und einige Distrikte von Irland einen Überfluß an Steinkohlen.«[108]

Manchester war von Bergarbeiterhochburgen wie etwa Wigan und insbesondere von Kohlebergwerken umgeben. Nach dem Zweiten Weltkrieg war das Land völlig von der Kohleförderung abhängig, deckte sie doch 90 % des Primärenergiebedarfs, während dieser Anteil bis 1984 auf 35 % zurückgegangen war und andere Energieträger an Bedeutung gewonnen hatten.[109] Dennoch stammten 1984 noch 75 % der britischen Elektrizität aus der Kohle, die auch 30 % des industriellen Energiebedarfs deckte.[110]

Seit 1974 waren nicht weniger als 75 Bergwerke geschlossen worden und die Zahl der Bergarbeiter war von 246.000 auf 180.000 gesunken.[111] Als die Kohlebergwerke 1947 durch die Labour-Regierung verstaatlicht wurden,

4. Eine neue Ära

förderten rund 704.000 Bergarbeiter jährlich etwa 200 Millionen Tonnen Kohle.[112] Im Jahr 1983 war deren Zahl bereits auf 186.000 gefallen und die Förderung lag bei gut 100 Millionen Tonnen.[113] Zwischen 1974 und 1984 war die National Union of Mineworkers (NUM) – die wichtigste Bergbaugewerkschaft, seit 1981 unter der Führung von Arthur Scargill – eine der stärksten Gewerkschaften des Landes und diejenige, die den Umstrukturierungen der Thatcher-Regierung seit deren Amtsantritt den größten Widerstand entgegensetzte.[114]

Zum offenen Konflikt kam es Anfang März 1984, als der Regionaldirektor des staatlichen National Coal Board (NCB) in Yorkshire, George Hayes, einseitig die Schließung der Zeche Cortonwood verkündete.[115] Daraufhin votierten die Kumpel am 4. März in einer regionalen Urabstimmung für Streik. Zwei Tage später, am 6. März 1984, gab das NCB unter Leitung des US-Managers Ian MacGregor eine Umstrukturierung bekannt, in deren Zuge 20 als unrentabel geltende Gruben geschlossen werden und folglich 20.000 Arbeitsplätze verloren gehen sollten. Bereits zuvor hatte das NCB zwischen Juni 1982 und August 1983 mehr als 20 Zechen geschlossen und 20.000 Arbeitsplätze abgebaut.[116] Der Sieg der Gewerkschaft über das NCB, das 1981 die Schließung von 33 Schächten und die Entlassung von 13.000 Bergleuten gefordert hatte,[117] war der Beweis: Der Kampf gegen die Deindustrialisierung konnte erfolgreich sein. Am 12. März begann der landesweite Streik der Bergarbeiter. Kurz nach Beginn der Kampagne verabschiedete die Regierung einen *Trade Union Act*, der sich gegen die gewerkschaftlichen Aktionsformen der 70er-Jahre richtete: Solidaritätsstreiks waren nun verboten, die Gewerkschaften konnten für illegale Streiks strafrechtlich wie finanziell haftbar gemacht werden und die Urabstimmungen über unbefristete Streiks sowie die Wahlen von Verbandsvertretern, insbesondere der Bergarbeitergewerkschaften und Arbeiterorganisationen, waren in geheimer Abstimmung durchzuführen.[118] Damit wurden mehrere Klauseln des *Trade Disputes and Trade Unions Act* von 1927 wieder eingeführt, den die Labour Party nach dem Zweiten Weltkrieg abgeschafft hatte.[119]

Im April 1984 hatten 80 % der britischen Bergleute ihre Arbeit niedergelegt.[120] Von 143 Gruben waren noch 43 in Betrieb.[121] Die »Eiserne Lady« suchte den Konflikt durch den massiven Einsatz der Polizei in den Griff zu bekommen und die Streikenden, die sie als »inneren Feind« betrachtete, einzuschüchtern.[122] Der Arbeitskampf verschärfte die Spannungen zwischen

Streikenden und weiterarbeitenden Streikbrechern, insbesondere den Bergleuten in den ertragreichsten und (dank der NCB-Investitionspolitik) modernsten Zechen wie etwa in Nottingham.[123] Die »mobilen Streikposten« der NUM suchten die Bergwerke auf, die noch in Betrieb waren, und versuchten ihre Kollegen zum Streiken zu bringen oder gar zu zwingen, wurden daran aber, auch gewaltsam, von den Ordnungskräften gehindert. Im Juni 1984 gingen dreitausend Polizisten in Orgreave gegen sechstausend Streikende vor, dabei gab es achtzig Verletzte, davon etwa fünfzig Bergarbeiter.[124] Mit einem Solidaritätsstreik der Hafenarbeiter erreichte die Kampagne im Juli 1984 einen weiteren Höhepunkt. Am 28. September 1984 wurde der Streik dann vom Obersten Gerichtshof offiziell für rechtswidrig erklärt, nachdem sich die NUM einer landesweiten Urabstimmung verweigert hatte.[125] Als gegen das Urteil Widerspruch eingelegt wurde, zielte die Regierung auf die Geldmittel der Gewerkschaft: Nach neun Monaten des Streiks standen 130.000 Bergarbeiter am Rande der absoluten Armut[126] und die NUM konnte sie nicht mehr unterstützen. Als Anreiz für die Wiederaufnahme der Arbeit stellte das NCB allen Bergarbeitern, die vor Weihnachten wieder an die Arbeit gehen würden, eine Prämie in Aussicht. Zwar gaben 75.000 Kumpel nach,[127] doch der Arbeitskampf galt weiterhin als heldenhafter Widerstand der Arbeiterklasse gegen die Umstrukturierung der britischen Industrie.

Die NUM verlor den Kampf, die Verhandlungen zwischen Oktober 1984 und Februar 1985 endeten ergebnislos. Das NCB verkündete am 27. Februar, mehr als 50 % der Beschäftigten hätten die Arbeit wiederaufgenommen, die Durchhaltekampagnen von Arthur Scargill seien gescheitert; am 3. März votierte die NUM für die Wiederaufnahme der Arbeit binnen zweier Wochen.[128] Trotz dieser massiven Auseinandersetzung wurden bereits im Folgejahr 24 weitere Zechen geschlossen.[129] Margaret Thatcher, die während ihrer ersten Amtszeit die Wirtschaft und das Steuerrecht liberalisiert hatte, konzentrierte sich nun auf die Privatisierung staatlicher Unternehmen und das Schleifen gewerkschaftlicher Bastionen. Die soziale Ungleichheit nahm stetig zu, Arbeitslosigkeit grassierte, sie erreichte Ende 1985 mit 3,2 Millionen Arbeitslosen einen neuen Höchststand und betraf damit 13 % der Erwerbsbevölkerung.[130]

Der Arbeitskampf der Bergarbeiter wurde von verschiedenen britischen Künstlern unterstützt, so von Morrissey, dem Sänger von The Smiths,[131] und

4. Eine neue Ära

dem militanten Sänger Billy Bragg.[132] Am 14. Mai 1984 fand in der Londoner ›Royal Festival Hall‹ ein kostenloses Solidaritätskonzert statt, bei dem John Cooper Clarke, Life (ein Factory-Neuzugang) und der Comedian Keith Allen das Vorprogramm für New Order gestalteten.[133] Die Londoner Industrial-Band Test Dept erklärte ihre landesweite Tournee im Herbst 1984 zu einer großen Spendenaktion: Alle Erlöse kamen der NUM und den streikenden Bergarbeitern zugute.[134] Am 10. Juni 1984 gaben The Smiths ein riesiges Open-Air-Konzert im Rahmen von *Jobs for Change*, einer Basisinitiative zugunsten des Greater London Council (GLC); letzterer wurde als oberste Verwaltungsbehörde am 31. März 1986 ebenso aufgelöst wie Greater Manchester, Merseyside, South Yorkshire, West Yorkshire, Tyne and Wear sowie West Midlands, womit die Befugnisse lokaler Behörden geschmälert wurden.[135] Der Labour-Politiker Ken Livingstone, Chef des GLC, war ein überzeugter Thatcher-Gegner. Im Jahr 1981 ließ er an der Fassade des GLC ein Schild anbringen, auf dem die täglich steigende Zahl der Arbeitslosen im Land abzulesen war.[136] Johnny Marr erinnert sich an ihren bis dato größten Auftritt:

»Beim GLC-Konzert war eine gigantische Menschenmenge versammelt, das bei weitem größte Publikum für The Smiths. Ich war so aufgeregt, dass ich hinter die Bühne kotzte. Wir traten vor 10.000 Leuten auf, einige saßen auf dem Balkon oder schrien aus ihren Fenstern rund um den Platz hinterm GLC. Während des Auftritts konnte ich sehen, wie die Leute an Hausfassaden hochkletterten und uns vom Dach aus zuschauten.«[137]

Ein beachtlicher Teil der britischen Künstler versammelte sich für eine gemeinsame Sache (gegen die Regierung) und wurde dabei von der Musikpresse unterstützt, die ihnen ein Forum und Ausdrucksmittel bot.

Die kulturelle Renaissance Manchesters auf dem Höhepunkt

Mit Einführung der Compact Disc kam es in den 1980er-Jahren zu einer weiteren Revolution der Rezeption und Distribution aufgezeichneter Musik. Die von der niederländischen Firma Philips und dem japanischen Unternehmen Sony erfundene CD wurde 1982 in Japan, 1983 dann weltweit eingeführt und löste allmählich die Schallplatte ab, deren Verkaufszahl bereits 1978 ihren historischen Höhepunkt erreicht hatte. In einem Schritt wie beim Sprung von der Schallplatte mit 78 zur Platte mit 33 Umdrehungen stand die CD für längere Hördauer und bessere Klangqualität.[138] Dennoch trocknete die CD den Markt für Kassetten und Schallplatten nicht aus, denn ihr Preis war noch wirklich stattlich: Ende 1987 kostete eine CD in Großbritannien durchschnittlich 11 bis 14 £.[139] *Brothers in Arms* von Dire Straits erschien im Mai 1985 bei Vertigo und war die erste CD, die – von Bob Ludwig – vollständig digital aufgenommen worden war. Factory Records kam um diese technische Revolution nicht herum: Am 25. April 1985 trat The Durutti Column in der ›Gotanda Kanihoken Hall‹ in Tokio auf, der Auftritt wurde aufgezeichnet und erschien Ende des Jahres unter dem Namen *Domo Arigato* – die erste CD-Veröffentlichung von Factory Records.[140] 1985 war auch das Jahr, in dem erstens Alan Erasmus den Wunsch äußerte, einen Factory Classical-Sparte für klassische Musik zu gründen, und zweitens die EP *Trouble Hand* von Biting Tongues aus Manchester bei Factory veröffentlicht wurde (1981 hatte die Band ihr Mini-Album *Live It* bei der Konkurrenz von New Hormones veröffentlicht).

Section 25

Das Jahr 1983 markierte einen musikalischen Kurswechsel für Section 25, die sich als Newcomer bei Factory zunächst mit ihren düster-strengen, stark von Joy Division beeinflussten Klängen einen Namen gemacht hatten, aber keine rechten Erfolge bei der Kritik verbuchen konnten. Mit ihrem dritten Album *From the Hip* – das Bernard Sumner im August 1983 in den Rockfield Studios, einem der ersten unabhängigen britischen Aufnahmestudios, das in den 60er Jahren auf einem Waliser Bauernhof gegründet worden war, aufgenommen hatte – zeigte die Band, dass auch sie im neuen Jahrzehnt angekommen war. Das dritte Album (FACT 90) erschien im März 1984, wurde vom *NME* sehr gut aufgenommen und unter Lizenz auch in Japan, Kanada, den USA und fünf weiteren Ländern vertrieben.[141] Der Titelsong »Looking From A Hilltop« betört den Zuhörer mit dem zarten Gesang von Jenny Cassidy, der Ehefrau von Sänger und Bassist Larry Cassidy, vor einem Klangteppich aus dem Synthesizer und im Rhythmus der elektronischen Beats eines Drumcomputers; diesen Song mischten Bernard Sumner und Donald Johnson (dessen Bruder, Barry Johnson, ihn gerade als Bassist bei Quando Quango beerbt

4. Eine neue Ära

hatte) als elektronische Dance-Single neu ab.[142] Nach drei Monaten erschien der Track als Maxi-Single und war bald erste Wahl der DJs in den Clubs von New York und Chicago.[143] Der Erfolg dieses jüngsten Albums verschaffte ihnen im Januar und Februar 1985 eine US-Tournee mit 16 Auftritten.[144]

Die meisten Mitglieder kehrten der Band allerdings Ende 1985, Anfang 1986 den Rücken, da sie nicht bei einem Major-Label untergekommen waren und von ihrem Einkommen bei Factory Records nicht mehr leben konnten.[145]

The Smiths

The Smiths ihrerseits erklommen weiter die Stufen des Ruhms, obwohl ihrer Musik stets das Etikett einer »verdrießlichen Schwarzmalerei« anhaftete. Marr erinnert sich:

»Man brachte uns mit Ressentiments, Unzufriedenheit und nordenglischer Tristesse in Verbindung. Alles richtig, aber unsere Band war bald das Synonym für eine ›verdrießliche Schwarzmalerei‹. Hätte man jemanden auf der Straße angehalten und nach den Smiths gefragt, wären diese Worte garantiert gefallen, und obwohl viele Bandergüsse von einer gehörigen Portion Humor gezeichnet waren, blieb uns dieses Etikett lange erhalten, auch weil es von der Presse zu gern kolportiert wurde. Wie alle ›Etiketten‹ war auch dieses geradezu engstirnig, andererseits kann man sich wohl kaum beschweren, wenn man ständig Songs veröffentlicht, deren Titel das Wort ›miserable‹ führen.«[146]

Die Band spielte am 23. Juni 1984 auf Empfehlung von Geoff Travis, der die politische und aktivistische Facette der Veranstaltung betonte, beim Glastonbury Festival.[147] Während des Auftritts gesellte sich eine ansehnliche Menge zu der Band auf die Bühne und tanzte mit ihr. Johnny Marr berichtet:

»Später urteilten die Medien einstimmig, der Glastonbury-Auftritt von The Smiths habe einen Wendepunkt in der Geschichte des Festivals dargestellt und dazu beigetragen, eine neue Ära einzuläuten.«[148]

Der große Durchbruch gelang jedoch mit Veröffentlichung ihres zweiten Albums, *Meat Is Murder*. Das Album – die erste Zusammenarbeit mit dem Produzenten Stephen Street – erschien am 11. Februar 1985, es landete gleich auf Platz 1 der britischen Charts (in den US-*Billboard*-Charts stand es auf Platz 110),[149] obwohl kein Radiosender es gespielt hatte, und verdrängte Bruce Springsteens *Born In The U.S.A.* – es war, abgesehen von *The Hollies Greatest Hits* (1968), das erste Studioalbum einer Band aus Manchester, das Platz 1 der britischen Charts erreichte.[150] Steven Morrisseys Position zum Thema Fleischkonsum beeinflusste den Gitarristen und Mitbegründer der Band, Johnny Marr:

> »Bevor wir das Album *Meat Is Murder* veröffentlichten, aß ich Fleisch, weil ich so erzogen worden war, doch an dem Tag, als wir ein Lied mit diesem Titel geschrieben hatten, hörte ich damit auf und habe nie wieder Fleisch gegessen.«[151]

Der Titel des Albums sprach eine Menge vegetarische Musikfans an, deren Anliegen in der Regel von Popmusiktexten ignoriert wurden (immerhin, Paul und Linda McCartney hatten sich bereits mit dem Thema Vegetarismus befasst), und prangerte erstmals mit den Mitteln der Musik den Horror der industriellen Produktion und des Verzehrs von Tierfleisch an. Trotz dieses landesweiten Erfolgs zeigte die Beziehung zu ihrem Londoner Label Rough Trade erste Risse. Außerdem projizierten die Medien den Erfolg der Smiths auf Morrissey, was zu inneren Spannungen führte.

Das Major-Label EMI nahm heimlich Kontakt mit der Band auf und bot ihr einen Vertrag an, EMI pries sie als die neuen Beatles und redete Rough Trade schlecht.[152] The Smiths planten daher, ihr drittes Album *The Queen Is Dead* als letztes bei Rough Trade zu veröffentlichen und dann zu EMI zu wechseln. Geoff Travis war von dieser Idee natürlich nicht begeistert und drohte, das Album nicht zu veröffentlichen, wenn die Band vertragsbrüchig würde.[153] Nachdem Johnny Marr versucht hatte, die Bänder des Albums zu stehlen, einigten sich die Band und Travis' Label. Marr berichtet die Anekdote wie folgt:

> »Eines Nachts, als ich nicht schlafen konnte, wollte ich die Dinge selbst in die Hand nehmen. Ich überredete Phil, mich mit dem Auto nach Surrey zu fahren, damit ich die Demos klauen konnte. Ich war der Meinung, wenn das Album nicht der Band gehört, dann gehört es niemandem. Ich wollte in das Studio einbrechen und *The Queen Is Dead* befreien. (...) Status Quo hatte das Studio einige Wochen zuvor genutzt und ich wollte nicht unbedingt einem Mitglied der Band über den Weg lau-

fen. Ich bahnte mir den Weg zum Schrank, in dem die Kassetten aufbewahrt wurden, doch als ich das Fach mit unseren Kassetten endlich gefunden hatte, ging hinter mir das Licht an und ich stand vor Tim, einem der Besitzer. Er war sehr erstaunt. (...) The Smiths und Rough Trade einigten sich schließlich darauf, dass wir ihnen ein weiteres Album liefern würden. Was danach passieren würde, war noch unklar, aber für den Moment konnte *The Queen Is Dead* wie geplant erscheinen.«[154]

Die Vereinbarung zwischen Rough Trade und The Smiths bestimmte, dass die Band ein weiteres Album liefern musste, bevor sie das Label verlassen konnte. *The Queen Is Dead* erschien letztlich am 16. Juni 1986 und erreichte Platz 2 der britischen Hitliste sowie Platz 70 der US-Charts – somit gaben die Smiths ihr Debüt in den Top 100 der Zeitschrift *Billboard*.[155]

New Order

Nach ihrer Europa-Tournee mit zehn Stationen im März und April durfte New Order am 3. Mai 1984 ihre jüngste Single »Thieves Like Us«, an der Arthur Baker mitgewirkt hatte, bei *Top of the Pops* präsentieren.[156] Die Maxi-Single *Thieves Like Us* (FAC 103) erschien im April und erreichte Platz 18 der britischen Charts.[157] Ende 1984 gelang es ihrem Manager Rob Bretton, einen US-Lizenzvertrag mit Quincy Jones' Label Qwest/ Warner Brothers, dem Co-Produzenten von Michael Jacksons legendärem *Thriller*, für ihr nächstes Album auszuhandeln. Diese Zusammenarbeit sollte der Gruppe eine stärkere Präsenz in den USA verschaffen und brachte Factory einen Vorschuss von 250.000 £ auf die Lizenz von *Low-Life* ein (66 % für die Band, 33 % für das Label).[158] FACT 100, das dritte New Order-Album, erschien am 13. Mai 1985. Es erntete in der britischen wie in der amerikanischen Musikpresse überschwängliche Kritiken und erreichte Platz 7 der Charts, wo es seit dem 25. Mai zehn Wochen lang vertreten war.[159] Direkt nach Erscheinen des Albums startete eine Promotion-Tour durch Australien und Neuseeland vom 15. bis 23. Mai.[160] Zweigstellen in Europa und den Vereinigten Staaten gab es schon, nun expandierte die Firma Factory nach Australien und gründete im Juli 1985 Factory Australasia unter der Leitung von Andrew Penhallow. New Order eröffnete deren Katalog mit *Low-Life*. Der Autor John Robb schwärmt: »*Low-Life* und dessen Singles ›Perfect Kiss‹ und ›Sub-Culture‹ künden von der feinsten Verschränkung zwischen Elektrizität und Elektronik.«[161] Im August 1985 startete die Nordamerika-Tournee der Band mit A Certain Ratio als Vorgruppe.[162]

James

Seit der Veröffentlichung von *Jimone* hatte sich die Band aus der lokalen Szene etwas zurückgezogen, da ihr Sänger Tim Booth an einer Lebererkrankung litt, von der er sich erst im Oktober 1984 erholte, zudem musste sie sich am 23. August 1984 von ihrem Gitarristen Paul Gilbertson wegen dessen wortkargem Verhalten trennen. Diese Trennung beschädigte die Band nicht, da Gilbertson seit kurzem von einem zweiten Gitarristen namens Larry Gott unterstützt worden war.[163] Die Gruppe wollte nun abermals kein Album bei Factory herausbringen, sondern plante stattdessen eine zweite Single. Anfang März 1985 erschien die Single *James II* (FAC 119) und deren Leadtitel »Hymn From A Village«, die von *Melody Maker* und *Sounds* zur Single der Woche gekürt wurde und in den Independent-Charts auf Platz 2 landete. Die Band schaffte es auch auf die Titelseite des *NME* und wurde für den 19. März 1985 in die BBC-Musiksendung *The Old Grey Whistle Test* eingeladen. Dank dieses Erfolgs und da James dem Stil der Smiths näherstand als alle anderen Factory-Bands, konnten sie als Vorband die Stars aus Manchester auf ihrer England-Tournee zur Promotion von *Meat Is Murder* im Frühjahr 1985 begleiten. Die Pro-Motion-Pressesprecherin für Factory Records, Martine McDonagh, hatte derweil eine Beziehung mit dem James-Sänger Tim Booth. Sie übernahm das Management für James, handelte mit Sire und MCA einen Vertrag und damit die Trennung der Band von ihrem bisherigen Label aus – Tony Wilson schnaubte vor Wut, denn damit verlor Factory sein Smiths-Backup.[164] Ihr erstes Album, *Stutter* mit seinen kraftvollen und melancholisch-dunklen Popsongs, wurde vom Patti Smith-Gitarristen Lenny Kaye produziert und erschien im Juli 1986 bei Sire Records. Doch auch diese Neuausrichtung verbesserte das Ansehen der Band bei der Musikkritik nicht.

4. Eine neue Ära

Im Juli 1985 standen nicht weniger als vier Bands aus Manchester auf dem Programm des WOMAD-Festivals auf Mersea Island, Essex: A Certain Ratio, James, New Order und The Fall. (Letztere war 1984 zum Label Beggars Banquet gewechselt, nachdem sie im Vorjahr für ihr sechstes Album *Perverted By Language* kurz zu Rough Trade zurückgefunden hatte.) Fast zehn Jahre nach der Punk-Explosion in Manchester hatte die Stadt eine blühende und fruchtbare Szene. Im Jahr 1985 eröffneten Roger Eagle und Gareth Evans ein Lokal, das dem ›Haçienda‹ Konkurrenz machen sollte: das ›International‹ in der Anson Road. Ein abgedrehter Schwulenclub namens ›Archway‹ öffnete ebenfalls seine Türen, nur wenige Schritte vom ›Haçienda‹ entfernt unterhalb der Bahntrasse in der Whitworth Street West.[165] Im selben Jahr erwarb die Familie Sinclair das mehrstöckige Gebäude einer ehemaligen viktorianischen Klosterschule, das zukünftige ›Boardwalk‹. Colin Sinclair, der Manager der aus Wigan stammenden Band The Railway Children, ließ das Unter- und das Obergeschoss zu Proberäumen umbauen – hier probten A Certain Ratio, Simply Red (bevor sie mit ihrem Hit »Money's Too Tight [To Mention]« bekannt wurden), James, die Jazz Defektors und eine junge Salforder Band namens Happy Mondays[166] –, während im übrigen Gebäude Dancefloors entstanden. Das erste Konzert fand am 21. März 1986 statt, es spielte A Certain Ratio.[167] Nathan McGough – Ex-Mitglied von The Royal Family and the Poor und Manager von Kalima und von The Bodines – und Dave Haslam veranstalteten hier ihren ›Saturday Club‹, bei dessen Premiere die Liverpooler Band The Pale Fountains sowie die Indie-Newcomer The Bodines aus Manchester auftraten. Wenig später spielte die US-Band Sonic Youth abermals in Manchester, nachdem sie bereits am 25. April 1985 mit Nick Cave & The Bad Seeds im ›Haçienda‹ aufgetreten war. Dieses Konzert war die erste ausverkaufte Veranstaltung im ›Boardwalk‹;[168] allerdings schloss der Saal bereits um 23 Uhr, so dass die Gäste meist ins nahegelegene ›Haçienda‹ weiterzogen.[169]

Im Juli 1986 ließ sich das ganze Ausmaß der kulturellen Renaissance Manchesters ermessen: beim Festival zum zehnjährigen Jubiläum der Sex Pistols-Auftritte in der ›Lesser Free Trade Hall‹, die der Zündfunke für den musikalischen Aufbruch in der Stadt gewesen waren. Das »Festival of the Tenth Summer« (Tony Wilson verzeichnete es unter der Nummer FAC 151) war als Ereignis konzipiert, das zwar die kulturelle Wiedergeburt Manchesters feierte, aber auch die künftige musikalische Entfaltung. Zwischen dem 12. und dem 19. Juli gab es in der Stadt zahllose Veranstaltungen zu Ehren dieser letzten zehn Jahre und bereits seit Juni waren in Manchester einerseits eine Reihe von Zahlen zu entdecken, mit denen der Grafikdesigner Peter Saville alle Jahre des vergangenen Jahrzehnts dargestellt hatte, und andererseits ein Countdown mit dem 12. Juli als Schlusspunkt. Durch Verzögerungen bei der Plakatierung wurde diese urbane Installation leider nicht vollständig fertig. Paul Mason, der seit Anfang 1986 der neue Generaldirektor des ›Haçienda‹ war, erinnert sich:

> »Der Countdown war eine der zentralen Werbemaßnahmen für das Festival. Die Neun sollte drei Wochen vorher zu sehen sein, vier Tage später dann würde die Acht kommen und so weiter bis zur Eins direkt vor der Eröffnung. Das war eine Menge Arbeit, aber Vinny Faal, der Plakatierkönig von Manchester war Feuer und Flamme. Natürlich kamen die Plakate (das war bei Factory und Saville immer so) zu spät und es blieben nur noch zwei Wochen, um sie alle kleben. Vinnys Leute liefen sich die Fersen ab, um die veralteten Zahlen zu überkleistern, die Zeit drängte ja inzwischen. Derweil fuhr Tony mit seinem Jag durch die Stadt und suchte veraltete Plakate, nur um Vinny dann runterzumachen, wenn er eines fand. Dann kam der Moment, wo die Drei, die Zwei und die Eins nach nur zwei Tagen aufeinander folgen sollten – das Ganze war bereits ziemlich sinnlos. Denn in der Oldham Street, zum Beispiel, hingen eine Vier, eine Zwei und eine Eins direkt nebeneinander.«[170]

Ab dem 12. Juli stellte Saville zudem eine skulpturale Installation mit dem Titel *The Other Decade* aus, die er in der Manchester City Art Gallery zusammen mit Peter Davidson und John Harwood realisiert hatte. Kevin Cummins, Lieblingsfotograf der Szene seit dem Aufkommen des Punk, stellte seine Fotografien im Cornehouse Arts Centre aus und im Cavendish Room der Universität Manchester war eine Retrospektive des Grafikdesigners Malcolm Garett und der Agentur Assorted Images zu sehen.[171] Ebenfalls als Teil des Festivals veranstaltete das ›Haçienda‹ am Sonntag, den 13. Juli eine Modenschau unter dem Titel »Clothing the Naked Flesh with Plastic Flowers«. Der Factory-Club bot zudem Raum, nämlich in seiner Kellerbar ›Gay Traitor‹, für Seminare zum Thema »Neue Musik«.

Am 14. Juli eröffnete The Durutti Column die Feierlichkeiten in der ›Manchester Town Hall‹. Am 15. spielten James und The Bodines im ›PSV‹/›Russell Club‹. Kalima und die Jazz Defektors traten am 16. Juli im ›Ritz‹ auf. Tags darauf spielten im ›Rafters‹ Easterhouse, The Weeds und die Factory-Neulinge Happy Mondays. Am 18. Juli traten die Railway Children und die junge

Soulband Distant Cousins aus Manchester im ›Boardwalk‹ auf. Diese Festwoche endete am 19. Juli mit einem zwölfstündigen Konzert im ›GMEX‹, dem ›Greater Manchester Exhibition Centre‹, das nur wenige Monate zuvor in dem seit 1969 leerstehenden Gebäude der Central Station eröffnet worden war. Durch den Tag führen sollte der Fernsehmoderator Bill Grundy, dessen Karriere im Dezember 1976 einen Knacks bekommen hatte, als er die Sex Pistols in der Sendung *Today* zu Obszönitäten verleitet hatte. Da Grundy betrunken war, musste Paul Morley einspringen und wurde dafür vom Publikum seiner Heimatstadt ausgebuht.[172] A Certain Ratio eröffnete die letzte Show gegen Mittag vor einem quasi leeren Saal.

Auch The Smiths hatten an diesem Tag einen Auftritt. Ursprünglich hatte Steven Morrissey eine Beteiligung seiner Band abgelehnt, die Eintrittspreise seien zu hoch (13 £ im Vorverkauf und 14 £ vor Ort) und das Festival sei zu eng mit Factory Records verbunden. Das Festival wurde für Wilsons Label ein großer Erfolg, konnte man doch Merchandising-Produkte wie T-Shirts, Buttons, Postkarten, Stadtpläne und Plakate zum Verkauf anbieten. In einem Brief an Morrissey hakte Tony Wilson nach und bat ihn um eine Zusage: im Namen der Jugendkultur Manchesters.[173] Schließlich spielten The Smiths und ihr Konzert war abermals ein Erfolg; unterstützt wurden sie bei einem Titel von der Sängerin Sandie Shaw,[174] die (einen Monat zuvor, am 23. Juni war sie im ›Haçienda‹ aufgetreten) schon 1984 eine Coverversion von »Hand In Glove« veröffentlicht hatte und damit nicht nur auf Platz 27 der Charts gelandet war, sondern auch Johnny Marrs Prophezeiung zur Gründung der Smiths erfüllt hatte.[175] Das Line-up dieses letzten Konzerttags bildeten außerdem: The Fall, die Popstars der Sechziger Wayne Fontana and the Mindbenders, die Punkband The Worst, Pete Shelley, das Duo Orchestral Manoeuvres in the Dark und Howard Devoto, der – Pete Shelley und Raf Edmonds hatten ihm gerade den Gitarristen Norman »Noko« Fisher-Jones vorgestellt – unter dem Namen Adultery (»Seitensprung«) auftrat und damit auf Tony Wilson abzielte, hatte Devoto doch eine Affäre mit dessen Ex-Frau Lindsay Reade gehabt. Devoto erinnert sich:

> »Als ich von den Plänen hörte und ihn wegen eines Auftritts kontaktierte, erklärte er mir, der Zeitplan lasse das nicht mehr zu. Er wollte mich wohl auf den Arm nehmen, also kontaktierte ich Morrissey und fragte ihn, ob wir Material von The Smiths spielen könnten. Normalerweise war Morrissey solchen Sachen gegenüber aufgeschlossen. Als ich Tony später wiedersah, sagte er im Grunde nur: ›Du hast es mal wieder geschafft, du kommst immer irgendwie rein‹.«[176]

Im ›GMEX‹ spielten außerdem John Cooper Clarke – dessen Karriere im freien Fall war, denn trotz einer Entziehungskur 1984 fraß ihn die Opiatabhängigkeit mehr denn je auf –, das ehemalige Buzzcock-Bandmitglied Steve Diggle, der frühere Velvet Underground-Musiker John Cale – der im Frühjahr 1985 in das Haus des Salforder Dichters und Nicos in Brixton eingezogen war, um mit *Camera Obscura* das nächste Album der Ex-Sängerin jener legendären New Yorker Band zu produzieren (Beggars Banquet)[177] –, es spielten die Virgin Prunes und eine DJ-Kombo des ehemaligen Keyboarders und Mitbegründers der Band The Specials, Jerry Dammers.[178] Zum Abschluss des Abends betraten die Stars von Factory Records, New Order, die Bühne und als letzten Song spielten sie in Begleitung von Ian McCulloch, dem Sänger der Gruppe Echo and the Bunnymen, ihren Titel »Ceremony«.

In diesem Sommer 1986 machten sich die aufstrebenden Bands in der Stadt einen Namen und Manchester feierte seine kulturelle Energie und Vitalität mit lokalen Stars. Die örtliche Musikszene, und insbesondere die Indie-Szene, stand anderen Städten jenseits der Hauptstadt keineswegs nach. Man konnte nunmehr von einem typischen Sound aus Manchester sprechen.

Im September 1986 erschien *A Gentle Sound*, das Album der Railway Children verkaufte sich 12.000 Mal und erreichte Platz 6 der Independent-Charts.[179] Die Musik der Band mochte wenig originell sein, doch Tony Wilson war überzeugt, dass sie bald berühmt werden würde. Auch A Certain Ratio (ACR) erlebte einen neuen Schwung, ihr Album *Force* vom November 1986 landete auf Platz 2 der Indie-Charts und wurde von der Kritik sehr gut aufgenommen. Für das Album – ACR hatte seit 1982 und *I'd Like Too See You Again* kein Studioalbum mehr veröffentlicht – verfolgte die Band einen weniger funkigen und auf der B-Seite viel poppigeren Ansatz, man denke an New Order-artige Kompositionen wie das Liebeslied »And Then She Smiles«. Indes war Andy Connell, der Keyboarder der Gruppe, nach dem Riesenerfolg von »Breakout« sowohl in Großbritannien als auch in den Staaten – das Trio Swing Out Sister bestand aus Martin Jackson, der zeitweise Schlagzeuger bei Magazine gewesen war, ACR-Keyboarder Andy Connell und dem Model Corinne Drewery als Sängerin – aus der Band A Certain Ratio ausgestiegen.[180] Derweil erklärte sich Vini Reilly, der wegen seines Gesundheitszustands den Atlantik eigentlich nicht überqueren wollte, zum ersten Mal bereit, mit der Durutti Column für ein Dutzend Auftritte durch die USA zu touren.[181] Nach

4. Eine neue Ära

dem Tiefschlag von Martine McDonagh, sprich von Pro-Motion, verfeinerte Factory seine Marketingstrategie nun mit der Londoner Presseagentur Out Promotions von Dave Harper und Nicki Kefalas. Deren Büro befand sich in 83 Clerkenwell Road, direkt neben dem Büro von Creation Records.[182]

Seit 1976 hatte die Musikszene in Manchester eine weite Strecke zurückgelegt, sie war der Zukunft zugewandt und der Moment ihres Triumphs näherte sich zusehends. Gleichzeitig vollzog sich in der US-amerikanischen Musikindustrie ein Wandel, den man sich bewusst machen muss, denn er prägte die Zukunft der britischen *club culture*.

5. Elektronensturm über England

Die Entstehung der Clubkultur

Die neue elektronische *dance music* der 1980er-Jahre hat ihren Ursprung in einem revolutionären Phänomen, das zu Beginn des 20. Jahrhunderts in den westlichen Gesellschaften aufgetreten war. Die Geschichte der ersten DJs lässt sich von der Entwicklung der Schallplatte, den technischen Fortschritten des Grammophons und der Verbreitungstechnologien nicht trennen. Das Verfahren, dass aufgezeichnete Musik zunächst an ein Publikum nur gesendet wird, geht auf die Radioredakteure zurück. Musik jenseits einer Live-Darbietung zu hören, erscheint uns heutzutage sicher als Selbstverständlichkeit – die allerdings erst durch die technischen Fortschritte des 20. Jahrhunderts ermöglicht wurde und eine klangliche wie kulturelle Revolution darstellte.

Der kanadische Ingenieur Reginald A. Fessenden soll der Erste gewesen sein, der Musik über den Äther gesendet hat. Am Weihnachtsabend 1906 gelang es Reginald, von einer bei Boston gelegenen Funkstation kodierte Signale auszusenden, so dass Schiffe auf dem Atlantik das »Largo« aus Händels Oper *Xerxes* hören konnten.[183] Das britische Publikum musste noch warten, bis die BBC im Juli 1927 erstmals Musik im Radio ausstrahlte: Moderator Christopher Stone war der erste britische Radio-DJ.[184] Ein anerkannter Beruf ist Hörfunk-DJ aber erst seit den 1950er-Jahren.[185]

Das Radio förderte zwangsläufig die Musik der verschiedenen Plattenfirmen. Das erste Label, das das Radio für die Promotion seiner Künstler einsetzte, war Capitol Records aus den USA, und zwar seit dem Jahr seiner Gründung 1942.[186] Doch erst nach dem Zweiten Weltkrieg entwickelte sich das Radio in den USA zu einem publikumsträchtigen Verbreitungsmedium für populäre und insbesondere afroamerikanische Musik.

Als die technische Entwicklung die massenhafte Verbreitung von Musik ermöglicht hatte, entstand bald der Wunsch, Schallplatten vor Publikum abzuspielen, das unmittelbar reagiert. Der erste »Club«, in dem ein Diskjockey die Gäste zum Tanzen brachte, entstand 1943 im englischen Leeds dank Jimy

5. Elektronensturm über England

Savile, der im Loyal Order of Ancient Shepherds ein Tanzlokal betrieb[187] – derselbe Savile war später der erste Moderator der Fernsehsendung *Top of the Pops*. Der erste Club im heutigen Sinne aber war das ›Lyceum‹ in London: Es verfügte über eine beleuchtete Tanzfläche, auf der die Gäste zur Musik eines DJs tanzten. Der Musiker Ian Samwell war seit 1961 *resident DJ*.[188] Für die Clubbetreiber war es zudem kostengünstiger, zur Unterhaltung nicht eine ganze Band, sondern einen DJ zu engagieren. Die britische Musikergewerkschaft Musicians' Union forderte übrigens bereits 1946 ein Verbot des Abspielens von Schallplatten in Musiklokalitäten, denn sie sorgte sich um die Konkurrenz der von DJs gestalteten Abende für Live-Auftritte von Musikern.[189]

In den 60er-Jahren sorgten die Jugendkulturen, insbesondere die englische Subkultur der Mods, für die Verbreitung von Orten, an denen Musik »aus der Dose« gehört und getanzt wurde – sie gehörten zum neuen Lebensgefühl. Die Mods tanzten dort gern die ganze Nacht unter dem Einfluss von Amphetaminen zum Beat der amerikanischen Importplatten, die dort gespielt wurden. Das Publikum war der entscheidende Faktor für den Schallplattenunterhalter, der eine gelungene Musikauswahl treffen und den Gästen einen angenehmen Abend bieten wollte. Die Journalisten und Buchautoren Bill Brewster und Frank Broughton analysieren dieses Phänomen wie folgt:

> »Als der DJ aus dem Radio auf die Tanzfläche geholt wurde, änderte sich seine Arbeit grundlegend. Er war nicht mehr nur ein Plattenprogrammgestalter mit seinen Vorgaben, sondern musste zunächst einmal mit der Reaktion des Publikums umgehen. Damit war die Beziehung zwischen der Musik und dem Publikum interaktiv geworden und das Publikum war Teil des Events. Man kann sogar sagen, das Publikum ist das Ereignis – damit wäre der DJ ein Gradmesser für die Publikumszufriedenheit.«[190]

Brewster und Broughton gehen noch weiter und erklären die *club culture* zum britischen Produkt auf der Basis amerikanischer Platten.[191] Zumindest förderten die Welle des Rock'n'Roll sowie die Vorliebe junger Briten für afroamerikanische Musik in den 1960er-Jahren das Phänomen der Clubkultur ganz erheblich – für abermaligen Auftrieb sorgte dann der Northern Soul.

Northern Soul – eher eine Marke als ein eigenständiger Stil – basiert auf Soul-Songs, die in den USA oftmals ein kommerzieller Misserfolg waren,[192] in

_____ Die Entstehung der Clubkultur

Großbritannien allerdings ein Sammlermilieu anregten, das nach seltenen Schallplatten aus den Staaten suchte.

Der Durchbruch des Northern Soul ging nicht zuletzt auf Diskjockeys zurück, die Raritäten besaßen, die nur in dem Club zu hören waren, in dem der glückliche Besitzer sie spielte. So erlebten die Clubs in Nordengland, in denen die DJs Northern Soul auflegten, eine regelrechte Blüte. Das war der Fall des ›Twisted Wheel‹ in Manchester, der am 23. November 1963 eröffnete und in dem »etwa 600 junge Leute jeden Samstagabend die Ellenbogen ausfahren, um zu den seltensten Klängen des Landes zu tanzen. Und das bis 7:30 Uhr am Sonntagmorgen«.[193] Die ›Wheel‹-DJs wie der Northern Soul-Pionier Roger Eagle – der 1978 mit Tony Wilson bei den Factory-Partys im ›Russel Club‹ zusammenarbeiten sollte – oder Phil Saxe spielten an ihren Abenden eine energiegeladene Auswahl amerikanischer Musikrichtungen wie Blues, Soul, Bluebeat und Jazz und zogen damit Fans an, die zum Tanzen in diesem Club durchaus auch viele Kilometer Anreise in Kauf nahmen. Die Strahlkraft des ›Twisted Wheel‹ war Anstoß für die Gründung ähnlicher Clubs, etwa des ›Mojo‹ in Sheffield, des ›Oodly Boodly‹ in Leicester und des ›Dungeon‹ in Nottingham.[194] Insbesondere zwei Örtlichkeiten, beide in Nordengland gelegen, standen während des goldenen Zeitalters des Northern Soul im absoluten Fokus: das ›Blackpool Mecca Dancing‹ und das ›Wigan Casino‹, das die US-Zeitschrift *Billboard* 1978 zur besten Diskothek der Welt kürte. Im Folgejahr verlor das ›Casino‹ seinen Titel an den New Yorker Club ›Paradise Garage‹,[195] der von der Disco Convention des *Billboard* 1979 und 1980 in den Kategorien »Bester Club« und »Beste Soundanlage« ausgezeichnet wurde.[196] Der Northern Soul befeuerte die Karriere jener DJs, die fast unauffindbare Platten ihr eigen nannten, und steigerte damit deren Prestige sowie den Andrang zu den Veranstaltungen, auf denen sie eine Auswahl ihrer Schallplatten präsentierten. Die ersten erfolgreichen Diskjockeys begnügten sich allerdings damit, ihre Platten einfach abzuspielen; das Remixen, mit dem sich DJs zu vollwertigen Klangkünstlern entwickelten, wurde nämlich in Jamaika erfunden.

Nach dem Zweiten Weltkrieg entstanden in der jamaikanischen Populärkultur die *sound systems*, diese Musikanlagen mit Plattenspielern und Lautsprechern brachten Kultur und Musik auf die Straße und in jene Viertel, in denen die Familien nicht zu Festen und Tanzkonzerten gehen konnten wie die privilegierteren Gesellschaftsschichten. Ein weiterer Anstoß für diese Subkultur war einerseits das Wissen darum, dass die unteren Klassen nicht gut genug verdienten, um sich eine Schallplatte oder gar einen Plattenspieler zu leisten, und andererseits der Umstand, dass das staatliche Radioprogramm die lokale populäre Musik nicht fördern wollte.[197] In den 50er-Jahren installierten Arthur »Duke« Reid, Gründer des Labels Treasure Isle, und Clement »Coxsone« Dodd von Studio One eigene Soundsysteme auf der Ladefläche eines Lieferwagens und spielten in den Straßen Jamaikas tanzbare Platten mit amerikanischem Rhythm and Blues oder Ska-Musik. Die Koryphäe der Soundsystem-Kultur führte den Namen King Edwards. Edwards hatte in die Vereinigten Staaten gelebt, kehrte aber 1955 in seine karibische Heimat zurück – mit einer brillanten Plattenauswahl und einem Soundsystem im Gepäck. Sein Soundsystem hieß ›The Giant‹, zusammen mit dem *selector* Red Hopeton galt es 1959 als das beste in ganz Kingston.[198] In den Straßen der jamaikanischen Hauptstadt tobte ein Kampf, wer der beste DJ sei. Man musste sich von der Konkurrenz abheben, durch die Leistungsfähigkeit seiner Anlage, aber auch durch die Originalität und Exklusivität seiner Darbietung. Die jamaikanischen Einwanderer in London brachten diese musikalische Subkultur nach England. Duke Vin war 1955 der erste, der ein *system* in London betrieb. Die Soundsystem-Kultur wurde bald zu einem zentralen Element des Notting Hill Carnival und erreicht so auch die Jugend.

Die jamaikanischen Produzenten zerlegten die Aufnahmen, die oft von lokalen Studiomusikern stammten, und entfernten entweder die Vokalspur, um den Gesang live mit einem Mikrofon zu übernehmen, oder sie isolierten die Instrumentalspur und verwendeten diese in anderen Stücken wieder. Das Verfahren, gereimt zu sprechen oder gar auf die Version eines Stückes zu singen – inspiriert von den afroamerikanischen Hörfunk-DJs, die während der Sendung ihr *Harlem jive* zum Besten gaben – war bald als »Toast« bekannt. Bill Brewster und Frank Broughton erläutern die Entstehung des Remixes:

> »Die Musik aus Jamaika war fast ausschließlich von den Bedürfnissen des DJs geprägt und schuf damit eine einzigartige Musikkultur. Vor allem aber galt die Aufnahme erstmals nicht mehr als Endprodukt. Stattdessen erstellte man im Tonstudio eine Reihe von ähnlichen, aber nicht identischen Versionen, die als Rohstoff für unzählige ›Dubs‹ dienen sollten. So entstand das Konzept des Remix, viele Jahre bevor die gleiche Idee den Disco- und Hiphop-DJs überhaupt in den Sinn kam.«[199]

Die Besonderheit des jamaikanischen DJs besteht darin, dass er mit dem Mikrofon eine eigene Interpretation des gespielten Stücks aufführt und dabei selbst Teil der Performance ist. Somit verwandelt er das Abspielen in eine einzigartige Live-Show. Mit dem Aufstieg des Dub integrierten die Produzenten auch Geräusche wie Schüsse, zersplitterndes Glas und andere Klangmuster in die Songs, die sich dann mit verschiedenen Effekten bearbeiten ließen. DJs und Produzenten wie Bunny Lee, King Tubby oder Lee Perry verwandelten damit das Mischpult in ein eigenständiges Instrument.[200] Damit schuf die Soundsystem-Kultur die Voraussetzungen für den Remix und stellte DJs wie MCs auf eine Stufe mit den Musikern, deren Darbietung in der Live-Situation gleichermaßen variiert.

Der Siegeszug des DJs in der westlichen Welt verdankt sich allerdings der Disco-Musik, da die Stücke dieser Stilrichtung für die Tanzfläche konzipiert und komponiert wurden. Der US-Amerikaner Francis Grasso, alias DJ Francis, kann als der Urvater des modernen DJing gelten. Zu Beginn seiner Karriere legte er 1968 im New Yorker Club ›Salvation Too‹ Platten, hauptsächlich Funk-Platten, auf. Nach dessen Schließung nahm er eine Stelle im noblen ›Sanctuary‹, einem Schwulenclub in 407 West 43rd Street, an und jobbte 1969 zeitgleich auch im queer Club ›Haven‹.[201] Grassos Besonderheit waren seine Beiträge zur Technik des DJings: Er entwickelte das *beat-mixing*, wobei die Musikstücke mit synchronisiertem Tempo aneinandergereiht werden, und perfektionierte das *slip-cueing*, was seine Auftritte noch intensiver gestaltete.[202] Zwar gelten die 70er-Jahre als Jahrzehnt des Niedergangs der Rockmusik, verbunden auch mit dem finalen Ende der Hippie-Utopie, doch für New York bildeten diese Jahre eine Zeit des Feierns und Experimentierens. Damals eröffneten inzwischen legendäre Clubs wie der ›Loft‹, ›Gallery‹, ›Continental Baths‹, ›Studio 54‹ und der ›Paradise Garage‹, um nur einige zu nennen, und es gab einen Hype um die Discomusik, die vor allem einen Zweck hatte: die Menschen zum Tanzen zu bringen.

Mit Disco entstand eine neue Art der Musikpromotion, sie wurde ja in den Clubs gespielt. Die Leute entdeckten die Disco-Produktionen auf der Tanzfläche in den Diskotheken und kauften danach die Originalscheiben mit ihren Lieblingsstücken in den Plattenläden. »Never Can Say Goodbye« von Gloria Gaynor war 1973 die erste Disco-Platte, die es aufgrund ihrer Präsenz in den Clubs in die Charts schaffte.[203] Die *Billboard*-Charts waren mit Tanzflächenhits wie »Rock the Boat« der Hues Corporation, »Kung Fu Fighting« von Carl Douglas, »Rock Your Baby« von George McCrae und »Pick Up the Pieces« von The Average White Band durchsetzt.[204] Wer aber einen Song für den Dancefloor adaptieren wollte, musste ihn oftmals verlängern, damit das Publikum ihn sich beim Tanzen aneignen konnte. So wurden die Songs mit ihrem normalen Radioformat von circa drei Minuten für die Bedürfnisse der Tanzfläche neu abgemischt. Dank der Tonspuren hatte der DJ nun die Möglichkeit, die Titel zu schneiden und zu bearbeiten, um sie länger und intensiver zu gestalten. Disco war gleichzeitig die Blütezeit der Maxi-Single.[205]

Der immense Erfolg der Disco-Musik dämpfte jedoch gegen Ende des Jahrzehnts die Euphorie, ja führte sogar zu einer Abwendung der Fans. Die Fortschritte bei den Techniken des Mixens und Abmischens waren in dieser Zeit allerdings wegweisend. Bill Brewster und Frank Broughton stellen fest: »Die kommerzielle Ära von Disco hinterließ die Maxi-Single, den Remix, die Promo-Kopie für Clubs und einen völlig neuen Ansatz bei der Schallplattenherstellung.«[206] Die Disco-Musik war die historische Brücke, über die sich das Musikschaffen für die Tanzfläche neu definieren ließ. Ganz anders als die textbasierten Lieder der 1960er-Jahre, setzte diese Musikrichtung vor allem auf die vitale Kraft der Rhythmen und deren körperliche Wirkung auf das Publikum. Seit den späten 70er- und frühen 80er-Jahren schenkten New Yorker Clubs wie der ›Hurrah's‹ und der ›Mudd Club‹ DJs genauso viel Aufmerksamkeit wie den Bands.[207]

Die Geburt von House und Techno in den USA

Zu Beginn der 1980er-Jahre entwickelten sich im nördlichen Industriegürtel der USA, genauer: in Chicago und Detroit unkonventionelle, hybride und revolutionäre Musikstile. Wer diese Transformation verstehen will, muss in die frühen 70er-Jahre, die Geburtsstunde der Disco Music zurückgehen. Die New Yorker Clubs, in denen sich schwule und afroamerikanische Kultur begegneten – so das ›Loft‹, in dem die Freunde Larry Levan und Frankie Knuckles Stammgäste waren, und das ›Gallery‹ –, popularisierten einen kitschigen und tanzbaren Musikstil, für den sie berühmt wurden. Der junge Frankie Nichols, alias »Frankie Knuckles«, war 1971 für sechs Monate in einer Bar namens ›Better Days‹ angestellt, die sich nach Einbruch der Dunkelheit in eine Diskothek verwandelte. Während dieser Zeit erlernte er die Kunst des DJing:

> »Ich habe in diesen sechs Monaten alles gelernt, von der Pike auf. Die Platten kannte ich, das war nicht das Problem, aber ich musste lernen, sie auf eine bestimmte Weise zu kombinieren. Die Technik stand damals weniger im Vordergrund, es ging darum, die richtigen Songs zu spielen, nicht darum, sie perfekt zu mixen. Wenn man einmal verstanden hatte, was das Tanzpublikum erwartete und mochte, hatte man alles begriffen.«[208]

1973 legte Larry Levan als *resident DJ* regelmäßig in Steve Ostrows subversivem Club ›Continental Baths‹ auf. Als er den Club 1974 verließ, übernahm sein Freund Frankie Knuckles diese Position in dem New Yorker Club bis zu dessen Schließung im Jahr 1976.[209] Beide DJs interessierten sich für die Wirkung, die die aufgelegte Musik auf der Tanzfläche hatte. Ihre Neugier auf das Mischen, Produzieren und klangliche Verändern intensivierte ihre Performances für das Publikum und definierte die künftige Entwicklungsrichtung der elektronischen Musik. Der amerikanische DJ Danny Tenaglia bezeichnete Larry Levan gar als »Jimi Hendrix der *dance music*«.[210]

1977 kontaktierte mit dem ›Warehouse‹ ein vorwiegend von Schwulen und Afroamerikanern besuchter Club, der in einem dreistöckigen Fabrikgebäude im Norden Chicagos untergebracht war, Levan als *resident DJ*. Nachdem er aber bereits im ›Paradise Garage‹ untergekommen war, empfahl Levan abermals Knuckles. Dieser entschloss sich zum Umzug in die Heimatstadt von Earth, Wind and Fire und nahm im März seine Arbeit als DJ im ›Warehouse‹ auf. Knuckles legte hauptsächlich Disco auf, bis sie dem überdrüssigen Publikum ganz altbacken erschien:

> »Disco machte etwa 40 % dessen aus, was ich in einer Nacht spielte. Ich reagierte ganz persönlich und weigerte mich, eine Musik zu Grabe zu tragen, die so viele Leute lebendig werden, singen und tanzen ließ. Man musste sie neu erfinden, verstärken und mit neuem Leben erfüllen. Also integrierte ich in mein Set einen EKO Rythmaker, eine simple, vorprogrammierte Rhythmusmaschine.«[211]

Der DJ verband die Discotracks als Grundlage mit dem Drumcomputer und erhöhte das Tempo. Brewster und Broughton erläutern:

> »Mit einem Tonbandgerät und der Unterstützung seines Freundes Erasmo Riviera, der Tontechnik studierte, nahm Frankie seltsame Stücke [...] und mischte sie neu – verlängerte die Intros und die *breaks*, fügte neue Beats und Klänge ein –, damit sie bei seinem

5. Elektronensturm über England

Tanzpublikum besser ankamen [...] Schließlich entwickelten sich seine Tonbandprojekte mit Riviera zu komplexen Remixes: Er unterlegte vertraute Lieder mit neuen Rhythmen, Basslinien und Schlagzeugspuren.«[212]

So entstand in den frühen 80er-Jahren in Chicago, der Name leitet sich vom ›Warehouse‹ ab, die House-Musik – als Modernisierung eines Tanzmusikstils, der sich überlebt hatte.

1983 teilte sich die Musikszene in Chicago. Knuckles verließ den ›Warehouse‹ und eröffnete in einem ehemaligen Elektrizitätswerk den Club ›Power Plant‹. Der ›Warehouse‹ zog um, benannte sich um in ›Music Box‹ und engagierte den einflussreichen DJ Ron Hardy, der nach sechs Jahren gerade aus Kalifornien zurückgekehrt war. Für den Hardrock-Fan Marshall Jefferson war es eine Offenbarung, als eine Freundin ihn in den ›Music Box‹ lotste und er Ron Hardy entdeckte.[213] An diesem Abend fand er seine Berufung und erwarb fortan die Ausstattung, um mit dem neuen musikalischen Ansatz eigene Stücke zu komponieren. Seine erste Veröffentlichung, »Virgo Go Wild Rhythm Tracks«, erstellte er mit Hilfe von Schlagzeugspuren aus der *drum machine* TR-808. Seine erste Produktion wiederum, »I've Lost Control« von Sleezy D aus dem Jahre 1985, war bald ein beliebter Track, um die Tanzfläche im ›Music Box‹ zum Kochen zu bringen.[214] Die Blüte der Chicagoer Musik brachte viele Fans, ähnlich wie Jefferson, dazu, eigene Stücke zusammenzustellen und sie per Kassette an Hardy oder Knuckles zu schicken, die dann entschieden, ob sie die in ihrem Club spielten oder nicht.

Diese zweigeteilte Hegemonie in der Musikszene und den *dance floors* der Stadt erzeugte keine Konkurrenz, denn die beiden großen Clubs teilten die Wochentage unter sich auf. Die ›Power Plant‹-Partys fanden bis 1985 mittwochs und freitags statt, während der ›Music Box‹ dienstags, donnerstags und samstags öffnete.[215] Das goldene Zeitalter der Chicagoer *house music* begann jedoch Mitte des Jahrzehnts, als die House-Musik erste Hits hervorbrachte. Im August 1985 veröffentlichten Steve ›Silk‹ Hurley und Farley Keith »Music Is The Key« – der Track hatte großen Erfolg beim Clubpublikum und lief in Keiths Radiosendung, folglich verkaufte sich die Platte in Chicago bereits am ersten Tag zweitausend Mal.[216]

Zur gleichen Zeit entwickelten die DJs Juan Atkins, Derrick May und Kevin Saunderson in Detroit – stark von den Chicagoer und New Yorker Entwicklungen beeinflusst – die Techno-Musik. Der Techno bahnte den Weg für ein neues Konzept elektronischer Musik, denn im Gegensatz zum House löste er sich gänzlich vom Disco-Geist und bildete ein elektronischeres, maschinenhafteres und härteres Gegenstück, in dessen Rhythmen und Texturen sich gewissermaßen das Klima der krisengebeutelten »Motor City« Detroit spiegelte. Ein Hauptmerkmal von House und Techno war es, dass beide Richtungen keinen Bezug zu Jazz, Blues oder Rock hatten, die bis dato in der Entwicklung der westlichen Popmusik stets die Referenzgenres gewesen waren. Bemerkenswerterweise tauchte die Bezeichnung »Techno« erst 1988 auf, bis dahin war Techno schlicht als House wahrgenommen worden.[217]

Import und Adaption der elektronischen Musik in England

Großbritannien durchlebte gerade den längsten Bergarbeiterstreik seiner Geschichte, als die House-Musik den Atlantik überwand, sich in Manchester etablierte und damit die ersten Anzeichen einer kulturellen Revolution erkennen ließ. Jon DaSilva erinnert sich:

> »*Collusion* war das erste englische Musikmagazin, das uns die Geschichte jener New Yorker Clubs näherbrachte, die uns noch heute faszinieren […] Dessen Herausgeberin Sheryl Garrett wurde später Chefredakteurin von *The Face*, der wohl größten medialen Stütze der House-Musik in England.«[218]

Laut DaSilva fasste die House-Musik ab 1984 mit den *Nude Nights* im ›Haçienda‹ Fuß in der Stadt:

> »Hier ging es richtig los: bei den *Nude Nights* mit Mike Pickering und Graeme Park am Freitagabend. Die waren wie eine Radiosendung, wenige Mixes, kaum Struktur, einfach nur die skurrilsten Neuheiten aus Hiphop und House, und 95 % des Publikums war schwarz.«[219]

Diese Events machten die House-Musik in der Soundlandschaft von Manchester allmählich populär, boten aber auch dem Hiphop ein günstiges Umfeld.

1986 performte Dave Haslam regelmäßig im ›Venue‹ in der 17 Whitworth Street West. Dort boten ihm Paul Mason und Paul Cons, ihrerseits Geschäftsführer bzw. PR-Chef des ›Haçienda‹, die Bespielung der ›Temperance Club‹-Studentenpartys an, die seit dem 1. Mai 1986 immer donnerstags stattfinden

5. Elektronensturm über England

sollten.[220] Vorbild für diese Veranstaltungen war Masons Erfahrung mit dem ›Rock City‹ in Nottingham, wo die von ihm initiierten Studentenpartys ein voller Erfolg waren.[221] Haslam nahm das Angebot an und arbeitete fortan nach einem strukturierten Wochenplan: Donnerstags spielte er im ›Haçienda‹ unter dem Pseudonym DJ Hedd, freitags im ›Venue‹ für The Magic Roundabout und samstags wirkte er bei den Konzerten im ›Boardwalk‹ mit.[222] Einige Wochen, nachdem Haslam als Temperance-DJ angefangen hatte, bot ihm Paul Cons an, mit Dean Johnson ab dem 19. Juli auch samstags im ›Haçienda‹ aufzulegen. Die 120 £, die ihm für beide Abende in dem Factory-Club geboten wurden, waren ausschlaggebend für seine Entscheidung.[223]

Der Electro aus Chicago und Detroit war Teil der schwulen und afroamerikanischen Kultur dieser Städte. Auch in England trug er in den Clubs, in denen er gespielt wurde, zur sozialen und kulturellen Diversifizierung bei. Dennoch verlief immer noch eine unsichtbare Grenze zwischen Nord- und Südengland. Mike Pickering, Programmgestalter und DJ im ›Haçienda‹, erläutert:

> »Anfangs gab es eine Nord-Süd-Spaltung. In Manchester hat man schon ein Jahr lang zu House getanzt, bevor London mitzog, einfach weil London sehr stark vom *rare groove* geprägt war. Die Ursprünge der House-Bewegung im Norden waren, grob gesagt, Graeme Park im ›Garage‹ in Nottingham und ich im ›Haçienda‹.«[224]

Der Aufstieg dieses hybriden Musikstils war ein Einschnitt für die britische Jugend. Der DJ, Journalist und Schriftsteller Dave Haslam zieht Bilanz:

> »Dance-Musik hat das Leben der Leute verändert, hat Städte, das Ausgehen, Einstellungen und die Kultur beeinflusst. Wir hatten eine hohe Jugendarbeitslosigkeit. Wenn man nicht in die Kirche geht, keine Fabrik mehr hat, und wenn die Gemeinschaft zusammenbricht, schafft man sich seine Gemeinschaft im Club.«[225]

Die Jugendlichen, Arbeitslose wie Studenten, wollten den gesellschaftlichen Konventionen entfliehen und machten im rezessionsgeplagten Großbritannien: Party. So entstand in England eine neue Kultur, die *club culture*. Der Journalist Christian Bernard Cedervall erläutert deren Entstehung:

> »House war eine kulturelle Revolution in den Vereinigten Staaten, doch im Vereinigten Königreich war sie eine gesellschaftliche Revolution: Die Musik schöpfte auf der Suche nach einer eigenen Identität aus der Energie Chicagos und zeigte sich den Herausforderungen gewachsen, vor denen eine deklassierte Jugend stand, so wurde Großbritannien zum obersten Botschafter des House – eine nicht nur diplomatische, sondern ab-

solut wesentliche Beziehung für den kulturellen Aufschwung mehrerer Generationen.«[226] Unumstritten war House 1986 in den britischen Clubs jedoch nicht, wurde der Stil doch mitunter als »Homomusik« aufgefasst.[227] Zudem verwehrte ein Teil der Bevölkerung – etwa der Sänger von The Smiths, Steven Morrissey[228] – dem DJ die Anerkennung als Musiker im Range einer Band mit ihren Instrumenten. In dem Smiths-Titel »Panic« sang Morrissey im Juli 1986: »*Burn down the disco / Hang the blessed DJ / Because the music that they constantly play / It says nothing to me about my life*«.[229]

Trotz aller Vorurteile erreichte der Song »Love Can't Turn Around« der amerikanischen DJs Farley Jackmaster Funk und Darryl Pandy im September 1986 Platz 10 in den britischen Charts. Pete Tong, Art Director bei London Records, nutzte seine Chance und erwarb die Lizenz für den Titel in England.[230] Steve »Silk« Hurleys »Jack Your Body« errang im Januar 1987 sogar den ersten Platz.[231]

Das ›Haçienda‹ war bald eine Hochburg des House in Großbritannien, hauptsächlich wegen der New York-Affinität von New Order und Factory Records insgesamt. Im Jahr 1987 füllten sich die ›Haçienda‹-Partys zunehmend und regelmäßig mit *clubbers*.[232] Sie waren jedoch nicht die einzigen, die auf dieser Welle schwammen; auch der DJ Tim Lennox vom Schwulenclub ›Number One‹ in Manchester übernahm die neue Musikrichtung schnell.[233] Außerdem strahlte das örtliche Radio Piccadilly die Sendungen *Souled Out* und *Bus Dis* aus, in denen DJ Stu Allen bevorzugt Hiphop und später Chicago House spielte – dadurch nahm die Popularität dieser Musik noch zu.[234] Es gab damals nur wenige Medien, die House-Musik spielten. Da es kein Internet gab und MTV House nicht spielte, konnten die Fans die DJs, von denen sie gehört hatten, nur live in den Clubs sehen und hören.

Diese Eckpunkte einer neuen Soundlandschaft im städtischen Nachtleben brachten das ›Haçienda‹ dazu, den DJ Frankie Knuckles für die *Nude Night* am 9. März 1987 einzuladen, wo er mit seinen Kollegen Marshall Jefferson und Adonis, die ebenfalls aus Chicago eingeflogen waren,[235] an den *turn tables* stand; weitere Einladungen folgten für den 17. November 1989, für den 21. und 22. Mai 1992 zum zehnjährigen Jubiläum des Clubs und für den 20. Mai 1993.[236] Dabei mangelte es auch in Manchester nicht an DJs, die immer höher im Kurs standen.

5. Elektronensturm über England

Das Jahr 1987 verhieß zunächst bessere Zeiten für Großbritannien – von 1983 bis 1987 waren die Einkommen durchschnittlich um 35 % gestiegen, das Wirtschaftswachstum lag bei 5 %, die Arbeitslosigkeit noch bei gut 7 %[237] – und Margaret Thatcher wurde am 11. Juni für eine dritte Amtszeit wiedergewählt, während die Labour-Partei nur 31 % der Stimmen erhielt;[238] obwohl selbst der Bericht der anglikanischen Kirche, *Faith in the city*, noch 1985 die grassierende Armut infolge der Regierungspolitik geißelte.[239]

T-Coy

Gegründet wurde die Gruppe von Mike Pickering (Quando Quango, DJ und Programmgestalter des ›Haçienda‹), Simon Topping (A Certain Ratio, Quando Quango) und Richard James Close (alias Richie Close), ihr Name ist eine Abkürzung für »Take Care Of Yourself« (›Achte gut auf dich‹). Das Projekt war gewissermaßen die Fortsetzung von Apitos, einer lateinamerikanisch inspirierten Band, mit der Close und Topping bei den *Nude Nights* im ›Haçienda‹ gegen Mitternacht auftraten. Sie veröffentlichten 1987 den Titel »Carino«, eine Mischung aus Electro und selbst interpretierten Instrumentalstücken – und zwar beim Electro-Label Deconstruction, das Mike Pickering gegründet hatte, nachdem Tony Wilson sich einer Dance-Sparte bei Factory verweigert hatte.[240] Pickering erinnert sich:

> »›Carino‹ ist ein Mix aus Tito Puente und Adonis. Wir nahmen es in einem kleinen Tonstudio in Disbury auf, das wir gemietet hatten. Wir zogen eine Kopie auf Kassette und gaben sie Stu Allan. Der spielte das Stück rauf und runter, es wurde zu seiner Nummer eins. Dann hörte die Coldcut Crew den Song und erzählte davon auf Kiss, einem Piratensender damals. Von da an lief der Track im ganzen Land.«[241]

Der *NME* und der *Melody Maker* lobten die hybride Produktion, die ihren Platz indes eher in den Clubs als in den Charts fand.[242] Alle *resident DJs* des ›Haçienda‹ spielten den Titel.[243] Auch ihre zweite Veröffentlichung, »I Like To Listen«, im November 1987 wieder bei Deconstruction erschienen, schaffte es nicht in die Charts.

Im Februar 1988 organisierte Pickering zusammen mit Graeme Park unter dem Titel Northern House Review eine kurze Tournee, mit der die neue nordenglische Musikszene gefördert werden sollte: Zum Zuge kamen Mike Pickering (mit und ohne T-Coy), Hotline, Groove (Graeme Park) und T-Cut-F. Die Tournee machte Station in Newcastle sowie Middlesrough und endete am 26. Februar im ›Haçienda‹.[244]

Kriminalität und Drogenhandel in Manchester

Mit dem Aufstieg der tanzbaren Electro-Richtungen in England fand allmählich auch eine neue Substanz in der Partyszene Verbreitung: MDMA (3,4-Methylendioxy-N-methylamphetamin), der Ecstasy-Wirkstoff, war erstmals von dem deutschen Chemiker Anton Köllisch synthetisiert und 1912 vom Pharmakonzern Merck zum Patent angemeldet worden. Ursprünglich soll er mit dem Ziel getestet worden sein, die Leistungsfähigkeit deutscher Soldaten zu verbessern und damit die Schlagkraft der Armee zu steigern. Die Verbindung wurde in den 1970er-Jahren in den USA für psychiatrische Zwecke wiederentdeckt, bevor sie zurück nach Europa gelangte und dort in die Clubkultur einfloss.[245] Ecstasy soll Anfang der 1980er-Jahre auf Ibiza wieder aufgetaucht sein, wo es bei Anhängern der Sekte Bhagwan Shree Rajnesh für spirituelle Seancen in Gebrauch war.[246] In England wurde es um 1985 nachgewiesen, nachdem es 1984 in den USA verboten worden war[247] – in Großbritannien war es bereits seit 1977 verboten, doch die Behörden konnten es, weil es noch kaum bekannt war, von Arzneipillen nicht unterscheiden.[248]

Mit der Einnahme von MDMA gehen Gefühle der Euphorie, der Entspannung, der Enthemmung, der Dynamisierung und der totalen Freiheit einher. Wegen dieser Eigenschaften wurde das Amphetamin schnell zu einem Stimulierungsmittel, mit dem man die ganze Nacht durchtanzen und alle physischen und psychischen Grenzen vergessen konnte, während der Körper im Bann der Musik durch deren Rhythmus und Komposition bisher ungekannte Erfahrungen machte. Die massenhafte Verbreitung dieser Substanz im Milieu der britischen Partygänger fand jedoch erst 1988 mit dem Acid House-Boom statt. Der Journalist Nicolas Dambre erläutert:

> »1987 entdeckten die drei englischen DJs Danny Rampling, Paul Oakenfold und Nicky Holloway im Ibiza-Urlaub eine neue Droge: Ecstasy. Die Droge erlebte ihren Durchbruch im folgenden Jahr, zeitgleich mit Acid House. Die drei Freunde haben noch immer die Tracks von Alfredo, dem lokalen DJ im Club ›Amnesia‹ im Kopf: eine Mischung aus Disco, Flamenco-Gitarren, englischem Pop und House.«[249]

Ecstasy war für die drei britischen DJs, die auf Ibiza Urlaub machten, wie eine Offenbarung. Auf den großen Partys der Insel war die Substanz regelmäßig im Umlauf, begleitet vom Balearic Beat des DJ Alfredo (seit 1984 *resident DJ* im Club ›Amnesia‹),[250] ein Mix aus Euro-Pop, Salsa und Reggae, aber auch Importware wie House und Techno. Die traumhafte, von der Musik noch verstärkte Atmosphäre veranlasste die Touristen, ihren Fund nach Großbritannien zu bringen und ihre Erfahrung zu Hause zu teilen. Es dauerte nicht lange, bis die Behörden darin ein allgemeines Phänomen erkannten. Shaun Ryder, Sänger der Gruppe Happy Mondays, berichtet indes, dass die Ordnungskräfte noch Anfang 1988 kaum Kenntnisse über Ecstasy besaßen: So sei er bei einer Polizeikontrolle mit 30 Pillen davongekommen, während der Besitz von Ecstasy einige Wochen später mit sieben Jahren Gefängnis geahndet worden sei.[251] Die Substanz und ihre Symbolik gingen im Laufe des Jahres 1988 eine untrennbare Verbindung mit dem Acid House ein. Der Londoner DJ Nicky Holloway erklärt:

> »Ecstasy und Musik gingen Hand in Hand. Das gehörte zum Programm. Die Leute, die noch nie Ecstasy genommen hatten, verstanden es nicht wirklich, und sobald sie ein Es intus hatten, verstanden sie's. Es mag traurig klingen, doch ohne Ecstasy hätte Acid House niemals seinen phänomenalen Aufstieg hingelegt.«[252]

Bei dieser chemischen Neuentdeckung sorgten, wie bei den meisten anderen Drogengeschäften auch, Gangster für die Verbreitung der Produkte, und Manchester hatte eine ausreichend große Unterwelt, die eine Monopolstellung verteidigte.

Die moderne »Gang-Kultur« in Manchester reicht zumindest bis ins späte 19. Jahrhundert zurück.[253] Um 1870 formierten sich *scuttling gangs* entlang der Rochdale Road; benannt wurden sie nach dem Geräusch, das sie mit ihren hölzernen *clogs* machten, sie selbst suchten sich durch einen eigenen Kleidungsstil von der vorherigen Generation abzuheben. Ihre Mitglieder waren meist zwischen 14 und 19 Jahren alt, 20-jährige und ältere Mitglieder galten als Veteranen, rangen die verschiedenen Gruppen doch gewaltsam um die Kontrolle »annektierter« Gebiete. Die Scuttler-Gangs werden als frühes Beispiel von Jugendkultur angesehen; Jungen wie Mädchen trugen aufwändige Schlaghosen, spitze Holzschuhe (traditionelle *clogs*) und auffällige Seidenkrawatten.[254] Der Historiker Steven Jezo-Vannier führt aus:

> »Die Scuttlers unterscheiden sich von anderen ›Banden‹-Bewegungen durch ihre gepflegte Ästhetik. Sie tragen charakteristische Kleidungsstücke: Hosen, die unterhalb des Knies ausfallen, spitz zulaufende Holzschuhe, Seidentücher in grellen Farben und eine nach links weisende Schirmmütze. Auch die Frisur ist charakteristisch und besteht aus einem langen Pony, der über die Stirn und das linke Auge fällt, an Seiten und Hinterkopf ist das Haar sehr kurz geschnitten. Vervollständigt wird die Ausrüstung der Scuttlers durch eine Reihe von Accessoires, die sowohl als Identitätszeichen als auch als Waffe dienen: Gürtelschnalle mit Motiv an einem dicken Ledergürtel sowie diverse Messer.«[255]

Diese Gangs verschwanden allmählich zu Beginn des 20. Jahrhunderts, da sich der Fußball in den Slums ausbreitete und professionelle Strukturen ausbildete.

Zu den gefürchtetsten Gangs der Stadt zählten 1890 die Bengal Tigers, benannt nach der Harpurhey Road, in der sie lebten. Für gewöhnlich führten sie ihre Auseinandersetzungen mit Messern, abgebrochenen Flaschen und schweren Gürtelschnallen, die Knochen brechen konnten. Anlässe für die Gewalt lieferten Vorwände, bezogen etwa auf Religion, Territorialansprüche und Frauen. Mehr als dreißig Jahre lang terrorisierte die Gang verschiedene Stadtteile Manchesters, dann aber begann ihr Niedergang aufgrund langer Haftstrafen für ihre Anführer, aufgrund städtebaulicher Anstrengungen in den Slums und – wie bei den Scuttlers– aufgrund der Integration von Jugendlichen mittels *Boy's Clubs* und Fußballvereinen.[256]

In den 1950er-Jahren sorgten die *teddy boys*, mit Fahrradketten und Rasierklingen bewaffnet, in England und auch in Manchester für Angst und Schrecken.[257] Allerdings gab es in diesem Jahrzehnt nur sehr wenige Verhaftungen im Zusammenhang mit Drogendelikten. Dem Polizeichef von Manchester, John Stalker, zufolge waren Drogen in den 50er-Jahren nicht das Problem:

> »Es ging da um ein paar Seeleute, um ein bisschen Hasch und ein paar ältere Jamaikaner, die das ihr Leben lang geraucht hatten. Die Verhaftungen im Zusammenhang mit Drogen konnte man in den 50ern für die Stadt Manchester an zwei Händen abzählen.«[258]

Der lokale Drogenhandel entwickelte sich hauptsächlich in den 60er-Jahren.[259] Vor dem *Dangerous Drugs Act* von 1967 und dem *Misuse of Drugs Act* von 1971 scheint es in der Stadt kaum Betäubungsmittelhandel gegeben zu haben: LSD stand dann auf der Liste der verbotenen Psychopharmaka, gleichzeitig wurde es Ärzten untersagt, Rezepte für Kokain (ein damals geläufiges Betäubungsmittel für Zahnbehandlungen)[260] und Heroin (als Substitut für

Opioidabhängige) auszustellen. Die Vorschriften verpflichteten die Ärzte auch, jede drogenabhängige Person zu melden.[261] Die Verbote führten den Gangs recht plastisch vor Augen, welcher Profit sich mit dem Handel illegalisierter Betäubungsmittel in Manchester erzielen ließe[262] und die Quality Street Gang kümmerte sich in den 60er- und 70er-Jahren hauptsächlich um diesen Markt.[263] Mit Ausbreitung der Hippie-Jugendkultur verbreitete sich in den 60ern auch das LSD; der Dichter John Cooper Clarke berichtet, seit 1966 sei es eine häufig konsumierte Partydroge gewesen.[264] Auch Mark E. Smith, Sänger und Gitarrist von The Fall, erzählt, es sei in den 1970er-Jahren in Prestwich, einem Vorort im Norden von Manchester, sowie in den Biker-Pubs rund um Victoria Station, den nördlichen der beiden örtlichen Hauptbahnhöfe, nicht schwer gewesen, an LSD und andere Psychopharmaka zu kommen, die viele bereits als Teenager konsumiert hatten.[265] Der Sänger von Happy Mondays, Shaun Ryder, berichtet seinerseits, der Amphetaminhandel sei Mitte der 1970er in Salford ein offenes Geheimnis gewesen.[266]

Drogenhandel geht häufig mit Gewalt einher, wenn es um die Vorherrschaft auf dem Markt geht. Die Zahl der Straftaten mit Schusswaffengebrauch vervierfachte sich in Manchester zwischen 1979 und 1982.[267] Das Jahr der iranischen Revolution – 1979 – war auch das Jahr, in dem das Heroin in der Stadt zu einem echten Problem wurde.[268] Shaun Ryder erinnert sich, dass man 1982 so einfach an Heroin kam wie an Haschisch oder Marihuana;[269] wichtiger Anlaufpunkt war Wythenshawe – dort war der Stoff von schlechter Qualität, aber billig.[270]

Die kulturelle Dynamik der Stadt Manchester seit den späten 70er-Jahren führte, in Verbindung mit dem Nachtleben und seit Anfang der 80er dem Tourismus, zu einem Anstieg der Bandenkriminalität. In der Stadt gab es verschiedene Gruppen; die schlimmsten operierten in Salford im Westen, im südlichen Viertel Moss Side und im nördlichen Cheetham Hill. Der Journalist Peter Walsh von den *Manchester Evening News* erinnert sich an eine unsichtbare Grenze zwischen dem Norden und dem Süden von Manchester. Die Mitglieder der Cheetham Hill Gang konnten sich unbewaffnet nicht unbehelligt in den Süden wagen; umgekehrt galt dies für die Moss Side Gang im Norden.[271] Stevens, ein afrokaribischer Einwohner von Whalley Range berichtet:

> »Als die Thatcher-Jahre anfingen, standen junge schwarze Männer ganz hinten in der Schlange [...]. Es war hoffnungslos. Ich gehörte in der Schule immer zu den Besten, aber

ich bekam keinen Job. Ich kann wirklich sagen, dass wir alle mit unserem Schul- und Studienabschluss aktiv Arbeit gesucht haben, und weil wir keine fanden, sahen wir uns nach anderen Verdienstmöglichkeiten um.«[272]

Die Sparpolitik der Thatcher-Regierung und die entsetzlich hohe Arbeitslosigkeit in den achtziger Jahren boten vielen jungen Menschen aus der Arbeiterklasse und Unterschicht in Manchester keinerlei Perspektive, ihr einzig möglicher Ausweg war die Kriminalität.

Die Cheetham Hill Gang, auch bekannt als »Hillbillies«, erarbeiteten sich ihren Ruf in den späten 70ern, frühen 80er-Jahren. »White Tony« Johnson war ihr Gesicht.[273] Die Gangster kamen regelmäßig und bewaffnet in den ›Parliament Club‹, um Amphetamine und Marihuana zu verkaufen.[274] Die Hillbillies waren hauptsächlich Kinder afrikanische Einwanderer[275] und galten als die gefährlichste und am besten organisierte schwarze Gang in der Geschichte Großbritanniens.

In der Südvorstadt Moss Side konzentrierte sich seit Jahrzehnten ein Großteil der afrokaribischen Gemeinschaften Manchesters. Wegen des unverhohlenen Rassismus der 1950er-Jahre waren Schwarze in den Clubs und Pubs nicht immer willkommen, darum eröffneten sie ihre eigenen Freizeit- und Vergnügungslokale. Die Medien stigmatisierten das Viertel als »kleines Harlem von Manchester«,[276] doch Moss Side konnte sich mit seinen prosperierenden Jazzclubs sowie dem ›Nile‹, seit den 50er-Jahren an der Princess Road, und dem neuen ›Reno‹ (mit DJ Hewan Clarke) durchaus sehen lassen. Sie alle trugen zur kulturellen Vitalität in diesem benachteiligten Viertel bei. Mitte der 80er-Jahre formierten sich am Alexandra Park die Gangs Gooch und Pepperhill: Letztere war nach dem nahe gelegenen Pepperhill Pub benannt. Die Mitglieder, hauptsächlich karibischer Herkunft, spezialisierten sich auf den Verkauf von harten Drogen. Ihr Ruf entsprach ihrer Gewalttätigkeit, denn für derartige Geschäfte drohte ein hohes Strafmaß.[277] Die Gang hielt sich gewöhnlich im ›Gallery‹ an der Ecke Peter Street und Deansgate auf.[278] Im Jahr 1986 wechselte mit Delroy Brown ein Krimineller aus Birmingham nach Manchester, der nun Pepperhill unterstützte. Aus Furcht um ihren Marktanteil tat sich die Gooch-Gang daraufhin mit Cheetham Hill zusammen. 1988 verlor der ›Pepperhill Pub‹ seine Lizenz und die Gang, deren Mitglieder besonders jung waren, nannte sich von nun an Doddington.[279]

Die Stadt Salford, im Westen Manchesters gelegen, wurde von einer der ältesten Gangs der Gegend beherrscht. Diese war verwandtschaftlich strukturiert und überwiegend weißer, irischer Abstammung, womit Zusammenstöße mit anderen Banden auch in rassistische Auseinandersetzungen umschlagen konnten.[280] Einer der bekanntesten Gangsterclans Salfords war die irischstämmige Familie Noonan, alle Kinder trugen einen Vornamen mit dem Anfangsbuchstaben D – eine Hommage an Dublin, die Heimatstadt des Vaters:[281] Damian, Desmond und Dominic Noonan, alle Brüder waren in der örtlichen Unterwelt aktiv.[282]

Paul Massey – bekannt als »Mister Big« – zählte ebenso zu den bekanntesten Gangstern in Salford und ganz Manchester. Er galt als Mentor für das A-Team, das Ordsall und Pendleton beherrschte. Zwanzig Jahre lang ermittelte die Salforder Polizei gegen ihn wegen Landfriedensbruchs, Überfällen auf Pubs und Diskotheken, Gefängnisausbrüchen, Nötigung und Massenschlägereien.[283] Er wurde in den 1990er-Jahren verhaftet, im Juli 2015 wurde er tot aufgefunden – eine Abrechnung, ausgeführt von Mark Fellows.[284]

Die Banden von Salford zählten zu den aktivsten kriminellen Vereinigungen in ganz Europa und waren bekannt für Autodiebstahl, Drogenhandel, Überfälle auf Geldtransporte, Schutzgelderpressung, Raubüberfälle und Nötigung.[285] Es konnte böse enden, wenn man sich in den 80ern und 90ern nach Salford verirrte. Peter Hook erinnert sich:

> »Es war damals [1988] ein Volkssport in Salford, in anderer Leute Drinks herumzupfuschen. Im Swan etwa durfte man sein Glas nicht unbeaufsichtigt stehen lassen, man musste es sogar mit aufs Klo nehmen; andernfalls hätte sich womöglich jemand einen Witz geleistet und LSD untergemixt.«[286]

Es war daher notwendig, sich in den Kneipen und Lokalitäten »tadellos« zu benehmen, um die Aufmerksamkeit der stets anwesenden Gangster nicht auf sich zu ziehen. Diese kontrollierten die Gebiete, in denen sie ihre Geschäfte führten. Sie agierten mitunter auch als Miliz und übernahmen polizeiliche Aufgaben in den Vierteln. Der Alltag in Manchester war mit diesen Ganoven untrennbar verbunden, die im Übrigen aktiv an der Schaffung einer neuen kulturellen Identität der Stadt beteiligt waren.

Der Siegeszug von Ecstasy ging mit einer weiteren Gewaltspirale einher, denn die Gangs der Stadt rangen um das Monopol im Handel in den Clubs. Anfangs kauften die Dealer das Ecstasy meist in Amsterdam, wo eine Tablette umgerechnet 3,50 £ kostete – der Verkaufspreis in England lag bei 15 £.[287] Peter Hook erinnert sich, dass die Dealer im ›Haçienda‹ »freitags drei bis vier

Riesen und samstags vier bis fünf« machen konnten.[288] Dieser sehr lukrative wiewohl illegale Markt verhieß erheblichen Profit, was die weitere Verbreitung der Droge ebenso begünstigte wie eine Jugend, die die neue Party-Erfahrung liebte.

Acid House, Manchester Vibes In The Area

Wie eine Flutwelle erfasste Acid House 1988 die britischen Inseln und riss eine ganze Generation junger Europäer mit sich fort, die nun Manchester zum Epizentrum des Nachtlebens machten, die vorgefasste Vorstellungen vom Feiern über Bord warfen und dabei die Codes der Generation X setzten. In England braute sich ein neuer *Summer of Love* zusammen, 21 Jahre nach dem *Flower Power*-Aufbruch in San Francisco. Ihren Ausgang nahm die neue Musik allerdings in Chicago und ihre kulturelle Form prägte Ibiza.

Einige Jahre nachdem sich House in Chicago entwickelt hatte, entstand dort eine weitere Ausprägung dieses Musikstils: »Acid House«, ein Kind des Roland TB-303 Synthesizers und der TR-808 Drum Machine. Ulf Poschardt definiert Acid wie folgt:

> »Acid House als Musikstil wurde in Chicago als eine Variante des dortigen House-Sounds erfunden. Im Zentrum dieser Musik standen die Klänge, die mit Hilfe eines Roland TB-303 hergestellt werden konnten. Dieser Bassline-Generator wurde 1981 von der japanischen Elektrofirma Roland auf den Markt gebracht [...] Der kleine silberne Kasten mit einem Oktave-Keyboard und sechs Drehknöpfen verkaufte sich so schlecht, dass die Produktion nach zwei Jahren wieder eingestellt wurde. [... Bald] hatten die alten Rhythm Composers ausgedient. Nicht jedoch bei den House-Musikern in Chicago, die 1985 den 303 erst richtig entdeckten.«[289]

Der Bassline-Generator Roland TB-303 war ursprünglich als Ergänzungsgerät für Gitarrensolisten entwickelt worden.[290] In den frühen 80er-Jahren war er kaum mehr verbreitet, vielmehr wurde er für den typischen Acid House-Sound nun zweckentfremdet: für eine ganze Reihe evolutiver Sequenzen, die unkonventionell-futuristische Klänge und Rhythmen erzeugen.

Acid House selbst, oder zumindest seine Popularität, ist Marshall Jefferson, dem Produzenten aus Chicago zu verdanken. Umstritten ist, welcher der erste Track dieser Art war: »I've Lost Control« von Sleezy D. oder aber »Acid-Tracks« von Phuture (Spanky Herb und DJ Pierre). Beide Titel hat Marshall Jefferson produziert.[291] Die Kassette mit »Acid-Tracks« (ursprünglich mit dem

5. Elektronensturm über England

Titel »In Your Mind«) gaben Spanky Herb und DJ Pierre an DJ Ron Hardy weiter, um zu sehen, wie das Publikum des ›Music Box‹ reagierte.[292] Die Unterscheidung zwischen House, Techno und Acid House war auf der Tanzfläche aber nicht immer eindeutig: Detroit Techno eroberte Großbritannien im Zuge der Acid House-Bewegung und Stücke wie »Strings Of Life« von Derrick May – das Tape war an Frankie Knuckles gegangen[293] – und »Just Another Chance« von Kevin Saunderson standen bald als Symbol für die *rave*-Bewegung.[294]

Das Lebensgefühl dieser Musik entwickelte sich 1987 unter der Sonne Ibizas auf den Partys, die einige britische Touristen in Erstaunen versetzten; dazu Bill Brewster und Frank Broughton:

> »In der Hochsaison von 1987 war der Einfluss von Ecstasy auf den Tanzflächen von Ibiza deutlich zu spüren. [...] Es ist daher nicht verwunderlich, dass – nachdem [Trevor] Fung seine drei Londoner DJ-Freunde Paul Oakenfold, Danny Rampling und Johnny Walker an seiner Erfahrung hatte teilhaben lassen – es sich diese nicht nehmen ließen, das unbeschwerte Clubbing nach England zu holen. Jene Nächte im Amnesia bildeten den Gründungsmythos für *acid house*.«[295]

Die DJs übertrugen die Partystimmung von Ibiza nach Großbritannien. Nach ihrer Rückkehr von den Balearen wollten Paul Oakenfold, Johnny Walker, Nick Holloway und Danny Rampling die hemmungslosen Partys von Ibiza in London wiederauferstehen lassen. Im Oktober 1987 veranstaltete Danny Rampling in einem Fitnesscenter in der Southwark Street den ersten »Shoom« mit Balearic Beat. Er erinnert sich:

> »Es findet sich immer einer, der schwört: ›Mein Kumpel hat schon 1984 Acid House gespielt‹, völlig richtig: Einige Platten kursierten schon seit Jahren, aber erst 1988 zündete es wirklich im ganzen Land. Nicky Holloway, Johnny Walker, Paul Oakenfold und ich hatten im Sommer davor im Amnesia eine Offenbarung erlebt, wir hatten jede Menge Ideen. Ich hatte eine ganz klare Vorstellung davon, was ich zuhause in England auf die Beine stellen wollte, und sicher ging es den anderen genauso.«[296]

Ab November 1987 standen Oakenfold, Noise und DJ Tony Wilson (nicht verwandt mit dem Gründer von Factory Records) bei den »Future«-Veranstaltungen, die sich dem Sound und Spirit von Ibiza verschrieben hatten, jeden Donnerstagabends im kleinen Sanctuary-Saal des Londoner Clubs ›Heaven‹ an den Plattentellern.[297] Am 11. April 1988 eröffnete Paul Oakenfold seine erste »Spectrum«-Party im großen Saal. Es dauerte einige Wochen, bis Spectrum zum angesagtesten Spot der Hauptstadt avanciert war.[298] Der Londoner DJ und Produzent Mark Moore erinnert sich:

»Als Paul Oakenfold an einem Montagabend mit Spectrum anfing, feixten alle nur und prophezeiten, dass das nie läuft. Zum ersten Abend kamen 200 Leute und haben sich prächtig amüsiert; binnen weniger Wochen reichte die Warteschlange dann bis zur Straßenecke.«[299]

Der wachsende Erfolg solcher Partys beschränkte sich indes nicht auf London, auch in Manchester wurden diese Abende immer beliebter. DJ Terry Farley erklärt:

»Zuerst kannten nur wenige Leute Acid House überhaupt. Die ersten Enthusiasten waren aus London, Manchester und Sheffield, sie alle hatten im Sommer 1986 oder 1987 auf Ibiza gearbeitet. Dort waren sie mit *acid* in Kontakt gekommen.«[300]

Die Acid House-Welle erreichte England 1988, in dem Jahr wurde der britische Spitzensteuersatz von 60 % auf 40 % gesenkt.[301] Mit dem Feiern und Clubbing entzog sich die Jugend der sozialen Heuchelei und Perspektivlosigkeit unter Thatcher. Ins ›Haçienda‹ gelangte Ecstasy erstmals im Januar 1988, bis März hatte es sich unter den Gästen wie ein Lauffeuer verbreitet.[302] Laut Dave Haslam hatte sich die Atmosphäre im ›Haçienda‹ binnen dreier Monate so sehr verändert, dass man den Club nicht wiedererkannte.[303] Bill Brewster und Frank Broughton sekundieren:

»Acid House war eine Kulturrevolution. Man kann die britische Gegenwart nicht wirklich verstehen, wenn man den damaligen Wandel außer Acht lässt.«[304]

Der neue Stil befeuerte die Musik der späten 80er-Jahre und stieß, ganz wie der Psychedelic Rock der 60er, »die Pforten der Wahrnehmung« auf. Der Journalist und Schriftsteller John Robb hält fest:

»Diese Musik passte Mitte der Achtziger perfekt in die Clubs von Detroit und Chicago, sie passte in Manchester wie die Faust aufs Auge zur Technokratie nach Joy Division/ New Order, nach zehn Jahren, in denen die Liebe zu elektronischen und innovativen Klängen durch die riesigen stillgelegten Lagerhallen und durch avantgardistische DJs wie Mike Pickering noch verstärkt worden war. Die House-Musik war in den Clubs von Manchester bereits etabliert, doch dieser neue Stil war revolutionär. [...] Die Pillen verstärkten die Trance und das allgemeine Hochgefühl bei den *raves* in alten Lagerhäusern und im Haçienda, wo die Raumakustik den brutalen, eindringlichen Minimalismus der Musik wunderbar unterstrich. Acid House war der bestmögliche Soundtrack für das Ende des post-industriellen Zeitalters. Die alten, schmutzigen Gebäude waren plötzlich bunt und die Soundsysteme schossen wie Pilze aus dem Boden, in Hulme wie in den Clubs der Innenstadt.«[305]

5. Elektronensturm über England

Wieder machte in der post-industriellen Atmosphäre eine musikalische Erneuerung Sinn. Die nutzlosen Grundstücke in Manchester verwandelten sich in einen Schauplatz einzigartiger Veranstaltungen, bei denen eine exponentiell erfolgreiche elektronische Musik zu hören war. Im ganzen Land begeisterten sich immer mehr DJs für den Klang dieser Musik der Zukunft. Sie legten nicht mehr nur Schallplatten auf, sie waren nun eigenständige Künstler und ihre Auftritte waren für die Clubs äußerst lukrativ.

808 State

Gegründet wurde 808 State von Graham Massey, einem Mitglied der Band Biting Tongues, ungefähr im März 1988 zusammen mit den DJs Gerald Simpson und Martin Price. Letzterer war Mitinhaber des Plattenladens Eastern Bloc in der Oldham Street im Stadtzentrum – eine Institution, hier fand Dave Haslam seine Platten, insbesondere die Importe von amerikanischen Labels wie Sleeping Bag, Profile, DJ International und Trax.[306] Eastern Bloc hatte Vertriebskontakte, über die sie an Schallplatten aus den USA gelangten, die in England sonst kaum erhältlich waren.[307]

Vorläufer von 808 State war die Gruppe Hit Squad Manchester, in der Price, Simpson und Massey 1987 eine eher hiphop-artige Musik spielten. Als Hit Squad sich mit ihren Stücken dem Acid House annäherte, änderte sie ihren Namen in »808 State«, eine Referenz an den Roland TR-808 Drum-Computer, den Inbegriff des *acid sound*.[308] Graham Massey erinnert sich:

> »In den ersten Monaten des Jahres 1988 meinten wir noch, wir wären praktisch die einzigen, die dieses neue Ding machten. Gerald und ich fuhren mit dem National Express-Bus zu Auftritten im Aberdeen Art College oder anderswo, dort projizierten sie Pornofilme über dem *dance floor*. Das passte nicht, noch nicht. Dann spielten wir auch tagsüber auf Soul-Partys. Ständig standen wir neben Adamski und Guru Josh.«[309]

Der ›Boardwalk‹ kochte geradezu bei ihrem Auftritt am 13. August 1988;[310] im selben Monat erschien ihr Debütalbum, *Newbuild,* bei ihrem eigenen Label Creed.

A Guy Called Gerald

Gerald Simpson stammt aus Moss Side und wurde mit seinem Stück »Voodoo Ray« zu einem der populärsten Acid House-DJs in Großbritannien. Er berichtet:

> »Ich hatte mir einen Roland 808 und einen 303 gekauft und machte Elektro und Hiphop im Stil von ›Dog'n the Wax‹ von Ice T. Ich legte Hall auf die Snare und einen richtig dicken Bass auf die 303. Eines Tages hörte ich von ein paar Typen aus Chicago, die die gleichen Maschinen hatten, aber mit den Frequenzen spielten. Ich hab' dann das Gleiche durchgezogen und Stu Allan ein Stück vorgespielt, der sagte: ›Verdammt! Wie kriegt einer aus unserer Ecke sowas hin?!‹«[311]

Sehr bald eilte ihm sein Ruf voraus, wie der DJ Jon DaSilva berichtet:

> »*Voodoo Ray* war 1988 in Manchester der Sommerhit des Jahres. Einer der anderen DJs, Dean Johnson, hatte mir von der Musik eines Typen namens Gerald erzählt. Ich streifte sogar durch Moss Side auf der Suche nach seinem Studio, ich wollte ihn hören. Und dann, eines Abends im Hot, tauchte er [bei mir] hinterm DJ-Tisch mit seiner Maxi von *Voodoo Ray* auf. Ich legte sie auf, keine Fragen, was man normalerweise nie macht – es war einfach unglaublich.«[312]

DaSilva ergänzt noch:

> »Als Gerald damals am DJ-Tisch im Hot vorbeikam und mir die erste White Label von *Voodoo Ray* in die Hand drückte, hatte er noch nichts veröffentlicht, aber ich wusste bereits, der Junge ist interessant! Also spielte ich die Platte direkt, nach Gefühl, ohne dass sie jemand gehört oder empfohlen hätte. Und der Club explodierte direkt. Das ist House: ein Ökosystem von Punks und Ganoven, die niemandem Rechenschaft ablegen. So hielt übrigens auch das Ecstasy Einzug, […] ein Parallelbusiness zur Unterhaltungsindustrie.«[313]

Stu Allen spielte »Voodoo Ray« auf Radio Piccadilly und stellte den Autor in seiner Sendung als »einen Typen namens Gerald« vor, wodurch das Liverpooler Label Rham! auf ihn aufmerksam wurde und ihn später unter ebendiesem Namen veröffentlichte: A Guy Called Gerald.[314] »Voodoo Ray« wurde in der britischen Acid House-Szene ein Riesenhit und machte Gerald Simpson zum Star-DJ des neuen Stils in Manchester. Das Album erreichte Platz 12 der Charts und zählte 1989 zu den 20 meistverkauften Titeln in Großbritannien.[315] Gerald Simpson verließ 808 State und widmete sich seiner vielversprechenden Solokarriere; an seine Stelle traten die ›Spinmasters‹ Darren Partington und Andy Barker, die

5. Elektronensturm über England

> im Juli 1989 auf dem zweiten Album der DJ-Gruppe zu hören waren: *Quadrastate* (dem letzten Album bei Creed, bevor sie bei ZTT unterschrieben).

Bereits Anfang 1988 stand der Schwulenclub ›Stuffed Olives‹ hinter der musikalischen Avantgarde, der sich sonntags von 22 bis 4 Uhr in eine Partymeile mit viel Ecstasy verwandelte. Diese »Gaff X«-Abende, sehr exklusiv und nur Eingeweihten bekannt, empfingen maximal 150 Gäste.[316] Dennoch sollte das ›Haçienda‹ zum Leitclub für Acid House in Manchester werden; Peter Hook erinnert sich:

> »Die Nude Nights waren ausverkauft, ebenso wie der Temperance Club und Wide. Dann fing es mit den Hot Nights an. A Guy Called Gerald und Graham Massey von 808 State klopften an die Tür der DJ-Kabine, die Hände voller frisch aufgenommener Kassetten, voller Acid-Tracks, die wir in voller Länge spielten.«[317]

Im Juni war Graeme Park zu Pickering und den *Nude Nights* gestoßen. Derweil traten die *Hot Nights* an die Stelle der *Zumbars* – wo Laurent Garnier als ›DJ Pedro‹ gemeinsam mit Jon DaSilva aufgelegt hatte, bevor er zum Wehrdienst eingezogen wurde[318] –, nun hallte Acid House in Manchester wider wie ein Donnerschlag. Bei den samstäglichen *Wide*-Abenden war Jon DaSilva auf Dean Johnson gefolgt, welcher weiterhin Soul spielte und nicht auf den Acid-Zug aufsprang;[319] nunmehr orchestrierten DaSilva und Dave Haslam die Samstage. Der *Hot*-Premiere fand am Mittwoch, den 13. Juli 1988 statt, geleitet von den DJs Jon DaSilva und Mike Pickering.[320] Bei den ersten Partys dieser Art gab es Palmen im ›Haçienda‹, einen kleinen Pool neben der Tanzfläche und Eis am Stiel für die Gäste.[321] Jon DaSilva erinnert sich:

> »Die ersten beiden Wochen sorgte der Club noch für Späße, sie stellten einen Swimmingpool im Innenbereich auf, aber bald lief es aus dem Ruder: Das Ecstasy killte den Club von früher.«[322]

Das alles geschah Ende 1988,[323] dennoch wurde das ›Haçienda‹ dadurch zum Acid House-Mekka für ganz Europa. Der Club war an drei Abenden in der Woche ausverkauft und die Gäste tanzten sogar in der Warteschlange,[324] wo die Dealer schon Ecstasy anboten. Peter Hook berichtet:

> »Die Hot Nights machten ihrem Namen alle Ehre, die Partys waren intensivst, ihre Reputation verbreitete sich wie ein Lauffeuer und wirkte sich sogar auf andere Veranstal-

tungen wie Nude und Temperance Club aus. Dank der Hots war der ganze Club so populär wie noch nie. Die Warteschlange ging einmal um das ganze Gebäude in der Whitworth Street. Man verteilte sogar ein kostenloses Fanzine, um den Clubbern die Wartezeit zu verkürzen.«[325]

Damals erschienen verschiedene Fanzines, die sich auf die neue Szene konzentrierten. Ein Beispiel dafür ist Nick Speakmans *Freaky Dancing*,[326] dessen jugendliche Comicfiguren ähnliche Sorgen und Bedürfnisse hatten wie die britische Jugend Ende der 80er: Musik hören, feiern, high-werden und tanzen. Die Hefte sorgten für Kurzweil unter den Nachtschwärmern vor dem Club. *Freaky Dancing* bot auch Informationen über lokale Formationen und ihre Auftritte in Manchester und Umgebung. Das Fanzine *Bop City* widmete sich ebenfalls der Rave- und Ecstasy-Kultur. Es enthielt Interviews mit angesagten Gruppen wie The Stone Roses, 808 State oder Inspiral Carpets. Diese Fanzines dienten der Jugend als Informationsquelle, sie prägten aber auch Begriffe wie »Scallydelic« – ein Kofferwort aus *scally*, einer Bezeichnung für Trainingsanzugträger aus dem Norden, und dem Etikett *psychedelic* – und beschrieben damit die Musik der Madchester-Szene. Das Fanzine war in Plattenläden für 2 £ erhältlich oder konnte direkt bei *Bop City* – 23 New Mount Street M4 4DE – bestellt werden. Der *Melody Maker* machte in seiner Ausgabe vom 6. Januar 1990 sogar darauf aufmerksam.[327]

Die Hot Nights im ›Haçienda‹ hatten die Atmosphäre in der Stadt völlig verändert. Peter Hook meint: »Acid House war die nahezu perfekte Fortsetzung einer musikalischen Tradition, die praktisch mit dem Club geboren wurde.«[328] Das ›Haçienda‹ zahlte seinen DJs je nach Abend 1.000 £ oder mehr,[329] so dass die Künstler von ihren Auftritten gut leben konnten. Der *New Musical Express* brachte die Bewegung in seiner Ausgabe vom 19. November 1988 sogar aufs Titelblatt: »Acid-Ansturm: Panik in London?«[330]

Doch dank Acid House – das bei der BBC, die seit 1987 vom Pressereferenten der Regierung Thatcher Bernard Ingham unter Druck gesetzt wurde, tabu war[331] – schoss nicht nur das Ecstasy ins Kraut. Auch die Clubs und Abendveranstaltungen in der Stadt wurden immer zahlreicher. Im ›Legends‹ fanden die Spectrum-Partys statt.[332] Im November 1989 eröffnete der ›Konspiracy‹ im früheren ›Pips‹ in der Fennel Street, unweit der Victoria Station.[333] Geleitet wurde der Club von Marino Morgan und dem DJ Chris Nelson; mit sechs Bars und fünf *dance floors* wurde er zur Hochburg der Salforder Gangs, die hier das Monopol im Drogenhandel behaupteten – die obere Etage des Clubs hieß

5. Elektronensturm über England

denn auch »Salford's Room«.[334] Die *resident DJs* Chris und Tomlin, auch bekannt als The Jam MCs, legten nach Ladenschluss oft noch in der Untergrundkneipe ›Kitchen‹ auf, was den Ruf des besetzten Hauses als alternative Feierlokalität mit guter Musik noch verstärkte.[335] In Manchester gab es in der Oldham Road einen weiteren großen Club, den ›Thunderdome‹, hier wurde hauptsächlich *hard techno* gespielt.[336] Der Journalist und Autor Peter Walsh beschreibt den Stadtteil Miles Platting, in dem sich der ›Thunderdome‹ befand, als den wohl trostlosesten der Stadt: ein Ödland aus Schutt und Ruinen, überragt nur von hohen, respekteinflößenden Türmen.[337]

Der Sommer 1988, der erste im Zeichen von Acid House, ist in Anlehnung an den *Summer of Love* von 1967 in San Francisco als »zweiter Summer of Love« bekannt,[338] denn die hedonistischen Werte ähnelten einander.[339] John Robb bringt diese neuerliche Kulturrevolution, vergleichbar mit dem Umbruch in den späten 60ern, mit der Verbreitung von Ecstasy in Verbindung:

> »Abermals zeigt sich, dass alle großen Veränderungen in der Popkultur mit dem Auftauchen einer neuen Droge einhergehen: Ecstasy bedeutete eine neue Mode, einen neuen Musikgeschmack, neue Frisuren, neue Sprache und sogar eine neue Art des Gehens.«[340]

Der Sommer 1988 beendete die gedrückte Stimmung in Manchester. Die Musikszene erfand ihre kulturelle Identität einmal mehr neu, wobei viele Faktoren an dieser Erneuerung mitwirkten: Nörgelei und Niedergeschlagenheit wichen einer Farbexplosion im Takt der elektronischen Musik, der Lokomotive einer Revitalisierung der Stadt. Acid House vereinte eine ganze Generation im leidenschaftlichen Feiern und Tanzen. Bill Brewster und Frank Broughton erläutern:

> »Auf der Tanzfläche war Acid House für den Durchschnittsbriten das, was *underground disco* zwanzig Jahre zuvor für den schwulen Afroamerikaner gewesen war: Die Musik ermöglichte ihnen eine ekstatische Erfahrung und die Freude, in einem Raum zu tanzen, in dem alle auf einer Wellenlänge sind und dasselbe spüren. Diese besondere Gemeinschaft war zumindest anfangs der wahre Grund, warum Acid House eine solche transformatorische Kraft besaß.«[341]

Eigentlich für seine Popgruppen und deren typisch britisches Image bekannt, stampfte England nun mit den Füßen und erlebte eine Acid-Revolution. Doch die subversive Bewegung war nicht jedermanns Sache. Seit November 1988 bezeichneten Medien und Behörden die *acid house ravers* als Teil einer deliquenten Jugend.[342] Den Einfluss dieser Musik auf die Popkultur beschreiben Brewster und Broughton wie folgt:

> »Acid House war für die britische Popkultur, die in den letzten Jahren stete Leistungsbereitschaft und hohen Anspruch befürwortet hatte, eine Stunde Null. Nun ermöglichte Acid House, sich wie ein Kind aufzuführen und Tanz wie Musik zum Mittelpunkt des Lebens zu erklären; alle anderen Sorgen verflüchtigten sich.«[343]

Diese tiefgreifenden Veränderungen im Sound beeinflussten eine neue Generation von Indie-Bands, die sich vom Electro inspirieren ließen und den Sound der späten 80er formen sollten. In Manchester entstand unter dem Einfluss des zügellosen Nachtlebens ein hybrider Musikstil.

Verlassene Orte eröffnen neue Freiräume

In den 1980er-Jahren hatte die Metropolregion Manchester nur einen kleinen Teil der Bauprojekte aus der Nachkriegszeit angepackt, um auch Menschen aus prekären Verhältnissen in Wohnungen mit modernem Komfort unterzubringen; auch die immensen Brachflächen infolge der Deindustrialisierung der 70er-Jahre stellten eine Herausforderung dar, erklärt der Autor und Journalist Simon Reynolds:

> »Wie in anderen Städten Großbritanniens zerstörten Stadtplaner die alten viktorianischen Reihenhäuser. Alteingesessene Arbeitergemeinden wurden aufgelöst und die ›Slum‹-Bewohner gezwungen, in Siedlungen umzuziehen, die sich schon bald als Nährboden sozialer Atomisierung entpuppten: Hochhausblocks und sozialer Wohnungsbau.«[344]

Der ersatzlose Abriss hinterließ eine Landschaft zahlreicher riesiger Brachflächen, so wie die Deindustrialisierung viele leerstehende Fabrikgebäude. 1983 schätzte man die brachliegende Produktionsfläche auf etwa 1,86 Millionen Quadratmeter.[345]

Hulme, ein Stadtviertel im Süden von Manchester, war von großen Wohnblöcken gekennzeichnet, die den Bewohnern bald unerträglich eng wurden. John Robb beschreibt diese trostlose Ecke während der Thatcher-Jahre:

> »Mitte der 80er-Jahre wurde Hulme ein unwirtlicher Ort, als das Viertel der gigantischen Zwangsräumungs- und Abrisskampagne zum Opfer fiel, die in den späten 60er-Jahren begonnen hatte. Die meisten Familien waren weggezogen und hatten Platz ge-

macht für Studenten, Hausbesetzer, Junkies und Freaks. Das Leben im Stadtteil – das größte Hausbesetzergebiet Europas – veränderte sich radikal.«[346]

Seit 1972 wurden in weniger als acht Jahren rund 5.000 Wohnungen neu gebaut. Laut einer Umfrage von 1975 wollten 96,3 % der Einwohner ihr Viertel verlassen und das *Architect's Journal* kürte das Crescents-Projekt in Hulme zum »schlimmsten Wohnungsbestand in Europa«[347]. Harry Stafford, Gitarrist und Sänger der Band Inca Babies, erinnert sich:

> »Wenn man Anfang der 80er-Jahre in Hulme lebte, war man entweder Student, Künstler, arbeitslos, drogenabhängig oder alles zusammen.«[348]

Das Viertel lag nur wenige Gehminuten vom ›Haçienda‹ entfernt und wurde hauptsächlich von Studierenden und Jugendlichen bewohnt, die sich eine Wohnung im Stadtzentrum nicht leisten konnten. Zahlreiche Wohnungen in den Betonblöcken waren besetzt, wie sich der Journalist Jean-Daniel Beauvallet im Vorwort zur französischen Übersetzung von Robbs Buch erinnert:

> »Ich hatte keine Ahnung, aber ich zog in das größte besetzte Haus in ganz Europa: eine gigantische, eine bedrohliche, fensterlose, graue Siedlung, ein Gewirr von Gängen, Übergängen, Balkonen und Treppenhäusern voller Graffiti und Erbrochenem. In den ersten Wochen zahlte ich meine Miete lammfromm an einen verdutzten Beamten, bevor mir Freunde erklärten, in keiner der tausenden gottverlassenen Wohnungen erfülle jemand derartige Zahlungsverpflichtungen: Man unterzeichnet, richtet sich ein, wechselt das Schloss und wartet auf die Räumung. Die Ältesten in Hulme erzählten, die Wartezeit betrage mehr als 20 Jahre, bevor ein Gerichtsvollzieher sich zeige.«[349]

Diese Geisterorte boten Nachtschwärmern, Musikern und DJs die Gelegenheit, alle Grenzen auszureizen und ungenehmigte Partys in ungenutzten Räumen zu veranstalten. Hier bildeten sich 1985 die ersten Anzeichen und Anfänge der britischen *rave culture*. Ian Brown, Sänger der Stone Roses, erinnerte sich:

> »Steve organisierte die drei Lagerhauskonzerte. [...] Er hatte eine Halle der British Rail gemietet. Es war ein tolles Konzert [am 20. Juli 1985] und so wurden wir in Manchester bekannt. [...] Diese Partys waren quasi *underground*, die ersten ihrer Art in Manchester. Als Dekoration hängten wir Autoreifen an die Decke, und die Bullen hielten sich raus – wir hatten ihnen ein Fass Bier spendiert, damit sie nett zu uns sind.«[350]

Die britische Jugend provozierte den Staat, sie nahm verwahrloste Orte mit gigantischen Partys in Beschlag und hisste die Fahne der grenzenlosen Freiheit: egal ob Lautstärke, Anzahl der Teilnehmer, Dauer des Events oder individuelle Art und Weise des Feierns, die Grenzen wurden eingerissen.

Bereits in ihrer ersten Amtszeit verfügte die Thatcher-Regierung für Pubs und Clubs eine Sperrstunde um 2 Uhr. In Manchester boten Untergrundkneipen wie die ›Kitchen‹ im Charles-Berry-Crescent – die 1972 in Hulme erbauten Crescents waren nach bedeutenden britischen Architekten benannt, etwa William Kent, Charles Berry, Robert Adam und John Nash – all jenen eine Zuflucht, die um diese Zeit noch nicht ins Bett wollten.[351] Der Sänger der Happy Mondays, Shaun Ryder, erinnert sich:

> »Um diese Zeit konnte man wirklich nur noch in die *shebeens* in Moss Side und auch in Hulme. Diese informellen Kneipen gab es schon seit Jahren, meistens wurden sie von Jamaikanern betrieben, wobei auch viele einheimische Kriminelle dort verkehrten.«[352]

Auch Größen der örtlichen Musikszene wie New Order und Happy Mondays traf man öfter in dem Squat, der von einem gewissen Jamie geleitet wurde und aus zwei Nachbarwohnungen bestand, in denen ein kleines Tonstudio und ein Soundsystem eingerichtet waren.[353] Die ›Kitchen‹, in der sich auch die Gangster aus Moss Side regelmäßig trafen,[354] verdankte ihren Namen dem Umstand, dass die DJs hier in der Küche auflegten.

Neben den besetzen Räumen und informellen Kneipen, in denen das Partyvolk abseits behördlicher Aufsicht bis tief in die Nacht Alkohol trinken und tanzen konnte, etablierten sich in der zweiten Hälfte der 80er-Jahre in verlassenen Orten im ganzen Land, vor allem in postindustriell geprägten Gegenden, die *raves*. Die Sängerin Baby D. erinnert sich, wie man von einem Rave erfuhr:

> »Bei den Raves war alles geheimnisvoll. Man fuhr ein paar Meilen und irgendwo stand jemand, der dir den Weg zeigte oder dir eine Richtung zuflüsterte. Das war sehr bizarr. Man landete in riesigen verlassenen Lagerhäusern mit Hunderten von Leuten. Es war immer voll und alle hatten eine richtig gute Zeit.«[355]

Sie war zwar nicht legal, dennoch nahm die Praxis der Aneignung solcher Orte stetig zu. Sie hatte einen eigenen Organisations- und Verbreitungskodex: Informiert wurde darüber per Mundpropaganda oder über verschlüsselte Nachrichten in den Piratenradios, so dass die Veranstaltung unter dem Radar der Ordnungskräfte blieb;[356] gefeiert wurde dann in verlassenen Gebäuden wie Lagerhallen, leerstehenden Fabriken oder dünn besiedelten ländlichen Gebieten. Ulf Poschardt erläutert den Ursprung des Begriffs *Rave-Partys:*

> »Der Begriff ›Rave‹ taucht im Dancefloor-Kontext zuerst in Jamaika auf, wo Dancehall-Abende ›Ravings‹ genannt wurden. In England wurde der Ausdruck ›Raver‹ für vorwiegend schwarze Clubgänger verwendet, die Soul, Rap und House-Musik hörten und vor allem Underground-Jams und Warehouse-Partys besuchten.«[357]

Das Konzept der *rave party* schreibt die Soundsystem-Kultur fort und zielt darauf ab, die Musik möglichst vielen Menschen zugänglich zu machen, mithin also Feierlichkeiten mit beeindruckenden Soundsystemen in Räumen zu beschallen, die ursprünglich nicht für solche Veranstaltungen vorgesehen, aufgrund ihrer Größe aber perfekt geeignet waren.

Es gab immer mehr Raves in Manchester. Hinter Piccadilly Station, in der Store Street veranstalteten Chris und Anthony Donnelly – deren Familie mit der Quality Street Gang verbunden war – am 8. Oktober 1988 unter dem Titel » Sweat it Out« einen der ersten großen Acid House-Raves in Manchester, bei dem Mike Pickering und Jon DaSilva für rund 1.500 Leute auflegten.[358] Der Esctasy-Konsum hatte den Rausch neu definiert: Auf der illegalen Party gab es keinen Ausschank, lediglich Softdrinks und etwas Champagner für VIP-Gäste wie Tony Wilson. Anthony Donnelly erzählt, während des Polizeieinsatzes am folgenden Morgen habe er die Lage deeskalieren können, als er den Beamten klarmachen konnte, dass die Anwesenden keinen Alkohol getrunken hatten.[359] Im Nordwesten Englands war Blackburn, eine Stadt im Nordwesten der Metropolregion, der größte Magnet für Events an vergessenen Orten.[360] Der Süden des Landes konnte aber durchaus mithalten, so fanden in den Lagerhallen von West London zwischen Februar und Mai 1988 die kostenlosen »Hedonism«-Events statt.[361]

Als sich diese Veranstaltungen häuften, wurden sie von den Behörden und der Thatcher-Regierung scharf sanktioniert. Dave Haslam erklärt:

> »Es gab nahezu Panik wegen der Raver in den Lagerhäusern. Die Regierung hat bei den Parties hart durchgegriffen, Leute verhaftet und mitgenommen. Sie versuchte, der Sache ein Ende zu setzen.«[362]

Der Staat wollte das Phänomen in ganz Großbritannien unbedingt eindämmen, die Polizei stand unter Druck; Bill Brewster und Frank Broughton berichten:

> »1990 kesselte die Polizei unter Gewaltanwendung 836 Clubber ein, die in einem Lagerhaus bei Leeds getanzt hatten, und verfrachtete sie in eine eigens gemietete Busflotte. Es gab viele Verletzte, letztlich aber nur 17 Verfahren. Weil er das Publikum aufgefordert hatte, die Türen zu verbarrikadieren und weiterzufeiern, wurde DJ Rob Tissera zu drei Monaten Gefängnis ohne Bewährung verurteilt.«[363]

Über Manchester berichtet Peter Hook:

> »Der Kommunalabgeordnete Graham Stringer setzte sich für ein gesetzliches Verbot der *rave parties* ein. In Manchester ging es heiß her, die Stadtpolizei unterstand der Leitung von James Anderton, den man wegen seiner Unnachgiebigkeit ›Der Bulle Gottes‹ nannte.«[364]

Als Polizeichef von Manchester erklärte James Anderton am 18. Januar 1987 auf *BBC Radio 4*, er sei »ein von Gott gesandter Prophet«, »der Herr ist mein getreuer Hirte«.[365] Diese biblische anmutenden Äußerungen lösten eine heftige Kontroverse aus, auch Rücktrittsforderungen wurden laut,[366] blieben allerdings folgenlos. Sein Ruf nahm Schaden als Manchester zur Partyhauptstadt aufstieg, während er strengstens gegen alle Drogendealer und -konsumenten anging.[367] 1990 wurde Anderton zum Ritter geschlagen und trat im Jahr darauf in den Ruhestand, ist aber als Symbol für die Repression gegen die örtliche Clubkultur in Erinnerung geblieben.[368] Die offene Ablehnung unterband das Phänomen nicht, ja die Presse trug sogar zu dessen Ausbreitung bei, wie Brewster und Broughton erklären:

> »Die Raves wären ein *underground*-Phänomen geblieben, hätte die Boulevardpresse nicht alles, und zwar vollends, übertrieben. Einerseits verkaufte sie ihre eigenen Smiley-T-Shirts, andererseits sprach sie ein feuriges moralisches Urteil, und irgendwo dazwischen teilte die *Sun* der Nation mit, dass tausende Jugendliche unter Drogeneinfluss die ganze Nacht tanzten und miteinander schliefen. [...] Nach einer derart effektiven Gratiswerbung war das Phänomen Rave 1989 plötzlich von nationaler Bedeutung.«[369]

Mit dem neuen Jahrzehnt war das Phänomen Rave dank der Boulevard-Schlagzeilen zur Leitkultur der jüngeren Generation geworden, die Margaret Thatcher am liebsten nach Hause – die kriminellen Jugendlichen natürlich ins Gefängnis – schicken wollte. Die Regierung lehnte eine Zahlung von Wohngeld an Bürger unter 25 Jahren ab. Darüber hinaus erlaubte es der *Ridley Housin Act* seit 1989 Vermietern unter anderem, ihre Mieter innerhalb von drei Monaten auf die Straße zu setzen. Laut Gesetz konnten sie ihr Eigentum

5. Elektronensturm über England

nach einer dreimonatigen Kündigungsfrist wieder in Besitz nehmen, wenn sie den Verdacht hegten, es werde unrechtmäßig genutzt.[370]

Nachdem der Abgeordnete Graham Bright 1990 mit seinem *Entertainment (Increased Penalties) Act* ans Ziel gelangt war und Abendveranstaltungen ohne amtliche Lizenz mit einer Geldstrafe von 20.000 £ und sechs Monaten Gefängnis sanktioniert werden konnten,[371] fanden die Organisatoren ein Schlupfloch: Früher hatten sie sich teils deswegen ins Unrecht gesetzt, weil sie Eintrittsgelder zu einer Örtlichkeit verlangten, die ihnen nicht gehörte; nun organisierten sie *free parties*, bei denen das Publikum selbst bestimmte, welche Summe sie dem Organisationsteam spenden wollte.[372] In London kam es zu massiven Protesten gegen die Restriktionen, bei denen 20.000 Menschen der Generation Rave Gehör verschaffen wollten. Die *Free-Party*-Bewegung begann im Oktober 1990 parallel zu Gründung des Kollektivs Spiral Tribe, das in England bis Sommer 1992 aktiv war. Das Kollektiv galt als Initiator des aufsehenerregenden Castlemorton Common Festivals, das im Mai 1992 eine Woche lang in den mittelenglischen Malvern Hills für Furore sorgte.[373] Von den Behörden bedrängt, setzten *Free-Party*-Kollektive wie Spiral Tribe schließlich über den Ärmelkanal und etablierten ihr Konzept in ganz Europa.[374] So wurden die alternativen Raves zum Freiheitssymbol der europäischen Jugendkulturen in den 90ern.[375] Der Journalist Nicolas Dambre postuliert:

> »Das Phänomen der *Raves*, das mit der House-Musik entstanden und eng mit Ecstasy-Konsum verbunden war, stellt für die britische Jugend die wichtigste kulturelle Bewegung seit der damals zehn Jahre alten Punk-Bewegung dar.«[376]

In Manchester und anderen Großstädten, in denen es alte Fabriken und verlassene Gebäude gab, eignete sich die Jugend – Großbritannien steckte immer noch in der Krise – den städtischen Raum aktiv an. Die Rave-Feste schufen »temporäre autonome Zonen« an verlassenen Orten.

6. Madchester als kulturelle Expansionsbewegung

... And on the sixth day God created MANchester

Die elektronische Musik hatte den Sound der Stadt radikal verändert. Manchester war nicht mehr bloß eine Hochburg des Punk im Nordwesten Englands, oder des New Pop, sondern entwickelte sich zu einer echten Metropole der europäischen *club culture*. Aus dem Zusammenspiel der neuen Musikansätze und dem Streben der Bands aus Manchester, einen eigenen typischen Sound zu kreieren, entstand eine ganz neue, endemische kulturelle Bewegung: *Madchester*. Das Kofferwort besteht aus *mad* (verrückt) und *Manchester* und lässt sich als »irres Manchester« übersetzen. Als Kulturbewegung und Symbol einer ganzen Generation umfasste sie Musik und Mode ebenso wie die Wahrnehmung der Stadt und der Gesamtgesellschaft. Aus dieser postindustriellen Stadt zu stammen, schien in dem streng in soziale Klassen geteilten Land nun die coolste Sache überhaupt zu sein. Seit 1988, dem Debüt von Acid House und Ecstasy, stand Madchester für eine neue kulturelle Revolution. Werfen wir noch einen Blick auf die Jahre 1986 und 1987, unmittelbar vor der Entwicklung des britischen Acid House, um den Werdegang der Newcomer zu erhellen und zu verstehen, wie Madchester während des Aufstiegs der elektronischen Musik in England entstanden ist: Zehn Jahre nach der Punk-Explosion revolutionierte eine neue Musikergeneration erneut die kulturelle Dynamik Manchesters. Die Sound- und Klanglandschaft, die durch die britische Akkulturation des Electro geprägt war, beeinflusste die Newcomer in der Gestaltung einer hochaktuellen Musik zwischen atemberaubenden Träumen und ekstatischen Festen.

New Order war neben The Smiths die Band aus Manchester, deren internationale Popularität nach weltweiten Erfolgen völlig unstritten war. Ende September 1986 veröffentlichte New Order ihr viertes Studioalbum, *Brotherhood*, mit dem explosiven Eröffnungstitel »Paradise«. Ab Oktober hielt es sich fünf Wochen lang in den britischen Charts und erreichte dort den neunten Platz.[377] Nach einem Konzert im ›Haçienda‹ am 13. Oktober ging die Band vom 29. Oktober bis Mitte Dezember auf eine ausgedehnte Promotiontour in Nordamerika.[378] Im Sinne des Cashflows schlug Tony Wilson Rob Gretton vor, eine Compilation mit den Singles zu veröffentlichen, die nicht auf den New Order-Alben zu finden waren. Noch immer war das Label ganz von seiner Star-Band abhängig, wenn es nicht untergehen, sondern weiterhin kleine Bands produzieren wollte, so etwa Shark Vegas (Berlin/Manchester) oder Kalima (Manchester).[379]

The Smiths begannen trotz eines kometenhaften Aufstiegs zu schwächeln. Wegen der Drogenprobleme des Bassisten Andy Rourke entschloss sich die übrige Band 1986 dazu, ihn rauszuwerfen und durch Craig Gannon zu ersetzen (der zuvor Gitarrist bei Aztec Camera und kurzzeitig bei The Colourfield gewesen war, letztere eine 1984 vom ehemaligen Specials-Gründer Terry Hall initiierte Band). Bald revidierten sie ihre Entscheidung, holten Andy am Bass zurück und nahmen Craig als zweiten Gitarristen der Smiths auf. Ungeachtet dieser Verstärkung führte die hohe Arbeitsbelastung der Band zu internen Spannungen. Johnny Marr erinnert sich:

»Wir spielten weiterhin tolle Konzerte in Amerika, doch die Tour war immer schwerer auszuhalten. Man erwartete von uns, vor riesigen Menschenmengen zu spielen und uns dabei an einen hektischen Zeitplan zu halten, und das hinterließ dann eben Spuren. Die Trinkgelage und Partys nach den Konzerten waren wenig hilfreich, aber die Band stand immer pünktlich auf der Bühne und war stets äußerst professionell. [...] Andy wurde in Florida von einem Rochen gestochen und kam ins Krankenhaus, wir hörten aus eigenem Entschluss auf und sagten die letzten Konzerte ab. Zurück in England, ging es drei Wochen später schon wieder los mit einer Tournee durch das Vereinigte Königreich. [...] Ich hatte genug von den Konzerten und zwischen Craig und dem Rest der Band lief es nicht mehr gut. [...] Schließlich trennten wir uns von ihm und kehrten zur Ursprungsbesetzung zurück.«[380]

Der aufreibende Takt der Tourneen zerstörte die Beziehungen zwischen den Mitgliedern. Außerdem musste Johnny Marr die Band fast allein managen, er kümmerte sich um die Verträge und andere Verwaltungsangelegenheiten. Im Nachhinein sollte sich das Konzert am 12. Dezember 1986 im Londoner ›Brixton Academy‹ als das letzte der Smiths erweisen. Gerüchte, der Gitarrist und Mitbegründer wolle die Band für eine Zusammenarbeit mit den amerikanischen Talking Heads verlassen, verdichteten sich; er erzählt:

»Aus heiterem Himmel rief mich Pat Bellis an, die Pressesprecherin der Smiths. Sie sagte, die Medien hätten von einem Gerücht Wind bekommen, wonach ich die Band verlassen habe – sie wollte wissen, wie wir darauf reagieren sollten. Es passte mir gar nicht, dass man mich durch eine öffentliche Erklärung zu einer Festlegung gegenüber der Presse, der Band oder Bellis zwingen wollte. Zwei Tage später behauptete ein Artikel, ich werde die Smiths verlassen. [...] Da die Story aus dem Sack war, blieb mir keine Wahl und ich musste eine Erklärung abgeben. Von den anderen hatte ich immer noch nichts gehört und nach allem, was passiert war, ging mir nur ein Gedanke durch den Kopf: ›Ihr könnt mich alle.‹ Ich stellte mich dem Unausweichlichen und verkündete, die Smiths zu verlassen. Der Rest der Band gab noch am selben Tag ein Statement ab, sie würden mir nur das Beste wünschen, und weiter: ›andere Gitarristen stehen als Ersatz für [mich] schon auf dem Prüfstand‹. [...] Es schmerzte, gar so rasch ersetzt zu werden, binnen einer Woche nach Erscheinen des Artikels.«[381]

The Smiths lösten sich im August 1987 auf und Morrissey begann mit Unterstützung des Produzenten Stephen Street gleich eine Solokarriere. Johnny Marr hatte derweil mehrere Eisen im Feuer, eine musikalische Zusammenarbeit mit Bernard Sumner von New Order war bereits angedacht worden. Marr sah die Electro-Welle, die England erfasste, und wollte sich einem moderneren Projekt zuwenden. Die Musik, die er nun hörte, unterschied sich maximal von der Musik, die er mit The Smiths gespielt hatte.[382]

Ihr letztes Album, *Strangeways, Here We Come* (Rough Trade) erschien einen Monat nach ihrer Trennung Ende September 1987, Strangeways heißt das Gefängnis in Manchester. Morrissey hält dieses Album für das wichtigste der Gruppe,[383] es erreichte Platz 55 in den USA und Platz 2 in den britischen Charts.[384] Fünf Monate später erschien Morrisseys erste Single, *Suedehead*, bei einem Tochterunternehmen des Major-Labels EMI; sie verkaufte sich in der ersten Woche 75.000 Mal und erreichte damit Platz 5 in Großbritannien.[385] Ob mit oder ohne Marr, Morrissey war immer ein Hit. Sein Debütalbum *Viva Hate* kam einen Monat nach der Single in die Läden und erklomm gar Platz 1 der Charts, in den USA knackte es mit Platz 48 die 50er-Marke.

Happy Mondays

Die Band Happy Mondays formierte sich Anfang der 80er um die Brüder Shaun und Paul Ryder, die aus Salford, genauer aus Little Hulton stammten. Als 15-Jähriger verließ Shaun William George Ryder die Schule ohne Abschluss und hatte noch Probleme mit dem Alphabet.[386] Der Junge aus einer irisch-katholischen Arbeiterfamilie war stolz darauf, aus Salford und nicht aus Manchester zu kommen. Da er in einer kinderreichen Familie mit verschiedensten musikalischen Vorlieben aufwuchs, kannte

Shaun die ganze Bandbreite der Musik.[387] Als Teenager beging er mit Freunden kleinere Diebstähle, und so erwarb er seinen ersten Verstärker auch mit einem Diebstahl im ›Scan‹-Supermarkt der Vorstadt Walkden.[388] Der Jugendliche glaubte, er würde eher mit einem Überfall als durch Musik berühmt.[389] Als der Punk aufkam, war er noch zu jung und interessierte sich nicht wirklich für die Musikszene in Manchester, mit 16 Jahren aber besuchten er und seine Brüder ein Buzzcocks-Konzert im Belle-Vue-Stadion. Da sah er Tony Wilson, den er sonst nur aus dem Fernsehen kannte.[390] Vermittelt von seinem Vater fing er dann bei der Post an, arbeitete dort aber nicht lange; er soll nach der Beschwerde eines Kollegen entlassen worden sein, weil er im Dienst unter LSD-Einfluss einen Hund gebissen habe.

Die musikalische Vitalität in Manchester Ende der 70er-Jahre und sein Interesse für Künstler wie David Essex und Joy Division weckten in ihm den Wunsch nach einer eigenen Band.[391] Shaun versuchte sich als Sänger, begleitet von seinem Bruder Paul am Bass, Gary Whelan – den er im Alter von 18 Jahren über seine Freundin Denise Lomax kennengelernt hatte[392] – am Schlagzeug, Paul Davis am Keyboard und Mark Day an der Gitarre. Vater Derek ›Horseman‹ Ryder war als Roadie und Manager der jungen Band mit von der Partie, die bei ihrem Gitarristen Mark Day und später in der Turnhalle der Swintoner Grundschule probte.[393] Als begabter Reimeschreiber widmete sich der junge Perry-Boy Shaun Ryder dem Verfassen von Texten für ihre Stücke, die sie neben einigen Songs von Joy Division probten.[394] Da ihre Musik damals nicht für fremde Ohren bestimmt war, bezogen sich diese Texte auf Witze, die sie untereinander rissen.[395]

1983 gab Happy Mondays ihr erstes Konzert vor einem Publikum von etwa 25 Personen im Wardley Community Centre; und zwar ohne den Keyboarder Paul Davis, der musikalisch noch nicht reif für die Bühne war.[396] Nach einem Auftritt vor etwa 40 Zuschauern im ›Gallery‹ spielte die Band im ›Haçienda‹ beim Bandcontest »*Battle of the Bands*« und landete auf dem letzten Platz.[397] Shaun schraubte weiter an einem Stil zwischen Indierock und Funk, besuchte ab 1984 die Nude Nights im ›Haçienda‹, pries seine Band stets in den höchsten Tönen und steckte Phil Saxe, der einen Kleidungsstand im unterirdischen Markt der Arndale-

Gallery betrieb, eine Kassette zu. Phil, ehemals DJ im legendären ›Twisted Wheel‹, erzählte schließlich Mike Pickering von den Mondays, der die Band für einen »Hometown Gig« am Mittwochabend buchte. Pickering erinnert sich:

> »Im Haçienda sahen wir die Mondays seit 1985/86. Eines Tages erzählte mir Phil Saxe, [...] dass er eine Band mit guten Songs kenne. So traf ich Shaun, Paul Ryder, Gary Whelan und Paul Davis [...] Sie waren klasse. [...] Ich sagte ihm, ich könne bei Factory alles unterbringen, was ich wolle, und es wäre großartig, wenn sie unterzeichnen würden. Dann schlug ich ihnen vor, im Haçienda vorbeizukommen. Ich lud sie in den Club ein und sie waren bald eine seiner Säulen.«[398]

Nach Rücksprache mit Gretton nahm Pickering die Mondays bei Factory Records wegen ihres lokaltypischen »*scally-working class*«-Aspekts unter Vertrag und Phil Saxe wurde ihr Manager. Die Happy Mondays und insbesondere Shaun galten als Kleinkriminelle, die mit Drogen dealten. Seit die Band zu Factory gehörte, soll Tony Wilson stets deren Sänger angerufen haben, um an Kokain und Cannabis zu kommen.[399]

Im April 1985 durfte Happy Mondays als Vorband für New Order in Salford und Macclesfield auftreten, um sich in der Stadt einen Namen zu machen.[400] Ihre Debüt-EP *Forty Five* erschien im September 1985, produziert wurde sie von Mike Pickering und das Cover gestaltete die Central Station Design. Es war das erste, bei weitem aber nicht das letzte Factory-Cover aus dieser Agentur für grafische Gestaltung, deren Mitgründer Matt und Pat Carroll mit der Familie Ryder verwandt sind.[401] Happy Mondays, die nun wirklich eine untypische Band waren, übten fortan im ›Boardwalk‹, wo nebenan Jazz Detektors und James probten.[402] Am 3. Dezember 1985 trat die Gruppe erneut als Vorgruppe von New Order im ›Haçienda‹ auf;[403] hier holte Shaun seinen Freund Mark »Bez« Berry zum Tanzen auf die Bühne. Seither war Bez als Mondays-Tänzer mit seinen Rumba-Rasseln immer mit dabei, damit Shaun Ryder nicht allein im Fokus stehen musste.[404] Wie der ägyptische Gott Bes, vertrieb auch der *freaky dancer* Bez mit seinem teuflischen Tanz die bösen Geister.

Terry Hall, Frontmann der aus Coventry stammenden Ska-Band The Specials, lebte 1986 in Manchester und spielte in einem neuen Projekt namens The Colourfield. Für dessen UK- Clubtour im Februar fragte er Happy Mondays als Vorband an.[405]

Kurz nach ihrem Auftritt im ›Rafters‹ beim »Festival of the Tenth Summer« gaben sie an 26. Juli ihr erstes Konzert in London, genauer: in Stadtteil Hammersmith im ›Clarendon‹, als Vorgruppe von The Weather Prophets, The Servants und Pop Will Eat Itself; organisiert wurde der Auftritt von Jeff Barrett von Creation Records.[406] Im August erschien ihre zweite Single, *Freaky Dancin'*. Eigentlich hätte Vini Reilly von The Durutti Column sie produzieren sollen, doch die Mondays strapazierten seine Geduld so sehr, dass Reilly die Session nach zwei Stunden verließ; Bernard Sumner brachte die Produktion zu Ende.[407] Der Titelsong »Freaky Dancin'« handelt davon, wie sich der Blick in den Spiegel anfühlt – Shaun und Bez mussten es wissen –, wenn man auf LSD ist.[408] Diese zweite Single verschaffte der Band die Einladung zu einer Peel Session am 1. April.

Nach ihrer dritten Single »Tart Tart« vom März 1987 nahm die Band in den Londoner Fire House Studios zwei Wochen lang ihr Debütalbum *Squirrel and G-Man Twenty Four Hour Party People Plastic Face Carnt Smile (White Out)* auf.[409] Tony Wilson, der die Arbeit von John Cale an Patti Smiths *Horses* (1975) sehr geschätzt hatte, konnte diesen für die Produktion beider Platten, der dritten Single und des ersten Albums, gewinnen. Darüber hinaus hielt Wilson es für werbewirksam, wenn ein ehemaliges Mitglied des Velvet Underground die Happy Mondays produzierte.[410] Die Aufnahmesession gestaltete sich entgegen aller Erwartungen aber nicht als Rauschgiftorgie. Shaun berichtet, dass John Cale nicht nur clean war, sondern während der Aufnahmen ganz stoisch blieb und keinerlei emotionale Reaktion auf die Musik der Band erkennen ließ.[411] »Tart Tart« gelangte in den Indie-Charts über einen 13. Platz nicht hinaus, wurde in der Presse aber gut aufgenommen und erreichte den vierten Platz, indes ohne die gesetzten Verkaufszahlen zu erreichen.[412]

Das Lied »Tart Tart« veranschaulicht beispielhaft die Art von Texten, die Shaun Ryder schrieb: Sein Material waren Schnipsel von Geschichten und Ereignissen, deren Ohren- oder Augenzeuge er geworden war. Der Sänger gab dem klanglichen Zusammenspiel der Wörter und Phrasen stets dem Vorzug vor bedeutungsschwangeren Erzählungen.[413] Die Inspirationen waren vielgestaltig: »Tart Tart« schildert den Konflikt zwischen Hannett und Factory nach der Darstellung von Bernard Sumner; den Anstoß zu »Kuff Dam« (das Palindrom zu *mad fuck*) gab ein Pornofilm; »Russell« geht auf den Klappentext eines Buches des Astrologen Russell Grant zurück.[414] Der *Melody Maker*-Journalist Ian Gittins verglich diese Methode mit der von Mark E. Smiths The Fall.[415] Die verrückte und durchgeknallte Seite der Mondays begründete eine neue Ära in Manchesters Indie-Musik und stand im schroffen Gegensatz zur Melancholie und zum Elendsbild, das Joy Division oder The Smiths auf die Stadt projiziert hatten.

Nach Veröffentlichung des ersten Albums und einem Konzert am 28. Mai im ›Haçienda‹ beschlossen Tony Wilson und Phil Saxe, die Mondays im Juli mit nach New York zu nehmen: zum New Music Seminar. Leider herrschte in den USA eine wahre Crack-Seuche und die abenteuerlustigen Drogensüchtigen Shaun und Bez waren kaum in der Stadt angekommen, da hatten sie sich das Zeug schon besorgt. Tags darauf, am 15. Juli, sollte die Band ein Konzert im ›Limelight Club‹ geben – das einzige auf ihrer ganzen Reise. Doch in dem Club trafen Shaun und Bez auf eine Frau, die sie kurz vorher zu einem kleinen Ausflug einlud. Das Konzert war ein einziges Fiasko, weil die beiden ganz offensichtlich zugedröhnt waren.[416]

Zurück in Manchester probierten Shaun und Bez erstmals auch Ecstasy, die Pillen hatten sie aus Amsterdam mitgebracht. Sie versuchten sich auch als XTC-Dealer, doch für Ausbildung eines stabilen Kundenstamms war der Weiterverkaufspreis von 25 £ zu hoch. 1987 war der Ecstasy-Konsum in Großbritannien noch sehr begrenzt. Um wenigstens ein bisschen Geld in der Tasche zu haben, klaute Shaun Kassetten aus dem Factory-Büro in der Palatine Road und verkaufte sie in Second-Hand-Läden, denn die anfängliche Popularität der Band war noch nicht so groß, dass sie ihren Lebensunterhalt verdienen konnten.[417] Am 3. Oktober traten die Happy Mondays als Vorband von New Order im ›Winter Gardens‹ in Malvern auf.[418]

6. Madchester als kulturelle Expansionsbewegung

> ### *The Stone Roses*
>
> Die junge, von The Clash inspirierte Punkrock-Band, die sich 1979 ursprünglich The Patrol genannt hatte, bestand aus den Kommilitonen Ian Brown (Bass), John Squire (Gitarre), Andy Couzens (Gesang) und Si Wolztencroft (Schlagzeug). The Patrol spielte weniger als zehn Konzerte und löste sich Anfang 1982 auf; erst Mitte der 80er fanden die Musiker wieder zusammen, unter dem Namen The Stone Roses.[419]
>
> Anfang der 80er-Jahre begeisterte sich der junge Ian Brown für Soulmusik und Mopeds, ohne sich als Mod zu bezeichnen, obwohl ihm nichts dazu fehlte. John und Andy fanden sich von 1982 bis 1983 in einer gemeinsamen Formation wieder, The Waterfront,[420] an der auch Gary »Mani« Mounfield mitwirkte. Anfang 1984 formierte sich dann eine neue Band, in der Ian wieder auftauchte (diesmal am Mikro); John und Andy waren die Gitarristen, Bassist wurde ihr Kumpel Pete Garner (der mit Johnny Marr befreundet war und bereits The Patrol als Roadie geholfen hatte). Die Band nannte sich, eine Hommage an die Rolling Stones, The Stone Roses.
>
> Nachdem Alan »Reni« Wran durch einen Aushang auf die Band aufmerksam geworden war, die einen Schlagzeuger suchte, spielte er in den Decibel Studios vor und wurde aufgenommen. Andy Couzens erzählt:
>
>> »Unsere erste Session mit Reni hatten wir in den Decibel Studios. Wir hatten extra einen Termin dafür gebucht. [...] Er war total irre, er spielte wie Keith Moon. Es war einfach großartig. Er machte eine Menge unglaublicher Dinge, er baute quasi überall kleine Wirbel ein. Er konnte wirklich spielen und bohrte dabei noch in der Nase. Wir wollten ihn, das war klar, aber wir wussten nicht, ob er akzeptieren würde. Wir waren echt schlecht, wir hatten noch einiges vor uns. [...] Sein bester Kumpel, Simon Wright, spielte in einer Manchesteraner Rockband namens Tora Tora und heuerte dann bei AC/DC an. Hätte Reni abgelehnt, wäre er als Studiomusiker geendet. Es herrschte Totenstille, dann fragte jemand: ›Und, hast du Bock bei uns einzusteigen?‹ Noch am selben Tag war er Bandmitglied.«[421]
>
> Mit Reni – »ein außergewöhnlicher Schlagzeuger, neben Steve Morris der beste in Manchester«, so Peter Hook[422] – war die Band komplett. Dem Quartett gelang es, für ihr Debüt einen Auftritt beim Benefizkonzert gegen Heroinabhängigkeit am 23. Oktober 1984 im Londoner ›Moonlight Club‹ zu ergattern, bei dem Pete Townshend von The Who als Headliner

auftrat. Nach dem Konzert hatten sie ihr erstes Interview mit dem Magazin *Sounds*. Bald bot sich Howard Jones, ehemals Manager des ›Haçienda‹, der Band als Manager an, obwohl sie noch nie in Manchester gespielt hatten. Die jugendlichen Roses verspürten eine Abneigung gegen das ›Haçienda‹ und das »Monopol« von Factory über die regionalen Bands; doch sie nahmen Jones' Angebot an, um schnellstmöglich mit den Aufnahmen zu beginnen. Martin Hannett und Tim Chambers hatten im November gerade das Label Thin Line Records gegründet. Howard Jones stellte ihnen die Band vor, im Januar 1985 nahmen sie dann vier Titel auf.[423] Im März nahm Hannett in den Strawberry Studios zwei weitere Stücke der Stone Roses auf, um sie als Single auf seinem Label zu veröffentlichen. Das kleine Team, das die Roses betreute – darunter auch Lindsay Reade, Tony Wilsons erste Ehefrau – brachte in Erfahrung, dass die Factory-Ikone der Band tatsächlich nicht gewogen war.

Am 29. März gaben die Stone Roses in Preston ein Konzert im ›Clouds‹, das mit einer eigens aus Manchester angereisten Menge fast in Straßenschlachten mündete. Leider folgte darauf eine schlechte Besprechung der Band im *Melody Maker*.[424] Im April 1985 startete The Stone Roses zu einer Minitournee nach Schweden, die Ian Brown mit einem Bluff auf die Beine gestellt hatte, genauer: mit der Behauptung, seine Band sei »die tollste Band von Manchester«.[425] Diese erste Tournee sollte ihnen die Türen zur Manchester-Szene öffnen, wie Ian Brown erklärt:

> »Bei unseren ersten Auftritten sprang ich ins Publikum. Das war ganz spontan. 1988 hörte ich damit auf. In Schweden kam ich damit auf die Titelseite einer Lokalzeitung. Zugegebenermaßen, wir hatten allen erzählt, wir seien die tollste Band von Manchester. So ging es los. Die Leute in Manchester hörten dann, dass wir einen guten Lauf in Schweden haben, und Tony the Greek spielte die frisch aufgenommene Demoversion von ›Tragic Roundabout‹ in seiner Sonntagabendsendung im Radio. Viele Leute mochten das Lied und riefen an, um mehr über uns zu erfahren.«[426]

Zurück in Manchester traten die Stone Roses am 10. Mai im ›International 1‹ – unweit von Longsight in der Anson Road gelegen, hieß der Club früher ›Ocean's 11‹ und unter der Leitung von Gareth Evans wurde das Programm nun von keinem Geringeren als Roger Eagle aufgestellt – sowie am 24. Mai im ›Gallery‹ auf. Im ›International 1‹ wurde Evans auf die Band aufmerksam und bot ihr an, künftig auf der großen Bühne des Clubs zu proben – so könnten sie besser an ihrer Performance arbeiten als in einem Tonstudio.

Brown und seine Mitstreiter starteten im Sommer 1985 eine Werbekampagne in eigener Sache, sie hienterließen den Namen ihrer Band an Gebäuden in der ganzen Stadt.[427] Laut Shaun Ryder kannten die Einwohner Manchesters nun den Bandnamen, bevor sie überhaupt wussten, welche Musik Happy Mondays spielte.[428] Am 20. Juli gaben die Stone Roses ein Konzert in einem Lagerhaus hinter Piccadilly Station, damals wurden die alten Lagerhäuser in Manchester zunehmend als Veranstaltungsorte für Partys genutzt.[429] Gut einen Monat später, am 15. August spielten sie im ›Haçienda‹ als Vorband von The Playn Jayn,[430] hinterließen an diesem Donnerstag aber keinen großen Eindruck, allenfalls als Gothic-Band.[431] Im September erschien ihre erste Single, »So Young«, bei Thin Line Records, doch mit dem plärrenden Punk ihres Debüts konnten sie sich nicht fest etablieren.

Nach einigen Konzerten zwischen London und Manchester schlossen die Stone Roses engere Bekanntschaft mit Gareth Evans, der Anfang 1986 ihr Manager wurde. Evans erinnert sich:

> »Die Roses wollten mir ein Stück vorspielen, aber ich lehnte ab, ich wollte nichts hören. Mich interessierte nur, sie berühmt zu machen.«[432]

Gareth Evans war kein typischer Bandmanager. Anfang der 80er-Jahre hatte er in der Finanzbranche gearbeitet und mit Goldbarren gehandelt, bevor er eine Dessous-Marke gründete.[433] Der erste Auftritt, den Evans für die Stone Roses arrangierte, war in Dublin, am 31. Mai im ›McOnagles‹.[434] Evans berichtet:

> »Der Ort, den ich für sie in Dublin aufgetrieben hatte, wurde von Rockern frequentiert, das wusste ich. Ich wollte, dass sie in die Zeitung kommen, aber das Konzert lief schief. Andy Couzens hatte die Schnauze voll und stieg in ein Flugzeug! Der Rest kam mit dem Van zurück, ohne einen Pfennig. Meine Geduld mit Andy war am Ende und ich sagte ich, das sei seine letzte Aktion gewesen.«[435]

Nach diesem katastrophalen Debüt in der Zusammenarbeit mit Evans verließ Andy Couzens die Band, weil er sich von seinen Kollegen betrogen fühlte. Ian Brown erinnert sich:

> »Andy hätte sowieso gehen müssen. Soundtechnisch überdeckte er mit seinen Barrégriffen alles, während John immer melodischer wurde und atmosphärischere Sachen machte. Wir wussten, das ist der richtige Weg: mit dem Krach aufhören und sich auf schöne Melodien konzentrieren. Das war eindeutig subversiver. Wir wollten keinen Punk mehr spielen und unsere Botschaft in schöne Songs im Sixties-Stil verpacken. Und der Streit zwischen Gareth und Andy kam uns ganz gelegen.«[436]

Die nun kleinere Gruppe wollte weniger rohe, mehr schwebende Musik, und sich an den psychedelischen Pop der 60er-Jahre anlehnen. 1987 nahmen sie mit *Sally Cinnamon* ihre zweite Single auf, damit war ihre Neuausrichtung offiziell. Bassist Pete Garner fühlte sich jedoch nicht mehr aufgehoben und verließ die Gruppe; als dann Mani die Rolle von Pete Garner übernommen hatte, blieb die Formation so bestehen.

Inspiral Carpets

Die Band Inspiral Carpet wurde 1983 in dem Vorort Oldham, einige Kilometer nordöstlich von Manchester, auf Initiative des Gitarristen Graham Lambert (der hatte 1981 schon die Band Furs ins Leben gerufen)[437] und des Sängers Stephen Holt gegründet. Lambert berichtet:

> »Ich hing seit Kurzem mit Stephen Holt ab. Ich war mit ihm im Fußballverein Oldham Boys gewesen. Er hörte Indie-Musik, genau wie ich, mochte aber eher melodischere Bands wie June Brides, Mighty Lemon Drops und Shop Assistants. Da wir Kumpels waren und beide eine Leidenschaft für John Peel hatten, gründete ich 1983 noch eine Band. Ich konnte schon ganz gut Gitarre spielen – ich hatte das mit den Tabulaturen von Johnny Cash gelernt. Und ich konnte Songs mit vier Akkorden schreiben.«[438]

Anfangs spielte die Band, deren Besetzung bis 1987 regelmäßig wechselte, einen punk- und *garage rock*-inspirierten Stil. 1985 schlug Chris Goodwin, seinerzeit Bandmitglied, dem Keyboarder Clint Boon – der seit 1984 mit Mani in der experimentellen *Noise*-Band The Mill spielte[439] – vor, ein Demotape mit Inspiral Carpets aufzunehmen; Boon probte von da an mit. Das Besetzungskarussel drehte sich weiter, 1987 war Scott Carey ihr zehnter Bassist.[440] Graham Lambert erzählt:

> »Scott kam 1987 für Mark Hughes dazu. Wir waren auf der Flexidisc im *Debris*-Magazin und wir lernten Nathan McGough kennen, der die Bodines managte. Happy Mondays hatte gerade ihr erstes Album herausgebracht, es lief langsam gut für sie. Die Sachen änderten sich in Manchester.«[441]
>
> Am 31. Januar 1987 machten Dave Haslam und Nathan McGough Inspiral Carpets zur Vorgruppe für ein Happy Mondays-Konzert im ›Boardwalk‹.[442] Die Band war auf dem Weg zu einem eigenen Sound, der durch Clint Boons Spiel und Klang am Keyboard der italienischen Marke Farfisa geprägt war. Im selben Jahr vertrieben sie als Promo-Maßnahme ihre Aufnahmen auf Kassetten mit dem Titel »Cow« und im November spielten sie im ›International‹ als Vorband der Stone Roses. Gareth Evans, Manager der Roses und Betreiber des Clubs, stiftete rund 100 Freikarten, um die Besucherzahl und den Bekanntheitsgrad seiner Band zu steigern;[443] das erste Konzert der Stone Roses mit Mani, der Pete Garner gerade erst am Bass ersetzt hatte. Leider trennten sich Scott Carey und Inspiral Carpets wegen einer Meinungsverschiedenheit kurz nach dem Konzert, David Swift übernahm den Bass. Scott saß nicht lange auf der Ersatzbank, sondern gründete seine eigene Band Paris Angels.

Am 6. Juni 1987 veranstaltete Factory Records im Nordlondoner Finsbury Park ein Konzert unter einer Zeltkuppel. Die Veranstaltung umfasste die Bands New Order, A Certain Ratio und Railway Children – deren zweite Single »Brighter« sich seit Februar 12.000 Mal verkauft und Platz 3 der Indie-Charts erobert hatte,[444] bevor im Mai ihr Debütalbum *Reunion Wilderness* (FACT 185) erschien – sowie Happy Mondays, gefolgt von den DJs MP2 (Mike Pickering und Martin Prendergast). Dieses Mini-Festival fand ein Publikum von mehreren tausend Zuschauern und erwies sich im Nachhinein als eines der letzten gemeinsamen Konzerte der Urgesteine des Labels.[445] Der Journalist Jean-Daniel Beauvallet erinnert sich an den Auftritt der Mondays als »eines der Konzerte, die auf ein ganzes Leben ausstrahlen, es umwälzen und verändern«.[446]

Die Avantgarde-Bands des musikalischen Wiederaufstiegs von Manchester waren aus der Mode gekommen. Mitte der 80er hatten Pete Shelley und Raf Edmonds versucht, Howard Devoto aus seiner Lethargie zu befreien und ihm den ehemaligen Cure-Bassisten und Gitarristen Norman ›Noko‹ Fisher-

Jones vorgestellt. Ihrer Zusammenarbeit war aber kein Erfolg beschieden, obwohl sie bei Beggars Banquet unterkamen und Ende der 1980er zwei Alben veröffentlichten.[447] Auch der Factory-Stall musste ausmisten, um avantgardistischer Trendsetter zu bleiben. 1987 hatte A Certain Ratio nichts veröffentlicht und weniger als zwanzig Konzerte gespielt.[448] Außerdem machten sich innerhalb von New Order Spannungen bemerkbar; die Band hatte zwar weltweit Erfolg, war aber auch ständig auf Tour und die Musiker brauchten eine Atempause. Peter Hook erinnert sich:

> »1987 zahlte sich das ständige Touren von New Order endlich aus, unsere Popularität war beachtlich. Von Clubs und Theatersälen waren wir inzwischen in Stadien umgezogen und spielten vor einem größeren Publikum als später Oasis oder die Spice Girls.«[449]

Das rasante Tempo der Tourneen und Mega-Veranstaltungen schlauchte die Band. Hinzu kam der zunehmend elektronische Kompositionsstil, der Hooks Bass verdrängte und auf die Ersatzbank verbannte. Vom 13. August bis zum 19. September 1987 tourten New Order zusammen mit der Liverpooler Band Echo and the Bunny Men sowie den Zwillingsbrüdern der Londoner Band Gene Loves Jezebel durch die Vereinigten Staaten,[450] um die Titel ihres fünften Albums zu promoten, das am 17. August erschien. *Substance* (FACT 200), aufgenommen zwischen London und Manchester, erschien auf allen damaligen Trägermedien: Vinyl, Kassette und CD. Am 29. August kam es in die Charts, wo es siebenunddreißig Wochen verbleiben und den dritten Platz erreichen sollte.[451]

Um keine Langeweile aufkommen zu lassen, begann 1988 Peter Hooks neues Projekt namens Revenge – für den Namen entschied sich Peter, nachdem er im Fernsehen das Musikvideo zu »Faith« von George Michael gesehen hatte, in dem der Sänger eine Jacke mit dem Schriftzug »Revenge« trug,[452] und es war eine Reaktion auf Bernard Sumners und Johnny Marrs Electronic, das seinerseits nach einer Klimaanlage benannt war.[453] Über den musikalischen Horizont ihrer neuen Formation berichtet Marr:

> »Wir hatten nur eine Strategie: etwas Neues zu produzieren, was mir eine Welt der Möglichkeiten eröffnete. Ich sah die Zusammenarbeit mit Bernard als Gelegenheit, mit elektronischer Musik zu experimentieren und möglichst viel über den Einsatz von Maschinen zu lernen. Ich wollte Drumcomputer programmieren und die synthetischste Popmusik überhaupt schreiben, ohne mich darum zu kümmern, was andere womöglich davon halten.«[454]

Der ehemalige Gitarrist von The Smiths wollte in seiner Musik mit der Zeit gehen, anstatt bei Bekanntem zu verharren. Dem Projekt der beiden Musiker schlossen sich im März Neil Tennant und Chris Lowe der Londoner Band Pet Shop Boys an.[455]

Die neue Generation strebte, ebenso wie die vorherige, nach Erneuerung in Mode und Musik. Dies führte zu einer veränderten Soundlandschaft in Manchester, nicht nur mit der Ankunft elektronischer Musikstile aus Übersee, sondern auch durch das neue Ziel der Bands: einen eigenen Klang für ihre Stadt und ihre Zeit zu kreieren. Johnny Marr erinnert sich:

> »Eine Kulturrevolution stand vor der Tür, Revolution der Technik, Revolution der Musik, Revolution der Mode, Revolution der Drogen, ein brandneues nostalgiefreies Ding war das, und zwar direkt in meiner Heimatstadt.«[456]

Der Radiomoderator und Journalist Stuart Maconie definierte die Ursprünge der Madchester-Bewegung wie folgt:

> »Worin wurzelte Madchester? Teils in Chemie, teils in der Industrie und vor allem in der Geographie.«[457]

Madchester ist, schon allein dem Namen nach, eine typisch Manchesteraner Bewegung, eine Punk-geprägte, an ihre Zeit, das heißt an die Demokratisierung der elektronischen Musik in England angepasste Bewegung. Madchester ist das Vermächtnis der Punkkonzerte in einer Stadt, die stark von der Arbeitslosigkeit infolge konkreter Deindustrialisierung betroffen war – und dieser Ruhm rückte Manchester ins Zentrum der Indie-Musik der späten 80er-Jahre.

Neue Generation, neue Codes

In einer von Electro geprägten Landschaft fand sich eine neue Generation von *clubbers* und Partygängern zusammen. Nicht anders als ihre Vorgänger, suchten sie nach eigenen Codes, um sich von den vorherigen Generationen abzugrenzen und auf der Höhe der Zeit zu sein. Der Kleidungsstil der Jugendlichen in Manchester veränderte sich parallel zur Soundkulisse der Stadt. Peter Hook will bereits 1986 eine Veränderung im ›Haçienda‹ beobachtet haben:

> »Die typische Garderobe bestand aus Turnschuhen und T-Shirt, und bei den Nachtschwärmern sah man sogar wieder die ersten der bald omnipräsenten Schlaghosen. Im Rückblick waren es die *Nude Nights* [...], sie müssen als Auslöser für die Epoche der *Scallys* gelten – die ein Artikel im *ID-Magazin* zunächst als *Baldricks* bezeichnete.«[458]

Ebenso wie die frühen Punks versuchte die Jugend, sich neu zu erfinden, und zwar teils über die Kleidung; Dave Haslam erinnert sich:

> »Ende 1987 hatten die Leute den Depri- und Schwarzmantel-Trip satt. Schnee von gestern. Es gab natürlich immer noch zwei oder drei Unverbesserliche, die sich beim DJ beschwerten und düsterere, traurigere Sachen hören wollten. Wir hatten fröhliche Stücke im Angebot und das passte ihnen nicht. Ich weiß noch, einmal forderte einer, ich solle ›mit dieser Scheiß-Disco aufhören‹. Es war deutlich spürbar, dass etwas Neues in der Luft lag, eine neue Generation zusammenkam, die nichts mit diesen finsteren Typen und ihren langen Mänteln am Hut hatte.«[459]

Manchester öffnete sich jener kulturellen Erneuerung, die eine neue Generation von Partygängern angestoßen hatte. Der Begriff »Baldricks« geht auf den Namen des Dieners in der Fernsehserie *Blackadder* von Rowan Atkinson und Richard Curtis zurück, der durch seinen Topfschnitt charakterisiert wurde.[460] Diese Frisur war nach und nach zum beliebtesten Haarschnitt der Manchester *scallies* (der Begriff bezeichnet einen Rowdy aus dem Nordwesten) geworden und übertrug sich bald auf den Stil der proletarischen Jugendlichen in Manchester. Tim Burgess, Sänger von The Charlatans, erinnert sich:

> »Es gefiel mir, dass ich normale Klamotten trug, und dass es die Zeit der Perry Boys war. Die etwas älteren Jungs hatten eine Strähne und trugen Fila-Trainingsanzüge und Kickers. Wie alle Jungs in Altrincham eben! Ein Topfschnitt mit Strähne ist sehr pflegeleicht. Wenn dein Pony bis über die Stirn reicht, bleibt er immer an Ort und Stelle. Ich glaube, meine Frisur war damals legendär.«[461]

Der Kleidungsstil der Madchester-Generation – auch »Baggy« genannt, nach den Hosen, die von den Protagonisten der Bewegung getragen wurden – bediente sich beim Look der Perry Boys, sollte aber auch auf der Tanzfläche zweckmäßig sein. Der Ecstasy-Konsum und das Durchtanzen erforderten eine lockere Wohlfühlkleidung. Phil Saxe, Manager eines Bekleidungsgeschäfts und Manager der Happy Mondays, berichtet:

> »In unserem Laden verkauften mein Bruder und ich Kleidung an trendige *scallys*. Eines Tages kamen drei Mädchen zu uns. Sie waren auf der Suche nach Schlaghosen. [...] Noch am selben Abend holte ich welche aus einem Altkleiderlager und legte beim Preis noch

ein wenig drauf. Plötzlich kamen tausende Leute und kauften die. Wir waren die einzigen Anbieter in England. [...] Als erste trugen die Musiker welche, die, die Madchester erfunden haben.«[462]

Der neue Kleidungstrend stand bald für die neue Bewegung, die Mode einer ganzen Generation. Stuart Maconnie führt aus:

»In Manchester entstand eine echte, kraftvolle Gegenkultur mit ihren Werten, ihren Drogen, ihrer Sprache, Musik und Kleidung. Die Kleidung bestand aus Baggy Pants, [...] und langärmeligen T-Shirts der Marke Joe Bloggs von Shami Ahmed. Die Drogen, das waren im Großen und Ganzen XTC, Shit und Alk [...] Und die Sprüche waren einfach überheblich, ›Am sechsten Tag erschuf Gott Manchester‹, ›Verdammt cool‹.«[463]

Die Jugend wandte sich eigenen Textilsymbolen zu, dem Smiley-T-Shirt etwa oder dem Anglerhut (popularisiert von Reni, dem Schlagzeuger der Stone Roses); sie trugen Schlaghosen von Phil Saxe oder Baggyhosen von Shami Ahmed. Letzterer führte den Spitznamen »King of Madchester clothing« und schaffte es zum führenden Baggy-Designer. Sein Unternehmen erzielte Anfang der 90er-Jahre einen Umsatz von 45 Millionen £.[464] Er war jedoch nicht der Einzige, der diese revolutionäre Modewelle ritt. Die Acid House-Unternehmer Chris und Anthony Donnelly brachten 1988 die Marke Gio-Goi auf den Markt, mit einem Logo von Central Station Design. Die beiden Brüder gehörten angeblich zum kriminellen Milieu in Manchester und stiegen Anfang der 80er Jahre in den Einzelhandel ein – und zwar mit dem Verkauf gefälschter T-Shirts, bevor sie das Aufkommen von Acid House für die Gründung einer eigenen Marke nutzten, die einen Riesenerfolg hatte. Vivienne Westwood ernannte sie sogar zu »Botschaftern einer Generation«.[465]

Doch es waren vor allem die Stars der Madchester-Szene wie Happy Mondays, Stone Roses oder Inspiral Carpets, die den Kleidungsstil popularisierten – und damit den Designern dieser Generation beträchtliche Summen zufließen ließen.[466] War die Boutique »Sex« von Malcolm McLaren und Vivienne Westwood das einschlägige Geschäft für den Punk-Stil, wurde die Joe-Bloggs-Boutique von Shami Ahmed zur Bezugsquelle für den Madchester-Stil.[467]

Auch die Sprache dieser neuen Generation veränderte sich. Zeittypische Slogans und Ausdrücke entstanden, wie beispielsweise »*... And on the sixth Day God created MANchester*« oder der Ausdruck »cool as fuck«. »Sorted« bedeutete »okay«, »dead cool« hieß »zu gut«, und »top one« wurde zum Synonym für »the best«.[468] Auch das Happy Mondays-Vokabular wurde zur Trendsprache, der *freaky dancin'* wurde zum Trendtanz und *Twenty-four hour party people* ein Lebensstil. Die Jugend entwickelte eine eigene Bewegung, die sich durch Kleidung, Sprache und die Suche nach einem hedonistischen Lebensstil in der Großstadt auszeichnete. Die Euphorie war so groß, dass man den Sommer 1988 mit dem *Summer of Love*, 1967 in den USA, verglich. Bill Brewster und Frank Broughton erklären:

> »1988 war ein zweiter ›Summer of Love‹ – Acid House verglich sich gern mit dem Hippie-Idealismus von 1967 und brannte darauf, die rebellische und introspektive Mission der Sixties aufzugreifen. Für Flyer suchte man Anregung bei Grateful Dead-Plakaten, oder man formulierte einen neuen Psychedelismus mit computergenerierten Fraktalen; in der Mode feierte eine hippie-artige, geschlechtsunspezifische, farbenfrohe und bequeme Kleidung ihr Comeback.«[469]

Doch Madchester war mehr als nur Stil und Aufmachung. Hauptsächlich zeichnete sich die Bewegung durch die neue Musik aufstrebender Gruppen aus, die den Soundtrack lieferten.

Madchester wird landesweit musikalischer Trend

Das Album *Squirrel and G-Man Twenty Four Hour Party People Plastic Face Carnt Smile (White Out)* von Happy Mondays bildet den Grundstein der Madchester-Musik. Ihr Punk-Funk-Sound – gesättigt von den Partys im ›Haçienda‹, in verlassenen Lagerhäusern und Squats, wo elektronische Musik den Takt schlaf- und endloser Nächte vorgab – spiegelte den Partygeist von Manchester Ende der Achtziger wider: tänzerisch, aufständisch, innovativ im Verhältnis zur zeitgenössischen Musik.

Trotz ihres Konterfeis auf Seite eins des *Melody Maker*, trotz positiver Kritiken ihrer Songs und trotz zahlreicher Konzerte in Manchester, etwa am 12. Mai 1988 im ›Haçienda‹, konnten die Bandmitglieder noch immer nicht als Musiker ihren Lebensunterhalt bestreiten. Sie nahmen sich mit dem überschwänglichen Nathan McGough – er war Bassist bei The Royal Family and the Poor und Manager von Kalima gewesen[470] – einen neuen Manager und schickten sich an, ihr zweites Album aufzunehmen. Ihr neuer Manager beauftragte Martin Hannett als Produzenten. Die Mondays hatten den Pionier des neuen Manchester-Sounds nie zuvor getroffen, doch Shaun Ryder bewunderte dessen Arbeit mit Joy Division und anderen Produktionen.[471] *Bummed*, »angefressen«, hieß das Album, weil Shaun das Wort unablässig benutzte;[472] aufgenommen wurde es im August 1988 im Slaughterhouse Studio in Driffield, East Yorkshire, abgemischt im September in den Strawberry Studios. In Hannett fanden die Mondays ihren Mentor in Rauschsachen. Der Produzent und kreative Kopf von Factory Records stand bei den Aufnahmen ständig unter dem Einfluss von psychoaktiven Substanzen wie Ecstasy, Heroin, Kokain oder ›Acid‹ (LSD).[473] *Bummed* war ein Abbild des Jahres 1988, die Band ergab sich fraglos dem Konsum von Ecstasy und *raves* – ein Lebensstil und Erfahrungshorizont, der sich auf das Album auswirkte. In »Do It Better« ruft Shaun: »Good, good, good, good, good, good, good, good, good, double double good«, denn unter Ecstasy erschien ihm alles gut hoch vier.[474] Ihre Single »Wrote For Luck« kam Ende Oktober in die Läden, sie war fortan die Verkörperung schlechthin von: Madchester. Das dazugehörige Musikvideo kam von den Bailey Brothers und sollte die Atmosphäre der wilden Partys in der Anfangsphase von Acid House einfangen. Shaun Ryder berichtet, dass beim Dreh im ›Legends‹ (Heimstatt der allwöchentlichen *Spectrum*-Partys) alle Komparsen unter Drogen standen, da die Filmemacher die Rave-Atmosphäre in den Clubs von Manchester so realistisch wie möglich darstellen wollten.[475] Die *Chart Show* verbreitete das Video landesweit gleich nach der Fertigstellung, und mit ihm ein ganz bestimmtes Bild von Madchester.[476]

Von der Kritik wurde *Bummed* ganz gut aufgenommen, blieb aber dennoch hinter den Verkaufserwartungen des Labels zurück. Simon Reynolds, ein Journalist des *Melody Maker,* lobte Martin Hannetts Produktion und erklärte sogar, die Band »ist alles, was A Certain Ratio immer sein sollte, aber nie war«.[477] Die Mondays waren untypisch für die britische Musiklandschaft und der Begriff *indie dance* war ganz auf sie zugeschnitten: *independent rock* in Verschmelzung mit dem Feuer der *dance music*. Ihre Promotion-Tour begann im Oktober als Vorband von James, die im September mit *Strip-mine* ihr zweites Album veröffentlicht hatte, das ursprünglich im Mai 1987 erscheinen sollte.[478] Zwar waren die Verkaufszahlen ihrer Platten nicht sehr hoch, doch Happy Mondays hatte durchaus treue Fans, die der Band aus Manchester regelmäßig durch ganz Europa hinterherreisten.[479]

Bei Factory brachen neue Zeiten an; das vierte Studioalbum von Section 25, *Love and Hate* (FAC 160) erschien im März 1988 und endete in einem kommerziellen Fiasko. Nach diesem letzten Anlauf begann der Sänger und Bassist Larry Cassidy eine Ausbildung zum Lehrer.[480] Im März erschien in den USA auf Initiative von Quincy Jones und dessen Label Qwest ein neuer Remix von New Orders »Blue Monday«; zudem sollte die Band, ebenfalls im März, bei einer Modenschau im ›Stock Exchange‹ in Los Angeles vor Duchess und Duke of York auftreten, als Teil einer Woche zur Verbesserung der Handelsbeziehungen zwischen den USA und Großbritannien.[481] Factory veröffentlichte den Remix in Großbritannien und konnte sich im Mai über eine Platzierung auf Rang 3 der Charts freuen.[482]

Die Monate Mai bis Juli verbrachten die Musiker von New Order auf Ibiza und suchten im Mediterraneo Studio – auf Ecstasy – Inspiration für ihr nächstes Album. Peter Hook erinnert sich:

»Wir waren nicht nur jeden Abend und die ganze Nacht unterwegs, wir waren vor allem voll auf Ecstasy und es fühlte sich an, als würde unser Hirn mit einer Nagelfeile bearbeitet. Am nächsten Tag starrten wir die Wand an, zu nichts mehr zu gebrauchen, so nützlich wie ein Sarg mit zwei Plätzen. [...] Trotzdem kam dann die Inspiration, in dem Sinne, dass wir das Nachtleben von Ibiza aufsogen und es auf einer Platte landete, die für viele Leute eine perfekte Mischung aus sonnengetränktem rockigem Dance war. Im echten Leben aber war es ein Desaster.«[483]

New Order lud noch Happy Mondays ein, was nicht zur Arbeitsmoral beitrug: »Natürlich schlugen sie mit vierzehn Gramm Speed da auf, mit dem Verkaufswert wollten sie ihre Reise bezahlen«.[484] Zurück in England nahmen sie in den Real World Studios von Peter Gabriel (Genesis) ihr Album *Technique* auf. In Manchester erkannten sie dann ihre Heimatstadt nicht wieder, so sehr hatte die Acid House-Revolution das Nachtleben umgekrempelt. Doch das neue Album – dessen Spesen sich wegen ihrer iberischen Eskapaden auf 450.000 £ beliefen[485] – hatte alles, um die neue Tanzgeneration im ›Haçienda‹ zu begeistern, die Modernität ihrer Stücke stand außer Zweifel. Der Eröffnungstitel »Fine Time« war nichts anderes als Acid House im Stil von New Order. »Fine Time« erschien am 28. November 1988 zunächst als Single (FAC 223), stieg am 10. Dezember für acht Wochen in die britischen Charts ein und erreichte dort Platz 11.

A Certain Ratio verließ das Label im Oktober 1988 und unterzeichnete bei den Amerikanern von A & M. Dennoch trat die Band zusammen mit Happy Mondays und New Order, die gerade von ihrer Brasilien-Tour zurückgekehrt waren, am 17. Dezember im ›GMEX‹ auf.[486] Die erste ACR-Single bei A & M,

»The Big E«, erschien im Juni 1989. Die Band, die den Manchesteraner Funk-Punk ins Leben gerufen und 1978 mit ihren Zeitgenossen Joy Division konkurriert hatte, gerierte sich nun sehr viel poppiger als bei den früheren Factory-Produktionen und diese Kehrtwende wurde vom *NME* ziemlich schlecht aufgenommen.[487] Die Erwartungen der Jugend von Manchester wandten sich nun neuen Idolen zu.

Die Stone Roses standen am Anfang ihres Aufstiegs und veröffentlichten nun – mit Mike Johnson in den Revolution Studios aufgenommen[488] und von Peter Hook produziert – eine Single, die eigentlich ihre erste hätte sein sollen, »Elephant Stone«. Sie kam im Oktober in die Läden und erschien bei Silvertone Records (ursprünglich sollten die Roses bei Rough Trade unterkommen, doch wegen des schrecklichen Klangs einer schlechten Kassette konnte Silvertone den Bandmanager Gareth Evans überzeugen, bei ihnen zu unterzeichnen);[489] der namengebende Titel setzte sogleich den Ton. Mit glockenhellen Gitarren und melodischem Gesang ließ die Band jeden Punk-Anklang weit hinter sich und wandte sich der Neo-Psychedelic-Bewegung zu, die sehr gut zu den chemischen Experimenten dieser Zeit passte.

Die Inspiral Carpets unternahmen weiter große Anstrengungen, um ihren Platz im Business zu finden. Bislang verkauften sie mehr Band-T-Shirts als Platten, und Shaun Ryder verabscheute die Band,[490] obwohl deren Sänger Tom Hingley (bevor er 1989 zur Band stieß, war er Aushilfe im ›Haçienda‹ gewesen) 1990 in einem *Melody Maker*-Interview »WFL«, also Oakenfolds Remix von »Wrote For Luck« als beste Single des Jahres 1989 bezeichnete.[491] Sie schickten also eine Kassette mit ihrer ersten EP *Plane Crash* an John Peel, der spielte sie in seiner Radiosendung, und am 17. Juli 1988 traten sie zu ihrer ersten Peel Session an. Vier Tage später spielte bei Inspiral Carpets ein Gitarrist namens Noel Gallagher vor. In die Band kam er leider nicht, aber die Band wollte ihn nicht ganz ziehenlassen und engagierte ihn als Roadie.[492]

Das Jahr 1989 begann mit der Veröffentlichung der New Order-Platte *Technique* im Januar. Factory entschloss sich hier zu einer richtigen Werbekampagne. Das Cover war in ganz England auf Werbetafeln zu sehen und das Label zahlte sogar für vier je 15 Sekunden lange Fernsehspots.[493] Das von Peter Saville Associates und Trever Key entworfene Coverbild zeigt einen Cherub im Farbstil der psychedelischen Konzertplakate aus den *Sixties* und ist von einem Gemälde des Künstlers Richard Bernstein inspiriert, der dem

New Yorker Experimentalkunstlabor von Factory nahe stand.[494] Dank dieser Promotion stand das Album ab 11. Mai über 14 Wochen lang an der Spitze der britischen Charts.[495] John Robb erklärt:

> »*Technique* erschien 1989, das Album war das letzte der Band bei Factory und es stellte unter Beweis, dass all die durchtanzten Nächte im Club ihres Labels nicht vergebens waren: Die Songs des Albums sind vom Acid House aus dem Haçienda beeinflusst, und doch wahrte New Order ihren Vorsprung vor der Konkurrenz.«[496]

Im März gewannen die Weltstars der Factory Records den legendären DJ A Guy Called Gerald aus Manchester dafür, den Saal bei ihrem Konzert am 25. März im Glasgower ›SECC‹ anzuheizen; am folgenden Tag exportierten sie Madchester nach Birmingham, denn als Vorband im ›NEC‹ spielte Happy Mondays,[497] aufgrund ihrer Eskapaden galt die Band inzwischen als aufrührerisch. Hier standen elektronische Musik und Indie-Bands auf einer Stufe, daher traten als Vorband nun oft DJs auf und heizten den Zuschauermassen ein. Es handelte sich um »neue Musik« ohne Unterschied, ob der Künstler nun mit Band und Instrumenten oder mit einem Plattenteller arbeitete.

Im März 1989 erschien auch *Vini Reilly* (FACT 244), das siebte Album von Durutti Column. Das neue Album sollte mehr Electro sein, setzte teils Samples ein, vor allem aber wollte Produzent Stephen Street Reillys Gitarre eine düster-schwebende Aura verleihen. Trotz innovativer Aspekte wie beim eingängigen »People's Pleasure Park« mit seiner groovenden Basslinie und Liu Solas betörendem Gesang, blieb die LP einer Factory-Band der ersten Stunde weit entfernt von der bunten Explosion der Madchester-Künstler.

Im Juli moderierte Tony Wilson eine »Party Edition« der Sendung *The Other Side of Midnight*, deren Titelmelodie die Band Yargo komponiert hatte, der mehrere Mitglieder von Biting Tongues angehörten; Granada TV versuchte mit der »Party Edition«, die Manchesteraner Rave-Stimmung am Nachmittag in einem Fernsehstudio nachzubilden: mit tanzendem Publikum und Live-Auftritten von T-Coy, A Guy Called Gerald und Happy Mondays (wobei Bez fehlte, er saß in Frankreich fest).[498] Damit wollte der Sender die vitale urbane Gegenkultur einem breiten Publikum bekannt machen. Madchester war mit den beiden angesagten Musikrichtungen untrennbar verbunden. Aus der Bewegung gingen ebenso verrückte wie emblematische Figuren hervor, wie der bereits erwähnte Bez, aber auch Eric »The Wizard of E« Barker (›der Hexenmeister von XTC‹), eine beliebte extravagante Persönlichkeit, die am gemusterten Seidenpyjama im 60er-Stil zu erkennen war.

6. Madchester als kulturelle Expansionsbewegung

Dieser verschroben-innovative Ansatz fand sich, schwächer ausgeprägt, auch im Hip-Hop, der zeitgleich aufblühte und regelmäßig auf den Partys im ›Haçienda‹ zu hören war.[499] Der Rapper Denis Lockett, alias MC Tunes von Hit Squad, kreierte gemeinsam mit 808 State einen vom Madchester-Acid durchtränkten Hip-Hop, und mit »The Only Rhyme That Bites« schafften sie es 1990 in die Charts.[500] Auch die Ruthless Rap Assassins, bei denen Paul Leveridge alias MC Kermit La Freak und die Gebrüder »Dangerous« Hinds das Sagen hatten und DJ Greg Wilson das Management versah,[501] waren im Hip-Hop bald landesweit bekannt. Sie konnten am 17. Februar 1988 bei der *Zumbar* im ›Haçienda‹ auftreten.[502] Kermit verkehrte mit dem Sänger der Happy Mondays, beide waren heroinsüchtig.[503] Zu der ständig anwachsenden Szene gehörte auch das Rochdaler Duo Meat Mouth von Nicholas Blincoe und Mark Whittam, die 1987 mit Mike Pickering als Produzenten *Meat Mouth is Murder* veröffentlichten.[504]

In dieser Zeit eines freiheitlichen und kulturellen Aufbruchs in der Stadt eröffnete Factory Records am 25. Juli im Northern Quarter eine Bar in einem ehemaligen Lagerhaus in der Oldham Street. Bernard Sumner hatte den Namen ›Dry 201‹ vorgeschlagen und Paul Mason hatte die Leitung inne.[505] Die ›Dry 201‹ fasste bis zu 500 Gäste und richtete sich an Clubber, die am späteren Abend ins ›Haçienda‹ gingen.[506] Die Innengestaltung der 450 Quadratmeter war – wie auch bei FAC 51 – Ben Kelly anvertraut.[507] Laut Peter Hook stand die Bar ganz am Anfang der Renaissance des Northern Quarter.[508] Der neue Ort sollte einen Raum für die alternative Geselligkeit der Jugend bieten. Davor waren es in der Regel alte Pubs wie das ›City Road Inn‹, das ›Briton's Protection‹ oder das ›Peveril of the Peak‹ im Stadtzentrum gewesen, in denen sich die Jugendlichen trafen – die Lokalitäten waren für die Jugend der 80er-Jahre aber nicht wirklich geeignet, mit der ›Dry‹ eröffnete in Manchester die erste Bar zum »Vorglühen«, bevor man in den Club ging.[509] Shaun Ryder erinnert sich:

> »Man fühlte sich wie in einem Club, der schon mittags um eins aufmacht. Wir machten sie quasi sofort zum Hauptquartier und gingen nirgendwo anders mehr hin. Wenn wir da waren und eben nicht auf Tournee, gingen wir gleich nach dem Aufstehen, so gegen eins ins Dry und blieben dort bis ein Uhr morgens.«[510]

Mit einem eigenen Versammlungsort wollte Factory der *generation rave* einen gemeinsamen Anlaufpunkt bieten. Bald darauf eröffnete The Area (FAC

281) im ›Affleck's Palace‹, ein kleines Merchandising-Geschäft des Labels.[511] Das Label wollte seinen Ruf als Avantgarde zeitgenössischer Musik festigen, zumal Manchester aktuell das Zentrum der britischen Musikszene war. Am ersten Tag der ›Dry 201‹ wurde New Order als Headliner zum Reading Festival eingeladen, neben Bands wie Sugarcubes, House of Love, Tackhead, Spacemen 3, Swans und My Bloody Valentine. Aufgrund divergierender Ansichten und auch Projekte der Bandmitglieder wurde dies der letzte Auftritt von New Order vor einer vierjährigen Pause.[512]

Im Kapitel »1988« widmet sich Peter Hook dem musikalischen Trend, der den künstlerischen Aufruhr namens Madchester in Gang setzte:

> »Von sich reden machte noch eine weitere Band, nämlich The Stone Roses, deren Titel ›Elephant Stone‹ [...] im Oktober erschienen war und zu einem Symbol der damaligen Zeit wurde. Gleichermaßen verkörperte Happy Mondays, deren zweites Album *Bummed* als Rock-Äquivalent zum Acid House gefeiert wurde, den Geist, ja den Sound der Bewegung in perfekter Weise [...] Sobald die Bewegung im Lichte des Rock auch für die Musikpresse leichter zugänglich und nachvollziehbarer erschien, eröffnete sich dem Indie-Publikum ein neuer Zugang zu Dance: ein Wendepunkt in der Entwicklung des Madchester-Sounds. Das alles brachte man mit dem ›Haçienda‹ in Verbindung, das sich allmählich den Ruf des angesagtesten Clubs nicht nur in England, sondern in der ganzen Welt erwarb.«[513]

Madchester ist das Ergebnis soziokultureller Rahmenbedingungen. Diese Musik aus Manchester ist allerdings kein eigenes Genre, schließlich haben Happy Mondays und Stone Roses nur eine kleine musikalische Schnittmenge. Madchester ist eine Kulturbewegung, in ihrer Geisteshaltung ist sie sowohl den Punks und ihrem D.I.Y. als auch den Hippies und ihrem Streben nach Trance verwandt (eine Beziehung, die 1976 als überaus antagonistisch gegolten hätte), sie fußt auf dem Electro und dem Hedonismus der Clubkultur. Ian Brown, Sänger der Stone Roses, erinnert sich:

> »Wir nahmen das Album im Sommer 1988 auf, mitten in der Acid House-Welle. Die Songs hatten wir vor XTC geschrieben, dennoch gab es eine Verbindung zu der Bewegung. Wir spielten zwar Gitarren und Sixties-Melodien, aber Reni ging mit seinem Schlagzeug sehr dicht an die Acid House-Rhythmen heran.«[514]

Ihr Debütalbum erschien im Mai 1989, aufgenomen worden war es zwischen Juni 1988 und Februar 1989 (am 30. Januar und 27. Februar spielten sie im ›Haçienda‹) mit John Leckie als Produzenten, der insbesondere auch für Real Life von Magazine verantwortlich zeichnete. Mit seinem Zitronen-Cover – die

Grafik der Madchester-Bewegung hat ebenfalls ihre Besonderheiten: oft sehr bunt und sehr kompakt – wurde das Album The Stone Roses ein durchschlagender Erfolg, eindeutig ein Teil der Madchester-Bewegung. Dazu John Robb:

> »Das gleichnamige Debütalbum der Stone Roses gilt heute als Klassiker der englischen Rockmusik. Mit seinen euphorischen Songs fängt es den Zeitgeist ein, klassische Rockmusik und allgemeine Atmosphäre kommen zusammen. Es ist eine gitarrenlastige Platte, die auf Acid House verzichtet und doch ein Ecstasy-Feeling transportiert. Auf diesem Album prallen Zukunft und Vergangenheit direkt aufeinander. Ein großartiger Song folgt hier auf den nächsten, das Album ist ein wahres Meisterwerk.«[515]

The Stone Roses war der Startschuss für ein landesweites Interesse an der Band und am Baggy-Sound; die Konzerte wurden immer größer, 4.000 Menschen im Blackpooler ›Empress Ballroom‹ am 12. August[516] und ein unvergesslicher Auftritt am 18. November 1989 im Londoner ›Alexandra Palace‹. Am selben Tag gab Happy Mondays – ihre überragende EP *Madchester Rave On* war gerade veröffentlicht worden – ein spektakuläres Konzert in der örtlichen ›Free Trade Hall‹; Vorband war die frisch gegründete Northside. Einige Tage später, am 30. November, hob der *Top of the Pops*-Auftritt von Happy Mondays und Stone Roses das Madchester-Phänomen endgültig auf die gesamtbritische Ebene; Inspiral Carpets waren zwei Monate zuvor zu einem Auftritt im ›Haçienda‹ eingeladen worden. Alle drei Bands galten als Teil der Madchester-Welle, und diese drei wurden vom *Melody Maker* zu den drei besten britischen Popbands des Jahres 1989 gekürt – die Entwicklungen in Manchester verglich die Zeitschrift gar mit dem Aufschwung in Liverpool 1963.[517] James Nice rekapituliert:

> »Das medial aufgebauschte Madchester-Phänomen ging in Großbritannien Ende November richtig durch die Decke und verschaffte Factory erstmals seit ›Blue Monday‹ von 1983 wieder eine echte Spitzenposition.«[518]

Mit *Madchester Rave On* kam Happy Monday zum ersten Mal in die britischen Top 20.[519] Die Veröffentlichung des »Wrote For Luck«-Remixes »WFL« der Londoner DJs Paul Oakenfold und Terry Farley einige Monate zuvor, im September, hatte den Konnex zwischen *club culture* und *Madchester sound* bereits verdeutlicht. Ihr Erfolg katapultierte sie in den Mittelpunkt, zumal sie, um ihren Lebensstil und ihre Musik bekannt zu machen, auch den Umgang mit den Boulevardzeitungen nicht scheuten – was nach Ansicht von Shaun Ryder mehr Wirkung zeigte als die Artikel im *NME*.[520] Neben vielen anderen Eskapaden hätte ihn auch die Verhaftung auf Jersey wegen Drogenschmuggels seine vielversprechende Karriere als Sänger kosten können. Tony Wilson gelang es aber, die Angelegenheit mit einem Benefizkonzert von Happy Mondays in Hillsborough beizulegen.[521] Das alles war allerdings kein Erfolg auf ganzer Linie, die neuen Rockstars gewannen zwar an Ansehen, ihr Einkommen stieg aber nicht in gleichem Maße. So behielt Gitarrist Mark Day seinen Job bei der Post trotz des Erfolgs der Mondays; Shaun Ryder berichtet, Day sei gleich nach dem TOTP-Auftritt nach Hause gefahren, um am nächsten Tag seine Runde als Postbeamter zu drehen.[522]

Am 25. Juli 1989 fiel Factory Records die Gelegenheit zu einer gigantischen Promo-Aktion in den Schoß, als die Football Association bekanntgab, New Order werde den WM-Song der englischen Nationalmannschaft zur Fußballweltmeisterschaft 1990 in Italien beisteuern.[523] Im November 1989 erschien mit »7 Reasons« (FAC 247) die erste Single von Peter Hooks Nebenprojekt Revenge, und nur einen Monat später legte dessen Rivale Electronic mit der EP *Getting Away With It …* nach. Johnny Marr erzählt:

>»Das Ausmaß der lokalen Szene hat unsere Arbeit stark beeinflusst. Wir haben soviel Party gemacht, da ist man baff, dass wir überhaupt etwas hinbekommen haben; aber es ist doch ein sehr getreues Abbild der damaligen Zeit auf unserer Platte gelandet. Es war völlig normal, dass man sich vorm Gang ins Haçienda getroffen hat, mal hier, mal da. Dann sind wir in die Stadt und tauchten in die Party ein und hörten diese unglaubliche Musik, die mit jeder Woche an Bedeutung gewann. 808 State, The Stone Roses und Happy Mondays bewegten sich in demselben Revier wie wir, und Manchester stand im Zentrum von allem.«[524]

Der *NME* bezeichnete die Single von Electronic als »rundeste Pop-Platte der Woche«; sie erreichte Platz 12 der britischen Charts und Platz 38 des amerikanischen *Billboard*-Rankings,[525] wohingegen die EP von Revenge – insbesondere im Vergleich mit dem Nebenprojekt des Bandkollegen von New Order – keine gute Figur machte.

Durch diesen Trend erhielten einige Bands eine zweite Chance. Die nunmehr vergötterten Stone Roses nutzten sie, ihr beinahe zwei Jahre alter Song »Elephant Stone« schaffte es 1990 in die Charts. Dasselbe gilt für James, ebenfalls Teil der Bewegung, mit ihrem Titel »Sit Down«, der im Juni 1989 bei Rough Trade erschien und in den Charts an zweiter Stelle landete; ihr Album *Gold Mother* verkaufte sich 300.000 Mal.[526] Das ›Haçienda‹ empfing sie am 22. Februar 1990 mit offenen Armen. Da ganz England auf Manchester blickte, schaffte es nicht zuletzt Railway Children mit ihrem Popsong »Every Beat Of The Heart« bis in die Top 40. Gelegen kam der Trend auch Musikern wie Andy Couzens, ehemals bei den Stone Roses, der 1989 mit John Matthews, Chris Goodwin und Simon Davies The High gründete und nach nur einem Konzert einen Vertrag von London Records erhielt.[527] Die Gruppe spielte am 29. Oktober und 3. Dezember 1990 im ›Haçienda‹. Auch Scott Carey ließ sich nach seiner Trennung von Inspiral Carpets nicht unterkriegen und gründete die sieben Musiker starke Paris Angels: Neben ihm selbst waren das Paul »Wags« Wagstaff, Rikki Turner, Steven Taji, Mark Adj, Jane Gil und Simon Worrall. Sehr agil zeigte sich zudem eine jüngere Generation, die in der irrlichternden Atmosphäre von Manchester aufgewachsen war.

Madchester second coming

Als der Ton angeschlagen und ganz England vom Indie-Dance- und Neo-Psychedelic-Fieber der Madchester-Welle angesteckt war, etablierte sich Manchester als Hauptstadt der britischen musikalischen Innovation. Peter Hook erinnert sich:

> »Anfang 1990 wurde Manchester zum Epizentrum einer neuen Kulturrevolution. Die Stadt tanzte nicht nur auf den Raves, sie übernahm auch den Sound, die Philosophie und den Geist und erschuf eine neue Bewegung – Madchester.«[528]

Happy Mondays und The Stone Roses hatten den Grundstein für ein Erfolgsschema gelegt. Inspiral Carpets gelangten schließlich an die Spitze der Charts, ihr Debütalbum Life (Mute/Cow) vom April 1990 landete als überwältigender Erfolg auf Platz 2. Doch auch die jüngere Generation, die mit Factory Records und dem ›Haçienda‹ als avantgardistischem Labor für musikalische Experimente aufgewachsen war, wollte von dem Aufschwung profitieren. Tim Burgess von den Charlatans erinnert sich:

> »Ich ging donnerstags, freitags, samstags ins Haçienda … Eigentlich jeden Abend! Nachts nahm ich XTC und tagsüber ging ich spazieren. […] Ich tanzte im Haçienda, rauchte frühmorgens einen Joint und hörte Hendrix, nachmittags dann probte ich mit den Charlatans. Das war eine tolle Zeit, zwischen 1987 und 1993.«[529]

Die Zeit der Innovation war vorbei, es schlug nun die Stunde der Integration in die Madchester-Ökonomie, die für alle Musiker aus der Region in greifbarer Nähe schien.

Northside

Die aus Blackley und Moston, nordöstlich von Manchester, stammende Band gründete sich Mitte 1989 mit dem Sänger Warren »Dermo« Dermody, dem Schlagzeuger Paul »Wal« Walsh, dem Gitarristen Mike Upton und dem Bassisten Cliff »The Riff« Ogier. Auf Phil Saxes Rat hin interessierte sich Factory bald für die Band als proletarische »Happy Mondays«. Diese Kombination begeisterte nun Jugendliche im ganzen Land. Ihr erstes Konzert fand im September 1989 im ›Boardwalk‹ statt. Ihren zweiten Auftritt bestritten sie als Vorband für Happy Mondays am 18. November in der ›Free Trade Hall‹.[530] Auch Northside hatte, wie die Paris Angels, eine starke lokale Fangemeinde, die die Hallen in Manchester füllte und damit zum Erfolg beitrug; aber ihre Fans folgten der Band nicht nach London oder Newcastle, wo die Zuschauerzahlen weitaus geringer ausfielen.[531] Nach dem Vorbild von Inspiral Carpets und auf Betreiben ihres Managers Macca produzierte die Marke Northside auch Merchandising-Produkte, insbesondere T-Shirts, die es im Plattenladen Eastern Bloc gab.

Im Januar 1990 befand der *Melody Maker*, unter den Newcomern aus Manchester befinde sich die Band zwar in der Pole-Position, müsse sich aber noch beweisen.[532] John Robb charakterisiert sie wie folgt:

> »Northside war authentisch bis zum Geht-nicht-mehr, eine Bande Gören aus dem Norden Manchesters, der ein lokales, fanatisches Publikum die Treue hielt, der es von Anfang an ausverkaufte Hallen bescherte. Unter der Führung von Dermo, einem charismatischen Rotzlöffel, unterschrieben sie bei Factory und lieferten einfallsreiche Gitarrenpopsongs mit psychedelischem Anklang.«[533]

Im Februar 1990 kamen sie bei Factory Records unter[534] und bereits am 5. Februar spielten sie im ›Haçienda‹ auf einer Bühne mit Paris Angels und The Spinmasters, die Gerald Simpson nach dessen Ausstieg bei 808 State ersetzten. Dank Factory Records konnten sie bereits drei Monate später ihre erste Single, »Shall We Take A Trip?«, herausbringen. Sie landete zwar nur auf Platz 52 der Charts und fiel in der folgenden Woche gleich wieder ab, wurde aber bei Erscheinen vom *NME* zur Single der Woche gekürt.[535] Mit ihrer zweiten Single »My Rising Star« schafften sie es auf Platz 26[536] und demonstrierten damit, wenn es dessen noch bedurfte, die landesweite Strahlkraft der Madchester-Bands.

The Charlatans

Gegründet wurde die Band Ende 1987 von dem Bassisten Martin Blunt und dem Schlagzeuger Jon Brookes (letzterer aus den West Midlands), die sie sich bei der kurzlebigen Gruppe The Gifthorses kennengelernt hatten. Auf der Suche nach einem renommierten Keyboarder fiel die Wahl auf Rob Collins, mit dem Jon auch schon gespielt hatte. Rob galt als bester Hammond-Orgel-Spieler der West Midlands. Anfangs hatte Martin den Gitarristen und Sänger Baz nur gebeten, die Charlatans beim Songschreiben zu unterstützen, doch bald schon war er deren offizieller Sänger und Gitarrist.[537] In Steve Harrison, dem Besitzer eines ordentlichen lokalen Plattenladens, fand die Band ihren Manager.

Steve war mit Timothy Burgess befreundet, einem jungen Mann aus Salford, der in Moulton lebte, einem Dorf in der Nähe von Northwich (Cheshire). Dieser Junge kam als Teenager dank seines musikalischen Onkels Andrew und dessen eklektischer Plattensammlung zum Bassspielen und verließ die Schule als 16-Jähriger, um bei ICI zu arbeiten.[538] Als Fahrradkurier in den Fabriken der Imperial Chemical Industries in Winnington hatte er seinen Sony Walkman stets auf den Ohren. Der Junge, dessen Kleidung irgendwo zwischen Perry Boy, *soul boy* und Hooligan changierte, fuhr dienstags, donnerstags, freitags und samstags von Moulton zu den Parties im ›Haçienda‹. Besonders beeindruckt war er von einem New Order-Konzert, das er dort sah. Factory Records war in seinem Leben unmittelbar präsent, seit Alan Erasmus sich mit Burgess' Mutter angefreundet hatte und dieser vom Mitbegründer des Labels immer wieder Geschenke erhielt: einen ›Haçienda‹-Mitgliedsausweis, ein handsigniertes Exemplar des New Order-Albums *Low-Life* (erst als 1983 »Blue Monday« erschien, wurde Burgess bewusst, dass eine Manchesteraner Band intelligente und innovative Musik machen konnte), die New Order-Single »Confusion«, *LC* von Durutti Column sowie »Lips That Would Kiss« aus dem Katalog von Factory Benelux.[539] Tim war ein Kind jener Generation, die mit Factory Records aufgewachsen war – und mit der neuen elektronischen Musik, die nur wenige Kilometer von Zuhause den nächtlichen Takt und Rhythmus einer postindustriellen Stadt bestimmte.

Steve lud Tim Burgess zu einem Konzert der Charlatans ein, die als Vorgruppe der Stone Roses am 6. Mai 1989 im ›International 2‹ auftraten. Diesen Ableger eröffnete Gareth Evans am Plymouth Grove im Stadtviertel Rusholme auf einem viel größeren Gelände als der ›International‹ in der Anson Road. Damals spielte Tim in einer eigenen Band, The Electric Crayon Set.

Nach dem Konzert erfuhr Tim, dass die Charlatans im ›Northwich Vic's‹ auftreten würden; diese Chance durfte seine Band nicht ungenutzt lassen. Burgess fragte Steve Harrison, ob Electric Crayon Set als Vorgruppe auftreten dürfe, und der Plattenhändler akzeptierte. Tim wollte, dass Steve sich für seine Band interessierte, dass er sie bekanntmachte und auch, warum nicht, das Management übernahm. An besagtem Abend machte The Electric Crayon Set keinen großen Eindruck, aber die Charlatans waren von Burgess' Gesang begeistert. Bei der Zugabe des Headliners holte Martin Blunt dann Tim Burgess als Co-Sänger ans Mikrofon.

Bald nach diesem Konzert wollten die Charlatans sich von Baz trennen, der dieser Entscheidung zuvorkam und die Band freiwillig verließ.[540] Nach dem Weggang ihres Sängers und Gitarristen ließ die Band Ende Mai 1989 Tim Burgess vorsingen; sie mussten aber außerdem noch einen Gitarristen finden, der ihren Erwartungen gerecht wurde. Ihre Wahl fiel auf Jon Baker aus Walsall, dem Gitarristen der Psychedelic-Rock-Band Liquidy Egg Box. Die meisten Bandmitglieder der Charlatans kamen aus den Midlands, da aber ihr Manager Steve ein Büro in Northwich hatte, brachte man die Band stets mit der Manchester-Szene in Verbindung.[541]

Tims Kostprobe überzeugte und der junge Sänger, dessen Lieblingsalbum das kürzlich erschienene *Bummed* von Happy Mondays war,[542] wurde ein festes Mitglied der Band. »Flowers« war der erste Song, den sie gemeinsam komponierten, und Tims Feuertaufe als Leadsänger war das Konzert am 29. August 1989 im Walsaller ›Overstrand‹. Sein zweites Konzert mit The Charlatans gab er drei Tage später im ›Winnington Rec Social Club‹ in Northwich.[543] Die Band war stark vom Sound der Stone Roses beeinflusst und wollte sich als eine Psychedelic-Band aus Nordengland einen Namen machen. Nach diesen kleineren Sälen spielten die Charlatans im November vor etwa 300 Zuschauern im ›Boardwalk‹.[544]

Nach einer Handvoll Auftritten in dieser vielversprechenden Besetzung wollten sie eine erste Single aufnehmen: »Indian Rope« aus den Strawberry Studios mit Chris Naggle am Mischpult. Für Tim war es eine Art Ritterschlag, von Martin Hannetts rechter Hand aufgenommen zu werden, der an den Aufnahmen derart zahlreicher Factory-Bands mitgewirkt hatte. Sie veröffentlichten selbst und pressten die Platte auf eigene Rechnung bei Dead Dead Good, der Label-Neugründung von Steve Harrison für die Band. Die Single wurde recht gut aufgenommen und motivierte sie zu einer Promo-Tour im Januar und Februar. Der *Melody Maker* arbeitete der Promotion zu und brachte einen Artikel über den jungen Sänger und die Manchester-Szene, der die Charlatans mit dem Witton Albion FC verglich, einem der unbekannteren Fußballclubs, der (zu den Fans zählte Tim Burgess) in der Tabelle nahezu unbemerkt aufstieg.[545] Sie traten am 26. Januar im ›Boardwalk‹ in Manchester auf, spielten aber auch in London und Sheffield.[546] Ihre Promotion-Tour bot Ende Januar 1990 Anlass zu einem Artikel von John Robb im Magazin Sounds. Außerdem wurde »Indian Rope«, trotz seines lediglich 89. Charts-Platzes,[547] vom *NME* zur Single der Woche gekürt und das Konzert im Londoner ›Powerhouse‹ sicherte ihnen einen hymnischen Artikel im selben Magazin. The Charlatans hatten es dem Journalisten James Brown besonders angetan.[548]

Wie bei ihren Kollegen war auch bei The Charlatans der T-Shirt-Verkauf bei Eastern Bloc und Piccadilly Records unerlässlich. Zwar hielt der Reporter des *Melody Maker* Northside für die Symbolfigur der neuen Madchester-Welle, doch der Aufstieg der Charlatans war steiler. John Robb beschreibt ihn mit den folgenden Worten:

»Dann gab es noch die Charlatans, die mit ihrem groovigen Hammondorgel-Pop bald die wichtigste Band der Szene waren. Auch dank des Charismas von Tim

> Burgess, ihrem musikbesessenen Sänger, der später zum Sexsymbol dieser Zeit wurde.«[549]
>
> Aufgrund des plötzlichen Ruhms boten Major-Labels wie Phonogram, Sire sowie Island den Charlatans einen Vertrag an, die Band aber entschied sich für Beggars Banquet als Independent-Label und Heimat von Bands wie The Cult, The Fall und Bauhaus. Der Beggars-Chef Martin Mills garantierte ihnen ein landesweites Vertriebsnetz, das einem *major* nicht nachstehen würde, und die fast völlige künstlerische Freiheit. The Charlatans unterschrieben für sechs Alben und nahmen einige Wochen später in den Wrexhamer Windings Studios ihre erste Single für das Label auf, »The Only One I Know«.[550]
>
> Im März startete die Gruppe ihre zweite Großbritannien-Tournee und im Mai folgte die dritte mit einem Konzert vor rund 2.300 Zuschauern im Londoner ›Town & Country Club‹. Binnen weniger Monate wurde die Band auf nationaler Ebene immer beliebter. Im Mai erschien auch ihre zweite Single, »The Only One I Know«, die auf Platz 21 in die Charts einstieg, daraufhin unter den Top 20 landete und es bis auf Platz 9 schaffte. Die Single verkaufte sich über 15.000 Mal, obwohl sie nur in Sarah Champions Fanzine *Scam* Erwähnung fand.[551] Im Sommer nahmen die Charlatans dann ihr erstes Album auf, *Some Friendly*. Das Album erschien im Oktober und erreichte direkt Platz 1 der Charts.[552] Hülle und Cover wurden von Kim Peters entworfen und spiegeln grafisch die psychedelische, farbenfrohe Seite von Madchester.

Während die Newcomer sich ihren Weg in die Charts bahnten, profitierten Happy Mondays und Stone Roses von der Musikindustrie. Elektra Records, ein Tochterunternehmen von Warner, bat die aufgeweckten Mondays, einen Titel aus der Backlist des Labels für den *Rubáiyát*-Sampler zum 40-jährigen Firmenjubiläum zu covern. Die Band entschied sich für eine Neuinterpretation von »He's Gonna Step On You Again« des südafrikanischen Sängers John Kongos aus dem Jahr 1971, die sie im Februar 1990 aufnahmen. DJ Paul Oakenfold und Produzent Steve Osborce zeichneten verantwortlich für die Version, doch das Ergebnis gefiel dem Bandmanager Nathan McGough so sehr, dass er die Rechte von Elektra aufkaufte und die Ryder-Kombo anwies, für den Sampler ein anderes Lied aufzunehmen. So wählten sie »Tokoloshe

Man« vom selben Künstler.[553] In diesem Februar versammelten sich auch 3.000 Menschen vor dem Rathaus von Manchester am Albert Square und forderten für die Jugend die Freiheit, nach eigenem Gusto zu feiern.[554] Am 24. und 25. März gab 808 State im ›GMEX‹ die Vorband bei einer gigantischen Show von Happy Mondays vor insgesamt rund 18.000 Zuschauern, die im Fernsehen auf Channel 4 übertragen wurde. Ihr erstes Cover, »Step On«, erschien im April als Single und entpuppte sich als Überraschungserfolg, erreichte die Top 5 der Charts und Platz 57 der Hot 100 im *Billboard*-Magazin.[555] John Kongos, von dem der Song stammte, soll der Band in einem Brief gedankt haben, dass sie sein Stück so berühmt gemacht haben. Shaun nahm sich textlich alle Freiheit und erklärte, die Zeile »Call the cops«, die in seiner Neuinterpretation zu hören ist, sei von einem Stammgast des ›Haçienda‹, Bobby Gillette inspiriert, der dort gerne »Call the cops! We're here! The Mancs! Our firm! Our corner! ... Call the cops!«[556] gerufen habe. Außerdem wird Shaun bei diesem Titel erstmals von Rowetta als Sängerin begleitet. Rowetta bewunderte die Band und hatte im ›Haçienda‹ deren Manager McGough angesprochen. So wurde sie aufgenommen und war das neueste Mitglied von Happy Mondays.[557] Ebenfalls im April traten sie in der renommierten Wembley Arena in unmittelbarer Nachbarschaft zum Wembley-Stadion auf. Ein Artikel des Journalisten und Musikkritikers Simon Reynolds im *Melody Maker* mischte etwas Wasser in den Wein des Erfolgs: Zwar konzedierte er, sie seien ein »authentisches Phänomen«, allerdings sei ihre Musik zu einem »Kaugummipop« degeneriert und ihr Stil sei »lumpenproletarischer Pop«, womit er Karl Marx' Rede vom deklassierten »Subproletariat« der Gauner, Vagabunden, Taschenspieler, Bettler, Scharlatane und sonstigen randständigen Elementen aufgriff.[558] Der Ruhm jener Indie-Gauner genügte für die Position als Headliner beim Glastonbury Festival am 24. Juni 1990, wo auch die Band James auftrat. Im Juli begaben sie sich mit Paul Oakenfold, Steve Osborne, Mike Pickering, Dave Haslam (der im Oktober seine Tätigkeit im ›Haçienda‹ beendete, als die *Nude Nights* abgesetzt wurden und einer Kopie seiner Temperance-Partys Platz machten)[559] und Graeme Park auf eine US-Tour mit zehn Auftritten unter der Überschrift »The United States of the Haçienda«,[560] bevor sie in den Capitol Studios unweit des Hollywood Boulevard in Los Angeles ihr drittes Album aufnahmen.[561]

Die Stone Roses hatten damals keinen Grund, ihre Salforder Rivalen zu beneiden. Manche Ereignisse schreiben sich unauslöschlich in die Geschichte der Popkultur ein und werden zum Symbol einer ganzen Generation, etwa das Konzert der Rolling Stones im Hyde Park am 5. Juli 1969, zwei Tage nach dem Tod ihres früheren Leadgitarristen Brian Jones. Auch die Stone Roses trugen mit einem legendären Konzert zur Geschichte der Popkultur bei, als sie am 27. Mai 1990 vor rund 30.000 Fans aus ganz Europa auf Spike Island im südwestlich von Manchester gelegenen Fluss Mersey auftraten.[562] Als DJs legten Dave Haslam, Paul Oakenfold und Frankie Bones bei der Veranstaltung auf. Wenig später, am 9. Juni, spielte die Band in Glasgow Green in einem Festzelt mit 7.000 Besuchern – ihr letztes Konzert mit Schlagzeuger Reni und der Anfang von ihrem Ende.[563] Einige Monate später, im November, veröffentlichte Happy Mondays ihr fulminantes drittes Album *Pills 'N' Thrills And Bellyaches* (FACT 320), das von Oakenfold und Osborne produziert, arrangiert und abgemischt worden war. Der Titel heißt übersetzt »Turbopillen un' Bauchweh«, eine offene Anspielung auf die Zeit nach den Ecstasy-Orgien. Dieses neue Opus, das in den USA aufgenommen worden war, stieg direkt auf Platz 2 in die britischen Charts ein und wurde von mehreren Medien, darunter dem *NME*, zum Album des Jahres 1990 gewählt.[564]

Der irrlichternde Pop der Charlatans war von den Stone Roses inspiriert und wurde unmittelbar, wie Northside und Paris Angels auch, mit dem Madchester-Sound in Verbindung gebracht. Paris Angels hatten mit ihrem Titel »Perfume« auf sich aufmerksam gemacht, der vom *NME* gleich zur Single der Woche gekürt wurde, bevor die Band am 26. August 1990 eine Session beim Hörfunk-DJ John Peel aufnehmen konnte. Northside und die Angels bestritten regelmäßig gemeinsame Auftritte im ›Haçienda‹, so am 5. Februar, 12. März, 18. Juni und 11. November 1990 (zuletzt ohne die Angels). Diese Bands zählten zur zweiten Welle von Künstlern, die die Szene aufmischten; hinzuzuzählen wären außerdem The Mock Turtles von Martin Coogan – Bruder des Schauspielers Steve Coogan –, die mit dem Titel »Can You Dig It?« einen einmaligen Erfolg landeten und am 23. April 1990 im ›Haçienda‹ auftraten, sowie die New Fast Automatic Daffodils, die sich stark an Happy Mondays orientierten und im ›Haçienda‹ am 14. Mai sowohl 1990 als auch 1991 spielten. Die erste Welle hatte mit einem neuen Sound eingesetzt, der von Happy Mondays, Stone Roses und Inspiral Carpets als Avantgarde auf den Weg gebracht worden war und nun von diesen Bands verkörpert und vertreten wurde. Madchester war inzwischen ein landesweites Phänomen. Johnny Marr erinnert sich:

> »Die Impulse der Szene von Manchester machten sich im ganzen Land bemerkbar und immer mehr Menschen strömten in die Stadt, um *Madchester* zu erleben. Es war plötzlich die coolste Sache der Welt, so zu tun, als käme man aus den ärmsten Ecken der Stadt, sich wie ein Analphabet auszudrücken und wie ein Bengel, der gerade aus dem Jugendknast kommt [...] Es gab sogar Leute, die wahrheitswidrig behaupteten, aus Manchester zu sein, was es vorher sicher noch nie gegeben hatte.«[565]

Ian Brown relativiert seinerseits den plötzlichen Erfolg der Manchesteraner Bands:

> »Auf Spike Island formulierte ich den Satz ›Es ist nicht wichtig, woher du kommst, sondern wo du stehst‹. Die Leute dachten offenbar, dass man uncool ist, wenn man nicht aus Manchester kommt. Aber – und das ist seit den Pistols so – die beste Musik ist die, die sowohl den Doktorensohn als auch ein einfaches Kind berührt. Musik, die jeden anspricht, nichts Elitäres. Wir wussten ja, dass alle unsere Freunde hinter uns standen, dass ganz Manchester uns liebte. Uns ging es nun darum, diejenigen zu erreichen, die nicht so waren wie wir, Menschen aus einem anderen Milieu. Darum ging es. Als Tony so viel Aufhebens um Madchester machte, erklärte ich ihm, dass mir das nicht gefällt, weil es alle ausschließt, die nicht in der Stadt leben. Weil es bedeutet, wir sind cooler als die anderen.«[566]

Bands aus ganz Großbritannien wollten auf den Zug aufspringen und arbeiteten nun an einem Sound wie dem der Madchester-Stars, so beispielsweise EMF oder die schottischen Soup Dragons, die mit mehr Tempo und einem Rave-Anstrich den Rolling Stones-Titel »I'm Free« coverten (Big Life Records, 1990). Am besten erfasste aber wohl die Glasgower Band Primal Scream die Epoche, die England durchlebte und deren Epizentrum in Manchester lag, davon zeugt ihr Album *Screamadelica* (Creation Records, 1991). Zwar war ihr vorheriges, ihr zweites Album *Primal Scream* scharf kritisiert worden, aber sie konnten am 24. Juli 1989 im ›Haçienda‹ auftreten. *Screamadelica* speiste sich aus exzessivem Drogenkonsum – die Band nahm zwei Tage pro Woche auf, die übrige Zeit war fürs Feiern und Ausnüchtern reserviert –, dem Psychedelic Pop der Sechziger sowie dem neuesten Dance und Acid House. Im darauffolgenden Jahr (1992) gewann die Band den erstmals vergebenen Mercury Prize.[567]

Madchester stand auf dem Höhepunkt. Auf dieser Welle machten sich neue Akteure einen Namen, doch das goldene Zeitalter der Bewegung ging bereits zu Ende, der Glanz verblasste und wurde vom Opportunismus der Gangs überschattet, die aus dem Hedonismus der Generation Rave Profit zu schlagen suchten. Der *clubbing*-Boom und die Aufmerksamkeit durch den unerwarteten Erfolg der Happy Mondays waren Factory Records zugute gekommen; dank des ›Haçienda‹ verzeichnete das Label im Juni einen Gewinn von 160.663 £.[568] Doch angesichts enormer Ausgaben – darunter einerseits die Kosten für das Debütalbum von Revenge, *One True Passion*, das sich mit der Veröffentlichung im Juni 1990 als großer Flop erwies,[569] andererseits das neue Büro in der Charles Street, das mit fast 750.000 £ zu Buche schlug[570] – hatte das Label weiter zu kämpfen. Dessen ungeachtet wurde die neue Dynamik vom organisierten Verbrechen bereits beschädigt: Nach Auseinandersetzungen zwischen den Gangs im April stellte die Greater Manchester Police dem ›Haçienda‹-Manager Paul Mason den Entzug der Schanklizenz in Aussicht. Die ergriffenen Sicherheitsmaßnahmen schreckten einige Clubgänger der ersten Stunde ab – bereits im Januar hatte Paris Angels-Manager Jonathan im *Melody Maker* erklärt, das ›Haçienda‹ sei wegen der langen Warteschlange draußen und der vielen Studenten drinnen nicht mehr attraktiv[571] –, so dass bereits im Sommer 1990 die Teilnehmerzahl quasi auf die Hälfte gefallen war.[572] Paul Mason stellte sich natürlich vor den Club, seine Verteidigungsschrift umfasste auch Empfehlungsschreiben sowohl des Stadtrats als auch des Oberbürgermeisters, welcher die internationale touristische Strahlkraft des ›Haçienda‹ und damit Manchesters hervorhob.[573] Bereits im Mai 1990 waren der ›Gallery‹ und der ›Thunderdome‹ wegen des dortigen Drogenhandels geschlossen worden (die Dealer wanderten teils in das ›Haçienda‹ ab).[574] Betroffen waren später auch der ›International 1‹ und kurz nach Weihnachten der ›Konspiracy‹.[575] Von Untergangsszenarien unberührt blieb der ›Boardwalk‹, wo Dave Haslam ab 1. Dezember die *Freedom Saturdays* mit Schwerpunkt House begründete.[576]

Manchester internationalisierte sich dank der Popularität seiner Künstler. Die Stadt war zur Kulturhauptstadt geworden, samt Massentourismus und einer bedeutenden avantgardistischen Musikindustrie. So nahm denn Tony Wilson, zusammen mit Happy Mondays-Manager Nathan McGough und dem Comedian Keith Allen, der sich als Psychologe ausgab, am New Music Seminar teil, das am 16. Juli 1990 im New Yorker Marriott Marquis Hotel stattfand. Dort wollten sie das Madchester-Phänomen vor einer Kommission ver-

6. Madchester als kulturelle Expansionsbewegung

teidigen, der sowohl Derrick May als auch Marshall Jefferson, also der Pate des Detroit Techno und der Pionier des Acid House aus Chicago angehörten. Der Factory-Vortrag mit dem Titel »Wach auf, Amerika, du bist tot« wurde äußerst kontrovers aufgenommen: Die drei warben für den Konsum von Ecstasy, das sie in sehr positivem Licht darstellten, und priesen dessen Verdienste um die Clubszene – schließlich habe Ecstasy die Weißen zum Tanzen gebracht. Ihr ketzerischer Beitrag sorgte für Schlagzeilen, nicht zuletzt nach McGoughs Äußerungen, der seine Band weniger als Musiker und vielmehr als Dealer präsentierte. Ihr polemischer Beitrag bescherte den Vertretern der Madchester-Musik nicht nur schlechte Presse, sie zogen damit auch den Missmut beider Paten des amerikanischen Electro auf sich.[577] Immerhin, am 23. Juli berichtete das US-Magazin Newsweek über das nordenglische Phänomen und knapp einen Monat später trat die neue Factory-Band Electronic – zusammen mit Depeche Mode – erfolgreich vor 80.000 Zuschauern im Dodger Stadium von LA auf.[578]

Die Madchester-Euphorie, mit der die Clubkultur Eingang in die Sphäre der britischen Indie-Bands gefunden hatte, glitt allmählich in gewaltsame Irrungen ab – ähnlich war in San Francisco die Hippie-Utopie zu Ende gegangen.[579] Ecstasy revolutionierte die Umgangsweisen, befeuerte aber auch den Opportunismus der Gangs; diese waren in den Clubs und Diskotheken umtriebiger denn je und zerstörten eine Kultur, die auf Freiheit und Hedonismus gegründet war. Das neue Jahrzehnt verhieß schon zu Beginn nichts Gutes für Manchester.

Teil 3

Stadterneuerung und Popmusik: Manchester auf dem Weg ins neue Jahrtausend

7. Der Untergang einer Ikone

Die Party ist vorbei

Die 90er-Jahre verhießen Manchester Erneuerung und Schwung, frei von der ewigen Niedergeschlagenheit in den Texten von Joy Division und der Schwarzmalerei bei den Smiths. Mit der musikalischen und kulturellen Revolution – ausgelöst durch die Integration des Acid House und dessen Einfluss auf den Indie-Rock – veränderten sich die Identität der Stadt und ihr Bild in der Welt vollständig. Manchester verstand sich nun als ein zentraler Standort der britischen Musikindustrie und als internationales Zentrum der *club culture*. Die 1980er-Jahre waren von hoher Arbeitslosigkeit, vom Rückzug des Staates und von Rezession geprägt, angesichts zunehmender gesellschaftlicher Bruchlinien musste man hoffen, die Regierung werde bald einen anderen Weg einschlagen. Derweil deuteten die Zahlen auf eine Beruhigung der Lage und eine bessere Zukunft der Briten hin: 1989 sank die Zahl der Arbeitslosen auf unter 2 Millionen, sprich etwa 6 % der Erwerbsbevölkerung, im Folgejahr sank sie auf 5,8 %.[1] Während im Januar 1986 noch 3,4 Millionen Erwerbslose gezählt worden waren, sank die Zahl im Juni 1990 auf 1,6 Millionen. Die konservative Regierung hatte das deindustrialisierte Land für ausländisches Kapital geöffnet, 1990 stammten 40 % der Investitionen in das verarbeitende Gewerbe von außerhalb der Europäischen Union.[2] Nach drei Amtszeiten der Eisernen Lady waren die Wohlhabenden nun erheblich reicher und die unteren Schichten erheblich ärmer. Laut offizieller Statistik war das Einkommen des reichsten Zehntels um 38 %, das des ärmsten Zehntels hingegen nur um 5 % gewachsen.[3] Margaret Thatcher residierte bereits mehr als zehn Jahre in Downing Street 10, als sie am 22. November 1990 ihren Rücktritt ankündigte, nachdem sich die Einführung einer neuen Kommunalsteuer namens *Poll Tax*, die selbst in den eigenen Reihen umstritten war, seit Jahresbeginn als politische Niederlage erwiesen hatte. Im ganzen Land war es wiederholt zu Demonstrationen gegen diese Entscheidung gekommen, die wieder auf Kosten der untersten Einkommen ging und auch die Mittelschicht bedrohte. Eine Kundgebung auf dem Trafalgar Square versammelte bereits am 31. März schätzungsweise 200.000 Menschen und endete in einem Aufruhr mitten in der Hauptstadt. Margret Thatcher musste zurücktreten und ihr politischer Protegé John Major, der 1989 Außenminister und später Schatzkanzler war, wurde ihr Nachfolger. Angesichts seiner früheren Positionen überrascht es nicht, dass der neue Premierminister die Politik seiner Vorgängerin bruchlos fortsetzte. So trieb er die zehn Jahre zuvor begonnene Privatisierung öffentlicher Betriebe, konkret der Stromerzeugung und des Stromnetzes sowie der Kohlebergwerke und der Eisenbahn weiter voran.[4]

Zu Beginn des Jahrzehnts wuchs und gedieh die Musikindustrie in Manchester in – und zunehmend auch jenseits – der Madchester-Szene. Simply Red, angeführt vom ehemaligen Mitglied der Frantic Elevators und aktuellen Mitglied der Labour Party Mick Hucknall mit seiner unglaublichen Popularität, veröffentlichte 1989 *A New Flame* bei WEA/Elektra. Das Folgealbum *Stars* (bei EastWest, einer Tochtergesellschaft von Warner Music) erschien zwei Jahre später und war 1991 sowie 1992 das meistverkaufte Album im Vereinigten Königreich. Simply Red gewann die Brit Awards in der Kategorie »Beste britische Band« in den Jahren 1992 und 1993.[5] Die Band The Fall, die seit Anfang der 80er-Jahre gleichbleibend populär war und mit dem legendären wie lässigen Mark E. Smith im Jahr 1989 – als der Wahnsinn in der *rainy city* seinen Höhepunkt erreichte – nach Edinburgh ins Exil gegangen war,[6] veröffentlichte im März 1990 ihr zwölftes Studioalbum *Extricate* (Cog Sinister/ Phonogram), das wie üblich von der Kritik gut aufgenommen wurde. Hingegen war *Obey the Time* (FACT 274), das achte Album der Durutti Column, in Vini Reillys Heimstudio produziert, für Factory Records ein fast schon erwartbarer kommerzieller Fehlschlag.[7] Für die seit 1985 bestehende Band World of Twist mit ihren theatralischen Auftritten unter Rare-Groove-, Psychedelic- und Northern Soul-Einfluss, in der Tony Ogden und Jamie Fry spielten (letzterer war der Bruder von Martin Fry, dem ABC-Gründer), fing das frische Jahrzehnt gut an: Nach einer ersten Single – *The Storm*, die von Martin Hannett produziert worden war, eine Coverversion von »She's a Rainbow« der Rolling Stones enthielt und mit Platz 42 die Top 40 nur knapp verfehlte – war ihr erstes Album *Quality Street*, das im Oktober 1991 bei Circa Records, einer Tochter von Universal erschien, ein echter Erfolg.[8] Leider blieb dieses Album ihr einziger Volltreffer, denn Tony Ogden verabschiedete sich vom Gesang.

Morrissey verfügte, auch dank mehrerer Top-20-Singles seit dem Ende von The Smiths, immer noch über ein enormes Prestige. Im März 1991 erreichte er mit seinem zweiten Album *Kill Uncle* (HMV) Platz 8 der britischen Charts und Platz 52 der *Billboard*-Charts.[9] Doch seit der Trennung ging der frühere Schlagzeuger vor Gericht gegen die Aufteilung der Tantiemen vor, mit der er nicht einverstanden war. Johnny Marr erklärt:

»Mike Joyce verklagte Morrissey und mich mit der Begründung, er sei vollwertiges Mitglied von The Smiths und in Ermangelung einer anderslautenden förmlichen Vereinbarung auch gleichwertiges Mitglied wie wir gewesen. Seine Klage stützte sich auf den Partnership Act von 1890, demzufolge Geschäftspartner vorbehaltlich einer ausdrücklichen Vereinbarung gleichberechtigt sind; auf dieser Grundlage erhob er Anspruch auf einen identischen Anteil an den Einnahmen aus den Veröffentlichungen und Auftritten der Band. Andy [Rourke, der Bassist] hatte sich an der Klage beteiligt, stimmte aber einem Vergleich zu und akzeptierte damit 10 % der künftigen Einnahmen. Mein Standpunkt war, dass sich Mike an jenem Tag im Jahr 1983 mit zehn Prozent der Einnahmen begnügt hatte, als sich die Band in einem aufgewühlten Moment in den Pluto Studios auf einen Verteilungsmodus einigte. Mike erklärte, eine solche Einigung zur Verteilung sei ihm nicht bekannt und sofern diese nicht schwarz auf weiß und unterschrieben vorliege, habe er Anspruch auf ein Viertel der Gewinne. Aus den im Verfahren vorgelegten Unterlagen ging hervor, dass die Gelder wegen unseres chaotischen Managements nicht systematisch verteilt wurden.«[10]

Der Rechtsstreit wurde 1989 eröffnet und zog sich über 18 Jahre hin.[11] Der Schlagzeuger verlangte ein Viertel fast aller Einnahmen, die die Band mit ihren Werken erzielt hatte; Buchveröffentlichungen blieben außen vor.[12] Morrissey empfand dies als Undank und Verrat eines von Habgier getriebenen früheren Kollegen, der ihn nun ausnehmen wollte, während er als aktives Bandmitglied keine solchen Ansprüche gestellt hatte. In seiner Autobiographie schimpft der Sänger sowohl auf Richter John Weeks, der am High Court of Justice für den Fall zuständig war, als auch auf das damit verbundene Medienecho.[13]

Der kulturelle Aufbruch der späten 80er-Jahre, der weltweit mediale Beachtung fand, machte Manchester zu einem der beliebtesten Partyziele bei Jugendlichen in der westlichen Welt. Peter Hook, Bassist von New Order und Frontmann von Revenge, erinnert sich:

»Alle Aufmerksamkeit konzentrierte sich auf Manchester – und im Auge des Sturms stand das Haçienda, das für einen Großteil des Zustroms von Touristen und Studenten in die Stadt und für die Wiederbelebung der lokalen Wirtschaft verantwortlich war.«[14]

Die elektronische Musik und die Clubs hatten der städtischen Wirtschaft neue Kraft verliehen, die Berichterstattung über die Generation Rave lockte unzählige Studenten und Touristen nach Manchester, die im Herzen der postindustriellen Stadt dem Hedonismus frönten. Trotz dieses Zustroms dauerte die Party nicht ewig, denn Exzesse und Entgleisungen erwiesen sich bald als unhaltbar: Die allgemeine Verbreitung von Ecstasy in den Clubs führte zu immer zahlreicheren Überdosierungen, die manchmal auch tödlich endeten. Wegen der enormen Nachfrage versuchten die Dealer zudem, ihre Gewinnspanne durch den Verkauf von Pillen minderer Qualität zu steigern.[15] Peter Hook erzählt:

> »Mit dem Erfolg des Haçienda kamen die Exzesse. Und damit auch schlimme Stunden. Es gab bei weitem nicht nur eine Überdosis, allabendlich wurde eine unglaubliche Anzahl von Krankenwagen zum Club gerufen.«[16]

In der Nacht auf den 15. Juli 1989 starb die 16-jährige Claire Leighton an einer Überdosis, die sie im ›Haçienda‹ eingenommen hatte.[17] Darauf folgte eine Medienkampagne gegen die Club- und Rave-Kultur, die Ende der Achtziger das Markenzeichen der jungen Generation in Großbritannien war.[18] Nun wurden strenge Vorgaben für Clubs und Diskotheken verhängt. Der Drogentod von Claire Leighton war nicht der erste im Zusammenhang mit Ecstasy in England gewesen, aber der meistbeachtete.[19] Im Lichte des Vorfalls und der zunehmenden Gewalt im Club sprach sich die Polizei gegen eine Verlängerung der Lizenz des ›Haçienda‹ aus,[20] die im Juli 1990 auslief. Das Widerspruchsverfahren verzögerte zunächst die für Januar 1991 geplante Entscheidung und mündete schließlich in einer Lizenzverlängerung für den Club,[21] ohne dass höhere Sicherheit hätte gewährleistet werden können.[22] Trotz der Kulturrevolution im Zuge der Acid House-Welle und der daraus resultierenden Madchester-Bewegung wuchsen dem ›Haçienda‹, einem der ökonomischen Kraftzentren der Stadt,[23] die Schulden über den Kopf. Dazu erklärte Tony Wilson in seinem umstrittenen Buch *24 Hour Party People*[24] Folgendes:

> »Das Publikum strömte herbei und die Stimmung war fantastisch, [...] aber alle waren auf Ecstasy und nicht auf Alkohol. Wir verkauften aber kein Ecstasy an der Bar.«[25]

Die »Liebesdroge« war den Konsumenten genug, sie brauchten keinen Alkohol mehr, um in hemmungsloser Symbiose zu rastlosen Rhythmen zu tanzen. Die illegale Party- und Modedroge wurde im Club nicht offiziell verkauft, untergrub aber dessen Haupteinnahmequelle, den Getränkeverkauf. Seit 1990 verzeichnete das ›Haçienda‹ einen jährlichen Gewinnrückgang von 10 bis 15 %.[26] Der Journalist Paul Morley schreibt: »Ende der Achtziger [hatten] die Gäste des Haçienda eine neue Aura und Wahrnehmung, so wie es der Text von Ivan [Chtcheglow] vorhergesagt hatte.«[27] Das ›Haçienda‹ blieb bis zuletzt ein eher künstlerisches denn kommerzielles Projekt, das ganz nach den Vorstellungen von Anthony Wilson, Alan Erasmus und Rob Gretton vom post-situationistischen Denken inspiriert und als solches nicht der profitabelste Weg war, das Label Factory Records auszubauen.

Seit Ende der Achtziger hatten die Manchesteraner Gangs die Clubs und Diskotheken auf unterschiedliche Weise unter ihrer Kontrolle. Die Verbreitung des Ecstasy und die Überdosierungen ergaben sich unmittelbar aus dem straff organisierten Drogenhandel in den Party- und Vergnügungslokalen. Eines Abends zählten Zivilbeamte allein im ›Konspiracy‹ 62 Personen, die Drogen rauchten.[28] Im Obergeschoss betrieben die Salforder Jugendlichen ihre Geschäfte. Im Juni 1989 griff eine Gruppe von Hillbillies den ›Thunderdome‹ an; am Eingang schoss ein maskierter Täter einem der Türsteher mit einem Jagdgewehr ins Bein, womit der Zugriff von Cheetham Hill auf den Drogenhandel im Club bekräftigt war.[29] Die Transaktionen fanden praktisch in aller Öffentlichkeit statt, das führte zu Rivalität und Gewaltanwendung. Peter Hook erinnert sich:

»Das Jahr 1990 war geprägt von gewaltsamen Vorkommnissen – die Rausschmeißer wurden angegriffen, mit Schusswaffen bedroht, mit Messern verletzt. Einige Gangster betrachteten die Dealer als leichte Beute, die man ausnehmen oder ›besteuern‹ konnte, wie sie sagten; andere wollten ein Stück vom Dealerkuchen abhaben. [...] Die bekannteste Methode der Besteuerung war das ›Abschaben‹: Man entführte einen Dealer und fuhr mit ihm zum Kreisverkehr der M602 in Salford, dort drehte man eine Runde und drückte ihm dabei das Gesicht auf den Asphalt.«[30]

Die drogeninduzierte Geldgier führte zu brutalen Gewalttaten gegen Dealer der konkurrierenden Fraktion und zur mehr oder minder heftigen Erpressung derer, die als *freelancer* Drogen verkaufen wollten.[31]

Auch die neue Factory-Bar ›Dry 201‹ blieb nicht verschont, ihre Gäste wurden von Kleinkriminellen erpresst und eingeschüchtert.[32] Im ›Haçienda‹ besetzten die Gangs je ein eigenes Sperrgebiet und erlaubten sich dort, die Gäste in jeder nur denkbaren Weise zu belästigen.[33] Peter Hook erinnert sich an einen Abend im Jahr 1990:

7. Der Untergang einer Ikone

»An jenem Abend wurde alles anders. Drei Typen standen vor der Tür und riefen den Türstehern zu: ›Wir wollen rein!‹
›Ja, schön. Und wie wollt ihr das anstellen?‹
›Einfach so.‹ Sie zogen ihre Knarren aus dem Mantel.
›Kein Problem, bitte sehr.‹ Die Türsteher machten Platz. Was kann man gegen drei bewaffnete Typen schon ausrichten?«[34]

Die Kriminellen betraten die Clubs unbehelligt und bewaffnet, sie erzeugten ein Klima der Angst, es fielen durchaus Schüsse, ja es kam zu Schießereien. Diese permanente Gefährdung veranlasste Roger Kennedy, den Sicherheitschef des ›Haçienda‹, Ende des Jahres zur Kündigung.[35] Damit hatte Manchester einen neuen Spitznamen: Die Madchester-Orgie war in einen Gunchester-Horror abgeglitten. Die Atmosphäre in den Clubs wurde für die Betreiber zunehmend unhaltbar. Im Dezember 1990 verlor der ›Konspiracy‹ seine Lizenz, mit der Begründung, der Club übe sein Hausrecht nicht aus.[36] Der Co-Manager, Marino Morgan, verteidigte sich gegenüber den Behörden wie folgt:

»Wir zahlen kein Schutzgeld, [...] Das Konspiracy gehört uns. Wir betreiben es, niemand sonst. Die Gangs kommen herein, aber ohne RoboCop vor der Tür hindert man die nicht so leicht daran.«[37]

Die Gangbrutalität beschränkte sich nicht auf die Clubs und auf Abrechnungen im Zusammenhang mit dem Drogenhandel. Ein Unsicherheitsgefühl machte sich in der ganzen Stadt breit. Die organisierte Kriminalität war keine neue Erscheinung, aber sie entwickelte sich rasant. Ein Beispiel: Im März 1989 wurden Geldboten, die bei einer örtlichen Bank Devisen abholten, von einer Gruppe bewaffneter Hillbillies mit einem gestohlenen Auto überfahren. Die Bande entkam mit Devisen in Höhe von 134.000 £ und Reiseschecks in Wert von 27.000 £.[38] Und am 1. April 1990 brach im Norden der Stadt ein 25-tägiger Aufstand im Gefängnis Strangeways aus, in das seit 1868 verurteilte Straftäter aus der Region eingeliefert wurden.[39] Grund war die Überfüllung des Gefängnisses und Misshandlungen seitens der Beamten. Die Meuterei zählt zu den längsten Unruhen in der Geschichte britischer Gefängnisse und forderte letztlich zwei Tote und 194 Verletzte.[40] Während die Häftlinge das Anstaltsdach besetzt hielten und so in der medialen Öffentlichkeit protestieren konnten, versuchte die Polizei, die Aktion mit sehr lauter Musik aus dem irischen Radiosender Radio Atlantic zu beenden – die Häftlinge aber fingen an zu tanzen. Shaun Ryder, der lässige Sänger von Happy Mondays, erklärt:

> »Der Aufstand passte offensichtlich perfekt zu dem ganzen Irrsinn, der sich damals in Manchester abspielte. Der Polizeichef telefonierte mit Gott, das Haçienda stand immer unter Strom, die Knackis rebellierten, die ganze Stadt war eine einzige Karikatur.«[41]

Die Meuterei, die sich auf weitere Gefängnisse ausdehnte, führte immerhin dazu, dass die Haftbedingungen ins Rampenlicht gerieten und schließlich verbessert wurden, während Strangeways saniert werden musste.

Am 22. Februar 1991 fiel »White Tony« Johnson, einer der obersten Hillbillies, auf dem Parkplatz der ›Penny Black‹, einer von der Gang kontrollierten Kneipe in Cheetham Hill, einem Racheakt zum Opfer.[42] Im selben Jahr zählte man in Moss Side binnen sechs Monaten nicht weniger als 35 Schießereien.[43] Darunter war auch der niederträchtige Mord an Darren Samuel, Vater eines fünf Monate alten Kindes, der im Oktober in der Cottage Bakery erschossen wurde.[44] Der Musiker Dave Rowbotham wurde am 8. November tot aufgefunden – der Leadgitarrist von Durutti Column hatte auch mit Happy Mondays und Simply Red gespielt –, er war in seiner Wohnung mit einer Axt ermordet worden.[45] Einige Bereiche mitten im Stadtzentrum, etwa Peter Street, mied man damals besser ganz.[46] Am 22. Juni wurden sechs Sicherheitsleute des ›Haçienda‹ von Mitgliedern des Salford-Clans niedergestochen.[47] In dieser angespannten Lage heuerten die Clubbetreiber nun lokale Gangmitglieder als Türsteher an, um die Sicherheit ihrer Gäste zu gewährleisten: Desmond Noonan aus der Salford-Mafia fing noch kurz vor dessen Schließung an der Tür des ›Konspiracy‹ an.[48] Sein Bruder Damian war für die Sicherheit im ›Haçienda‹ zuständig.[49] Da die Noonan-Brüder in der Unterwelt von Manchester hohes Ansehen genossen, verhinderten sie (entweder bereits im Vorfeld oder aber unmittelbar) das Eindringen anderer Gangs in die beiden Clubs.[50] Als Gegenleistung hatten nun die Jugendlichen aus Salford ungehinderten Zugang zu den Clubs und somit das Monopol auf den entsprechenden Drogenhandel. Dieser Sonderstatus der Salforder Gang hatte Folgen, denn die Kriminellen traten äußerst arrogant auf und blieben doch straffrei.[51] Peter Hook berichtet:

> »Wenn sie sich besonders sicher fühlten, bedienten sich die Gangster an der Bar – nur um ihre Unantastbarkeit zu demonstrieren. Sie sprangen zu zweit oder zu dritt über den Tresen und schnappten sich ein paar Flaschen. Wenn ein Barkeeper versuchte, sie daran zu hindern, fing er sich eine Ohrfeige.«[52]

7. Der Untergang einer Ikone

Nachdem ›Gallery‹, ›Thunderdome‹ und ›Konspiracy‹ infolge des Bandenterrors geschlossen worden waren, war am 30. Januar 1991 schließlich auch das ›Haçienda‹ an der Reihe,[53] trotz gültiger Lizenz. Für diesen Tag hatte Anthony Wilson zu einer Pressekonferenz auf der Tanzfläche geladen und erklärte, er ergreife diese Maßnahme im Sinne der Sicherheit seiner Mitarbeiter und Gäste.[54] Das ›Haçienda‹ öffnete wieder am 10. Mai, außerdem bot man Dave Haslam den Donnerstagabend an (Mike Pickering legte am Freitag, Graeme Park am Samstag auf) – der neue Termin namens *Beautiful 2000* hielt sich aber nur 18 Monate lang.[55] Mit der Wiedereröffnung setzte die Gewalt wieder ein. Die Betreiber des Projekts FAC 51 beauftragten die Firma Top Guard Security, die mit 50 Mitarbeitern und zwölf Hunden die Sicherheitsmaßnahmen verstärkte.[56]

Dieses Klima der Angst und Unsicherheit wuchs sich zu einem echten Problem für die Krone und den örtlichen Stadtrat aus. Daraufhin wurden einerseits die alten Hochhäuser und Problemzonen umgebaut: Der *city council* bewilligte Zuschüsse für die Renovierung des ›Haçienda‹[57] und 1992 stellte die Regierung 37,5 Millionen £ für die Erneuerung des Stadtviertels Hulme zur Verfügung.[58] Andererseits verlegte sich die Polizei vermehrt auf kurzfristige Kontrollen in den Clubs.[59] Die schönen Tage des Hedonismus im ausgehenden Jahrzehnt waren dem Schrecken gewichen und in der Electro-Szene entstand ein Bedürfnis nach einer Erneuerung. Jon DaSilva, DJ im ›Haçienda‹, berichtet über diesen Ruck:

> »1991 etwa, war der Zauber verschwunden [...] Überall war zwangsläufig alles Instinktive und Romantische am House neutralisiert und dem Marketing unterworfen worden und das Publikum bestand nur noch aus touristischen Beobachtern der Clubbing-Fauna.«[60]

Die Aufführung elektronischer Musik war zur kapitalistischen Veranstaltung geworden und vom Profitstreben durchdrungen. Bill Brewster und Frank Broughton erklären:

> »Alle, die durch echte Liebe zur Musik motiviert waren, wurden bald von Gangstern ausgestochen, die versuchten, die Türen zu kontrollieren, oder die selbst Veranstaltungen aufzogen, allerdings nur um Geld zu verdienen und Drogen zu verkaufen.«[61]

Nach dem realen kulturellen Aufbruch durchlebten Manchester, Madchester, Factory Records, die elektronische Musik und alle legendären Clubs der Stadt ihre dunkelsten Stunden.

Factory Records auf dem Weg in den Abgrund

Trotz Tony Wilsons Fehleinschätzung und Weigerung, eine Electro-Sparte bei Factory Records zu etablieren, strebte das Label im September 1989 mit der Gründung von Factory Classical danach (wie von Mitbegründer Alan Erasmus angeregt), seinen Katalog zu diversifizieren. Die zeitgenössische klassische Musik sollte in dieser Sparte zusammengeführt und für eine interessierte Jugend zugänglich werden; die Initiative wurde von der Musikpresse allgemein gut aufgenommen.[62] Ein Jahr später bezog das Label sein neues Büro in einem dreistöckigen ehemaligen Textillager an der Kreuzung von Charles Street und Princess Street.[63] Damals verschlechterte sich Rob Grettons Gesundheitszustand, er zog sich als Factory-Direktor zurück und stürzte sich mit einem eigenen *Dance Music*-Label in ein neues musikalisches Abenteuer, das sich ganz auf Künstler aus Manchester und dem Nordwesten Englands konzentrierte: Robs Records.[64] Das Team, das seit 1978 die künstlerische und kulturelle Entwicklung der Stadt aktiv gestaltet und gefördert hatte, war so zersplittert wie nie zuvor. Aus verschiedenen Gründen, unter anderem wegen Verzögerungen bei der Auftragsbearbeitung, zerstritt sich Wilson mit Peter Saville, der von Anfang an erfolgreicher Grafiker und Gestalter der visuellen Identität von Factory Records und dessen Programm gewesen war.[65]

In den späten 1980er-Jahren wurde das Label vor allem von New Order und Happy Mondays über Wasser gehalten. Erstere bescherten Factory Records mit ihren WM-Song »World In Motion« einen weiteren Erfolg, der im Mai 1990 zwei Wochen lang auf Platz 1 der Charts stand.[66] Doch die symbiotische Phase der allerersten Erfolge war aus und vorbei. Nachdem Sumner und Hook parallele Musikprojekte gestartet hatten, entschlossen sich Mitte 1990 auch Stephen Morris und seine Frau Gillian Gilbert – nachdem Alan Erasmus ihnen ein Soundtrack-Projekt angetragen hatte – zu einer Neugründung mit dem Namen The Other Two.[67] Ihre erste Single, »Tasty Fish«, erschien Ende Oktober 1991 und wurde in *NME* und *Melody Maker* positiv besprochen.[68] New Order, die goldene Gans von Factory Records, hatte sich aufgespalten und von den drei Teilen stieß Electronic, mit Bernard Sumner und Johnny Marr, beim Publikum auf die größte Begeisterung. Die Superband absolvierte ihren ersten Auftritt in England am 9. Januar 1991 bei einem Thanksgiving-Abend im ›Haçienda‹.[69] Neun Tage später traten einige Factory-Bands beim Great

7. Der Untergang einer Ikone

British Music Weekend auf, die Veranstaltung der British Phonographic Industry wurde aus dem Wembley-Stadion live auf Radio 1 übertragen; mit von der Partie waren James, 808 State, Northside und Happy Mondays.[70]

Im neuen Jahrzehnt zeichnete sich allmählich das Ende der Factory-Ära ab. Am 18. April 1991 erfuhr man beim Label vom Tod des Vorkämpfers eines neuen Manchester-Sounds, Martin Hannett, der im Alter von 42 Jahren einem Herzinfarkt erlegen war. Trotz der Streitigkeiten zwischen ihm und der von ihm mitbegründeten Plattenfirma nahmen neben vielen anderen Persönlichkeiten der Musikwelt auch Tony Wilson, Alan Erasmus und Rob Gretton an Hannetts Beerdigung teil. Derweil verhießen die Neuveröffentlichungen nichts Gutes: Das Northside-Album *Chicken Rythms* wurde von der Musikpresse verrissen und verkaufte sich mehr schlecht als recht. Es erreichte immerhin Platz 19 der Charts, fiel aber fast sofort wieder ab.[71] Das 1988 vereinbarte und sehnsüchtig erwartete Album von Cath Carroll – die Tony Wilson als neue Patti Smith etablieren wollte, weshalb er für das Coverfoto eigens den berühmten amerikanischen Fotografen Robert Mapplethorpe engagierte – hieß *England Made Me*, erfüllte die Verkaufsziele aber leider auch nicht.[72] Rückenwind hatte nur Happy Mondays, die einen phänomenalen Aufstieg erlebte. Am 1. Juni gab die Band als Headliner im Stadion von Leeds United ein Konzert vor 20.000 Zuschauern.[73] Die wachsende Bekanntheit trieb ihren Sänger jedoch immer tiefer in die Drogenabhängigkeit.

Am 3. und 4. August fand in Heaton Park im Norden Manchesters das Festival Cities in the Park statt, organisiert von Alan Wise und gesponsert von der Firma Pepe Jeans. Man widmete die Veranstaltung dem Andenken Martin Hannetts und 10 % der Eintrittsgelder flossen als Spenden an die Wohltätigkeitsorganisationen African Famine Relief und Kurdish Trust Fund. Das zweitägige Musikprogramm versammelte viele Legenden, deren Musik die Stadt wiederbelebt hatte, und einen Gutteil derer, mit denen Hannett zusammengearbeitet hatte, sowie auch andere angesagte Bands. Am ersten Tag traten Orchestral Manoeuvre in the Dark, Cabaret Voltaire, eine Buzzcocks-Reunion, die Railway Children, die lokalen Rapper Ruthless Rap Assassins, Paris Angels und The Fall – deren dreizehntes Studioalbum *Shift-Work* gerade erschienen war – vor einem enttäuschend kleinen Publikum von nur 15.000 Menschen auf. Der zweite Tag stand ganz im Zeichen von Factory Records und es waren doppelt so viele Besucher gekommen wie am Vortag für:

Electronic, Revenge, New Fast Automatic Daffodils, Ashley and Jackson, 808 State, A Certain Ratio – deren nächste Single auf Rob Grettons neuem Label erscheinen sollte –, Durutti Column, Cath Carroll, The Adventure Babies, Wendys und natürlich Happy Mondays als Headliner (ursprünglich war der Platz für Electronic vorgesehen) sowie ein DJ-Set mit Mike Pickering, Jon DaSilva und Dave Haslam.[74] Im *aftermovie* erklärte der Dichter John Cooper Clarke, der teilweise die Moderation der Veranstaltung übernommen hatte: »Ich denke, alle, die nicht aus Manchester kommen, halten die Stadt für das Kulturhauptquartier des Universums, das Stammhaus des Rock'n'Roll.«[75] Manchester konnte zweifellos stolz auf sich sein, dennoch war diese Veranstaltung die letzte, an der sich alle Musikergenerationen seit der Wiederauferstehung der Stadt beteiligten. Mit der Compilation *Martin: The Work of Martin Hannett* (FACT 325) veröffentlichte Factory Records im selben Monat eine letzte Hommage an den legendären Produzenten und sein Werk, von Slaughter and The Dogs bis The High.

Leider wurden die neuesten Factory-Bands wie The Adventure Babies oder The Wendys den Erwartungen kaum gerecht[76] und halfen dem Label nicht, den deutlichen Abwärtstrend zu stoppen.[77] Factory Records zählte nun auf das Prestige von Electronic. Am 12. Dezember trat die Band als Headliner im Wembley-Stadion auf, doch niemand ahnte: Es sollte ihr letztes Konzert sein.[78] Die irrlichternde Happy Mondays war immer noch auf einem unglaublichen Erfolgskurs, aber ihr Ruhm sollte bald verblassen, denn er hing an Shaun und Bez, während die Spannungen innerhalb der Gruppe zunahmen.[79] Der Sänger machte in der Boulevard- und in der Fachpresse mit absurden, gänzlich ungefilterten Bemerkungen von sich reden, erklärte gegenüber dem *Melody Maker* sogar, die Sängerin Sinéad O'Connor brauche einen »guten Fick«, und streute auf MTV das Gerücht, er prostituiere sich in der Sackville Street (was *News of the World* am 13. Oktober 1991 aufgriff).[80] Die Gruppe durfte jedoch nicht rasten, sie brauchte ein viertes Album, um ihren Erfolg zu konsolidieren. Ursprünglich wollte Happy Mondays dafür wieder mit Paul Oakenfold und Steve Osbome zusammenarbeiten, die Wunschproduzenten aber lehnten ab, so dass Tony Wilson schließlich Tina Weymouth und Chris Frantz von den Talking Heads ins Spiel brachte. Um die Konzentration der Band zu fördern und die Heroinsucht des Sängers einzudämmen, sollten die Aufnahmen im März 1992 in den Blue Wave Studios auf der Karibikinsel Barbados stattfinden.

7. Der Untergang einer Ikone

Was man dabei übersehen hatte: Die Insel war Crack-verseucht, das dort nur ein Zehntel so viel kostete wie in Manchester.[81] Die Band begab sich auf die Reise, ohne Konzept war allerdings mit einem äußerst chaotischen Aufenthalt zu rechnen. Shaun Ryder berichtet:

> »Ich war nur einmal schlecht drauf, nämlich als ich ins Studio ging und die Musik dort hörte, da wurde mir körperlich und gedanklich übel.«[82]

Shaun nahm keinerlei Gesang auf, ihm mangelte es an Inspiration, immerhin war er geneigt zu schreiben – wurde damit allerdings nie fertig.[83] Der Bassist der Band, sein Bruder Paul erinnert sich:

> »Wir schrieben den Großteil der Musik auf Barbados. Wir hatten nur drei Songs mitgebracht. Dann haben wir uns mit Crack zugedröhnt – was für eine Droge, das Zeug! Mein Bruder, Bez, Paul Davis und ich waren ständig drauf; alle anderen rauchten kiloweise Gras.«[84]

Der Aufenthalt ähnelte dem Ibiza-Ausflug von New Order vier Jahre zuvor: weniger Aufnahmesession im sonnigen Süden als vielmehr schnöder Drogentourismus. Wie Mondays-Tänzer Bez berichtet, stahl Shaun Möbelstücke aus dem Studio und versetzte sie für seine tägliche Dosis.[85] Die ganze Farce nahm im April 1992 ein Ende, nachdem sich mit Howard Thompson der amerikanische Art Director von Elektra vor Ort ein Bild von dem Chaos gemacht hatte[86]. Die Band kehrte mit zwölf Titeln ohne eine einzige Gesangsspur zurück.[87]

Zurück in Großbritannien, musste Shaun sich erneut einer Entziehungskur in der Chelsea Charter Clinic stellen. Dort schrieb er den Song »Stinkin' Thinkin'« (was sich mit ›gemeine Gedanken‹ übersetzen lässt), der seinen verzweifelten Zustand spiegelte.[88] Nach drei Wochen holte ihn sein Manager Nathan McGough wieder ab und Shaun machte sich in Comfort's Place, einem Aufnahmestudio in Surrey, wieder an die Arbeit am Album.[89] Der Titel »Cowboy Dave« entstand nach seiner polizeilichen Vernehmung zur Ermordung von Dave Rowbotham, welcher von den Beamten so genannt worden war.[90] *Yes, please!* (FACT 420) war das seinerzeit teuerste Independent-Album und damit ein weiterer Sargnagel für Factory Records,[91] die Ausgaben beliefen sich auf schätzungsweise 400.000 £.[92]

Factory Records steht zum Verkauf

Künstler aus Manchester waren immer noch angesagt, doch Madchester war nicht mehr der heißeste Trend. Der Musiker David Shaw (David Shaw and the Beat, DBFC, Siskid, Black Strobe, Cardini & Shaw), der Ende der 1970er-Jahren in Manchester zur Welt kam und heute in Belgien lebt, erinnert sich an seine Jugend in den 1990ern:

»Aufgewachsen bin ich mit The Charlatans, Primal Scream, Aphex Twins, mit Ministry. Buzzcocks war nicht meine Generation. Ich hörte auch äthiopische Musik und Slayer, oder die Beach Boys und Throbing Gristle. Ich bin stolz darauf, mehr oder weniger ein Teil von Manchester zu sein, ich erlebte aber vor allem die Neunziger. Factory war bereits am Ende, als ich wirklich in die Musik einstieg.«[93]

The Charlatans verbesserten ihr Standing kontinuierlich, ihre Singles und EPs landeten automatisch in den Charts und sie gaben Konzerte in renommierten Spielstätten, im Juni 1991 etwa in der ›Royal Albert Hall‹ in London und auf dem gigantischen Roskilde Festival (wo sie nach den legendären Allman Brothers auftraten). Trotz ihres Erfolges und einer Umbesetzung, in deren Zuge sich die Band vom Gitarristen Jon Baker trennte, kam ihr zweites, sehr elektronisches Album *Between the 10th and the 11th* nach Erscheinen im März 1992 über den 21. Platz nicht hinaus (weniger erfolgreich als ihre erste LP); immerhin wurde das Stück »Weirdo« in den USA sehr gut aufgenommen.[94] Als Gitarrist der Charlatans übernahm im Juli 1991 Mark Collins aus Manchester, der zuvor bei den Waltones und bei Medalark II. gespielt hatte (in letztgenannter Band, die bei Creation Records unter Vertrag war, wirkten einige Mitglieder der Bodines mit).[95]

Auch Morrissey setzte, wie sein früherer Gitarrist Johnny Marr, seine Karriere fort. Sein Album *Your Arsenal*, das von Mick Ronson, dem berühmten Gitarristen und Produzenten unter anderem für David Bowie, produziert worden war und im Juli 1992 in die Läden kam, erreichte Platz 4 der britischen Charts, Platz 21 in den *Billboard*-Charts und wurde sogar für den Grammy nominiert.[96] In seiner Autobiographie berichtet der Sänger, der Chef von Sire Records habe ihn mit folgenden Worten beglückwünscht: »Du hast *alternative rock* populär gemacht, und zwar ganz ohne MTV – einfach unglaublich.«[97]

7. Der Untergang einer Ikone

Die Musik aus Manchester büßte nicht generell an Popularität ein, nur die Factory-Bands und das Phänomen Madchester. New Order begann im März mit den Aufnahmen für ihr sechstes Album, *Republic*; die Kosten beliefen sich auf 5.500 £ pro Tag. Doch Sumner war mit den Kompositionen seiner Bandkollegen nicht zufrieden und schrieb die Titel für das Album ganz allein, was Peter Hooks Groll gegen ihn noch verstärkte.[98] Außerdem lief der Vertrag von Factory – 1988 war das Label zu handschriftlichen Verträgen übergegangen[99] – mit Electronic im Juni aus und die Musiker verlängerten ihn nicht, sondern wechselten zu Parlophone.[100] Das Reich der Herren von Manchester schrumpfte rasant. Peter Hook erklärt dieses Scheitern wie folgt, er rechnet vor:

> »Es gab viele Gründe für den Bankrott: Im laufenden Jahr gab das Label sehr viel Geld aus, insbesondere für die Alben *Yes Please!* von Happy Mondays (350.000 £), *One True Passion* von Revenge (250.000 £) und für Cath Carrolls Band Miaow (150.000 £). Dazu kamen natürlich noch die Lokalitäten. In dem Jahr machte das ›Haçienda‹ einen Verlust von 481.912 £ [...], Dry 201 kostete insgesamt 575.478 £ und hatte die Investitionen immer noch nicht eingespielt, schließlich kostete das Büro in der Charles Street 750.000 £, womit das Defizit bei 50 % des Budgets anlangte, das bis dato größte. [...] Das Endergebnis: negativ, Factory-Schuldenstand bei 2.557.390 £.«[101]

Im ›Haçienda‹ nahm Mike Pickering – Programmgestalter, *resident*-DJ und Wegbereiter für den Aufstieg der elektronischen Musik in England – 1992 aufgrund der massiven Gang-Präsenz seinen Hut.[102] Bereits 1991 hatte diese dynamische Figur des FAC 51 eine neue Disco-Pop-Band mit House-Einflüssen gegründet, mit von der Partie waren Paul Heard am Keyboard, die Sängerin Heather Small und bei Auftritten wurden sie zusätzlich von Simon Topping begleitet. M People, so hieß Pickerings Band, war bei Deconstruction, Pickerings Label für elektronische Musik, unter Vertrag. Nach einer ersten, wenig erfolgreichen ersten Single erschien im Oktober 1991 mit »How Can I Love You More« eine zweite Single, die es auf Platz 29 der Charts schaffte.[103] Die Popularität der neuen Formation nahm in den nächsten Jahren stetig zu,[104] 1993 gewann sie für das Album *Elegant Slumming* den Mercury Music Prize; das Prestige des Labels wuchs 1994 mit der Verpflichtung des aufstrebenden Stars Kylie Minogue.[105]

Nach all den Jahren, in denen Tony Wilson an einem neuen Image für Manchester mitgewirkt hatte, wollte er vor allem eines nicht: sich geschlagen geben; zumal das ›Haçienda‹, trotz aller Probleme, zu den bekanntesten Clubs der Welt zählte und immer noch das Stadtzentrum prägte. Vom 12. bis

16. September organisierte Wilson in Manchester, nach dem Vorbild des New Yorker New Music Seminars, die Musikkonferenz »In the City«, die vom Stadtrat mit 25.000 £ unterstützt wurde und schließlich rund 1.000 Vertreter der Musikbranche zusammenbrachte. In der Stadt gab es Konzerte mit aufstrebenden Künstlern wie Suede aus London sowie mit Newcomern aus Manchester wie Oasis, Brand New Heavies, Radiohead, K-Klass (bei Deconstruction unter Vertrag), EMF, The Auteurs, Northside, Railway Children und Bananarama sowie, bei einem Konzert im Hotel Ritz, The Fall.[106] Die Veranstaltung stärkte die Strahlkraft der Stadt und präsentierte Bands, die auf dem Weg waren, den Soundtrack des neuen Jahrzehnts zu prägen – gleichzeitig aber ging es mit Factory endgültig bergab.

Um zu retten, was zu retten war, suchte das Label seinen Katalog an London Records zu verkaufen, eine Tochtergesellschaft des Polygram-Konzerns, mit der man seit September 1991 Gespräche führte. Factory hatte ihnen bereits die Vertriebsrechte für Nordamerika, Australien, die Benelux-Staaten, Deutschland, Österreich und die Schweiz übertragen.[107] Doch Factory Records, das etwa bei der Bank NatWest mit 770.000 £ in der Kreide stand, war überschuldet und hatte nicht mehr viel zu bieten. Eine Einigung mit London Records – an den Verhandlungen beteiligt waren der Vorsitzende Tracy Bennett, CEO Roger Ames und Geschäftsführer Colin Bell – kam schließlich nicht zustande, weil die Konzernfiliale nicht an kleinen Bands interessiert war, sondern es nur auf die Alben von Joy Division, New Order und Happy Mondays abgesehen hatte.[108] Factory Records war insolvent und ging im November 1992 in Konkurs.[109] Club und Bar des Labels – letztere wurde im September von einer bewaffneten Gang überfallen, die mehr als 10.000 £ erbeutete[110] – wurden nicht geschlossen, da sich noch Einnahmen generieren ließen, aber das Bürogebäude in der Charles Street ging mit einem Startpreis von 350.000 £ in die Versteigerung. New Order hingegen unterzeichnete im Dezember einen Vertrag mit London Records, man bot der Band die Zahlung aller Außenstände von Factory an und machte Tony Wilson in einem Gentlemen-Agreement den Vorschlag, einen Berater-Posten zu übernehmen.[111] Wilson zerstritt sich daraufhin mit seinem treuen Kollegen Alan Erasmus. Die Einigung umfasste auch die Rechte an Joy Division.[112]

7. Der Untergang einer Ikone

Das neue Album von Happy Mondays erschien, trotz der katastrophalen Produktionsgeschichte von *Yes Please!*, im Oktober 1992 und landete mit 10.000 verkauften Exemplaren auf Platz 8 der Charts, auch die Kritiken konnten sich sehen lassen – im Unterschied zu den Singles »Stinkin'Thinkin'« und »Sunshine and Love« (die letzten Produktionen von Factory Records), die das Label aus kommerziellen Erwägungen gesondert herausgebracht hatte.[113] Tony Wilson wollte Happy Mondays noch zu einer Unterschrift beim Major-Label EMI bewegen und organisierte ein Treffen am 17. Februar 1993, doch der Sänger brauchte einen Schuss, verließ das Büro und soll nicht zurückgekommen sein.[114] Der Hauptakteur selbst wies diese Darstellung zurück, er habe sich nur etwas zu essen besorgt, während die übrige Band einige neue Stücke vorspielte, die noch keinen Gesang hatten und ihm ohnehin nicht gefielen.[115] Die Band erhielt eine zweite Chance und sollte im Londoner Büro vorstellig werden – dort aber tauchte sie nie auf und das Angebot wurde kassiert,[116] woraufhin die Band sich trennte.

Es gab zwar auch Vorwürfe wegen Missmanagements, doch in den frühen 90er Jahren hatte nicht nur Factory Records Probleme. Die unabhängige Musikindustrie hatte nonkonforme Künstler und Bands jenseits des Mainstream-Marktes gefördert und befand sich nun – nachdem sie über zehn Jahre hinweg bewiesen hatte, dass musikalische Innovation und Talent vom Starsystem unabhängig sein konnten – in einer Krise. Rough Trade ging ebenfalls in Konkurs und musste die Smiths-Alben an Warner UK abtreten.[117] Johnny Marr erinnert sich:

> »Morrissey und ich verkauften das Repertoire der Band 1992 an Warner, damit es nicht in der Konkursmasse von Rough Trade unterging. Rough Trade war hoch verschuldet, aber sie hatten sich durch den Verkauf von Smiths-Platten über Wasser halten können und die Einnahmen für den Schuldendienst verwendet, anstatt die Band zu bezahlen, so dass wir seit einiger Zeit keine Tantiemen mehr erhalten hatten. [...] Als ersten Schritt veröffentlichte Warner alle Alben in einer remasterten Version auf CD.«[118]

Die Neuauflagen brachten die Band wieder in die Charts, sieben Alben schafften es in die Top 75, vor allem aber der *Best of*-Sampler brachte die altgediente Band wieder auf den ersten Platz.[119] Die Wiederveröffentlichung erfolgreicher Titel als Sampler oder in remasterter Form war für die Major-Labels der beste Weg, um ihre Neuerwerbungen vergessener Gruppen zu Geld zu machen und die junge Generation auf den Geschmack zu bringen.

Factory hatte bereits in den 80er-Jahren die Songs von Joy Division neu aufgelegt und London Records tat in den 90ern nun dasselbe mit den Songs von New Order, unter anderem erschien 1994 *(The Best Of) New Order* und landete auf Platz 4 der Charts.[120]

8. Relaunch in Manchester und Identitätskrise in England

Neue Zeiten, neue Bands

Obwohl England eine weitere Wirtschaftskrise durchmachte, die sich insbesondere auf dem Immobilienmarkt niederschlug, und die Bevölkerung 1991 gegen den Kriegseintritt des Landes auf Seiten der USA in den Golfkrieg protestierte – wegen des Konflikts wurde der Charlatans-Song »Happen To Die« im Radio zensiert[121] –, gewann der Konservative John Major entgegen allen Erwartungen und trotz seiner miserablen Bilanz die Wahlen von 1992. Seinen Sieg soll er hauptsächlich der massiven Abneigung gegen den Labour-Kandidaten Neil Kinnock verdankt haben.[122] Die Aversion gegen Thatcher, die sich in den achtziger Jahren mit jeder Regierungsmaßnahme verschärft hatte, hat die Labour Party nicht für sich nutzen können; eine Erklärung für den jahrelang schwachen Zuspruch könnte sein, dass die traditionellen Wählerschichten, deren Lebensgrundlagen und Berufe (Berg-, Stahl- und Metallarbeiter) im Zuge der Wirtschafts- und Sozialpolitik der letzten Regierungen zunehmend verschwanden. Als weitere Faktoren für den abermaligen Sieg der *Tories* gelten die konservative Ausrichtung der Tagespresse, die auf die öffentliche Meinung wirkte, sowie die Streuung der gegen den Thatcherismus gerichteten Stimmen (darunter 22,3 % Nichtwähler).[123] Nach der Labour-Niederlage folgte John Smith auf Kinnock als Parteivorsitzender. Als die Arbeitslosigkeit 1993 wieder die Drei-Millionen-Marke erreichte,[124] startete die Regierung Major in der Tradition ihrer Vorgängerin eine Kampagne unter dem Motto *Back to basics,* »Zurück zu den Grundwerten« der Moral und Familie[125] – was angesichts der Sex- und Finanzskandale konservativer Spitzenpolitiker im Rückblick als völlig scheinheilig erschien.[126]

Die steigende Kriminalität in Manchester war ein Gradmesser für die prekären Lebensverhältnisse der Bevölkerung, hauptsächlich in den verlassenen und verwahrlosten Gebieten. Im Jahr 1992 fiel der Beschluss, die tristen Häuserblöcke in Hulme abzureißen und den Stadtteil von Grund auf zu renovieren.[127] Die Popmusik der Manchester-Szene und die Clubkultur waren ein echter Touristenmagnet, die boomende Kreativwirtschaft der Stadt strahlte bis ins Ausland. So organisierte das ›Haçienda‹ zwei Events im Pariser ›Locomotive‹: Am 21. Februar 1990 spielten die New Fast Automatic Daffodils und die Paris Angels, tags darauf trat James als Vorband für Dave Haslam auf. Von dem nordenglischen Club fuhren Busse nach Paris, um echte *boys and girls* aus Manchester in die französische Hauptstadt zu bringen.[128] Im Sommer desselben Jahres finanzierte Elektra Records eine Nordamerika-Tour der Haçienda-DJs – erstmals wurden britische DJs in einem solchen Rahmen in die USA eingeladen.[129] Dieser Wirtschaftssektor war sehr produktiv und schuf zahlreiche lokale Arbeitsplätze, eine echte ökonomische Trumpfkarte.[130] Im Zuge der Renaissance der lokalen Kulturszene fasste die Stadtverwaltung das Ziel ins Auge, das lange Zeit vernachlässigte Stadtgebiet attraktiver zu gestalten und damit Investitionen anzuziehen. Die Central Manchester Development Corporation (CMDC) investierte, seit ihrer Gründung 1988 bis zur Auflösung 1996, rund 500 Millionen £ in Sanierung, in Ausbau und Modernisierung des Stadtzentrums von Manchester.[131] Auf das lokale Nachtleben war man nun im Rathaus, aber auch in Marketingagenturen und Reisebüros, mächtig stolz[132] – ein wahres Leitmotiv, neben dem kolossalen Aufschwung der Fußballindustrie in den Neunzigern,[133] immerhin wurde 1992 die Premier League gegründet und die Meistertitel für Manchester United (1993, 1994, 1996, 1997, 1999, 2000) machten den Verein auch international zur Legende. Das Jahr 1992 blieb in Manchester jedoch vor allem wegen der Bombenanschläge vom 3. Dezember in Erinnerung: Zwei von der IRA deponierte Sprengsätze explodierten mitten im Stadtzentrum. Die erste Detonation ereignete sich um 8:40 Uhr in Parsonage Gardens, einem Einkaufsviertel am Stadtrand von Salford, die zweite Bombe detonierte um 10:05 Uhr in der Cateaton Street und beschädigte die Kathedrale von Manchester. Es gab keine Todesopfer, nur eine Handvoll Verletzte durch umherfliegende Glassplitter.[134] Der Wiederaufbau hatte eine städtebauliche Modernisierung des gesamten Stadtzentrums zur Folge.

Zwar schlossen Clubs und Diskotheken aufgrund der unsicheren Lage, parallel dazu aber wurden andere eröffnet und einige waren Teil des Aufschwungs einer erstarkenden und stolzen *LGBTQI+ community*, die seit 1986 (ungeachtet der ausgeprägten Feindseligkeit von Polizeichef James Anderton, bis 1994

8. Relaunch in Manchester und Identitätskrise in England

kam es in Schwulenbars regelmäßig zu Razzien und Verhaftungen)[135] verschiedene Veranstaltungen und Festivals organisierte sowie Spenden für AIDS-Opfer sammelte. Doch erst im Jahr 2000 wurde die Homosexualität in der Armee entkriminalisiert und erst seit 2004 gibt es eine »eingetragene Partnerschaft«, die Homosexuellen ähnliche Rechte garantiert wie heterosexuellen Ehepaaren.[136] 1991 eröffnete der Club ›Manto‹ in der Canal Street, in einem zentralen, als Gay Village bekannten Stadtviertel. Das ›Haçienda‹ richtete allmonatlich *Flesh*-Events für die Community aus, die ein großer Erfolg waren und im Gegensatz zu den üblichen Veranstaltungen keine Gangster anzogen;[137] bereits zwischen Juni und Dezember 1985 hatte das FAC 51 einen monatliche Gay Monday veranstaltet.[138] Zudem hatten einige Clubs auch überlebt, so der ›Boardwalk‹, wo Dave Haslam nun auch freitags auflegte: Mit Elliot Eastwick und Jason Boardman spielte er bei den *Yellow Nights* Funk, Soul und Hip-Hop.[139] Im Mai 1993 eröffnete der Manager des ›Manto‹ mit dem ›Paradise Factory‹ einen zweiten Club in der Charles Street genau im früheren Bürogebäude von Factory Records.[140] Wenige Monate später eröffnete der Unternehmer Tom Bloxham im September die ›Home‹, eine neue Diskothek unter der Leitung von Paul Cons, der sich zuvor im ›Haçienda‹ seine Sporen verdient hatte;[141] infolge rufschädigender Schlägereien musste sie im September 1995 schließen.[142] Im selben Jahr eröffneten die ›Isobar‹ in der Oldham Street im Northern Quarter und das ›Atlas‹ in Castlefield im historischen Südwesten der Innenstadt.[143] Ein Jahr später, im Juni 1994, bezog ›Sankey's Soup‹ das Erdgeschoss der Beehive Mill in der Jersey Street; der Club war nicht an allen Abenden geöffnet, belebte aber das verlassene Industriegebiet Ancoats am nördlichen Stadtrand.[144] Der Aufschwung des Nachtlebens »post-Madchester« führte zu einer Vielzahl von DJ-Events in den Bars der Stadt.[145] Auch die neuen Bars wurden die Kriminalität nicht los. So wurde 1993 ein 14-jähriger Passant auf offener Straße erschossen,[146] und im April 1995 wurde Terry Farrimond, einer der Türsteher des ›Haçienda‹, nur wenige Schritte von seinem Haus entfernt ermordet.[147]

Die Stars von gestern standen in Manchester nicht mehr hoch im Kurs. Die Stone Roses gerieten allmählich in Vergessenheit: Die Idole der Madchester-Szene hatten Silverton 1990 nach einer letzten Single, *One Love* (sie schaffte es auf Platz 4), den Rücken gekehrt und beim US-Label Geffen unterschrieben,[148] zudem mussten sie sich in einem Rechtsstreit gegen ihren Manager

Gareth Evans wehren.[149] Erst vier Jahre später tauchten sie mit einem zweiten Album wieder auf. Morrissey, der in den 80er-Jahren linke Positionen bezogen hatte, ließ zunehmend den Verdacht aufkommen, er kokettiere mit Theorien der britischen extremen Rechten. Bereits sein Stück »The National Front Disco« auf dem Album *Your Arsenal* hatte bei seinen treuesten Fans einen bitteren Beigeschmack hinterlassen und das Thema flammte wieder auf, nachdem er 1992 auf der Bühne des Madness's Madstock Festival im Finsbury Park vor faschistischen Skinheads im Publikum den Union Jack, die Flagge des Vereinigten Königreichs, geschwenkt hatte[150] – seit den achtziger Jahren assoziierte man die Flagge hauptsächlich mit Auftritten rechtsextremer Parteien.[151] New Order war zersplittert, aber ihr neues Album *Republic* (das erste bei London Records) wurde mit Erscheinen im Mai 1993, trotz der vierjährigen Wartezeit, zum Riesenerfolg – wäre es früher erschienen, hätte es Factory Records wohl vor dem Bankrott bewahrt. Das Album stand an der Spitze der britischen Charts, erreichte Platz 11 der *Billboard* »Hot 100« und ging in den USA eine halbe Million Mal über den Ladentisch.[152] Die legendäre Band löste sich vor Jahresende auf.[153] Was Revenge anbelangt – das *side project* von Peter Hook, das sich schließlich zu dessen Hauptprojekt und -fehlschlag auswachsen sollte –, die Formation gab bereits am 29. Januar 1993 ihr letztes Konzert, im ›North Staffs Polytechnic‹ mit Northside als Vorband.[154]

Eine neue Generation saß bereits in den Startlöchern. 1993 dominierte die Band Take That mit gleich zwei Alben, die zu den 20 meistverkauften Alben des Jahres zählten, den Markt der Jugendlichen (hier debütierte Robbie Williams, bevor er 1996 seine Solokarriere wagte).[155] Im April eroberte die Band Sub Sub, die Rob Grettons Label unter Vertrag hatte, mit ihrem Titel »Ain't No Love (Ain't No Use)« den dritten Platz der Charts. Sub Sub trat daraufhin am 13. September als Vorgruppe von A Certain Ratio im ›Haçienda‹ auf – das Event war ganz Grettons Label Rob's Records gewidmet, dort hatte 1992 auch ACR ihr Album *Up in Downsville* veröffentlicht.[156] Zudem etablierte sich ein Duo, Chemical Brothers, bestehend aus Tom Rowlands und Ed Simons, die ursprünglich zum Studium nach Manchester gekommen waren. Zunächst legten sie bloß bei Partys der Zeitschrift *Jockey Slut* auf, gewannen 1992 aber rasch an Popularität als *resident DJs* von Naked Under Leather.[157]

8. Relaunch in Manchester und Identitätskrise in England

Black Grape

Nach dem Ende der Happy Mondays nahm Shaun Ryder mit seiner Freundin Oriole – der Tochter des schottischen *Sixties*-Stars Donovan, mit dem Ryders Band auf England-Tour zur Promotion ihres dritten Albums gewesen war[158] – eine Auszeit von Manchester und reiste in das legendäre marokkanische Dorf Joujouka. Oriole hatte dort Kontakte, da ihre Mutter in den Sechzigern das Rolling Stones-Gründungsmitglied Brian Jones näher kannte, der in dem Dorf mit Hadj Abdesalam Attar ein Album aufgenommen hatte: *Brian Jones Presents the Pipes of Pan at Jajouka* (Rolling Stones Records, 1971).[159] Ryder reiste anschließend noch nach Israel und war dann, zurück in Manchester und unzufrieden mit dem letzten Album von Happy Mondays, das ihren Sturz beschleunigt hatte, bereit für ein neues Projekt. Zu diesem Zeitpunkt verfolgte er bereits einige Ansätze, die sich von den bisherigen Kompositionen unterschieden,[160] und 1993 meldete sich Shaun Ryder mit Black Grape zurück. Sein Bruder Paul war die erste Wahl als Bassist des neuen Projekts, dieser aber hegte einen allzu großen Groll gegen Shaun, den er für das Ende der Happy Mondays verantwortlich machte;[161] Shaun musste sich daher notgedrungen nach einem anderen Bassisten umsehen.

Shaun probte mit seinem Drogengenossen Kermit und dem Schlagzeuger Ged Lynch (beide Ruthless Rap Assassins) sowie Martin Wright und Martin Mitler von Intastella einige Male in seinem Haus in Didsbury, im Süden der Stadt, und wollte dann mit ihnen in den Drone Studios in Chorlton ein paar Demotapes aufnehmen – dass er bereits mit Gary Kurfist verhandelt hatte, behielt er allerdings für sich. Kurfist war Mitbegründer des Labels Radioactive Records und in den USA kein Unbekannter, hatte er 1968 doch das New York Rock Festival mit The Doors, Jimi Hendrix und Janis Joplin organisiert. Er ließ sich von den ersten Entwürfen überzeugen und nahm die neue Band nicht nur bei seinem Label unter Vertrag, sondern übernahm auch das Management. Das neue Projekt, angeregt von einer der größten und umstrittensten Ikonen der Madchester-Zeit, zielte auf eine hybride Musik – irgendwo zwischen Rolling Stones und Cypress Hill.[162] Danny Saber, Produzent und Multi-Instrumentalist, der bereits mit Cypress Hill zusammengearbeitet hatte, sowie Shauns getreuer Bühnen- und Drogenfreund Bez und der Paris Angels-Gitarrist Paul Wagstaff stießen hinzu. Nun war die Band komplett und begann mit den Aufnahmen für ihre erstes Album.

Shaun war in besserer Verfassung als zum Ende der Happy Mondays und versuchte, vom Heroin loszukommen, doch neben Unmengen von Alkohol griff er noch zu Ecstasy und »Tamazis« (das Beruhigungsmittel zählt zu den Benzodiazepinen).[163] Auch wenn Happy Mondays schon erfolgreich gewesen war, der Bandmanager sorgte sich um den Einfluss der ehemaligen Ruthless Rap Assassins. Daher wählte Kurfist die Stücke aus, die auf *It's Great When You're Straight ... Yeah* erscheinen sollten, damit der Hip-Hop (der zwar zunehmend profitabler wurde) den Rock nicht übertrumpfte.[164]

Als das Album im August 1995 erschien, wurde Ryders Comeback von der Kritik hoch gelobt, es erreichte Platz 1. Die Single »Reverend Black Grape« war bereits einige Monate zuvor veröffentlicht worden, landete damals in den Top 10 und öffnete Black Grape die Tore zur Sendung *Top of the Pops*, bei der das Fernsehpublikum im Juni einen ganz neuen Shaun Ryder kennenlernte.[165]

Oasis

Paul, Noel und William Gallagher (letzterer besser bekannt als »Liam«) wuchsen mit dem Wiederaufschwung der Stadt und einer vitalen Musikszene auf. Ihr Vater, Tommy Gallagher, den man wegen seines Haarschnitts »Mönch« nannte, arbeitete Mitte der 80er-Jahre als *resident DJ* im ›Ardri‹, einem alten irischen Club.[166] Seine Ehefrau Peggy hatte sich von dem gewalttätigen Alkoholiker bereits Mitte der 70er-Jahre getrennt.

Noel Gallagher war bereits »partyfähig«, als er von der Schule flog und auf dem Bau arbeiten musste – die Donnerstagabende verbrachte er oft im ›Haçienda‹.[167] 1988 lernte er Graham Lambert von Inspiral Carpets kennen, sie trafen sich auf einem Soli-Konzert der North West Campaign for Lesbian and Gay Equality im ›International 2‹ – die Aktivisten wandten sich gegen Paragraph 28 des *Local Government Act*, der nicht nur den freien Umgang mit dem Thema Homosexualität im Schulbetrieb beschränkte, sondern auch schwule und lesbische Teenager in den Schulen dämonisierte und marginalisierte. Seitdem war Noel bis 1992 ein Roadie der Inspiral Carpets und auch Liam – der von den Auftritten der Stone Roses und insbesondere vom Charisma ihres Sängers Brown begeistert war – sehnte sich nach den Eskapaden und Erfolgen im Leben eines Rockstars.[168] Die beiden Brüder besuchten auch den Event zum sechsten Jahrestag des ›Haçienda‹ im Mai 1988,[169] sie genossen die lokale musikalische Revolution in vollen Zügen. Liam, der Jüngste der Brüder, war ein Riesenfan der Stone Roses und deren Auftritt bei dem gigantischen Konzert auf Spike Island begeisterte ihn restlos.[170]

Noels Roadie-Erfahrung bei einer der angesagten Madchester-Bands vermittelte ihm das Tourleben als Musiker hautnah. Nach Feierabend spielte er auf den Instrumenten der Band und komponierte bereits zukünftige Stücke:

»Auf meiner ersten Inspiral-Tour war Mark Coyle der Toningenieur. [...] Vor dem Soundcheck setzte er sich an die Drums, und ich nahm Grahams Gitarre. Er hatte sich das Intro zu ›Live Forever‹ ausgedacht. Er spielte den Rhythmus immer wieder. Als ich dann meine Akkorde dazu spielte, fragte Coyle gleich nach. Er fand sie großartig und meinte, daraus solle ich einen Song machen. [...] Ich hatte zu der Zeit keinerlei Ambitionen zum Musiker, der Job als Roadie genügte mir, Ende der Fahnenstange.«[171]

Während Noel noch hinter die Kulissen des Tourbetriebs blickte, hielt sich sein Bruder Liam damit nicht auf, sondern stieg bei einer Band ein, die einen Sänger suchte: Die Probe mit The Rain lief gut, so dass er bald mit Paul »Guigsy« McGuigan am Bass, Paul »Bonehead« Arthurs an der Gitarre und Tony McCarroll am Schlagzeug als Vorband von Sweet Jesus im ›Boardwalk‹ auftrat, nämlich am 18. August 1991.[172] Nach mehreren Anfragen, ob er nicht als Gitarrist in der Band seines Bruders spielen wolle, sagte Noel schließlich zu. Doch der Bandname gefiel ihm nicht und er schlug eine Umbenennung in Oasis vor, eine Anspielung auf das ›Oasis Leisure Centre‹ in Swindon, wo Inspiral Carpets einmal aufgetreten war[173] – eine Alternative wäre der Name Sons of the Stage gewesen, nach dem Lied der World of Twist.[174] Nachdem sie mit einigen Kompositionen von Noel gearbeitet hatten – alle Stücke der ersten drei Alben stammen von ihm –, klopfte Oasis mit einem Demotape bei Factory an, doch Tony Wilson ließ die Gelegenheit verstreichen. Phil Saxe berichtet, Wilson sei hinsichtlich der Aussichten von Oasis und von Pulp (einer innovativen Band aus Sheffield) optimistisch gewesen, in der kritischen Situation des Manchesteraner Labels habe sich aber jede Investition verboten.[175]

Im April 1992, die Band war immer noch auf der Suche nach einem Label, traten die Brüder als Vorband für Peter Hooks Revenge bei einem Konzert in Middleton auf.[176] Am 13. September spielte Oasis während der In the City-Convention im ›Venue‹. Die neue Band, deren Einflüsse vom Pop der Beatles bis hin zum neo-psychedelischen Indie-Pop der Stone Roses reichten – Ersteres erregte bei Mark E. Smith von The Fall eine entschiedene Aversion gegen Oasis[177] –, wollte nicht in einer Nische versauern. 1993 teilten sie ihren Proberaum mit Sister Lovers, deren Gitarristin Debbie Turner eine Ex-Freundin des Creation Records-Chefs Alan McGee war. So kam Oasis zu einem gemeinsamen Auftritt am 31. Mai 1993 mit 18 Wheeler im Glasgower ›King Tit's Wah Wah Hut‹. Dort hörte sie Alan McGee, er war hin und weg und bot den Gallagher-Brüdern einen Vertrag bei seinem Label an.[178] Die Band hatte nun ein angesagtes Plattenlabel, doch um aus dem Abenteuer ein Epos zu machen, fehlte noch ein Manager. Noel ließ seine Kontakte spielen, er kannte Johnny Marrs Bruder Ian, den er regelmäßig im ›Haçienda‹ getroffen hatte. Diesem gab er eine Kassette, damit der berühmte Gitarrist Johnny sie sich anhören und die Band an etablierte Profis vermitteln konnte. Johnny Marr erzählt:

»Was ich hörte, klang neu und doch angenehm vertraut. Wenn einem ein Musikstück bekannt vorkommt, kann das daran liegen, dass die Musik einfach nur banal ist, es kann aber auch heißen, dass sie die genau richtigen Knöpfe drückt. Ich erkannte einige Bezüge; diese Stücke verkörperten klassischen Rock, sie hatten aber auch etwas Eigenes, etwas Unvergleichliches. Das war wirklich ... Manchester.«[179]

Der Ex-Gitarrist von The Smiths mochte das Gehörte und besuchte ein Konzert, um Oasis live zu sehen:[180]

»Sie spielten sechs oder sieben Stücke, später kam Noel und fragte mich, was ich davon hielt. Ich erwiderte, ich bin ganz hin und weg. [...] Eine Woche lang ging mir ihr Auftritt nicht aus dem Kopf. Ich rief meinen Agenten Marcus Russell an und erzählte ihm von der Band, die müsse er sehen.«[181]

8. Relaunch in Manchester und Identitätskrise in England

> Der Gitarrist von Electronic war beeindruckt und machte den Journalisten Jon Savage auf die Band aufmerksam;[182] Marr ist es auch zu verdanken, dass Marcus Russell das Management der Band übernahm.
> Im August 1993 spielte Oasis erstmals für eine Radiosendung, für *Hit The North* auf Radio BBC 5.[183] Im September spendierte Creation Records 2.000 £ für weitere Demo-Aufnahmen in den Waliser Loco Studios;[184] hierbei entstand »Columbia«, die im Dezember als erste Single hohe Wellen schlug. Dank ihres Londoner Labels und des Erfolgs ihres ersten Titels spielten sie ihr erstes Konzert als Headliner in der Hauptstadt, nämlich am 24. Januar 1994 im ›Water Rats‹.[185] Noel berichtet: »Es war brechend voll. Ich weiß nicht mehr, wie es genau vor sich ging, aber danach fuhren wir nach Liverpool und spielten weitere Demos ein«.[186] Bereits auf Erfolgskurs hatte Oasis am 18. März 1994 den ersten Fernsehauftritt auf Channel 4 in der Sendung *The Word*.[187] Im Anschluss trug eine wahre Interview-Flut in Presse und Fernsehen dazu bei, die Band in ganz England massiv zu popularisieren.[188]

1992 machte eine weitere Manchesteraner Formation von sich reden. Die Band The Verve, 1989 von Richard Ashcroft gegründet, wollte sich von den angesagten Musik- und Soundtrends lösen und eine alternative, innovative Rockmusik hervorbringen. Ashcroft erklärt:

> »Dass andere Bands unsere Musik mögen, ist schmeichelhaft, aber ich will den einfachen Typen auf der Straße erreichen. Ich wollte Musik machen wie die ganz Großen. Miles Davis, Can, Chic. So klingen wie alle zusammen. Und ich wollte, dass alle uns hören.«[189]

Johnny Marr, der den Aufstieg der Bands aus Manchester genau verfolgte, erinnert sich:

> »The Verve spielte eine neue Art von Rockmusik, die passte in eine neue Zeit. Ihre Musik gründete auf klassischen Referenzen und bekräftigte die Werte der Gitarrenbands, die in den letzten Jahren verdrängt worden waren; sie sprach eine ganze Generation junger Typen an, die den künstlichen Mainstream-Techno-Pop satthatten, sich aber mit der Negativität der neuen US-Bands nicht identifizieren konnten. Die jungen Briten übernahmen die Kultur der prägnanten, eingängigen Gitarren und die damit verbundene Mode und Message. Die Ersten waren die LA's gewesen, und genau das hatte ich auch auf den Demos von Noel gehört.«[190]

1994 gingen sie erstmals auf US-Tournee und spielten auch beim Lollapalooza-Festival. Derweil arbeitete The Charlatans weiter an ihrem Comeback, erlitt dabei allerdings einen schweren Rückschlag, als ihr Keyboarder Rob Collins wegen Beteiligung an einem bewaffneten Raubüberfall festgenommen wurde. Collins' Freund Michael »Ratty« Whitehouse hatte einen Ladenbesitzer mit einer Waffenattrappe bedroht und war dann in dessen Auto gestiegen. »Ratty« wurde zu vier Jahren Gefängnis verurteilt, Rob zu acht Monaten in Her Majesty's Prison Shrewsbury. Am 3. Februar 1994 kam er auf freien Fuß und wurde direkt ins Fernsehstudio von *Top of the Pops* gebracht, wo seine Band einen Auftritt hatte.[191] Im folgenden Monat erschien ihr drittes Album *Up to Our Hips* (Beggars Banquet), das nach dem Electro-Exkurs mit dem vorherigen Album wieder an die Rocktradition der ikonischen 60er-Jahre anknüpfen sollte.[192] Das Album erreichte Platz 8 der Charts. Der ganze Stolz von Sänger Tim Burgess ist der Song »Can't Get Out of Bed«, für den Lieder von John Lennon, Bob Dylan und den Small Faces Pate gestanden hatten.[193]

Oasis und der Britpop unterm Union Jack

1993 war der Hurrikan Madchester vorübergezogen, der Ende der Achtziger in England unter den Effektpedalen der neo-psychedelischen Shoegazing-Bands als neuer Stil für Wirbel gesorgt hatte. Die beginnenden 90er-Jahre waren nun stärker geprägt vom Aufstieg junger Popbands, deren Wurzeln bis zum unbeschwerten Pop der 60er-Jahre reichten. Ihr Hauptmerkmal war ein selbstbewusstes Englischsein und der Begriff »Britpop« geriet bald zum Symbol einer ganzen Generation. Einige Musiker wie Clint Boon von den Inspiral Carpets,[194] aber auch Kritiker wie der Journalist, Musiker und Autor John Robb sind überzeugt, dass Britpop – so bezeichnet wurden die Musik wie das Erscheinungsbild sowohl von Oasis als auch von The Charlatans, die zuvor zur Madchester-Szene gezählt hatten – in der Kontinuität des Indie-Dance der späten Achtziger stehe. John Robb erklärt:

> »Es handelt sich in Wirklichkeit um ein Madchester-Revival und Oasis war Teil davon. Man konnte Blur zunächst als Londoner Antwort auf die Manchesteraner Welle verstehen. Mit dem Britpop versuchte der Rest des Landes, verlorene Zeit aufzuholen, indem er die Bands und die Kultur von Manchester übernahm.«[195]

8. Relaunch in Manchester und Identitätskrise in England

Der alleinige Fokus auf den Aufstieg von Bands aus Manchester, die das gesamte britische Musikbusiness kolonisiert hätten, muss natürlich relativiert werden, vielmehr muss Britpop als politische und mediale Reaktion Englands, dessen Jugend nach gemeinsamen, tragfähigen Werten suchte, auf eine Identitätskrise verstanden werden. Der Wissenschaftler Andy Bennett analysiert Britpop im Journal *Cultural Sociology* wie folgt:

> »Ein Begriff, mit dem die Presse in den 1990er-Jahren den Musikstil und mitunter auch die Bildsprache junger britischer Bands wie Blur, Oasis und Pulp bezeichnete. Musik und Texte der Britpop-Bands galten als Rückkehr zu einer spezifisch englischen Version der Popmusik, welche an die ›British Invasion‹ der 1960er-Jahre erinnerte, als Bands wie die Beatles, die Rolling Stones und die Kinks in den USA erfolgreich waren.«[196]

Auch Noel Gallagher bestreitet einen Zusammenhang zwischen dem Erfolg von Oasis und der Entwicklung der Szene in Manchester:

> »Oasis war nie Teil irgendeiner Szene, nicht einmal der von Manchester. Die ›Szene‹ hatte schon Jahre vorher Tritt gefasst. Blur und Suede hatten ihren Fuß schon in der Tür, lange bevor später der sogenannte Britpop überhaupt entstanden war.«[197]

Die Britpop-Bands ließen sich großteils von früheren Trends beeinflussen, ihre Musik war quasi eine Synthese populärer Stile, die in der zweiten Hälfte des 20. Jahrhunderts in England Erfolg gehabt hatten (»Britpop« ist ja schließlich die Abkürzung für »British popular music«);[198] unbeachtet bleiben regionale Besonderheiten, der Beitrag von Minderheiten sowie der Entstehungskontext. Vielmehr ist die Entwicklung des Britpop in einen eigenen politischen, wirtschaftlichen und sozialen Kontext eingebunden: Man greift den Pop der 1960er-Jahre wieder auf und Bands wie Suede machen den Glamour und die Androgynität der 1970er à la Bowie und Eno wieder hoffähig. Vor allem aber bedeutet Britpop, dass die Indie-Musik in der Sphäre des Mainstreams, in der Massenkultur angekommen ist. The Charlatans verkörpern gewissermaßen die Verbindung einer angesagten Indie-Madchester-Band mit dem Britpop, zu Letzterem gehört die Band wegen ihrer selbstbewussten Anglizität, ihrer gitarrenlastigen Popsongs im Stil der Sixties, vor allem aber wegen ihrer Nähe und Beziehungen zu Oasis.[199] In Wirklichkeit hatten Suede (London) und Pulp (Sheffield), wenn auch unbewusst, mit ihren detaillierten Texten über den Alltag einer Generation im England der frühen 90er-Jahre die Britpop-Welle losgetreten.[200]

Indes ist Britpop in erster Linie, wie die Wiederherstellung eines nationalen Zusammenhalts nach der Thatcher-Ära, ein zeitgebundenes Phänomen: Der Grundgedanke bestand darin, den britischen Patriotismus mit jugendlicher Unbeschwertheit zu vermitteln und auch die Wirtschaft anzukurbeln, indem man durch glorifizierte Popkultur eine neue Käuferschicht erschloss. Britpop verweist auf eine Identität, die sich als ›typisch englisch‹ definiert – und damit jeglichen Multikulturalismus ausschließt, der der zeitgenössischen britischen Kultur eigen ist und der damals bereits einige Musikstile wie Jungle und Trip-Hop hervorgebracht hatte, die mit der Einwanderung aus dem Commonwealth verbunden sind. Britpop steht für eine Ablehnung der Alterität (so bemerkte Martin Rossiter, Sänger der Band Gene, über die rund 50 Titelseiten des *NME* aus dem Jahre 1995: nur zehn zeigten Frauen und nur zwei Menschen anderer Hautfarbe).[201] Der Kritik schließt sich der verdiente Journalist Simon Reynolds an: Für die Anhänger des Britpop hätten »die 60er-Jahre den legendären Rang eines versunkenen Goldenen Zeitalters, ganz so – eine beunruhigende Parallele – wie das Empire für Hooligans oder die British National Party.«[202]

Im April 1993 war die Bildsprache des Britpop abgerundet und ihr Anglozentrismus gesetzt. Andernfalls hätte das Magazin *Select* den Suede-Sänger Brett Anderson nicht vor dem Union Jack abgebildet, erst recht nicht unter der folgenden Überschrift: »Yanks go home! Suede, St Etienne, Denim, Pulp, the Auteurs and the Battle for Britain« – damit instrumentalisierte man die neue Generation von Bands für einen chauvinistischen Patriotismus, der die Gegenwart auf die Werte der britischen Krone ausrichten sollte. Fotojournalist Kevin Cummins erinnert sich, dass der *NME* seither über drei oder vier Jahre hinweg in den Interviews mit britischen Musikern immer auch nach deren Zugehörigkeitsgefühl zum Vereinigten Königreich fragte.[203] Die Nationalflagge war bald ein wichtiges Element der neuen Szene, Noel Gallaghers Gitarre zierte der Union Jack.

Der Aufstieg des Britpop vollzog sich, als die amerikanische Jugend um den Nirvana-Sänger Kurt Cobain trauerte, dessen drittes und letztes Album *In Utero* (Geffen) im September 1993 erschienen war und auf Platz 1 der britischen Charts stand;[204] als legendärer Vertreter des Phänomens Grunge, das zu Beginn des Jahrzehnts Furore machte, war Cobain 1994 in den exclusiven

8. Relaunch in Manchester und Identitätskrise in England

Club 27 eingetreten (im Alter von 27 waren bereits Robert Johnson, Brian Jones, Jimi Hendrix, Jim Morrison und Janis Joplin verstorben). In Abgrenzung von der internationalen Musikindustrie promoteten und verehrten britische Medien daher lokale Musiker und Bands als Sinnbild englischer »Coolness«. Glaubt man dem Journalisten Paul Morley, so war Britpop »in allererster Linie eine Gegenreaktion auf den nihilistischen amerikanischen Grunge und die seelenlosen synthetischen Raves«.[205]

Zwei Wochen nach dieser Tragödie für den amerikanischen Indie-Rock war das Blur-Album *Parklife* (Food) auf Platz 1 der Charts gelangt – damit errang die Londoner Band am 20. Februar 1995 auch die Brit Awards für das beste Album (Oasis war in der Kategorie ebenfalls nominiert), als beste Band, für das beste Video und für die beste Single mit dem Titel »Parklife«.[206] Blur war der Leitstern des Britpop, die Band entstammte zwar der Mittelschicht, übernahm aber die Bildsprache und Codes der Arbeiterklasse: Die Lieder von Damon Albarn priesen den britischen Lebensstil, sie besangen die Jugend der Hauptstadt und ausdrücklich auch die englische Identität.[207] Blur schoss durch die Decke, zeitgleich wurde mit Oasis aber auch ein Spross der *working class* aus dem postindustriellen Norden immer bekannter. Noel erinnert sich:

> »England war im Wandel begriffen. Die Herrschaft der Konservativen war zu Ende, es bewegte sich etwas in der Politik und in der Mode. Der Nihilismus war am Ende. Wir durchlebten eine optimistische Zeit und England stand mitten im Zentrum. Es war wie eine Stunde Null, der Urknall, nenn es wie du willst. Viele Menschen waren just in dem Alter, in dem man nach Helden sucht. Die Bands in Stretchhemden und Damenblusen waren einem da suspekt, und vielen waren die Jungs von Blur zu intellektuell. Die Leute wollten Bands, die ihnen ähnlich waren.«[208]

Auf politischer Ebene hatte John Majors zweite Amtszeit das Ansehen der regierenden Konservativen nicht verbessert. Stattdessen zeigten sich mit dem Aufstieg des jungen Abgeordneten Anthony Blair bei der Opposition Anzeichen einer Renaissance: Als Sohn einer wohlhabenden Familie und Oxford-Absolvent war der studierte Jurist Ende der siebziger Jahre in die Politik gegangen. Nachdem John Smith (der nach der Wahlniederlage von 1992 auf Neil Kinnock gefolgt war) im Mai 1994 verstorben war, wurde Blair im Juli zum Vorsitzenden der Labour Party gewählt und bemühte sich umgehend um ein neues Image für seine Partei, indem er sie nicht nur modernisierte, sondern auch in die politische Mitte führte – schließlich sollten alle, die von den Konservativen enttäuscht waren, für Labour stimmen können.[209]

In diesem Reformeifer nannte sich die Partei nunmehr *New Labour*, der neue Sprachgebrauch sollte breite Schichten ansprechen: die Jugendlichen, die Kritiker der alten Labour-Garde und die Verdrossenen unter den modernen Konservativen.

Am 4. Juni 1994 schaffte es der Sänger von Oasis, Liam Gallagher, auf die Titelseite des *NME* und die Schlagzeile lautete:»Krass cool. Oasis: Darauf wartet die Welt«,[210] die Vorfreude auf ihr Debütalbum *Definitely Maybe* wurde durch die triumphalistische Promotion noch gesteigert. Das Album erschien zwei Monate später, Ende August, unter großem Beifall der Presse und stieg direkt auf Platz 1 der Charts ein – es war damals das bestverkaufte Debütalbum überhaupt.[211] Das Konzert zum Debüt fand am 5. September im ›Haçienda‹ statt.[212] Im Juni bot auch das legendäre Glastonbury Festival der neuen Szene eine Bühne, es spielten Blur, Pulp, Radiohead, Echobelly und Oasis sowie, aus der Manchester-Szene, James, M People und Inspiral Carpets. Letztere befanden sich im Niedergang, trotz ihres fünften, noch wenige Monate jungen Albums *Devil Hopping* (Mute/Cow), auf dem auch Mark E. Smith mit einem Duett und dem Titel »I Want You« vertreten ist. Der Keyboarder Clint Boon erinnert sich mit einiger Bitterkeit:

> »Wenn wir nach unserem letzten Hit noch sechs Monate durchgehalten hätten, wären wir dank der Britpop-Welle, die Pulp verkörperte, riesengroß geworden. Anfang 1994 hatten wir mehrere Hits und spielten auf der zweiten Bühne von Glastonbury als Headliner, trotzdem kündigte uns das Label. Daniel Miller, der Präsident von Mute, sagte einfach, sie könnten nichts mehr für uns tun.«[213]

Das Album erreichte zwar Platz 10 der Charts, doch in der britischen Musikindustrie hatte der Wind merklich gedreht.

Als britischer Star machte sich Oasis auf zu einer US-Tournee, auf der die Band am 29. September auch im berühmten Whisky A Go Go am Sunset Strip in Los Angeles auftrat. Dort boten sie eine mittelmäßige Show – die ganze Band war erschöpft und kam gerade von Crystal Meth herunter –, woraufhin Noel seine Bandkollegen zurückließ und sich auf die Suche nach einer Frau begab, die er in San Francisco kennengelernt hatte. Das Konzert markierte einen ersten Riss in der Band, zwischen beiden Brüdern; der Auftritt trug ihnen auf den Titelseiten der Boulevardpresse aber auch einen Ruf ruchloser Rockstars ein.[214] Der charismatische Sänger der Stone Roses, Ian Brown, kommentiert den kolossalen Erfolg der neuen Band aus Manchester mit leichter Verbitterung:

> »Ich fand sie toll, sie waren aus Manchester, sie trugen Topfschnitt und in der Sendung [*The Chart Show*] hieß es, sie verehrten die Roses. Schon komisch, finde ich: Wir waren angeblich die Meister und dann tauchten diese Kids auf, die uns verehrten, und klauten uns im Schlaf einfach alles. So ist es in der Musik, und ich finde das großartig.«[215]

Die Eifersüchtelei ist verständlich, waren doch nach endlosem Warten auf das neue Opus der Stone Roses deren Erfolgszeiten bald vorbei. Ihr zweites Album namens *Second Coming* (Geffen) erschien Ende des Jahres und erreichte immerhin Platz 4 in den Charts; doch die mediale Abwesenheit hatte der Band wirklich nicht gutgetan. Es kam zum Zerwürfnis mit dem Schlagzeuger Reni, von dem sich die Band kurz nach Erscheinen der Platte trennte.[216] Dessen ungeachtet konnten sie beim Glastonbury Festival 1995 auftreten, das wie im Vorjahr der neuen Welle britischer Bands eine prominente Bühne bot, darunter Elastica, Gene, abermals Oasis sowie The Charlatans und The Verve.

Trotz des chauvinistischen Charakters des Britpop mussten ambitionierte Bands auf den Zug aufspringen, um ihrer Karriere einen Schub zu geben. Sonya Amora Madan, die Sängerin von Echobelly, erinnert sich:

> »Entweder warst du dabei [im Britpop-Club] oder du warst Außenseiter. Da ging es um was, wenn deine Musik Beachtung finden sollte, musstest du dabei sein. Und die damalige Musikpresse war sehr mächtig.«[217]

Die Titelseite des *NME* vom 12. August 1995 lautete: »Britische Meisterschaft im Schwergewicht, Blur vs. Oasis, 14. August: Der große Charts-Showdown«. Dieses mediale »Duell« um den ersten Platz in den Charts erinnerte an die vermeintliche Feindschaft zwischen den Beatles und den Rolling Stones[218] in den 1960ern: Gut gegen Böse, die Proleten gegen das Establishment. 1995 stand der Britpop im Zenit, man denke an »Country House« von Blur und »Roll With It« von Oasis.[219] Der Titel von Blur stieg direkt auf Platz 1 der britischen Charts ein, während sich Oasis mit Platz 2 begnügen musste[220] (zur gleichen Zeit kürte der *NME* den Charlatans-Song »Just When You're Thinking Things Over« zur Single der Woche[221]). John Robb ist überzeugt, dass dieses musikalische »Duell« mehr war als nur ein Wettrennen um den ersten Rang: Es veranschauliche den Kontrast zwischen Nord- und Südengland,

Klassenkampf in der Musikbranche quasi.[222] Zur Ernsthaftigkeit ihrer Rivalität befragt, erklärte Noel Gallagher, anfangs habe es keine Rivalität gegeben, allerdings seien die Medien auf alle ätzenden Bemerkungen angesprungen, die die beiden Bands unter dem Einfluss von Drogen oder Alkohol zu Protokoll gegeben hätten, wobei es allerdings stets um formale Kritik gegangen sei.[223] Der ganze Britpop wurde insbesondere von der Presse aufgeblasen und diente letztlich nur der Kommerzialisierung des Kulturbereichs.

Am 17. August trat Oasis mit »Roll With It« bei *Top of the Pops* auf. Ihr zweites Album, *(What's The Story) Morning Glory?*, erschien Anfang Oktober 1995 und war ein phänomenaler Erfolg: Allein in der ersten Woche verkauften sich 346.000 Exemplare.[224] Der Fotojournalist Kevin Cummins berichtet, man habe das Album überall gehört, aus jedem Auto und aus jedem Laden.[225] Die vermeintliche Rivalität war für die Presse ein gefundenes Fressen, so titelte der *Melody Maker* am 9. Dezember 1995: »Britpop in the USA. Blur – Oasis. Will they make it in America?« Trotz ihrer Erfolge in Übersee gelang den Britpop-Bands keine dritte British Invasion, allerdings war der Britpop (ungeachtet aller Kritik) der Soundtrack der Neunziger in England. John Robb sieht in Oasis »das letzte Teil des Puzzles, das Pete Shelley und Howard Devoto 20 Jahre zuvor begonnen hatte, als sie nach London fuhren und die Sex Pistols treffen wollten«.[226]

Nachdem Oasis am 27. und 28. April 1996 im Stadion von Manchester City aufgetreten war, gaben sie am 9. und 10. August zwei gigantische Konzerte in Knebworth, wenige Kilometer nördlich von London – sie hatten es endgültig geschafft. Mit 250.000 Teilnehmern im Publikum waren die Konzerte fast achtmal so groß wie der Stone Roses-Auftritt auf Spike Island. Tim Burgess, Sänger der Charlatans, erklärt:

> »Größer als Knebworth 1996 ging nicht. Es war kein Charlatans-Konzert, es war das Konzert von Oasis, aber wir spielten damals mit den wichtigsten Bands in Knebworth. Oasis war natürlich der Headliner, aber Noel entschied sich für uns, The Prodigy, The Chemical Brothers, Ocean Colour Scene, Kula Shaker, The Manic Street Preachers und The Bootleg Beatles als Support für sie.«[227]

Für die Charlatans war es das erste Konzert ohne Keyboarder Rob Collins, der am 21. Juli bei einem Autounfall auf dem Rückweg vom Studio in Monmouth (Wales) umkam, wo sie ihr Album *Tellin' Stories* aufgenommen hatten.[228] Martin Duffy von Primal Scream stand hier nun am Keyboard. Liam

8. Relaunch in Manchester und Identitätskrise in England

Gallagher widmete dem Verunglückten zwei Songs. Schätzungsweise vier Prozent der britischen Bevölkerung (einer von 24) waren bei dem Konzert in Knebworth dabei und machten es schlichtweg zu einem Symbol für die Britpop-Generation.[229]

Zwei weitere Bands aus der Manchester-Szene gehörten zur Britpop-Welle, auch wenn sie nicht im selben Maße erfolgreich waren wie die Giganten jener Zeit: Einerseits Marion, die 1993 in Macclesfield von Jaime Harding (Mundharmonika und Gesang) und Phil Cunningham (Gitarre), zwei erfahrenen Club- und Pub-Musikern, gegründet worden war. Hinzu kamen Tony »Beard« Grantham als zweiter Gitarrist, Damian Lawrence am Bass (später abgelöst durch Julian Philipps) und Murad Mousa am Schlagzeug. Mit einem Demotape konnten sie Joe Moss, den ehemaligen Manager der frühen Smiths und frischgebackenen Inhaber des ›Night & Day Coffee‹,[230] als stadtbekannte Persönlichkeit in Manchester gewinnen, dank der sie sich auch auf dem gesamtbritischen Markt behaupten konnten. Im Juni 1994 erschien die erste Single von Marion, »Violent Men«, bei Rough Trade. Als »nordische Version von Suede« bezeichnet,[231] erarbeitete sich die Band 1995 als Vorgruppe von Morrissey und Radiohead eine wachsende Fangemeinde,[232] so dass sie es bis auf die Titelseite des *Melody Maker* vom 29. April schafften: »Marion – Joy Division der Neunziger?«[233] Marion wurde auch für das Glastonbury Festival 1995 gebucht und ihr erstes Album, *This World and Body* (London Records) vom Februar 1996, kam in die Top 10 – eine internationale Tournee war damit sicher. Der plötzliche Erfolg und die Hektik der Konzerte trieben den Sänger Jaime Harding in die Heroin- und Kokainabhängigkeit (später kam Crack hinzu). Diese Exzesse leiteten, wie so oft in der Geschichte der Popmusik, den Zusammenbruch von Marion ein, zu dem es 1999 kam.[234] Die andere Gruppe, die von der erblühenden Musikszene der 90er profitierte, wurde von einem alten Hasen der Madchester-Szene gegründet: Nachdem er den Stone Roses im Juni 1996 den Rücken gekehrt hatte (nur zwei Monate vor deren letztem Auftritt beim Reading Festival am 28. August[235]), nahm Gitarrist John Squire ein neues Projekt in Angriff. Nach mehreren Anläufen mit einem jungen Gitarristen und Sänger aus York namens Chris Helme, nahm The Seahorses mit Stuart Fletcher am Bass allmählich Gestalt an; und dank des Erfolgs der Stone Roses bekam die Band – deren Namen mancher als Anagramm für »He Hates Roses« (»Er hasst [Stone] Roses«) deutete – einen Vertrag bei

Geffen. Ihr Debütalbum erschien Ende April 1997 und im selben Jahr spielten sie beim Glastonbury Festival.[236] Leider war ihr Erfolg nur von kurzer Dauer, denn unter der Leitung von John Squire kamen sich die anderen Bandmitglieder wie bedienstete Studiomusiker vor und die internen Spannungen führten dazu, dass die Seahorses bei den Aufnahmen zum zweiten Album im Februar 1999 implodierten.[237]

Auch die Hybridformation Audioweb behauptete sich in der zweiten Hälfte der 90er-Jahre mit ihren Kompositionen, die zwischen Rock und Reggae schwebten, und setzte dabei doch nicht auf den Britpop-Trend.[238] Gegen Ende des Jahrzehnts kehrte schließlich Peter Hook mit einer neuen Band zurück: Nach einer kurzen Europatournee der Durutti Column im Frühjahr 1995 – ihr Album *Sex And Death* (London Records) war Ende 1994 erschienen –,[239] meldete sich der ehemalige Bassist von New Order mit einer neuen Band namens Monaco auf der Bühne zurück; Anfang März 1997 erschien die erste Single »What Do You Want From Me« bei Polydor Records.[240] Im Mai trat Monaco auf einer Großbritannien-Tour als Vorband der Charlatans auf. Ihr erstes Album, *Music for Pleasure* (Polydor) zeichnete sich gleichermaßen durch Popsongs wie durch elektronische Musik aus, erschien im Juni und schaffte es auf Platz 11 der Charts – daraufhin gab die Band im August mehrere Konzerte in den Vereinigten Staaten.[241] Im nächsten Jahr trat Hook zweimal beim Reading Festival auf, mit Monaco und mit ... New Order, die sich gerade für einige Konzerte wiedervereinigt und die Veröffentlichung eines siebenten Albums angekündigt hatte.[242]

Die Nebelkerze »Cool Britania«

Die Britpop-»Szene« war bald nur mehr ein Marketingargument des politischen Schlagworts »Cool Britannia«, das alle Aspekte der britischen Jugendkultur beweihräucherte, um die Vorteile der neuesten ökonomischen und kulturellen Veränderungen herauszustreichen.[243] Der durch *New Labour* geprägte Ausdruck verhieß 1997 mit dem Amtsantritt von Tony Blair vor allem eines: ein neues Antlitz Großbritanniens. Labour kehrte ins Kabinett zurück, verfügte aber über weniger Stimmen als bei den Wahlen von 1945 bis 1966; der Sieg verdankte sich hauptsächlich den unpopulären Tories.[244] Es bestand eine tiefe Einkommenskluft in der Bevölkerung, 1997 gaben rund 14 % der

Briten an, über Ersparnisse von mehr als 20.000 £ zu verfügen, während 30 % keinerlei Rücklagen hatten.[245] Das von Tony Blair präsentierte Programm des Dritten Weges brach mit der Politik seiner Vorgänger von Labour wie von den Konservativen und zielte auf eine »stille Revolution«:[246] Im Angesicht des neuen Jahrtausends müsse Großbritannien seine Größe wiedererlangen. Blairs Programm zielte darauf, in einigen Bereichen (etwa in der Außenpolitik) die Rolle des Vereinigten Königreichs als *leader* auf internationalem Parkett wiederherzustellen, so wie in den glorreichen Tagen des Empire – ausdrücklich nachzulesen im Wahlprogramm der Neosozialisten von 1997.[247]

Die Losung »Cool Britannia« ist untrennbar mit »New Labour, New Britain« verbunden[248] und rührt die Trommel für England als Land mit modernen Werten, mit neuen Branchen und neuen Arbeitsplätzen.[249] Die neue Regierung wollte vor der Jahrtausendwende eine neue britische kulturelle Identität erschaffen und wurde dabei von den Medien massiv unterstützt.[250] Das Motiv findet sich im Wahlprogramm von *New Labour*: Das neue Jahrtausend »bietet die natürliche Gelegenheit, den Beitrag von Kunst, Kultur und Sport zu unserer Nation zu feiern und zu stärken. Wir benötigen einen neuen und dynamischen Umgang mit der ›Kreativwirtschaft‹.«[251] Die Politik erkannte, dass sich die künstlerische Produktion als Träger kultureller Ausstrahlung und als nicht zu unterschätzende Geldquelle erweisen konnte, die dafür aber in entsprechender Höhe, gemäß den erhofften Ergebnissen, subventioniert werden muss. Kunst und Kultur wurden wichtig. Der Staatssekretär für Kultur Chris Smith unterstrich die Vorteile der Kunst im Kampf gegen die Arbeitslosigkeit, zur Verringerung von physischer und verbaler Gewalt, er betonte ihre bildungspolitischen Vorzüge und ihren Beitrag für den sozialen Zusammenhalt.[252] Diese Kulturpolitik läutete eine neue Ära ein, war aber historisch nicht ganz beispiellos, immerhin hatte der *Greater London Council* vor seiner Auflösung durch die Regierung Thatcher in den 1980er-Jahren bereits derartige Bestrebungen verfolgt.[253]

Im Juli 1997 folgten Noel Gallagher und Alan McGee einer Einladung des neuen Premierministers und tranken in Downing Street mit Tony Blair Champagner. Ein Pressefotograf verewigte die Szenerie;[254] Damon Albarn von Blur war von Blair bereits im März 1995 empfangen worden.[255] Die neue Regierung suchte sich durch die Nähe zu den Jugend-Ikonen von den vorherigen Regierungen abzugrenzen, die die Jugendkulturen der siebziger und achtziger Jahre unterdrückt hatten. Sie suchte die Unterstützung der Jugend für ihre Politik, wollte für ihre Modernität geschätzt und mit dem Kreativboom in Verbindung gebracht werden, durch den lokale Bands zu Idolen der Popmusik werden konnten. Im Juli wurde zudem ein Ministerium für Kultur, Medien und Sport (DCMS) eingerichtet, das die gesellschaftliche Rolle der Künste stärken sollte.[256] Dieses neue *Department* stieß im Folgejahr zwei Großprojekte an: die Regeneration postindustrieller Städte durch Kultur und die Förderung der Kulturbranche.[257] Diese Programme führten zu einem stadtplanerischen Wettlauf, der die Kommunen in Konkurrenz zueinander setzte[258] und auch in Manchester zum Ergebnis hatte, dass die einkommensschwachen Schichten an den Rand des Ballungsraums gedrängt und die Stadtzentren gentrifiziert wurden.[259]

Alle guten Vorsätze für die Welt der Kunst und Kultur waren allerdings nur vorgeschoben, denn im Großen und Ganzen unterschied sich die neue Regierung, die Opposition an der Macht, in Bereichen wie den internationalen Beziehungen oder der Sozial- und Wirtschaftspolitik nicht von ihren Vorgängern.[260] Die neoliberale Wirtschaftspolitik ging weiter und die unter konservativer Ägide privatisierten Bereiche wurden von den Neosozialisten nicht wieder verstaatlicht, sondern es kamen mit der Londoner U-Bahn, der Flugsicherung und der Eisenbahn sogar noch weitere hinzu. Auch die polizeiliche Repression nach dem Motto »Law and Order«, das Thatcher so sehr am Herzen gelegen hatte, wurde von der neuen Regierung fortgeführt und der 1998 verabschiedete *Crime and Disorder Act* verschärfte sogar noch den politischen Kampf gegen die Kriminalität.[261] Einer der wenigen nennenswerten sozialpolitischen Fortschritte war die Einführung eines Mindestlohns im Jahr 1999,[262] doch das Land blieb trotz eines Aufschwungs der *middle class* sozial tief gespalten. Die Organisation für wirtschaftliche Zusammenarbeit und Entwicklung (OECD) zog Ende der 1990er-Jahre in einer Studie über die Wohlstandsverteilung eine alarmierende Bilanz: Die Ungleichheit in der Bevölkerung ähnele stärker den letzten Jahrzehnten des 19. Jahrhunderts als dem Stand in den 1960er Jahren.[263]

Tony Blairs *New Labour* errang 2001 einen weiteren Wahlsieg (bei einer Wahlbeteiligung von 59,4 %),[264] den sie hauptsächlich einer augenscheinlichen wirtschaftlichen Stabilität zu verdanken hatte. Im selben Jahr kam es in Oldham und Bradford wegen der hohen Arbeitslosigkeit und in Reaktion auf rassistische Übergriffe – 60 % der Briten mit Migrationshintergrund zählen zu den ärmsten 20 % – zu Ausschreitungen.²⁶⁵ Mit seiner Reportage *The Secret Policeman*, die auf einer siebenmonatigen Undercover-Recherche in der Greater Manchester Police basierte und im Oktober 2003 auf BBC 1 ausgestrahlt wurde, deckte der Journalist Mark Daly den institutionellen Rassismus eines Teils der britischen Polizei auf. Diesen Missstand hatte der Chief Constable of Greater Manchester, David Wilmott, bereits 1998 eingeräumt.²⁶⁶

Die Britpop-Welle schaffte es, anders als *New Labour*, nicht ins neue Jahrtausend und hatte rückblickend sogar negative Auswirkungen auf die musikalische Innovation. Jean-Daniel Beauvallet ist eine Säule der französischen Kulturzeitschrift *Les Inrockuptibles*, hat selbst in Manchester gelebt und berichtete jahrelang über die dortige Szene.

> »Oasis war der Anfang vom Ende: Eine strahlende und witzige Band, aber derart rückwärtsgewandt, dass jeder Gedanke an Fortschritt, jede Innovation erstickt wurde. Diese Band trägt das Virus des Todes in sich. Sie hat die gesamte britische Szene kaltgemacht. Alle wollten es wie Oasis machen und blickten in die Vergangenheit. Man besah sich die Kinks, die Beatles, The Who usw. Und damit ging es bergab. Als Einziger hatte Damon Albarn das gut im Griff, der Junge war schlau genug sich zu sagen: ›Halt mal, wir laufen rückwärts. So bringen wir die Sache nicht voran.‹ Albarn hat das recht schnell hinter sich gelassen. [...] Mit Oasis verkam der Indie-Rock zu einer Formel. Das war der Anfang vom Ende, die Kommerzialisierung der Rockmusik.«²⁶⁷

Der Abstand zwischen Independent-Musik und Mainstream-Markt wurde immer kleiner. ›Indie‹ bezeichnete nicht mehr ein Konzept für die musikalische Innovation durch unkonventionelle Künstler in unabhängigen Strukturen, ›Indie‹ war nun ein Musikstil, der nur dem Namen nach noch unabhängig war, denn die meisten Independent-Künstler standen in Diensten der Major-Labels. Die Britpop-Bands wollten sich von dieser Entwicklung zur Oberflächlichkeit und deren politischer Propaganda absetzen. Schon 1997 schlug die aus Abingdon, Oxfordshire, stammende Band Radiohead mit der Veröffentlichung von *Ok Computer* (Parlophone) einen experimentelleren Kurs ein. Als sich die Bands Seahorses und Marion, die auf der nationalen Welle unterm Union Jack mitgeschwommen waren, 1999 trennten, wandte sich auch The Charlatans (mit Tony Rogers als neuem Keyboarder) vom Trend der letzten Jahre ab; im Oktober landete ihr neues Album *Us And Us Only* (Universal) auf dem zweiten Platz der Charts. Im selben Jahr musste die Star-Band Oasis ihren Gitarristen Paul »Bonehead« Arthurs ziehen lassen. Nur wenige Wochen darauf – mit *Standing On The Shoulder Of Giants* war das vierte Album gerade im Kasten, es erschien nach dem Betriebsaufgabe von Creation Records beim neuen, bandeigenen Label Big Brother und markierte einen kompositorischen Kurswechsel der Band – wandte sich auch Bassist Paul »Guigsy« McGuigan von Oasis ab.[268] Die Konkurrenz zwischen den Gallagher-Brüdern führte zu maßlosen Streitigkeiten in der Band (bereits 1994 hatten sich Noel und Liam in einem NME-Interview mit John Harris durch Meinungsverschiedenheiten hervorgetan). Im Jahr 2000 kam es außerdem, ohne Gillian Gilbert, zur Wiedervereinigung von New Order. Die Band ging im Sommer 2001 auf Welttournee (in Nordamerika waren Moby und Outkast mit am Start) und brachte am 27. August ein neues Album heraus: *Get Ready* erreichte in den Charts Platz 6.[269]

Die Stadterneuerung in Manchester

Dem Factory-Team gelang es ohne Label nicht mehr, die verschiedenen Unternehmungen zu halten. Im Jahr 1994 führten die Schulden des ›Haçienda‹ und der ›Dry‹ in eine Unternehmenskrise. In einem Informationsschreiben an die Musiker von New Order, die Hauptaktionäre des ›Haçienda‹, heißt es:

> »Wenn die Firmen kein neues Kapital aufnehmen können, bleibt für FAC 51 und für FACT 201 nur noch eine Möglichkeit: Liquidation bzw. Insolvenz.«[270]

Die Diskothek, die Manchester wieder international bekannt gemacht hatte, hatte ihren avantgardistischen Ruf verloren, zumal sie neue Musiktrends wie Trance und Drum'n'Bass ignoriert hatte.[271] Durch die allgemeine Blüte der Clubkultur in Großbritannien und weltweit hatten die Nächte im ›Haçienda‹ an Einzigartigkeit eingebüßt; beispielsweise bot auch das wiedervereinigte Berlin enorme Industriebrachen und zog die Partygänger auf der Suche nach alternativem Hedonismus in postindustriellen Räumen geradezu magisch an. Factory Communication Ltd. versuchte vergebens, das ›Haçienda‹ zu veräußern, denn potentielle Käufer entdeckten stets unzählige weitere Unregelmäßigkeiten in den Büchern und wären zudem mit dem Problem konfrontiert gewesen, das die im Club aktiven Gangs weiterhin darstellten.[272] Alle Maßnahmen der Behörden hatten gegen die Banden nichts ausrichten können. Noch im Mai 1996 kündigte Dave Haslam seinen Job im ›Boardwalk‹ wegen der massiven Präsenz und Drohungen der Gangster.[273] Außerdem war die Zahl der *clubber* deutlich zurückgegangen, und viele Ban-

8. Relaunch in Manchester und Identitätskrise in England

denmitglieder zahlten keinen Eintritt.[274] Das ›Haçienda‹ musste schließlich aufgeben. Am Samstag, den 28. Juni 1997 begann die letzte Party und Dave Haslam stand noch einmal an den Plattentellern.[275] Peter Hook erinnert sich an die letzten Momente in den Räumlichkeiten:

»Unter der Bühne, am Ende des Saals, befand sich ein verschlossener Bereich von Factory – ein früherer Lagerraum für Bierfässer. Die Fässer standen auf einer Verlegeplatte, die mit einer QIC-Magnetbandkassette in Waage gebracht worden war. Ich zog die Kassette heraus. Es war, die Hülle klebrig von Bier, Schweiß und Kondenswasser, ein Masterband des Debütalbums von Joy Division, *Unknown Pleasure*. Ich konnte mir ein Lächeln nicht verkneifen: Das war absolut typisch ›Haçienda‹.«[276]

Das ›Haçienda‹, ein Kulturdenkmal der Stadt Manchester, schloss im Juni 1997 endgültig. Einige Bestandteile wie das DJ-Pult und die zentralen Säulen wurden am 25. November 2000 zugunsten einer Wohltätigkeitsorganisation für Jugendliche in Manchester versteigert.[277] Die ›Dry‹ wurde im Oktober 1997 an Haile Leisure verkauft[278] und existiert noch heute. Peter Hook und Rob Gretton erwarben und patentierten den Namen ›Haçienda‹ für die Nachwelt, womit sie sich den Zorn ihrer Kollegen von New Order zuzogen.[279]

Manchester war nicht wiederzuerkennen: Seit 1992 fuhren wieder Straßenbahnen. Seit 1995 entwickelte sich der Einzelhandel geradezu exponentiell, Dave Haslam erinnert sich: »Die Ladenfläche verwandelte sich in eine Stadt und die Stadt verwandelte sich in eine Ladenfläche.«[280] 1995 entstand eine neue Konzerthalle unweit der Victoria Station, die kolossale ›Manchester Arena‹ für bis zu 21.000 Zuschauer. Ein definitiv neues Stadtbild wurde Manchester allerdings im folgenden Jahr aufgezwungen: Während England die Fußball-Europameisterschaft 1996 ausrichtete und das legendäre Old Trafford Stadion den ganzen Juni über Austragungsstätte für zahlreiche Begegnungen war – man verabschiedete sich am 29. Juni mit dem Abschlusskonzert von M People, die eine Promotiontour für ihr drittes Album *Bizarre Fruit* (Deconstruction) vollendeten und von Simply Red unterstützt wurden –, explodierte am 15. Juni in der zentral gelegenen Corporation Street abermals eine Bombe, zu der sich die IRA bekannte: seit dem Zweiten Weltkrieg war in England kein größerer Sprengsatz detoniert. Ein IRA-Mitglied warnte die Behörden eine Stunde vor der Explosion, so dass die Polizei das Viertel mit rund 80.000 Menschen evakuieren und Todesopfer vermeiden konnte. Die Bombe beschädigte das Viktorianische Stadtzentrum, darunter die Royal

Exchange, verursachte einen Schaden von schätzungsweise 700 Millionen £,[281] wobei 220 Menschen von umherfliegenden Trümmerteilen und Glasscherben verletzt wurden. Die Erneuerung der Stadt war damit unvermeidlich geworden, für den Wiederaufbau standen schließlich öffentliche und private Mittel von insgesamt 583 Millionen £ bereit.[282] Das Einkaufszentrum Arndale Center war von der Explosion besonders schwer getroffen und wurde als größte innerstädtische Shopping-Mall Großbritanniens wieder aufgebaut.[283]

1998 investierten verschiedene Großbrauereien in Bars und Cafés an den Kanalufern, etwa die ›Quay Bar‹ der Bass Brewery oder die ›Jackson's Wharf‹ von Greenall's.[284] Im selben Jahr öffnete das Trafford Centre als Mega-Mall im Westen der Region Greater Manchester.[285] Seit der Eröffnung des Kulturzentrums The Lowry im April 2000 profitiert auch Salford von einer Belebung des Tourismus und des Einzelhandels. Rob Gretton – Mitbegründer von Factory Records und Bandmanager von Joy Division sowie New Order, der noch sein eigenes Label Rob's Records erfolgreich gründete – starb am 15. Mai 1999 an einem Herzinfarkt.[286] Das ›Haçienda‹ fiel schließlich an die Immobilienfirma Crosby Homes,[287] wurde abgerissen und 2002 durch ein Wohnhaus ersetzt. An dem Gebäude erinnert nur noch der Schriftzug »The Haçienda Appartments« wie eine Gedenktafel an die Kulturrevolution von Manchester.

Das Jahr 2002 war vor allem durch die Austragung der Commonwealth Games in Manchester geprägt. Für das Großereignis wurde ein riesiges Stadion in Beswick (unweit von Bradford im Osten der Stadt) in einem Gebiet errichtet, das nach den Fabrikschließungen, welche die Arbeitslosigkeit tausender Menschen zur Folge hatten, seit den 70er-Jahren stark vernachlässigt worden war. Die neue Infrastruktur im Wert von 90 Millionen £ schuf 4.000 Arbeitsplätze.[288] Im Stadtzentrum schossen die Gebäude wie Pilze aus dem Boden, vor allem auf den Brachflächen, die der IRA-Sprengsatz verwüstet hatte. Die gemischtwirtschaftliche Initiative Manchester Millennium Limited sammelte 83 Millionen £ aus Regierungsgeldern und europäischen Subventionen, um das zerstörte Gebiet wiederaufzubauen und zu modernisieren.[289] Im Juni desselben Jahres eröffnete das Urbis – als gläsernes sechsstöckiges Gebäude zwischen Todd und Corporation Street, im sogenannten »Millennium Quarter« gelegen – zwar als Museum, in erster Linie aber als Symbol für ein neues, städtebaulich modernes Manchester. Heute beherbergt es das National Football Museum.

8. Relaunch in Manchester und Identitätskrise in England

2006 hielt Tony Blair, der im Vorjahr zum dritten Mal in Folge gewählt worden war (allerdings im Folgejahr seinen Platz für Schatzkanzler Gordon Brown als Nachfolger freimachen musste),[290] eine Rede im ›GMEX‹ und erklärte vollmundig:

> »Und Manchester? [...] Manchester ist eine neue Stadt. Eine Stadt, die bewiesen hat, was optimistische, offene und stolze Menschen gemeinsam mit einem großartigen Labour-Stadtrat erreichen können.«[291]

Die Akteure der Wiederbelebung Manchesters waren normale Menschen, junge Leute und Enthusiasten, die ein kulturelles Leben in ihrer nordbritischen Heimatstadt entwickeln wollten, die stark von den wirtschaftlichen Umstrukturierungen des Landes betroffen war. Die Stadtverwaltung war an der kulturellen Aufbauarbeit für ein neues Manchesterbild kaum beteiligt gewesen, vielmehr sorgten individuelle Initiativen vor Ort für das Kulturleben und dessen Ökonomie; diese Dynamik wurde von der öffentlichen Hand später vereinnahmt. Ben Kelly, der Innenarchitekt des ›Haçienda‹ und der ›Dry‹, erklärt:

> »Es ist schon witzig, wenn man bedenkt, dass ein paar Durchgeknallte wie Factory die ganze Stadt umgekrempelt haben: ein paar Typen, die einfach ihr Ding machten, ohne Unterstützung von irgendwem, und sich in Whitworth Street West einquartierten, als sich keiner in das Viertel traute.«[292]

Einst verarmt und heruntergekommen, hat sich Manchester zu einem wichtigen wirtschaftlichen wie kulturellen Zentrum Großbritanniens im 21. Jahrhundert gewandelt.[293] John Robb meint, die Vision von Factory Records habe die gesamte Stadt regeneriert: »Ohne sie würde das Manchester, wie wir es kennen, wahrscheinlich gar nicht existieren.«[294] Binnen 14 Jahren revolutionierten Tony Wilson, Alan Erasmus, Rob Gretton und Martin Hannett den Musik- und Unterhaltungsmarkt sowie das Nachtleben in Manchester. Die Behörden setzten aber auch auf die ästhetische Vision eines Peter Saville (der zeitweise für die gehobene Modewelt tätig war), der den Stadtrat in komplexen städtebaulichen und sozialen Fragen beriet.[295]

Tony Wilson, der 2003 seine Tätigkeit als Journalist bei Granada aufgegeben hatte,[296] erfuhr Ende 2006, dass er Nierenkrebs hatte. Er ließ sich im Januar 2007 operieren, doch die Krankheit kehrte wieder und Genesung versprach allein Sutent, eine mit monatlich 3.500 £ sehr teure Behandlung,[297] die nur in einigen Teilen des Vereinigten Königreichs, nicht aber in Manchester erstattet wurde.[298] Um ihm die Behandlung zu ermöglichen, beteiligten sich Freunde und Kollegen an einer Geldsammlung, darunter die Band New Order, der Sänger Shaun Ryder, die Happy Mondays-Manager Nathan McGough und Elliot Rashman, der Direktor von Factory Bénélux Michel Duval, der Musikrechtsfachanwalt Stephen Lea sowie die Radiomoderatoren Richard Madeley und Judy Finnigan.[299] Die Hauptfigur der kulturellen Erneuerung Manchesters starb trotz Behandlung am 10. August 2007 im Alter von 57 Jahren an einem Herzinfarkt. Die Trauerfeier für den Guru von Manchester fand im Standtzentrum, in der katholischen Kirche St Mary statt, mehrere hundert Menschen nahmen daran teil.[300] Wilson selbst hatte noch dafür gesorgt, dass sein Sarg als letztes historisches Produkt von Factory Records mit der Referenznummer »FAC 501« versehen wurde. Ben Kelly und Peter Saville gestalteten den Grabstein aus schwarzem Granit.[301] Sein Tod führte zur öffentlichen Anerkennung des kulturellen Erbes, das er hinterlassen hatte; in den Worten des *Guardian*: »Der grafisch und architektonisch bahnbrechende Ansatz seines Plattenlabels gab den Impuls zur Transformation Manchesters in ein europäisches Kulturzentrum«.[302] Die *Sunday Times* erklärte, Wilson habe am Anfang der größten individuellen Initiative zur Erneuerung Manchesters gestanden und sein Club ›Haçienda‹ habe dazu beigetragen, das Image Manchesters zu verwandeln: von der ziegelroten Industriestadt zur brodelnden Kulturmetropole.[303] Das kulturelle Vermächtnis von Factory Records veranlasste die Stadtverwaltung, die strahlendste Figur des Labels mit einem eigenen Platz zu ehren: Am Tony Wilson Place befindet sich das Kulturzentrum ›Home‹ und eine Friedrich-Engels-Statue.[304]

Die Modernisierung des Stadtgebiets und damit die Metamorphose Manchesters zu einem führenden europäischen Wirtschafts- und Kulturzentrum mit ökonomischem Schwerpunkt setzte sich in den 2010er-Jahren fort. Die traditionell in London ansässige BBC vollzog 2011 eine Dezentralisierung und bezog die MediaCity UK in Salford, das Gebäude war 1894 von Königin Victoria als Teil des Hafens von Manchester eröffnet worden. Zwei Jahre später zog ITV als weiterer Akteur in den gigantischen Komplex für Medien- und audiovisuelle Produktion ein. Für 2015 schätzte man den Markt für Büroflächen in Manchester auf 230.000 m², er übertraf damit die Märkte von Liverpool, Leeds, Hull, Sheffield und New Castle zusammen.[305] Ben Kelly erinnert sich:

8. Relaunch in Manchester und Identitätskrise in England

»Ich war zehn Jahre lang nicht in Manchester gewesen. Es gab einfach keinen Grund mehr dafür. Und als ich dann zurückkehrte, glaubte ich, in einer anderen Stadt zu sein – der Bahnhof war von Grund auf renoviert. Das Stadtzentrum hatte sich völlig verändert, echt unglaublich.«[306]

Zwischen 1996 und 2016 verdoppelte sich die Wirtschaftsleistung der Stadt beinahe, die Bevölkerung wuchs um ein Viertel, die durchschnittlichen jährlichen Wachstumsraten übertreffen die des Vereinigten Königreichs.[307] Der *Rough Guide to Britain* beschreibt die Entwicklung von Manchester wie folgt:

»Die Stadt hat ein Facelifting hingelegt wie sonst keine in England. [...] Manchester freut sich heute einer blendenden Sozial- und Kulturszene, mit der sich kaum eine britische Stadt messen kann. [...] Zu den ultramodernen Sportanlagen, Konzert- und Theatersälen, Clubs und Cafés kommt noch die größte Studentenpopulation im ganzen Königreich und ein bahnbrechendes Gay Village.«[308]

Trotz aller Bemühungen zur Kriminalitätsbekämpfung verzeichnete die Polizeistatistik 1999 noch 41 Todesfälle im Zusammenhang mit Schusswaffen.[309] Binnen eines Jahres gingen die Straftaten in der Stadt bis April 2013 um 12 % zurück, doch immer noch wurden täglich 40 Tatbestände angezeigt.[310] Die Ökonomie der Stadt kam dadurch aber nicht zum Erliegen: 2014 zählte man jährlich fast 8 Millionen Besucher.[311] Seit dem IRA-Anschlag von 1996 ist die Wirtschaft in der Metropolregion um 60 % gewachsen, doch die Benachteiligung in abgelegeneren Städten blieb bestehen und die Wirtschaftskrise im Sommer 2011 brachte einmal mehr die andauernden Gegensätze zwischen Gesellschaftsschichten und deren Lebensräumen zum Vorschein.[312] Zudem sitzen zahlreiche Menschen wegen der exorbitant gestiegenen Immobilienpreise nun buchstäblich auf Straße. Andrew Anderson, Frontmann der Band Proto Idiot und damit Teil der gegenwärtigen Manchester-Szene, berichtet:

»Dass viele Menschen auf der Straße leben, ist ein echtes Problem, denn die Regierung unternimmt nicht viel, um diesen Leuten zu helfen. Gentrifizierung bedeutet, dass die ehemals ›gefährlichen‹ Stadtteile von Manchester nun entkernt sind ... Moss Side zum Beispiel, ich wohne dort jetzt seit Jahren und es ist ziemlich ruhig. Am gefährlichsten ist Manchester heutzutage an einem Freitag- oder Samstagabend im Stadtzentrum, denn da sind jede Menge wütende Typen unterwegs. Da kann man es schon mal mit der Angst bekommen.«[313]

Diese Kontraste sind in zentralen Gebieten wie den Piccadilly Gardens und im gesamten Northern Quarter immer noch eklatant. Im Jahr 2017 zählte

Manchester die meisten Todesfälle von Obdachlosen in ganz Großbritannien.[314] Im Oktober 2019 startete der Fußballer Marcus Rashford von Manchester United eine Kampagne zugunsten von jungen Obdachlosen in Manchester. Dem in Wythenshawe geborenen Jung-Star gelang es auch, die Tory-Regierung von Boris Johnson hinsichtlich der kostenlosen Mahlzeiten für benachteiligte Schüler während der Lockdowns von 2020 und 2021 zum Einlenken zu bewegen.

Die Manchester-Szene wird zum Mythos

Die Geschichte der Musikszene in Manchester wurde in geradezu epischer Breite romantisiert: Die Entstehung aus jener Initiative der beiden Buzzcocks Pete Shelley und Howard Devoto, die die Londoner Punkband Sex Pistols zu einem Auftritt im Norden Englands bewegen wollte, woraufhin sich zahlreiche Bands gründeten, die vor ihrem tristen Alltag erfolgreich in die Musik flüchteten; dann die Gründung von Factory Records und später des ›Haçienda‹, das sich nach turbulenten Anfängen zum weltberühmten Avantgarde-Club mauserte und damit das neue Image Manchesters als Kulturstadt und Säule der britischen Musikindustrie begründete. All diese Aspekte speisten eine mythische Erzählung von Manchester und seiner Musikszene. Den Begriff Mythos definiert der Quebecer Historiker und Soziologe Gérard Bouchard wie folgt:

> »Ein Mythos ist stets ein ungleich gewichtetes Gemisch aus Realität und Fiktion, aus Vernunft und Gefühl, Bewusstsein und Unbewusstem, Wahrheit und Falschheit. [...] Der soziale Mythos, der strategisch konstruiert und eingesetzt wird, ist eine hybride kollektive Vorstellung: So nützlich wie schädlich, heilig wie schrecklich, mehr emotional als rational regiert, transportiert sie Inhalte, Werte und Ideale, die in einem bestimmten gesellschaftlichen und geschichtlichen Umfeld geprägt wurden.«[315]

Der Manchester-Mythos verdankt sich vor allem den zahlreichen grellbunten und oftmals übertriebenen Presseberichten über die Vergangenheit der Stadt,[316] aber auch größeren Produktionen wie Michael Winterbottoms Dokufiktion *24 Hour Party People*, die 2002 den Wahnsinn in den wilden Zeiten des ›Haçienda‹ nachbilden wollte (wobei der Club zu diesem Zeitpunkt bereits abgerissen war und für die Dreharbeiten nach Anweisungen von Ben Kelly vollständig in einem Hangar in Ancoats nachgebaut wurde).[317] Solche subjektiven, verklärten Darstellungen führten unweigerlich zu einer weichgespülten Vorstellung und verklärten jene Zeit, in der Manchester binnen zweier Jahrzehnte eine neue urbane Identität schuf.

Diese nahezu legendäre Geschichte von der alten Industriestadt mit ihren viktorianischen Bauten und ihrer Verwandlung in eine neue, trendige Stadt untermauerte auch Anthony Wilson mit seinem Buch *24 Hour Party People* (2002), wobei einige Fakten geschönt waren und von den Protagonisten mitunter auch zurückgewiesen wurden, etwa von Sänger Shaun Ryder.[318] Der Autor James Nice bezeichnete Wilsons Erzählung als »hastig hingekritzelte, überaus anekdotische Memoiren«, die wie der Film von Michael Winterbottom »die Geschichte von Factory Records bedauerlicherweise in absurdem Maße mythologisierten, obwohl die Wahrheit noch merkwürdiger war als die Fiktion«.[319] In seiner Autobiographie und ›Haçienda‹-Geschichte sucht Peter Hook ebenfalls ein fantastisches Bild zu zeichnen, das auf uminterpretierten, jedenfalls aufgehübschten Fakten beruht, wobei Übersichtsdarstellungen zur Ökonomie und Programmgestaltung des Clubs die Deutungen des Autors untermauern sollen. Hierin sind die Prinzipien der Mythologisierung zu erkennen, die Bouchard wie folgt beschreibt:

> »Es geht in erster Linie um die Konstruktion einer Erzählung, die auf der wiederholten Umsetzung von Erinnerungspraktiken fußt. Die Erzählung selbst kann sich sehr verschieden präsentieren: als Geschichtswissenschaft, als Märchen oder Legende, als Museum und Institution, als Roman oder Presseartikel, als historische Rekonstruktion.«[320]

Die Autobiographien zahlreicher Musiker aus Manchester trugen als nachgelagerte subjektive Darstellungen ebenfalls zur realen Mythologisierung Manchesters bei – und erinnerten zugleich an unbekannte, verkannte oder vergessene Formationen.

Der Mythos der Manchester-Szene kennt zahlreiche Siege von Bands aus der Arbeiterstadt Manchester über die Haupt- und Elitenstadt London, über das Zentrum britischer Kulturproduktion. Er kennt tragische Helden wie Ian Curtis, jenen Märtyrer der Popmusik, der sich am Vorabend der Nordamerika-Tournee von Joy Division und mithin eines mutmaßlich globalen Erfolgs das Leben nahm – dieses Drama behandeln sowohl der Film *Control* (2007) des Fotografen und Regisseurs Anton Corbijn, der auf den Memoiren von Deborah Curtis basiert und in Cannes als bester europäischer Film ausgezeichnet wurde, als auch literarische Produktionen wie Diego Gils *Ian Curtis, Twenty-four hours*[321] – und kennt dessen Musikerkollegen, die nach dieser existenziellen Prüfung wie ein Phönix aufstanden, die mit New Order und ihrer Kreuzung von klassischer Popmusik mit elektronischer Gestaltung eine musikalische Pionierleistung vollbrachten und schließlich Konzerte in den Stadien der ganzen Welt gaben. Er kennt Siege in Form unverhoffter sozialer Aufstiege, kennt den Erfolg von Happy Mondays oder den von *working class heroes* wie den Gallagher-Brüdern, die sich nie hatten träumen lassen, die Charts zu erobern und als angehimmelte Persönlichkeiten zu enden. Er kennt Räume, die Manchester zu einem Must-see-Ort machten, zum globalen Zentrum des Partying und des Hedonismus in einer Stadt, die fünfzig Jahre zuvor noch für das Elend des Industrieproletariats gestanden hatte.

Die unglaubliche Geschichte dreier Jahrzehnte, in denen sich die Identität der Stadt grundlegend wandelte, ist – wie wir gezeigt haben – etwas komplexer als dieser Mythos und insbesondere durch die politischen, wirtschaftlichen und sozialen Umstände der damaligen Zeit bedingt. Das Manchester von heute wäre undenkbar ohne die persönlichen Initiativen, mit denen die Stadt sich revitalisieren konnte, die den Menschen in Manchester die Augen für ihr urbanes Potenzial öffneten – ein Potenzial, das nur darauf wartete, sich zu entfalten, so dass sie schließlich Revanche nehmen konnten an den Rivalen, an London und Liverpool.

Epilog

Die persönlichen Initiativen, die zur Entfaltung einer lokalen Musikszene führten, ermöglichten – von den beiden Auftritten der Sex Pistols in der ›Lesser Free Trade Hall‹ 1976 bis zum unbestreitbaren Erfolg von Oasis mit dem kolossalen Konzert in Knebworth 1996 – die kulturelle Renaissance Manchesters. Aus dieser fruchtbaren Phase der Musikproduktion entstand ein Mythos um die Geschichte der Bands aus Manchester, der Bands im ›Haçienda‹, und demonstrierte mitten in der Krise die Macht der *dance music*. Oder wie Dave Haslam sagt: »Man kann nicht über Popmusik schreiben, ohne über Manchester zu schreiben, und man kann nicht über Manchester schreiben, ohne über Popmusik zu schreiben.«[1] Am Beitrag der Musikszene Manchesters zur Erneuerung der Stadt, aber auch zur britischen Musikindustrie besteht heute kein Zweifel mehr. Der Gitarrist und Sänger der Band Proto Idiot, Andrew Anderson, noch keine 40 Jahre alt und wohnhaft in Greater Manchester, erklärt:

> »Ich habe als Teenager viel Buzzcocks gehört. Ich stand auch auf The Fall. Ich höre viele Factory-Sachen. Ich interessiere mich sehr für Martin Hannetts Produktionstechniken und seine Rolle in der Szene. Ich bin auch Fan von 10cc, mit denen wir meiner Meinung nach einige Ähnlichkeiten haben, auch wenn wir natürlich nicht an sie heranreichen. Ich bin überzeugt, dass die Sachen aus den Achtzigern und frühen Neunzigern wieder in Mode kommen. Legenden wie Joy Division sind nie aus der Mode gekommen. Und man blickt auch anders auf Scheißsachen wie Oasis.«

Bassist Michael »Mike« Seal ergänzt:

> »Kneipen und Bars wie das Rose & Monkey und The Peer Hat sind gute Orte, an denen die hiesigen Bands und die angesagten Leute rumhängen.«

Andrew fügt hinzu:

> »Es gibt hier jede Menge Bands ... In dieser Masse ist es nicht einfach, sich Gehör zu verschaffen. Das heißt aber auch, dass man immer auf ein Konzert gehen kann.«[2]

Manchester hat sich zu einer modernen, trendigen und dynamischen Stadt entwickelt, in der es an Musik- und Nachtlokalen, an echten Institutionen wie dem ›Gorilla‹ oder dem ›Deaf Institute‹ nicht mangelt. Der lokale Kultursektor pulsiert auch in Gestalt renommierter Festivals wie dem Manchester International Festival, dem Parklife – das seit 2013 tausende Besucher nach Heaton Park lockt und 2018 für die Straßenmusiker und Maskottchen des Northern Quarter, für Gaz Stanley and The Piccadilly Rats, einen Ehrenplatz reservierte –, sowie dem psychedelischen Cosmosis Festival oder dem Sounds From The Other City, das seit 2004 zur musikalischen Entdeckung Salfords einlädt.

Von den legendären Bands, die den musikalischen »Fußabdruck« von Manchester formten, haben sich einige nach der Trennung wieder zusammengefunden, um auf Tournee zu gehen oder neue Platten zu machen: Die Reunion der Happy Mondays erfolgte 1999 ohne Mark Day und Paul Davis hauptsächlich aus wirtschaftlichen Gründen.[3] Entgegen allen Erwartungen veröffentlichte die Band 2007 mit *Uncle Dysfunktional* (Sequel) ein fünftes Album. Bereits 2002 schenkten die Ex-Buzzcocks der Welt unter dem Namen ShelleyDevoto eine weitere Platte: *Buzzkunst*. Pete Shelley verstarb 2018. Magazine formierte sich ebenfalls neu, allerdings ohne den bereits verstorbenen McGeoch, und veröffentlichte zwei Jahre später, 2011 ihr fünftes Album *No Thyself*. New Order brachte 2005 ihr achtes Album heraus, *Waiting for the Siren's Call* (London Records), doch 2007 verabschiedete sich Peter Hook wegen eines »Missverständnisses« endgültig aus dem New Order-Abenteuer,[4] das heute ohne ihn weitergeht. Hooks Kollege und Rivale Bernard Sumner gründete ebenfalls 2007 eine neue Formation namens Bad Lieutenant, die bis 2011 bestand; der Bassist seinerseits gründete 2010 die Band Peter Hook and The Light, die sich auf die alten Hits seiner früheren Bands konzentriert. Im September 2008 deuteten Johnny Marr und Morrissey die Möglichkeit einer Wiedervereinigung der Smiths an, ließen der Ankündigung aber keine Taten folgen.[5] 2020 meldete sich Morrissey mit dem Album *I Am Not A Dog On A Chain* zurück. Auch andere Bands und Künstler sind immer noch aktiv, so etwa A Certain Ratio und Ian Brown (die Stone Roses hatten sich 2012 für eine Welttournee und insbesondere drei Konzerte in Heaton Park wieder zusammengefunden, alle 220.000 Heaton-Tickets waren binnen einer Stunde ausverkauft); dasselbe galt (auch ohne neue Erfolge, die in einer ständig wandelbaren Musikindustrie eigentlich entscheidend sind) für The Fall, bis zum Tod ihres jähzornigen Sängers Mark E. Smith im Jahr 2018. Oasis löste sich am 28. August 2009 kurz vor dem Auftritt als Headliner beim »Rock en

Seine«-Festival endgültig auf, nachdem es zwischen den Brüdern erneut zum Streit gekommen war. Sowohl Noel als auch Liam, der die Band Beady Eye gegründet und mit ihr bis 2014 zwei Alben veröffentlicht hatte, haben eine erfolgreiche Solokarriere aufgenommen und immer noch zahlreiche Fans. Im Januar 2021 kündigte Noel ein neues Oasis-Album mit unveröffentlichen Songs an, das ohne seinen Bruder aufgenommen werde.[6]

Buzzcocks, Joy Division, The Fall, New Order, The Smiths, Happy Mondays, Stone Roses, The Charlatans sowie Oasis haben fast alle geografischen Grenzen überwunden und stehen zeitlos in der Geschichte, wobei ihre Hörer bisweilen nur die Oberfläche der Musik und eben nicht den konkreten Kontext kennen, der es diesen Bands ermöglichte, dazu beizutragen, dass Manchester nun im Rampenlicht der Musikindustrie steht. Diese Kulturgeschichte kann als Märchen erzählt werden und geriet bei Tony Wilson und Peter Hook sowie in den Bildern von Michael Winterbottom zu einem verklärten Mythos jener 20 Jahre, in denen sich die Identität der Stadt Manchester, ihr Selbstbild und ihre Wahrnehmung im Ausland völlig verwandelte. Corbijns Biopic über Ian Curtis festigte dessen Image als Märtyrer der Popmusik, machte Joy Division in den neuen Generationen aber auch erst wieder populär. Außerdem wurden zuletzt mehrere Platten neu aufgelegt und remastered, beispielsweise 2019 die ersten vier EPs von Happy Mondays als Sammlerschuber oder ein Sampler mit zahlreichen Factory-Künstlern anlässlich des 40. Jahrestags der Labelgründung. 2019 erschien zudem ein Tribute-Album für Mark E. Smith, *The Fall – A French Tribute* (Teenage Hate Records), mit elf Künstlern bzw. Bands der französischen Independent-Rock-Szene, die das Werk jener Ikone als wichtigen Einfluss betrachten und für die Einspielung neu interpretiert haben. Im Begleitheft schreibt der Journalist Vincent Arquillière:

> »Die Band gibt es nicht mehr, doch sie übt immer noch immensen Einfluss aus auf alle Musiker, die dem Zentrum die Ränder vorziehen. Das beweist diese Platte, für die das Label Teenage Hate Records (ähnlich wie bereits beim Jay Reatard Tribute) elf französische Bands um Coverversionen der berühmten oder unbekannteren Stücke von The Fall gebeten hat. Wäre Mark E. Smith noch am Leben, würde er das Ergebnis wohl für völlig bescheuert halten und über alle Beteiligten herziehen. Was aus seinem Mund freilich ein Kompliment wäre, oder zumindest eine gewisse Anerkennung.«

Die Verwaltung und die Bürger von Manchester nutzten dieses Erbe mit Events, in deren Fokus die Akteure der städtischen Revitalisierung stehen, wie etwa 2010 die große »Joy Division«-Ausstellung in Macclesfield, wo der Sänger lebte und auch starb. Sieben Jahre später widmete sich die Ausstellung »True Faith« der Manchester Art Gallery den Spuren von Joy Division und New Order in der bildenden Kunst.[7] Zu Ehren der Künstler, die an der Revitalisierung entscheidend beteiligt waren, werden in Manchester regelmäßig Wandgemälde in Auftrag gegeben – im September 2018 erinnerte das Prestwich Arts Festival mit einem sechs Meter hohen *mural* im Stadtzentrum an Mark E. Smith[8] –; auch Retrospektiven zu Factory Records gibt es regelmäßig in London sowie in Manchester, die letzte wurde mit dem Titel »Use Hearing Protection: The Early Years of Factory Records« für das letzte Quartal 2020 im nordenglischen Science and Industry Museum geplant, wurde aufgrund der regierungsamtlichen Pandemiemaßnahmen aber verschoben.[9]

Die DJs, die das ›Haçienda‹ berühmt gemacht hatten – so Mike Pickering, Dave Haslam, Laurent Garnier, Graeme Park, Gerald Simpson und Jon DaSilva – waren selbst Stars und wurden später weltweit gebucht, um die irre Stimmung aus dem Factory-Club wieder aufleben zu lassen, so wie Ende der Achtziger.[10] Mehrere Akteure der aufstrebenden Manchester-Szene wurden später für ihre Verdienste um die Kunst ausgezeichnet, beispielsweise wurde Johnny Marr von der Salford University zum Professor für Populäre Musik ernannt und John Cooper Clarke erhielt im Juli 2013, ebenfalls in Salford, die Ehrendoktorwürde.[11] Trotz der hartnäckigen Voreingenommenheit gegen die zahlreichen Dialekte im Vereinigten Königreich (und aufgrund seiner industriellen Vergangenheit insbesondere gegen die Manchesteraner Variante[12]), gelang es den Musikern eben durch ihren musikalischen Diskurs, ihre Ausdrucksweise und ihre nördliche Sicht auf die britischen Gesellschaft zu verteidigen.

Mit dem musikalischen Boom des späten 20. Jahrhunderts entstand in Manchester eine blühende Szene, deren Dynamik noch immer nicht nachlässt. Zu den lokalen Bands von heute zählt Elbow aus Bury, die in den ersten Jahrzehnten des neuen Jahrtausends mit mehreren Alben in die britischen Top 10 vorstieß (am 18. Juli 2001 war Elbow als Vorband von New Order im Liverpooler ›Olympia‹ aufgetreten[13]); 2019 errang ihr neuestes Album *Giants Of All Sizes* (Polydor) den ersten Platz. Das aus Salford stammende Duo The Ting Tings hatte mit seinem Debütalbum *We Started Nothing* (Columbia), das sich nach Erscheinen im Mai 2008 ebenfalls an die Spitze der britischen Charts setzte, auch international durchschlagenden Erfolg. Die Manchester-

Szene muss sich vor den Bands und Produktionen anderer Regionen also wirklich nicht verstecken – die Band Working Men's Club, die sich musikalisch in erster Linie auf die lokalen Legenden stützt, sorgte 2020 mit ihrem gleichnamigen Debütalbum für großes Aufsehen; genannt seien aber auch Blossoms, Blanketman, Lottery Winners, Wu Lyf und Jenna G, die mit ihrer Musik zur Strahlkraft einer kontinuierlich kreativen Stadt beitragen.

Zuletzt blieb auch Manchester nicht von Terroranschlägen auf Symbole westlicher Kultur verschont. Das Ziel eines tragischen Selbstmordanschlags, bei dem am 22. Mai 2017 in Manchester im Namen des sogenannten Islamischen Staates 22 Menschen getötet und 59 verletzt wurden, war bewusst ausgewählt worden.[14] Wie beim Anschlag in Paris am 13. November 2015 auf das ›Bataclan‹ wurde mit dem Angriff auf die ›Manchester Arena‹ nach dem Konzert der US-Sängerin Ariana Grande ein Konzertsaal ins Visier genommen. Die Symbolik der Tat demonstriert einmal mehr die abgrundtiefe Abneigung der Terroristen gegen die westliche Kulturindustrie und unterstreicht (leider auf Kosten von Menschenleben) die Bedeutung der Kultur in Manchester. Drei Tage später, nach der landesweiten Schweigeminute für die Opfer, stimmte in Manchester eine Frau namens Lydia Bernsmeier-Rullow den Oasis-Hit »Don't Look Back In Anger« an – und Hunderte Teilnehmer stimmten ein. Diese Bilder gingen um die Welt und das Lied wurde zum Symbol für den Widerstandsgeist von Manchester im Angesicht des Terrors. In Reaktion auf die Tragödie fand am 4. Juni 2017 auf dem ›Old Trafford Cricket Ground‹ das Benefizkonzert One Love Manchester statt: Es spielten neben Ariana Grande weitere internationale Künstler wie Miley Cyrus, Justin Bieber und Black Eyed Peas sowie Take That, Robbie Williams und Liam Gallagher, der zusammen mit Chris Martin und Jonny Buckland von Coldplay auf die Bühne trat – sie sangen den Oasis-Hit »Live Forever«.

Nach den schier endlosen Verhandlungen im Anschluss an das Brexit-Referendum vom 23. Juni 2016 (bei dem 51,9 % der abgegebenen Stimmen für den Austritt des Landes aus der Europäischen Union votierten, während Manchester, aber auch Liverpool, zu den wenigen Städten im Norden zählten, die sich mehrheitlich dagegen aussprachen) verließ Großbritannien letztendlich am 1. Januar 2021 die Europäische Union. Der Brexit, so meinen einige Beobachter wie etwa der Fotojournalist Kevin Cummins aus Manchester, sei nur eine Frage der Zeit gewesen, seitdem in den Britpop-Jahren ein selbstbezogener Isolationismus und scharfer Nationalismus Raum gegriffen habe.[15]

Mitten in der Corona-Pandemie entschlossen sich Jugendliche der Metropolregion Greater Manchester angesichts gecancelter Festivals und geschlossener Clubs, den Lockdown zu brechen und die Schutzmaßnahmen zu ignorieren – stattdessen feierte man im Umland auf selbstorganisierten *raves*, so kamen im Juni 2020 rund 4.000 Menschen im Daisy Nook Country Park in Failsworth zusammen, der »Quarantäne-Rave« von Carrington lockte 2.000 Feierwütige an. Solche Events, mit ihrem Anschluss an eine Geschichte der Gegenkultur und des euphorischen *Second Summer of Love* 1988, gab es bald im ganzen Land, in Liverpool, Leeds, bei Glasgow und natürlich in der Metropole London. Um ihre illegalen Veranstaltungen zu koordinieren, zu organisieren und zu kommunizieren, nutzen die Raver heute die sozialen Netzwerke. Glaubt man The Guardian, hatte bei nicht wenigen Events das organisierte Verbrechen, das alternative Partys bereits in der Vergangenheit ruiniert hatte, seine Finger im Spiel. Es fühlte sich wie eine Zeitreise in die späten 80er an und zeigt die Präsenz des kulturellen Erbes, das die Befreiungsbewegung einer desillusionierten Jugend hinterlassen hat.[16]

Manchester ringt heute mit Birmingham um den Titel der zweitgrößten Stadt im Vereinigten Königreich. In den letzten vierzig Jahren hat sich die Stadt von Grund auf neu erfunden. Ein Vergleich mit den siebziger Jahren wäre ganz und gar vergeblich, denn die Bedeutung von Kunst und Kultur in Manchester ist nicht mehr zu übersehen.

Danksagung

Zuallererst möchte ich der Betreuerin meiner Masterarbeit, Prof. Dr. Pascale Goetschel, danken, ohne die ich meine Leidenschaft nie zum Forschungsgegenstand gemacht hätte. Noch im Studium lehrte sie mich die Methoden geschichtswissenschaftlicher Forschung, die ich beim Verfassen des vorliegenden Buches praktisch anwenden konnte. Nach dem Abschluss setzten die Universitätsdozenten Arnaud Baubérot und Florence Tamagne ihr Vertrauen in mich und mein Thema, das ich im Rahmen des Seminars »Histoire sociale du rock« am Centre Malher darstellen konnte. Dafür bin ich sehr dankbar. Ganz herzlich würdigen möchte ich auch die Freundlichkeit und Hingabe der Mitarbeiter der British Library, die mir mit der dort archivierten britischen Musikpresse eine wahre Goldmine zugänglich gemacht haben.

Die steten Ermutigungen, die Korrekturen und der Austausch von und mit Laura Bigard haben mir das Schreiben sehr erleichtert. Durch sie bewahrte ich den Glauben an meine Arbeit und dafür danke ich ihr von ganzem Herzen. Für Ermutigung sorgte auch meine Mutter, Mareike Wolf-Fédida, die mir in der Arbeit eine ebenso große Stütze war wie meine Brüder Willfried und Jérôme Fédida. Glücklicherweise habe ich zudem einige Freunde, wie den Musikliebhaber Étienne Boulant, der sich immer für mein Thema interessiert hat und mir für lange Gespräche über die Geschichte der populären Musik zur Verfügung stand. Wertvolle Freunde sind auch, um nur einige wenige zu nennen, Lucas Fevret, Gabin Morvan, Camille Lemercier und Anthony Le Lièvre, Gründer des Independent-Labels Le Cèpe Records.

Abschließend möchte ich den Bands und Künstlern der damaligen wie der heutigen Szene in Manchester danken, die mir nicht nur die britische Musikindustrie verständlich gemacht, sondern auch die faszinierende Geschichte ihrer Stadt vermittelt haben – in ihren Kompositionen und in ihrer Verachtung für konventionelle Grenzen.

Anmerkungen

Alle Internetseiten wurden zuletzt am 15. Januar 2024 aufgerufen.

Manchester in historischer Perspektive

[1] Ian Douglas, Rob Hodgson und Nigel Lawson, »Industry, environment and health through 200 years in Manchester«, in: *Ecological Economics*, Bd. 41 (2), 2002, S. 235–255, hier S. 237.
[2] John Cooper Clarke, *I Wanna Be Yours*, London: Picador 2020, S. 10.
[3] Douglas et al., a. a. O., S. 237 f.
[4] Ebd.
[5] Dave Haslam, *Manchester England, The story of the pop cult city*, London: Fourth Estate 2000, S. 7.
[6] George Orwell, *Der Weg nach Wigan Pier*, Orig. 1937, übers. v. Manfred Papst (1982), Zürich: Diogenes ⁵2012, S. 49.
[7] Haslam, *Manchester*, a. a. O., S. 14.
[8] Die Geschichte wurde auch verfilmt: *Peterloo*, Regie: Mike Leigh, Kamera: Dick Pope, Schnitt: Jon Gregory, UK 2018. (Anm. d. Übers.)
[9] Haslam, *Manchester*, a. a. O., S. 16.
[10] Friedrich Engels, »Die Lage der arbeitenden Klasse in England« (1845), in: *Marx Engels Werke*, Bd. 2, Berlin (Ost): Dietz 1972, S. 225–506.
[11] Karl Marx und Friedrich Engels, »Manifest der Kommunistischen Partei« (1848), in: *Marx Engels Werke*, Bd. 4, Berlin (Ost): Dietz 1977 (1959), S. 459–493.
[12] Thomas de Quincey, *Bekenntnisse eines englischen Opiumessers*, Orig. 1821, übers. v. Walter Schmiele (1947), Frankfurt/M. & Leipzig: Insel 2009, S. 12. (Unter gleichem Titel erschienen u. a. die Übersetzungen von Hedda und Arthur Moeller-Bruck [Aurinia 2007] sowie von Peter Meier [Hugendubel 2008]; Anm. d. Übers.)
[13] Peter Walsh, *Gang War. The Inside Story of the Manchester Gangs,* Preston: Milo Books 2005, S. 2 f.
[14] Haslam, *Manchester*, a. a. O., S. 34.
[15] Ebd., S. 3 f.
[16] Vincent Collen, »Manchester, le joyau caché de l'Angleterre«, *Les Echos*, 12. Mai 2017.
[17] François Kersaudy, *Winston Churchill*, Paris: Tallandier 2015, S. 114.
[18] www.iwm.org.uk/history/the-manchester-blitz.
[19] www.manutd.com/en/history/history-by-decade.
[20] Kersaudy, a. a. O., S. 567.
[21] Stéphane Lebecq (Hrsg.), *Histoire des îles Britanniques*, Paris: PUF 2013, S. 892.

[22] Haslam, *Manchester*, a. a. O., S. 86–91.
[23] Collen, a. a. O.
[24] Haslam, *Manchester*, a. a. O., S. 108.
[25] Cooper Clarke, a. a. O., S. 48.
[26] Douglas et al., a. a. O., S. 239.
[27] Haslam, *Manchester*, a. a. O., S. XXI.

Teil 1:
Mitten in der Krise: Eine rebellische Jugend legt Fundamente (1976–1982)

[1] Bertrand Lemonnier, *Culture et société en Angleterre de 1939 à nos jours,* Paris: Belin 1997, S. 182.
[2] Gino Raymond, »The 1970s and the Thatcherite Revolution: Crisis of Ideology or Control?«, *Revue Française de Civilisation Britannique,* XXI-2, 2016, S. 4.
[3] Marc Lenormand, »L'›hiver du mécontentement‹ de 1978–1979: du mythe politique à la crise interne du mouvement travailliste«, *Revue Française de Civilisation Britannique,* XXII – Hors série, 2017, S. 6.
[4] Jean-Louis Thiériot, *Margaret Thatcher. De l'épicerie à la Chambre des Lords,* Paris: Perrin 2011 (2007), S. 17.
[5] Ebd.
[6] Ebd.
[7] Simon Reynolds, *Schmeiß alles hin und fang neu an. Postpunk 1978-1984,* übers. v. Conny Lösch, Höfen: Hannibal 2007, S. 135.
[8] Zit. in: John Robb, *Manchester Music City 1976–1996,* übers. v. Jean-François Caro, Paris: Payot et Rivages 2010, S. 50 (*The North will rise again. Manchester Music City 1976-1996,* London: Aurum 2009).
[9] Stuart Hylton, *A History of Manchester,* Andover: Phillimore & Co. 2010, S. 265.
[10] Zit. in Robb, *Manchester,* a. a. O., S. 41.
[11] Paul Gallagher, »Manchester's dark history: Archive pictures show the city's blackened landmark buildings before the Clean Air Act«, *Manchester Evening News,* 5. März 2016.
[12] Henry Hochland, »Nostalgia: The Beatles wear masks to combat smog as they play Ardwick Theatre in 1965«, *Manchester Evening News,* 1. Oktober 2016.
[13] Haslam, *Manchester,* a. a. O., S. 96 f.
[14] Bill Brewster & Frank Broughton, *Last Night a DJ Saved My Life. Un siècle de musique aux platines,* übers.v. Cyrille Rvallan, Bègles: Le Castor Astral 2017, S. 124 (*Last Night a DJ Saved My Life. The definitive history of the DJ,* London: Headline 1999).
[15] Walsh, a. a. O., S. 27.
[16] Peter Hook, *L'Haçienda. La meilleure façon de couler un club,* übers. v. Jean-François Caro, Marseille: Le Mot et le Reste 2012, S. 30 (*The Haçienda. How to not run a club,* London: Itbooks 2014).

[17] Brewster & Broughton, a. a. O., S. 120.
[18] Haslam, *Manchester*, a. a. O., S. 143 f.
[19] Sarah Walters, »Can you believe it's 50 years since Manchester called Bob Dylan Judas?«, *Manchester Evening News*, 17. Mai 2016.
[20] Zit. in Robb, *Manchester*, a. a. O., S. 59 f.
[21] Zit. ebd., S. 47.
[22] Haslam, *Manchester*, S. 148.
[23] Ebd., S. 104.
[24] Craig O'Hara, *The Philosophy of Punk. Die Geschichte einer Kulturrevolte*, übers. v. Edward Viesel (Mitarb. Viola Nordsieck; 2001), Ventil: Mainz ⁶2017, Orig. 1999, S. 28 f. (Anm. d. Übers.: Craig zitiert hier Tricia Henry, *Break All Rules! Punk Rock and the Making of a Style*, Ann Arbor: University Microfilms 1989, S. 67.)
[25] O'Hara, a. a. O., S. 27.
[26] Peter Robinson, »Faggots, punks, and prostitutes: the evolving language of gay men«, *The Conversation*, 28. Februar 2017.
[27] Anm. d. Übers.: »that Stooge punk«, übersetzt als »dieser Stooges-Penner«, in: Lester Bangs, »Von Pop und Pies und Fun. Ein Programm zur Befreiung der Massen in Form einer Stooges-Rezension. Oder: Wer ist der Depp?« (1970), in: ders., *Psychotische Reaktionen und heiße Luft. Ausgewählte Essays*, übers. v. Peer Schmitt u. a., Berlin: Ed. Tiamat 2008, S. 65.
[28] Christian Eudeline, *La Bible Punk: 35 ans de contre-culture musicale*, Paris: Carpentier 2013, S. 4 f.
[29] Zit. in: »1976–2016, Punk is not Dead: 40 ans d'outrage rock«, *Rolling Stone*, hors série, 14. Oktober 2016, S. 4.
[30] Christophe Traïni, *La musique en colère*, Paris: Presses de Sciences Po 2008, S. 47.
[31] Vgl. Steven Jezo-Vannier, *Contre-culture(s). Des Anonymous à Prométhée*, Marseille: Le Mot et Le Reste 2016.
[32] Christophe Bourseiller & Jake Raynal, *Les Situationnistes*, Brüssel: Le Lombard 2017.
[33] Mitt Homann, »Qui a inventé le krautrock ?«, *Gonzaï*, Nr. 29, April/Mai 2019, S. 20.
[34] James Nice, *La Factory. Grandeur et décadence de Factory Records*, übers. v. Mickey Gaboriaud, Paris: Naïve 2011, S. 6 (*Shadowplayers. The Rise and Fall of Factory Records*, London: Aurum 2011).
[35] Benjamin Fogel, *Le renoncement de Howard Devoto*, Marseille: Le Mot et le Reste 2015, S. 10.
[36] Ebd., S. 13.
[37] Peter Hook, *Unknown Pleasures. Die Joy-Division-Story*, Orig. 2013, übers. v. Stephan Pörtner, Berlin: Metrolit 2013, S. 55. »Buzz« ist die Aufregung beim Auftritt auf der Bühne und »cock« bezeichnet im Norden Englands einen Freund (Anm. d. Übers.).
[38] Nice, a. a. O., S. 7.
[39] Ebd., S. 8.
[40] Ebd., S. 8 f.
[41] Fogel, a. a. O., S. 39.
[42] »Solstice have their day at last«, *Manchester Evening News*, 15. Feb. 2007.
[43] Fogel, a. a. O., S. 45–49.

Anmerkungen

44 Robb, Manchester, a. a. O., S. 70.
45 Fogel, a. a. O., S. 56.
46 Paul Morley, »The Sex Pistols play the Lesser Free Trade Hall: all of indie Manchester sees the future of music«, The Guardian, 14. Juni 2011.
47 Mark E. Smith, Renegade. The Lives and Tales of Mark E. Smith, London: Penguin Books 2009, S. 37.
48 Hook, Unknown, a. a. O., S. 55.
49 Robb, Manchester, a. a. O., S. 73.
50 Nämlich Joy Division (Anm. d. Übers.). Hook, L'Haçienda, a. a. O., S. 22.
51 Nice, a. a. O., S. 10 f.
52 Ebd., S. 22.
53 Roulleau, Denis, »L'esthétique de la déchirure«, Rolling Stone, Hors-série, Numéro Collector 31, octobre 2016, S. 51.
54 Jezo-Vannier, a. a. O., S. 84.
55 O'Hara, a. a. O., S. 36 (vgl. 34 f.).
56 Zit. in: Roulleau, Denis, »L'esthétique de la déchirure«, Rolling Stone, Hors-série, Numéro Collector 31, octobre 2016, S. 49.
57 Ebd., S. 49 f.
58 Ebd., S. 51.
59 »The Buzzcocks«, Tracks, Arte, 30. März 2006, Minute 04:36.
60 Cooper Clarke, a. a. O., S. 273.
61 Zit. in Robb, Manchester, a. a. O., S. 82.
62 Zit. ebd., S. 79.
63 Zit. ebd., S. 96.
64 Smith, a. a. O., S. 41.
65 Cooper Clarke, a. a. O., S. 277.
66 Peter Silverton, »Sniffin' Glue: A Fanzine that epitomized punk«, The Independent, 10. Mai 2016.
67 Ebd.
68 Reynolds, Schmeiß, a. a. O., S. 105.
69 Dave Haslam, Sonic Youth slept on my floor: Music, Manchester and More, A Memoire, London: Constable 2018, S. 50.
70 Robb, Manchester, a. a. O., S. 109.
71 Ebd.
72 Ein Titel der Buzzcocks.
73 Alain Pacadis, Un jeune homme chic, Genf: Héros-Limite 2018, S. 33.
74 »Grundy banned: Today team accused«, The Guardian, 3. Dezember 1976.
75 Haslam, Manchester, a. a. O., S. 112.
76 Peter Silverton, »Pistols, Clash etc.: What Did You Do On The Punk Tour, Daddy?«, Sounds, 18. Dezember 1976.
77 Robb, Manchester, a. a. O., S. 19.
78 Cooper Clarke, a. a. O., S. 278.
79 Ebd., S. 289.

[80] Ebd., S. 264.
[81] Nice, a. a. O., S. 14.
[82] Eudeline, a. a. O., S. 23.
[83] Zit. in Robb, *Manchester*, a. a. O., S. 86.
[84] Fogel, a. a. O., S. 40 f.
[85] »Yeah – okay – ich sage was ich denke / Ich sage, was mir in den Sinn kommt / Ich rede nie drumrum / Mein Leben ist eine gerade – gerade Linie / Du kennst mich – ich stelle mich dumm / Du kennst die Szene – richtig monoton / Langeweile – Langeweile«
[86] Reynolds, *Schmeiß*, a. a. O., S. 117.
[87] Nice, a. a. O., S. 15.
[88] Ebd., S. 16.
[89] Ebd.
[90] Ebd., S. 17.
[91] Zit. in Kevin Cummins, *Manchester: Looking for the light through the Pourring Rain*, London: Faber and Faber 2009, S. 23.
[92] Hook, *Unknown*, a. a. O., S. 77.
[93] Nice, a. a. O., S. 17.
[94] Ebd.
[95] Haslam, *Manchester*, a. a. O., S. 117.
[96] Ders., *Sonic Youth*, a. a. O., S. 41.
[97] Paul Morley, »Buzzcocks: Teen Rebel Scores £250 From Dad«, *New Musical Express*, 5. Februar 1977.
[98] Ders., »They mean it M-a-a-a-nchester«, *New Musical Express*, 30. Juli 1977.
[99] Cooper Clarke, a. a. O., S. 274.
[100] Hook, *Unknown*, a. a. O., S. 119.
[101] Nice, a. a. O., S. 19.
[102] Hook, *Unknown*, a. a. O., S. 115.
[103] Nice, a. a. O., S. 18.
[104] Zit. in Robb, *Manchester*, a. a. O., S. 63.
[105] Hook, *Unknown*, a. a. O., S. 95.
[106] Smith, a. a. O., S. 26.
[107] Ebd., S. 28.
[108] Ebd., S. 13.
[109] Ebd., S. 17 f.
[110] Ebd., S. 15.
[111] Ebd., S. 18 f.
[112] Ebd., S. 28 ff.
[113] Ebd., S. 38.
[114] Ebd., S. 39.
[115] Ebd.
[116] Ebd., S. 52.
[117] Nice, a. a. O., S. 18.
[118] Reynolds, *Schmeiß*, a. a. O., S. 211.

[119] Hook, *Unknown*, a. a. O., S. 135.
[120] Zit. in Cummins, *Manchester*, a. a. O., S. 29.
[121] Nice, a. a. O., S. 18.
[122] The Fall, *Live 1977*, Cog Sinister, März 2000.
[123] Reynolds, *Schmeiß*, a. a. O., S. 28.
[124] Nice, a. a. O., S. 23.
[125] http://www.bbc.co.uk/radio1/johnpeel/artists/t/thefall.
[126] Smith, a. a. O., S. 77.
[127] Brewster & Brougthon, a. a. O., S. 107.
[128] Hook, *Unknown*, a. a. O., S. 66.
[129] Ebd., S. 64.
[130] Ebd., S. 77, 79.
[131] Ebd., S. 115.
[132] Ebd., S. 82.
[133] Ebd., S. 82, 88.
[134] Ebd., S. 117.
[135] Cooper Clarke, a. a. O., S. 41.
[136] Ebd., S. 76.
[137] Ebd., S. 105.
[138] Ebd., S. 111.
[139] Ebd., S. 120.
[140] Ebd., S. 133.
[141] Ebd., S. 168.
[142] Ebd., S. 179.
[143] Ebd., S. 190.
[144] Ebd., S. 201.
[145] Ebd., S. 212 f.
[146] Ebd., S. 215 f.
[147] Ebd., S. 236.
[148] Ebd., S. 242.
[149] Ebd., S. 246.
[150] Ebd., S. 261 f.
[151] Ebd., S. 265.
[152] Ebd., S. 246.
[153] Ebd., S. 246.
[154] Ebd., S. 273.
[155] Ebd., S. 278.
[156] Smith, a. a. O., S. 66.
[157] Cooper Clarke, a. a. O., S. 284.
[158] Ebd., S. 272.
[159] Ebd., S. 290.
[160] Ebd., S. 294 f.
[161] Ebd., S. 295.

[162] Nice, a. a. O., S. 21.
[163] Hook, *Unknown*, a. a. O., S. 93.
[164] Ebd., S. 158.
[165] Reynolds, *Schmeiß*, a. a. O., S. 38.
[166] Hook, *Unknown*, a. a. O., S. 96.
[167] Hook, *L'Haçienda*, a. a. O., S. 27.
[168] Cummins, *Manchester*, a. a. O., S. 24.
[169] Reynolds, *Schmeiß*, a. a. O., S. 22.
[170] Philippe Robert, *Post-punk, No Wave, Indus & Noise: Chronologie et chassés-croisés*, Marseille: Le Mot et le Reste 2011.
[171] Ebd., S. 84.
[172] Das Lied »Trans Europa Express« erschien auf dem gleichnamigen Album im März 1977.
[173] Robb, *Manchester*, a. a. O., S. 99.
[174] Reynolds, *Schmeiß*, a. a. O., S. 53.
[175] Ebd., S. 52.
[176] Fogel, a. a. O., S. 86.
[177] Robert, a. a. O., S. 84.
[178] Nice, a. a. O., S. 23.
[179] Fogel, a. a. O., S. 97.
[180] Dylan Jones, *David Bowie. Ein Leben*, übers. v. Friederike Moldenhauer, Berlin: Rowohlt 2018, S. 240.
[181] Cummins, *Manchester*, a. a. O., S. 122.
[182] Fogel, a. a. O., S. 107 f.
[183] Curtis, Ian (hrsg. von Deborah Curtis und Jon Savage): *So this is permanence: Joy Division. Songtexte und Notizen*, übers. v. Jan Böttcher, Reinbek: Rowohlt 2015, S. 19 f.
[184] Hook, *Unknown*, a. a. O., S. 119.
[185] Robert, a. a. O., S. 92.
[186] Hook, *Unknown*, a. a. O., S. 157.
[187] Reynolds, *Schmeiß*, a. a. O., S. 118.
[188] Hook, *Unknown*, a. a. O., S. 126.
[189] Ebd., S. 158 f.
[190] Nice, a. a. O., S. 45.
[191] Ebd.
[192] Reynolds, *Schmeiß*, a. a. O., S. 211.
[193] Nice, a. a. O., S. 45.
[194] Hook, *Unknown*, a. a. O., S. 160.
[195] Nice, a. a. O., S. 45.
[196] Ebd., S. 29.
[197] Ebd., S. 8.
[198] Cummins, *Manchester*, a. a. O., S. 11.
[199] Nice, a. a. O., S. 8 f.
[200] Ebd., S. 22.
[201] Reynolds, *Schmeiß*, a. a. O., S. 210.

Anmerkungen

202 Nice, a. a. O., S. 30 f.
203 Ebd., S. 37.
204 Hook, *L'Haçienda*, a. a. O.
205 Nice, a. a. O., S. 37.
206 Ebd., S. 38.
207 Ebd.
208 Ebd., S. 40.
209 Ebd.
210 Ebd., S. 43.
211 Ebd., S. 44.
212 Ebd., S. 42 f.
213 Ebd., S. 44.
214 Ludovic Tournes, *Musique! Du phonographe au mp3* (1877-2011), Paris: Autrement, 2011, S. 71.
215 Ebd., S. 72.
216 David Blot und Mathias Cousin, *Le Chant de la Machine*, Paris: Allia 2017, S. 22.
217 Tournes, a. a. O., S. 71.
218 Ebd., S. 74.
219 Ebd., S. 79.
220 Ebd., S. 72.
221 Ebd., S. 73.
222 Barbara Lebrun, »Majors et labels indépendants. France, Grand-Bretagne, 1960-2000«, *Vingtième siècle*, Nr. 92 (2006), S. 38.
223 Reynolds, *Schmeiß*, a. a. O., S. 127.
224 Nice, a. a. O., S. 32.
225 Ebd., S. 63.
226 Reynolds, *Schmeiß*, a. a. O., S. 131.
227 Lebrun, a. a. O., S. 39.
228 Pottier, a. a. O., S. 20.
229 Reynolds, *Schmeiß*, a. a. O., S. 126.
230 Cooper Clarke, a. a. O., S. 297-301.
231 Ebd., S. 304-307.
232 Nice, a. a. O., S, 33.
233 Ebd., S. 34.
234 O'Reilly, John: »Digging Deep Vale«, *The Independent*, 5. April 1996.
235 Ebd.
236 John Anson, »Deeply Vale – the free festival that won't be forgotten«, *Lancashire Telegraph*, 22. August 2017.
237 Siehe dazu Lenormand, Marc: »L'›hiver du mécontentement‹ de 1978-1979 : du mythe politique à la crise interne du mouvement travailliste«, *Revue Française de Civilisation Britannique*, XXII – Sondernummer 2017.
238 Nice, a. a. O., S. 50.
239 Ebd., S. 51.

240 Hook, *Unknown*, a. a. O., S. 142 f.
241 Nice, a. a. O., S. 50.
242 Siehe Steven Hankinson et al., »the factory records catalogue«, https://factoryrecords.org/factory-records.php (Anm. d. Übers.)
243 Ebd., S. 41.
244 Zit. in Robb, *Manchester*, a. a. O., S. 149.
245 Hook, *Unknown*, a. a. O., S. 145, 249.
246 Nice, a. a. O., S. 58.
247 Hook, *Unknown*, a. a. O., S. 153.
248 Ebd., S. 250.
249 Zit. in Robb, *Manchester*, a. a. O., S. 151.
250 Nice, a. a. O., S. 64.
251 Ebd., S. 63.
252 Ebd., S. 68 f.
253 Ebd., S. 79.
254 Zit. in Robb, *Manchester*, a. a. O., S. 148.
255 Hook, *Unknown*, a. a. O., S. 178.
256 Ebd., S. 184.
257 Ebd., S. 240 f.
258 Ebd., S. 255.
259 Ebd., S. 193.
260 Nice, a. a. O., S. 75.
261 Ebd., S. 76.
262 Hook, *Unknown*, a. a. O., S. 258.
263 Nice, a. a. O., S. 77.
264 Ebd.
265 Ebd., S. 78.
266 Ebd., S. 81.
267 Ebd., S. 83.
268 Ebd., S. 86.
269 Ebd., S. 87.
270 Reynolds, *Schmeiß*, a. a. O., S. 56.
271 Cooper Clarke, a. a. O., S. 331.
272 Hook, *Unknown*, a. a. O., S. 264-271.
273 Ebd., S. 266-270.
274 Ebd., S. 266.
275 Smith, a. a. O., S. 78.
276 Ebd., S. 77.
277 http://edinburghgigarchive.com/odeon-cinema/
278 Nice, a. a. O., S. 94.
279 Victoria & Albert Museum (Hg.): *Pink Floyd - their mortal remains* (Ausstellungskatalog), übers. u. a. v. Nicole Klingenberg, Hamburg: Edel 2017, S. 240.
280 Ebd.

Anmerkungen

[281] Nice, a. a. O., S. 100.
[282] Ebd., S. 101.
[283] Hook, *Unknown*, a. a. O., S. 331–333.
[284] Nice, a. a. O., S. 102.
[285] Ebd., S. 103.
[286] Ebd., S. 105.
[287] Ebd., S. 108.
[288] Robb, *Manchester*, a. a. O., S. 151.
[289] Lebrun, a. a. O., S. 38.
[290] Nice, a. a. O., S. 71 f.
[291] Hook, *Unknown*, a. a. O., S. 333.
[292] Ebd., S. 336.
[293] Ebd., S. 297.
[294] Ebd., S. 337.
[295] Ebd., S. 261.
[296] Nice, a. a. O., S. 114; Hook, *Unknown*, a. a. O., S. 299 f.
[297] Ebd., S. 300.
[298] Ebd., S. 302–305.
[299] Ebd., S. 342, 310.
[300] Ebd., S. 342 f.
[301] Ebd., S. 344, 312.
[302] Nice, a. a. O., S. 132.
[303] Hook, *L'Haçienda*, a. a. O., S. 28.
[304] Nice, a. a. O., S. 132.
[305] Lester Bangs, *Fêtes sanglantes & mauvais goût*, übers. v. Jean-Paul Mourlon (2005), Auch: Tristram 2014, S. 139.
[306] Hook, *L'Haçienda*, a. a. O., S. 28.
[307] Dave Simpson, »Howard, it's your last chance to be venerable«, *The Guardian*, 12. Dezember 2008.
[308] Cooper Clarke, a. a. O., S. 345–352.
[309] Smith, a. a. O., S. 91.
[310] Ebd., S. 94.
[311] Adam Sweeting, »Power Fall«, *Melody Maker*, 14. Februar 1981, S. 30.
[312] Pottier, a. a. O., S. 15.
[313] Ebd., S. 23.
[314] Thiériot, a. a. O., S. 312.
[315] Johnny Marr: *Set the Boy Free*, übers. v. Stéphane Legrand, Paris: Le Serpent à Plumes 2018, S. 80 (*Set the Boy Free*, New York: Dey Street 2016)
[316] Thiérot, a. a. O. S. 272.
[317] Bernard Cassen, »Royaume-Uni : De l'Empire au Brexit«, *Manière de voir*, Nr. 153, Juni/Juli 2017, S. 41.
[318] Thiérot, a. a. O. S. 314.

[319] Peter Hook, *Substance. New Order vu de l'intérieur*, übers. v. Suzy Borello, Marseille: Le Mot et le Reste 2017, S. 33 f. (*Substance. Inside New Order*, London, Simon & Schuster UK 2017).
[320] Lyndon Barber, »New Order say it all«, *Melody Maker*, 14. Februar 1981, S. 29.
[321] Hook, *Substance*, a. a. O., S. 55.
[322] Nice, a. a. O., S. 122.
[323] Ebd., S. 123.
[324] Haslam, *Sonic Youth*, a. a. O., S. 41.
[325] Hook, *Substance*, a. a. O., S. 26.
[326] Ebd., S. 56 f.
[327] Ebd., S. 47.
[328] Nice, a. a. O., S. 145.
[329] Ebd., S. 146.
[330] Robert, a. a. O., S. 134.
[331] Hook, *Substance*, a. a. O., S. 57.
[332] Nice, a. a. O., S. 147.
[333] Ebd.
[334] Ebd., S. 150.
[335] Ebd., S. 151.
[336] Hook, *Substance*, a. a. O., S. 83.
[337] Penny Kiley, »New Order: Plato's Ballroom, Liverpool«, *Melody Maker*, 14. Januar 1981, S. 28.
[338] https://rolandcorp.com.au/blog/roland-drum-machine-chronicle-1964-2016; siehe auch https://www.bonedo.de/artikel/vintage-drum-machine-boss-dr-rhythm-dr-55/
[339] »Hit me with your Rhythm Composer«, *Melody Maker*, 24. Januar 1981, S. 31; »Son of success«, *Melody Maker*, 11. April 1981, S. 34.
[340] Hook, *Substance*, a. a. O., S. 84.
[341] Nice, a. a. O., S. 156.
[342] Hook, *Substance*, a. a. O., S. 84.
[343] Ebd., S. 88.
[344] Ebd., S. 88–90.
[345] Ebd., S. 70.
[346] Reynolds, *Schmeiß*, a. a. O., S. 409.
[347] Nice, a. a. O., S. 146.
[348] Ebd., S. 182.
[349] Hook, *Substance*, a. a. O., S. 95–97.
[350] Ebd., S. 96.
[351] Adam Sweeting, »Could do better«, *Melody Maker*, 21. November 1981, S. 26.
[352] Nice, a. a. O., S. 172.
[353] Ebd., S. 173.
[354] Ebd., S. 183.
[355] Ebd., S. 170.
[356] Hook, *L'Haçienda*, a. a. O., S. 35.
[357] Nice, a. a. O., S. 194.

358 Ebd., S. 197.
359 Gilles Ivain (i. e. Ivan Chtcheglov), »Formular für einen neuen Urbanismus«, übers. v. Pierre Gallissaires und Hanna Mittelstädt, https://www.si-revue.de/formular-für-einen-neuen-urbanismus/; (*Internationale Situationniste*, Nr. 1 (1958), S. 15, (Nachdruck) Paris: Fayard 1997).
360 Hook, *L'Haçienda*, a. a. O., S. 35.
361 Ebd., S. 35 f.
362 Nice, a. a. O., S. 201.
363 Ebd., S. 179.
364 Ebd., S. 201.
365 Ebd., S. 11.
366 Hook, *L'Haçienda*, a. a. O., S. 49.
367 Ebd.
368 Ebd., S. 65, 50. Siehe dazu auch: The Making of THE HACIENDA, Riverside/Classic BBC Music/BBC Archive, UK 1983, 8:28'. https://www.youtube.com/watch?v=aiRqIxRQqgo (Anm. d. Übers.)
369 Nice, a. a. O., S. 199.
370 Ebd.
371 Hook, *L'Haçienda*, a. a. O., S. 46.
372 Hook, *Substance*, a. a. O., S. 97.
373 Hook, *L'Haçienda*, a. a. O., S. 64.
374 Nice, a. a. O., S. 201.

Teil 2
Die Achtziger und ihr neues Tempo: Revolution in Musik und Kultur

1 Bernard Cassen, »Le thatchérisme à l'assaut des consciences«, *Le Monde diplomatique*, Nr. 153, Juni/Juli 2017, S. 69.
2 Thiériot, a. a. O., S. 317.
3 Lebecq (Hg.), a. a. O., S. 870.
4 Ebd., S. 869.
5 Thiériot, a. a. O., S. 322.
6 Lebecq (Hg.), a. a. O., S. 872.
7 Thiériot, a. a. O., S. 402, 441.
8 Cassen, »Le thatchérisme ...«, a. a. O., S. 70.
9 Reynolds, *Schmeiß*, a. a. O., S. 313.
10 Thiériot, a. a. O., S. 337.
11 Lebqecq (Hg.), a. a. O., S. 876.
12 Reynolds, *Schmeiß*, a. a. O., S. 341.
13 Ebd., S. 188; als »Zukunft des Pop« pries David Bowie The Human League.
14 Ebd., S. 375.

[15] Parke Puterbaugh, »Anglomania: The Second British Invasion«, *Rolling Stone*, 10. November 1983.
[16] Ebd.
[17] Reynolds, *Schmeiß*, a. a. O., S. 346.
[18] Ebd., S. 347.
[19] Nice, a. a. O., S. 231.
[20] Cooper Clarke, a. a. O., S. 363 f.
[21] Reynolds, *Schmeiß*, a. a. O., S. 458.
[22] Pottier, a. a. O., S. 92 f.
[23] Reynolds, *Schmeiß*, a. a. O., S. 456.
[24] Marr, a. a. O., S. 104.
[25] Steven Morrissey, *Autobiography*, London: Penguin Books 2013, S. 139–141.
[26] Marr, a. a. O., S. 105.
[27] Nick Kent, *Apathy for the devil. Les seventies, voyage au cœur des ténèbres*, übers. v. Laurence Romance, Paris: Rivages 2013, S. 231 f. (*Apathy for the devil. A seventies memoir*, London: Faber and Faber 2010).
[28] Marr, a. a. O., S. 111.
[29] Ebd., S. 115.
[30] Morrissey, a. a. O., S. 62–65.
[31] Marr, a. a. O., S. 116–118.
[32] Ebd., S. 118.
[33] Ebd., S. 119.
[34] Ebd., S. 121 f.
[35] Haslam, *Sonic Youth*, a. a. O., S. 62.
[36] Marr, a. a. O., S. 126.
[37] Ebd., S. 129.
[38] Nice, a. a. O., S. 206.
[39] Ebd., S. 189 f.
[40] Hook, *Substance*, a. a. O., S. 147 f.
[41] Ebd., S. 148.
[42] Ebd., S. 136.
[43] Reynolds, *Schmeiß*, a. a. O., S. 486.
[44] Hook, *Substance*, a. a. O., S. 147.
[45] Ebd., S. 193.
[46] Nice, a. a. O., S. 196.
[47] Ebd., S. 203.
[48] Alastair Best, »The Haçienda night club in Manchester, UK, interior by Ben Kelly«, *Architectural Review*, September 1982.
[49] Hook, *L'Haçienda*, a. a. O., S. 58.
[50] Nice, a. a. O., S. 204.
[51] Ebd., S. 215 f.
[52] Ebd., S. 223.
[53] Hook, *Substance*, a. a. O., S. 181.

Anmerkungen

54 Nice, a. a. O., S. 232.
55 Marr, a. a. O., S. 138.
56 Ebd., S. 141.
57 Ebd., S. 147.
58 Ebd., S. 149.
59 Robert, a. a. O., S. 157.
60 Nice, a. a. O., S. 235.
61 Cathy Booth, »The second British invasion: How it really happened«, The Courier, 8. Juni 1984, S. 8.
62 Puterbaugh, a. a. O.
63 Roger Kaye, »The British are coming – again«, The Pittsburgh Press, 31. Oktober 1984.
64 Zit. in Reynolds, Schmeiß, a. a. O., S. 424.
65 White Anglo-Saxon Protestant (»Weißer angelsächsischer Protestant«, WASP), ist ein Begriff für Angehörige der weißen Mittel- und Oberschicht der USA, deren Vorfahren englische Siedler waren.
66 Nice, a. a. O., S. 242 f.
67 Hook, L'Haçienda, a. a. O., S. 69.
68 Nice, a. a. O., S. 242.
69 Hook, Substance, a. a. O., S. 181.
70 Pottier, a. a. O., S. 102.
71 Hook, Substance, a. a. O., S. 182.
72 Ebd., S. 164 f.
73 Ebd., S. 185.
74 Dave McCullough, »Handsome Devils, Dave McCullough is smitten by The Smiths«, Sounds, 4. Juni 1983, S. 13.
75 Marr, a. a. O., S. 165.
76 Ebd., S. 168.
77 Ebd., S. 172.
78 Ebd., S. 176.
79 Nice, a. a. O., S. 260.
80 Morrissey, a. a. O., S. 160.
81 Hook, L'Haçienda, a. a. O., S. 125.
82 Nice, a. a. O., S. 259.
83 Ebd., S. 254.
84 Hook, L'Haçienda, a. a. O., S. 76.
85 Brewster & Broughton, a. a. O., S. 301.
86 Ebd., S. 328.
87 Ebd., S. 337.
88 Hook, L'Haçienda, a. a. O., S. 77.
89 Ebd., S. 78.
90 Reynolds, Schmeiß, a. a. O., S. 501.
91 Hook, Substance, a. a. O., S. 231.
92 Nice, a. a. O., S. 258 f.

93 Hook, *Substance*, a. a. O., S. 199 f.
94 Nice, a. a. O., S. 277.
95 Marr, a. a. O., S. 158.
96 Haslam, *Sonic Youth*, a. a. O., S. 5.
97 Ebd., S. 2 f.
98 Ebd., S. 15
99 Ebd., S. 53.
100 Hook, *L'Haçienda*, a. a. O., S. 101.
101 Robb, *Manchester*, a. a. O., S. 287 f.
102 Nice, a. a. O., S. 278.
103 Hook, *L'Haçienda*, a. a. O., S. 125.
104 Ebd., S. 114–116.
105 Hook, *Substance*, a. a. O., S. 286 f.
106 Nice, a. a. O., S. 292.
107 Orwell, a. a. O., S. 21 f.
108 Engels, a. a. O., S. 456.
109 Jacques Leruez und Noëlle Burgi-Golub: »La grève des mineurs britanniques (mars 1984–mars 1985)«, *Revue française de science politique*, 36. Jg., Nr. 5 (1986), S. 649.
110 Maurice Lemoine, »La longue grève des mineurs britanniques«, *Le monde diplomatique*, Januar 1985.
111 Ebd.
112 Leruez & Burgi-Golub, a. a. O., S. 649.
113 Ebd.
114 Ebd., S. 657.
115 Ebd., S. 659.
116 Ebd., S. 647.
117 Thiériot, a. a. O., S. 333.
118 Cassen, »Royaume-Uni«, a. a. O., S. 71.
119 Thiériot, a. a. O., S. 27.
120 Lemoine, a. a. O.
121 Thiériot, a. a. O., S. 393.
122 Leruez & Burgi-Golub, a. a. O., S. 661, 660.
123 Lemoine, a. a. O.
124 Ebd.
125 Ebd.
126 Ebd.
127 Thiériot, a. a. O., S. 395.
128 Leruez & Burgi-Golub, a. a. O., S. 662.
129 Ebd., S. 667.
130 Thiériot, a. a. O., S. 371.
131 Haslam, *Sonic Youth*, a. a. O., S. 79.
132 Marr, a. a. O., S. 186.
133 Hook, *Substance*, a. a. O., S. 204.

Anmerkungen

134 Reynolds, *Schmeiß*, a. a. O., S. 496.
135 Thiériot, a. a. O., S. 408 f.
136 Ebd., S. 408.
137 Marr, a. a. O., S. 186 f.
138 Tournes, a. a. O., S. 125.
139 Nice, a. a. O., S. 353.
140 Ebd., S. 298; diese erste Factory-CD trug die Nummer FACD 144 (Anm. d. Übers.).
141 Ebd., S. 263-265.
142 Ebd., S. 263.
143 Robert, a. a. O., S. 196.
144 Nice, a. a. O., S. 294.
145 Ebd., S. 313.
146 Marr, a. a. O., S. 180.
147 Ebd., S. 187.
148 Ebd., S. 189.
149 Morrissey, a. a. O., S. 204.
150 Ebd., S. 181-183.
151 Marr, a. a. O., S. 192.
152 Morrissey, a. a. O., S. 211.
153 Marr, a. a. O., S. 208 f.
154 Ebd., S. 213 f.
155 Morrissey, a. a. O., S. 204.
156 Hook, *Substance*, S. 233.
157 Ebd., S. 231.
158 Ebd., S. 227.
159 Nice, a. a. O., S. 300-302.
160 Hook, *Substance*, a. a. O., S. 279 f.
161 Robb, *Manchester*, a. a. O., S. 195.
162 Hook, *Substance*, a. a. O., S. 281-283.
163 Nice, a. a. O., S. 284.
164 Ebd., S. 295 f.
165 Haslam, *Sonic Youth*, a. a. O., S. 116.
166 Shaun Ryder, *Twisting My Melon: Shaun Ryder the autobiography*, London: Corgi Books 2012, S. 92.
167 Haslam, *Sonic Youth*, a. a. O., S. 109.
168 Ebd.
169 Ebd., S. 128.
170 Zit. in Nice, a. a. O., S. 330.
171 Ebd.
172 Ebd., S. 333 f.
173 Morrissey, a. a. O., S. 190.

[174] Nice, a. a. O., S. 334.
[175] Morrissey, a. a. O., S. 164.
[176] Zit. in Nice, a. a. O., S. 332 f.
[177] Cooper Clarke, a. a. O., S. 423–429.
[178] Nice, a. a. O., S. 331.
[179] Ebd., S. 340.
[180] Ebd., S. 344 f.
[181] Ebd., S. 346.
[182] Ebd., S. 339.
[183] Brewster & Broughton, a. a. O. S. 40.
[184] Ebd., S. 43.
[185] Ebd., S. 53.
[186] Ebd.
[187] Ebd., S. 71.
[188] Ebd., S. 92–94.
[189] Ebd., S. 75.
[190] Ebd., S. 110.
[191] Ebd., S. 111.
[192] Ebd., S. 118.
[193] Ebd., S. 119.
[194] Ebd., S. 125.
[195] Ebd., S. 132.
[196] Ebd., S. 364.
[197] Ebd., S. 156 f.
[198] Ebd., S. 161.
[199] Ebd., S. 154.
[200] Ebd., S. 602.
[201] Ebd., S. 181–189.
[202] Ebd., S. 189 f.
[203] Ebd., S. 231.
[204] Ebd., S. 232.
[205] Ebd., S. 240.
[206] Ebd., S. 229.
[207] Reynolds, *Schmeiß*, a. a. O., S. 99.
[208] Zit. in: Patrick Thevenin, »Frankie Knuckles, le père de la house nation, 30 ans de House«, *Trax*, Nr. 198, Dezember 2016/Januar 2017, S. 44
[209] Brewster & Broughton, a. a. O., S. 215 f.
[210] Ebd., S. 359.
[211] Zit. in Thevenin, a. a. O., S. 45.
[212] Brewster & Broughton, a. a. O., S. 386 f.
[213] Ebd., S. 393.
[214] Ebd., S. 404 f.
[215] Ebd., S. 389–391.

Anmerkungen

[216] Ebd., S. 406.
[217] Ebd., S. 437.
[218] Zit. in Christian Bernard Cedervall, »Jon Da Silva: ›L'Haçienda, c'était fou et c'était beau‹, 30 ans de House«, *Trax*, Nr. 198, Dezember 2016/Januar 2017, S. 52.
[219] Zit. ebd.
[220] Haslam, *Sonic Youth*, a. a. O., S. 126.
[221] Ders., *Manchester*, a. a. O., S. 159.
[222] Ders., *Sonic Youth*, a. a. O., S. 131.
[223] Ebd., S. 136.
[224] Zit. in Luke Brainbridge, »1988 un été sous ecstasy«, *Trax*, Nr. 213, Sommer 2018, S. 55.
[225] *United Kingdom of Pop (2/2), Britpop, Boygroups, Brexit*, Deutschland 2017, 01:00:50.
[226] Cedervall, a. a. O., S. 53.
[227] Brewster & Broughton, a. a. O., S. 525.
[228] Haslam, *Sonic Youth*, a. a. O., S. 189.
[229] »Zünde die Diskos an / Häng die verfluchten DJs auf / Denn die Musik, die sie dauernd spielen / Die sagt mir nichts über mein Leben«
[230] Nice, a. a. O., S. 336.
[231] Brewster & Broughton, a. a. O., S. 525.
[232] Nice, a. a. O., S. 361.
[233] Brewster & Broughton, a. a. O., S. 526.
[234] Ebd., S. 543.
[235] Hook, *L'Haçienda*, a. a. O., S. 138.
[236] Ebd., S. 199, 256, 277.
[237] Thiériot, a. a. O., S. 385, 515 f.
[238] Lebecq (Hg.), a. a. O., S. 883.
[239] Ebd., S. 895.
[240] Nice, a. a. O., S. 362.
[241] Zit. in Robb, *Manchester*, a. a. O., S. 295.
[242] Nice, a. a. O., S. 363.
[243] Haslam, *Sonic Youth*, a. a. O., S. 159.
[244] Nice, a. a. O., S. 391.
[245] William Lowenstein, Jean-Pierre Tarot, Olivier Phan & Pierre Simon: *Les drogues: cannabis, cocaïne, crack, ecstasy, héroïne*, Paris: Librio 2005, S. 34 f.
[246] Brewster & Brougthon, a. a. O., S. 467.
[247] Ebd., S. 531.
[248] Ebd., S. 531.
[249] Nicolas Dambre, *Mix : Les musiques électroniques*, Paris: Éd. alternatives 2001, S. 17.
[250] Brewster & Broughton, a. a. O., S. 469.
[251] Ryder, a. a. O., S. 134.
[252] Zit. in Brainbridge, a. a. O., S. 54.
[253] Stuart Hylton, *The Little Book of Manchester,* Stroud: The History Press 2013, S. 69.
[254] Ebd.
[255] Jezo-Vannier, a. a. O., S. 165.

256 Hylton, *The Little Book*, a. a. O., S. 69.
257 Walsh, a. a. O., S. 4.
258 Ebd., S. 27.
259 Ebd.
260 Cooper Clarke, a. a. O., S. 12.
261 Walsh, a. a. O., S. 28.
262 Ebd.
263 Ebd., S. 10–12.
264 Cooper Clarke, a. a. O., S. 191.
265 Smith, a. a. O., S. 37, 19.
266 Ryder, a. a. O., S. 45.
267 Walsh, a. a. O., S. 12.
268 Ebd., S. 28.
269 Ryder, a. a. O., S. 77.
270 Anthony Donnelly und Christoper Donnelly (mit Simon Spence), *Still Breathing – The True Adventures of the Donnelly Brothers*, Edinburgh: Black and White Publishing 2013, S. 42 ff.
271 Walsh, a. a. O., S. 50.
272 Ebd., S. 36.
273 Haslam, *Sonic Youth*, a. a. O., S. 210.
274 Walsh, a. a. O., S. 50 f.
275 Ebd., S. 23.
276 Haslam, *Manchester*, a. a. O., S. 224.
277 Walsh, a. a. O., S.42.
278 Ebd., S. 38.
279 Haslam, *Manchester*, a. a. O., S. 234 f.
280 Walsh, a. a. O., S. 57.
281 Ebd., S. 81.
282 Über letzteren gibt es einen Dokumentarfilm von Donal Macintyre, *A Very British Gangster*, Bac Films, UK 2007, 102 Minuten.
283 Walsh, a. a. O., S. 53.
284 Eric Allison und Helen Pidd, »Murdered ›Mr Big‹ said he could be killed ›at any time‹ in 1998 interview«, *The Guardian*, 27. Juli 2015.
285 John Scheerhout und Chris Osuh, »The Murder of Paul Massey: How ›Mr Big‹ lost control of Salford«, *Manchester Evening News*, 16. Januar 2019.
286 Hook, *L'Haçienda*, a. a. O., S. 162.
287 Walsh, a. a. O., S. 79.
288 Hook, a. a. O., S. 220.
289 Ulf Poschardt, *DJ Culture. Diskjockeys und Popkultur*, Stuttgart: Tropen 2015, S. 451.
290 Brewster & Broughton, a. a. O., S. 411.
291 Hook, *L'Haçienda*, a. a. O., S. 156.
292 Brewster & Broughton, a. a. O., S. 412.
293 Ebd., S. 436.
294 Ebd., S. 442.

[295] Ebd., S. 470 f.
[296] Zit. in Brainbridge, a. a. O., S. 54.
[297] Brewster & Broughton, a. a. O., S. 536.
[298] Ebd., S. 537.
[299] Zit. in Brainbridge, a. a. O., S. 56.
[300] Zit. ebd., S. 54.
[301] Cassen, »Royaume-Uni«, a. a. O., S. 85
[302] Nice, a. a. O., S. 389.
[303] Haslam, *Sonic Youth*, a. a. O., S. 167.
[304] Brewster & Broughton, a. a. O., S. 495.
[305] Robb, *Manchester*, a. a. O., S. 286.
[306] Haslam, *Sonic Youth*, a. a. O., S. 140.
[307] Ebd., S. 169.
[308] Ebd.
[309] Zit. in Brainbridge, a. a. O., S. 55.
[310] Nice, a. a. O., S. 401.
[311] Zit. in Robb, *Manchester*, a. a. O., S. 295.
[312] Zit. in Brainbridge, a. a. O., S. 59.
[313] Zit. in Cedervall, a. a. O., S. 53.
[314] Robb, *Manchester*, a. a. O., S. 295.
[315] Dambre, a. a. O., S. 14.
[316] Donnelly et al., a. a. O., S. 62 ff.
[317] Hook, *L'Haçienda*, a. a. O., S. 160.
[318] Haslam, *Sonic Youth*, a. a. O., S. 177.
[319] Ebd., S. 168.
[320] Hook, *L'Haçienda*, a. a. O., S. 176.
[321] Walsh, a. a. O., S. 68.
[322] Zit. in Cedervall, a. a. O., S. 53.
[323] Hook, *L'Haçienda*, a. a. O., S. 168.
[324] Haslam, *Sonic Youth*, a. a. O., S. 171.
[325] Hook, *L'Haçienda*, a. a. O., S. 168.
[326] Nick Speakman, *Freaky Dancing*, Nr. 4 (15. Sep. 1989), Nr. 5 (Okt. 1989), Nr. 7 (17. Nov. 1989), Nr. 8 (22. Dez. 1989).
[327] »Bob City«, *Melody Maker*, 6. Januar 1990, S. 17.
[328] Hook, *L'Haçienda*, a. a. O., S. 159.
[329] Ebd., S. 211.
[330] »Acid Crackdown: Panic in the streets of London?«, *New Musical Express*, 19. November 1988.
[331] Thiériot, a. a. O., S. 406.
[332] Nice, a. a. O., S. 406.
[333] Walsh, a. a. O., S. 78.
[334] Ebd.
[335] Ryder, a. a. O., S. 132.

[336] Nice, a. a. O., S. 425.
[337] Walsh, a. a. O., S. 78.
[338] Thieyre, Philippe: »Héritage Psyché 80«, *Rock & Folk*, Sondernummer 331, Dezember 2015, S. 131.
[339] Poschardt, a. a. O., S. 453 f.
[340] Robb, *Manchester*, a. a. O., S. 296.
[341] Brewster & Broughton, a. a. O., S. 551.
[342] Haslam, *Sonic Youth*, a. a. O., S. 178.
[343] Brewster & Broughton, a. a. O., S. 626.
[344] Reynolds, *Schmeiß*, a. a. O., S. 195.
[345] Haslam, *Manchester*, a. a. O., S. XVII.
[346] Robb, *Manchester*, a. a. O., S. 270.
[347] Zit. in Hylton, *A History*, a. a. O., S. 262–254. Crescents sind halbmondförmige Bauformen, die weitausgreifend die Landschaft umfassen; die Bezeichnung steht im Englischen auch für Halbmond oder Mondsichel (Anm. d. Übers.)
[348] Zit. in Robb, *Manchester*, a. a. O., S. 271.
[349] Ebd., S. 11.
[350] Zit. ebd., S. 359.
[351] Walsh, a. a. O., S. 72.
[352] Ryder, a. a. O., S. 131.
[353] Ebd., S. 132.
[354] Hook, *L'Haçienda*, a. a. O., S. 248 f.
[355] Siehe *United Kingdom of Pop (2/2)*, a. a. O., 01:03:42.
[356] Brewster & Broughton, a. a. O. S. 631.
[357] Poschardt, a. a. O., S. 457.
[358] Donnelly et al., a. a. O., S. 62 ff.
[359] Ebd.
[360] Walsh, a. a. O., S. 72.
[361] Brewster & Broughton, a. a. O., S. 538.
[362] Siehe *United Kingdom of Pop (2/2)*, a. a. O., 01:04:15.
[363] Brewster & Broughton, a. a. O., S. 624.
[364] Hook, *L'Haçienda*, a. a. O., S. 189.
[365] Richard Luck, *The Madchester Scene*, Harpenden: Pocket Essential 2002, S. 19.
[366] »Calls for police chief to quit after ›prophet‹ of God claim«, *The Glasgow Herald*, 19. Januar 1987.
[367] Luck, a. a. O., S. 19.
[368] Ebd.
[369] Brewster & Broughton, a. a. O., S. 631.
[370] Thiériot, a. a. O., S. 528.
[371] Brewster & Broughton, a. a. O., S. 633.
[372] Walsh, a. a. O., S. 81.
[373] Jezo-Vannier, a. a. O., S. 78 f.
[374] »Techno Underground: hors de tout contrôle«, *Tracks*, arte, 36''.

Anmerkungen

[375] Poschardt, a. a. O., S. 455.
[376] Dambre, a. a. O., S. 16.
[377] Hook, *Substance*, a. a. O., S. 333 f.
[378] Ebd., S. 334–338.
[379] Ebd., S. 345 f.
[380] Marr, a. a. O., S. 224 f.
[381] Ebd., S. 234.
[382] Haslam, *Sonic Youth*, a. a. O., S. 188.
[383] Morrissey, a. a. O., S. 217.
[384] Ebd., S. 220 f.
[385] Ebd., S. 224.
[386] Ryder, a. a. O., S. 11.
[387] Ebd., S. 32.
[388] Ebd., S. 37 f.
[389] Ebd., S. 42.
[390] Ebd., S. 55.
[391] Ebd., S. 56.
[392] Ebd., S. 62.
[393] Ebd.; Nice, a. a. O., S. 281.
[394] Ryder, a. a. O., S. 62.
[395] Ebd., S. 67.
[396] Ebd., S. 69.
[397] Hook, *L'Haçienda*, a. a. O., S. 81.
[398] Zit. in Robb, *Manchester*, a. a. O., S. 321 f.
[399] Ryder, a. a. O., S. 88.
[400] Nice, a. a. O., S. 306.
[401] Ebd.
[402] Ryder, a. a. O., S. 91.
[403] Hook, *L'Haçienda*, a. a. O., S. 116.
[404] Ryder, a. a. O., S. 102. (Vgl. Mark Berry, *Freaky Dancin': Me and the Mondays*, London: Pan 1998; Anm. d. Übers.)
[405] Ryder, a. a. O., S. 94.
[406] Nice, a. a. O., S. 340.
[407] Ryder, a. a. O., S. 95.
[408] Ebd., S. 112, 96.
[409] Nice, a. a. O., S. 358.
[410] Ryder, a. a. O., S. 103.
[411] Ebd., S. 104.
[412] Nice, a. a. O., S. 359.
[413] Ryder, a. a. O., S. 108 f.
[414] Nice, a. a. O., S. 358 f.
[415] Ian Gittins, »Funk disc location«, *Melody Maker*, 28. November 1987, S. 34.
[416] Ryder, a. a. O., S. 119–123.

Anmerkungen

[417] Ebd., S. 125–127.
[418] Hook, *Substance*, a. a. O., S. 334.
[419] John Robb, »Photo emerges of The Patrol (the teenage pre Stone Roses band) live in 1981«, *Louder Than War*, 13. November 2018.
[420] Robb, *Manchester*, a. a. O., S. 345–347.
[421] Zit. in Robb, *Manchester*, a. a. O., S. 350 f.
[422] Hook, *Substance*, a. a. O., S. 489.
[423] Robb, *Manchester*, a. a. O., S. 353.
[424] Ebd., S. 357.
[425] Ebd., S. 353.
[426] Zit. ebd., S. 354.
[427] Nice, a. a. O., S. 311.
[428] Ryder, a. a. O., S. 129
[429] Robb, *Manchester*, a. a. O., S. 358.
[430] Hook, *L'Haçienda*, a. a. O., S. 115.
[431] Jean-Daniel Beauvallet, »Goth Roses: souvenirs d'un premier concert par JD Beauvallet«, *Les Inrockuptibles*, 3. Juli 2008.
[432] Zit. in Robb, *Manchester*, a. a. O., S. 362.
[433] Ebd., S. 361 f.
[434] www.thestoneroses.co.uk/live
[435] Zit. in Robb, *Manchester*, a. a. O., S. 363.
[436] Zit. ebd., S. 364.
[437] Ebd., S. 385.
[438] Zit. in ebd., S. 386.
[439] Ebd.
[440] Ebd., S. 388.
[441] Zit. ebd.
[442] Haslam, *Sonic Youth*, a. a. O., S. 152.
[443] Ebd., S. 172.
[444] Nice, a. a. O., S. 353.
[445] Ebd., S 363.
[446] Jean-Daniel Beauvallet, »Les lundis au soleil – à propos de Happy Mondays«, *AOC*, 13. Januar 2020.
[447] Fogel, a. a. O., S. 150 f.
[448] Nice, a. a. O., S. 375.
[449] Hook, *L'Haçienda*, a. a. O., S. 133.
[450] Ders., *Substance*, a. a. O., S. 379–382.
[451] Ebd., S. 380.
[452] Ebd., S. 393.
[453] Marr, a. a. O., S. 251.
[454] Ebd., S. 256.
[455] Nice, a. a. O., S. 418.
[456] Zit. in Cummins, *Manchester*, a. a. O., S. 154.

Anmerkungen

[457] Zit. ebd., S. 223.
[458] Hook, *L'Haçienda*, a. a. O., S. 125 f.
[459] Zit. in: Robb, *Manchester*, a. a. O., S. 293.
[460] Ebd., S. 126.
[461] Zit. ebd., S. 302.
[462] Ebd., S. 320 f.
[463] Zit. in Cummins, *Manchester*, a. a. O., S. 223.
[464] Michael Gillard, »King of Madchester clothing is bankrupt«, *The Independent*, 27. Dezember 2009.
[465] Nick Duerden, »Rough Trade: How two brothers rose from gangsterland to create the fashion brand Gio-Goi worth £40M (then promptly lost a lot)«, *The Independent*, 27. Oktober 2013.
[466] Luck, a. a. O., S. 18.
[467] Ebd.
[468] Haslam, *Sonic Youth*, a. a. O., S. 205.
[469] Brewster & Broughton, a. a. O., S. 626.
[470] Nice, a. a. O., S. 390.
[471] Ryder, a. a. O. S. 146.
[472] Ebd., S. 157 f.
[473] Ebd., S. 146 f.
[474] Ebd., S. 149.
[475] Ebd., S. 160 f.
[476] Haslam, *Sonic Youth*, a. a. O., S. 179.
[477] Simon Reynolds, »Bottoms Up«, *Melody Maker*, 26. November 1988, S. 33.
[478] Nice, a. a. O., S. 408.
[479] Ryder, a. a. O., S. 167.
[480] Nice, a. a. O., S. 385.
[481] Hook, *Substance*, a. a. O., S. 416.
[482] Nice, a. a. O., S. 392 f.
[483] Hook, *Substance*, a. a. O., S. 400.
[484] Ebd., S. 401.
[485] Ebd., S. 406.
[486] Nice, a. a. O., S. 413.
[487] Ebd., S. 425.
[488] Hook, *Substance*, a. a. O., S. 485.
[489] Ebd., S. 491.
[490] Ryder, a. a. O., S. 199.
[491] »Pick of the year«, *Melody Maker*, 6. Januar 1990, S. 18.
[492] Luck, a. a. O., S. 68.
[493] Hook, *Substance*, a. a. O., S. 209.
[494] Ebd., S. 418.
[495] Ebd., S. 450.
[496] Robb, *Manchester*, a. a. O., S. 195.

[497] Nice, a. a. O., S. 419.
[498] Ryder, a. a. O., S. 184.
[499] Haslam, *Sonic Youth*, a. a. O., S 159.
[500] Ders., *Manchester*, a. a. O., S. 183.
[501] Ebd., S. 184.
[502] Hook, *L'Haçienda*, a. a. O., S. 175.
[503] Ryder, a. a. O., S. 284.
[504] Nice, a. a. O., S. 372.
[505] Ebd., S. 398; Hook, *L'Haçienda*, a. a. O., S. 201.
[506] Ebd., S. 183, 182.
[507] Ebd., S. 183.
[508] Ebd., S. 184.
[509] Ryder, a. a. O., S. 182.
[510] Ebd., S. 183.
[511] Nice, a. a. O., S. 441.
[512] Hook, *Substance*, a. a. O., S. 457.
[513] Ders., *L'Haçienda*, a. a. O., S. 170.
[514] Robb, *Manchester*, a. a. O., S. 369.
[515] Ebd.
[516] Ebd., S. 370.
[517] »Second Coming«, *Melody Maker*, 13. Januar 1990, S. 10.
[518] Nice, a. a. O., S. 437.
[519] Ryder, a. a. O., S. 192.
[520] Ebd., S. 198.
[521] Ebd., S. 170.
[522] Ebd., S. 68.
[523] Nice, a. a. O., S. 439. Siehe Jörg Leopold, »New Order im Interview: ›Fußballsongs können grauenvoll sein‹«, *Tagesspiegel*, 24.06.2012, online (Anm. d. Übers.).
[524] Marr, a. a. O., S. 258.
[525] Nice, a. a. O., S. 440.
[526] Robb, *Manchester*, a. a. O., S. 268.
[527] Mark Millar, »Interview: Andy Couzens (The High, Stone Roses)«, *Xsnoize*, 20. April 2018.
[528] Hook, *L'Haçienda*, a. a. O., S. 203.
[529] Zit. in Robb, *Manchester*, a. a. O., S. 302.
[530] Nice, a. a. O., S. 438.
[531] Ryder, a. a. O., S. 201.
[532] »Manchester's Rave New World«, *Melody Maker*, 13. Januar 1990, S. 10 f.
[533] Robb, *Manchester*, a. a. O., S. 411.
[534] Nice, a. a. O., S. 447.
[535] Ebd., S. 454.
[536] Ebd., S. 471.
[537] Tim Burgess, *Telling Stories*, London: Penguin Books 2013, S. 18 f.
[538] Ebd., S. 6.

[539] Ebd., S. 5–13.
[540] Ebd., S. 21–24.
[541] Ebd., S. 25.
[542] Ebd., S. 32.
[543] Ebd., S. 33–35.
[544] Ebd., S. 37.
[545] »Manchester's Rave ...«, a. a. O., S. 11.
[546] »Tours in brief«, *Melody Maker*, 13. Januar 1990, S. 5.
[547] Burgess, a. a. O., S. 50.
[548] Ebd., S. 39–42.
[549] Robb, *Manchester*, a. a. O., S. 403.
[550] Burgess, a. a. O., S. 46.
[551] Ebd., S. 50.
[552] Ebd., S. 53.
[553] Nice, a. a. O., S. 447.
[554] Donnelly et al., a. a. O., S. 87 ff.
[555] Ebd., S. 452.
[556] »Ruft doch die Bullen! Wir sind hier! Die Mancs! Unsre Firma! Unser Viertel! ... Ruft doch die Bullen!«
[557] Ryder, a. a. O., S. 203–206.
[558] Reynolds in: *Melody Maker*, 21. April 1990.
[559] Haslam, *Sonic Youth*, a. a. O., S. 218.
[560] Ryder, a. a. O., S. 225.
[561] Nice, a. a. O., S. 467.
[562] Haslam, *Manchester*, a. a. O., S. 254.
[563] Robb, *Manchester*, a. a. O., S. 376.
[564] Nice, a. a. O., S. 472.
[565] Marr, a. a. O., S. 259.
[566] Zit. in Robb, *Manchester*, a. a. O., S. 374.
[567] Pottier, a. a. O., S. 188 f. Der Preis wird jährlich vergeben und geht an das beste britische Musikalbum; er bildet das Gegenstück zu den von der Musikindustrie dominierten Brit Awards (Anm. d. Übers.).
[568] Hook, *Substance*, a. a. O., S. 501.
[569] Nice, a. a. O., S. 465.
[570] Ebd., S. 467.
[571] »Manchester's Rave ...«, a. a. O., S. 10.
[572] Nice, a. a. O., S. 457 f.
[573] Ebd., S. 463 f.
[574] Hook, *Substance*, a. a. O., S. 499.
[575] Haslam, *Manchester*, a. a. O., S. 161, 198.
[576] Haslam, *Sonic Youth*, a. a. O., S. 219–221.
[577] Nice, a. a. O., S. 461 f.
[578] Marr, a. a. O., S. 262.

579 Robert Lindsey, »20 years after a ›Summer of Love,‹ Haight-Ashburry looks back«, *The New York Times*, 2. Juli 1987.

Teil 3
Stadterneuerung und Popmusik: Manchester auf dem Weg ins neue Jahrtausend

1 Thiériot, a. a. O., S. 385, 565.
2 Lebecq (Hg.), a. a. O., S. 871.
3 Ebd., S. 894.
4 Ebd., S. 869.
5 Haslam, *Manchester*, a. a. O., S- 208.
6 Smith, a. a. O., S. 167.
7 Nice, a. a. O., S. 473 f.
8 Robb, *Manchester*, a. a. O., S. 416–418.
9 Morrissey, a. a. O., S. 480.
10 Marr, a. a. O., S. 284.
11 Ebd., S. 288.
12 Morrissey, a. a. O., S. 305.
13 Ebd., S. 304–342.
14 Hook, *L'Haçienda*, a. a. O., S. 179.
15 Ryder, a. a. O., S. 185.
16 Hook, *L'Haçienda*, a. a. O., S. 193.
17 »Girl killed by a rare reaction to drug«, *The Herald*, 9. Dezember 1989.
18 Walsh, a. a. O., S. 77 f.
19 Ebd.
20 Hook, *L'Haçienda*, a. a. O., S. 205.
21 Ebd., S. 219.
22 Haslam, *Sonic Youth*, a. a. O., S. 222.
23 Hook, *L'Haçienda*, a. a. O., S. 287.
24 Tony Wilson, *24 Hour Party People. What the sleeve notes never tell you*, London: Channel 4 Books 2002.
25 Zit. in Hook, *L'Haçienda*, a. a. O., S. S. 212.
26 Ebd., S. 243.
27 Zit. in Cummins, *Manchester*, a. a. O., S. 39.
28 Walsh, a. a. O., S. 81.
29 Ebd., S. 76.
30 Hook, *L'Haçienda*, a. a. O., S. S. 214.
31 Ebd.
32 Nice, a. a. O., S. 475.
33 Hook, *L'Haçienda*, a. a. O., S. S. 246, 272.
34 Ebd., S. 213.

[35] Nice, a. a. O., S. 475.
[36] Walsh, a. a. O., S. 81 f.
[37] Ebd., S. 81.
[38] Ebd., S. 74.
[39] Hook, *Substance*, a. a. O., S. 544.
[40] Eric Allison, »The Strangeways riot: 20 years on«, *The Guardian*, 21. März 2010.
[41] Ryder, a. a. O., S. 218.
[42] Nice, a. a. O., S. 485 f.
[43] Haslam, *Manchester*, a. a. O., S. 198.
[44] Ebd., S. 221.
[45] Beth Abbit, »The Madchester murder mystery that inspired a BAFTA-winning film«, *Manchester Evening News*, 26. Februar 2018.
[46] Tony Naylor, »Manchester is unrecognisable now from the city they nicknamed ›Gunchester‹«, *The Guardian*, 1. Juli 2014.
[47] Nice, a. a. O., S. 495.
[48] Walsh, a. a. O., S. 81.
[49] Hook, *L'Haçienda*, a. a. O., S. 226.
[50] Ebd., S. 229.
[51] Ebd., S. 248.
[52] Ebd., S. 229.
[53] Ebd., S. 238.
[54] Ebd., S. 222–224.
[55] Haslam, *Sonic Youth*, a. a. O., S. 223.
[56] Hook, *Substance*, a. a. O., S. 509.
[57] Ebd., S. 288.
[58] Hylton, *A History*, a. a. O., S. 265.
[59] Hook, *L'Haçienda*, a. a. O., S. 247.
[60] Zit. in Cedervall, a. a. O., S. 53.
[61] Brewster & Broughton, a. a. O., S. 634.
[62] Nice, a. a. O., S. 431 f.
[63] Ebd., S. 406.
[64] Ebd., S. 444.
[65] Ebd., S. 456.
[66] Ebd., S. 455.
[67] Ebd., S. 466.
[68] Ebd., S. 504.
[69] Ebd., S, 480.
[70] Ebd., S. 485.
[71] Ebd., S. 489.
[72] Ebd., S. 491.
[73] Ebd., S. 485.
[74] Ebd., S. 498.
[75] https://www.youtube.com/watch?v=VHMGNlAGdQI, 14'25".

[76] Nice, a. a. O., S. 519.
[77] Ebd., S. 501.
[78] Ebd., S. 510.
[79] Ryder, a. a. O., S. 267.
[80] Nice, a. a. O., S. 502 f.
[81] Ryder, a. a. O., S. 274.
[82] Ebd., S. 273.
[83] Ebd., S. 281.
[84] Zit. in Robb, *Manchester*, a. a. O., S. 338 f.
[85] Nice, a. a. O., S. 516.
[86] Ebd., S. 517.
[87] Hook, *Substance*, a. a. O., S. 534.
[88] Ryder, a. a. O., S. 282.
[89] Ebd., S. 283 f.
[90] Ebd., S. 286.
[91] Vincent Laufer, »Ryder on the storm«, *les Inrockuptibles*, Nr. 19 (26. Juli 1995), S. 60.
[92] Nice, a. a. O., S. 518.
[93] Interview mit dem Autor, 7. September 2020.
[94] Burgess, a. a. O., S. 82 f.
[95] Ebd., S. 84 f.
[96] Morrissey, a. a. O., S. 241–245.
[97] Ebd., S. 241.
[98] Nice, a. a. O., S. 515 f.
[99] Ebd., S. 529.
[100] Ebd., S. 521.
[101] Hook, *Substance*, a. a. O., S. 508 f.
[102] Hook, *L'Haçienda*, a. a. O., S. 249.
[103] Nice, a. a. O., S. 489.
[104] Haslam, *Manchester*, a. a. O., S. 206.
[105] Nice, a. a. O., S. 539.
[106] Ebd., S. 523–525.
[107] Ebd., S. 505.
[108] Hook, *Substance*, a. a. O., S. 528 f.
[109] Ebd., S. 538.
[110] Nice, a. a. O., S. 523.
[111] Ebd., S. 537.
[112] Hook, *Substance*, a. a. O., S. 538.
[113] Nice, a. a. O., S. 526–528.
[114] Laufer, a. a. O., S. 60.
[115] Ryder, a. a. O., S. 295.
[116] Nice, a. a. O., S. 538.
[117] Morrissey, a. a. O., S. 290.
[118] Marr, a. a. O., S. 331.

[119] Morrissey, a. a. O., S. 291.
[120] Hook, *Substance*, a. a. O., S. 625.
[121] Burgess, a. a. O., S. 82.
[122] Lebecq (Hg.), a. a. O., S. 883.
[123] Ebd., S. 885, 884.
[124] Ebd., S. 871.
[125] Ebd., S. 891.
[126] Ebd., S. 892.
[127] Haslam, *Manchester*, a. a. O., S. XXIV.
[128] Ders., *Sonic Youth*, a. a. O., S. 214.
[129] Ebd., S. 213.
[130] Ders., *Manchester*, a. a. O., S. 140.
[131] Ebd., S. 250.
[132] Ebd., S. 191.
[133] Lebecq (Hg.), a. a. O., S. 897.
[134] »›Forgotten‹ IRA bomb 25th anniversary marked«, BBC, 3. Dezember 2017.
[135] Jennifer Williams, »What is the point of Manchester Pride? Thirty years of partying and politics … but the battle isn't over yet«, *Manchester Evening News*, 27. August 2016.
[136] Lebecq (Hg.), a. a. O., S. 892.
[137] Haslam, *Manchester*, a. a. O., S. 199 f.
[138] Hook, *L'Haçienda*, a. a. O., S. 114–116.
[139] Haslam, *Sonic Youth*, a. a. O., S. 223.
[140] Ders., *Manchester*, a. a. O., S. 210.
[141] Ebd., S. 210.
[142] Ebd., S. 217.
[143] Ebd., S. 212.
[144] Ebd., S. 213.
[145] Ebd., S. 216.
[146] Paddy Heaney & Martin Wainwright, »Killings put ›Gunchester‹ back on crime map«, *The Guardian*, 14. April 2000.
[147] Hook, *L'Haçienda*, a. a. O., S. 286.
[148] Haslam, *Manchester*, a. a. O., S. 192.
[149] Robb, *Manchester*, a. a. O., S. 377.
[150] Tim Jonze, »Bigmouth strikes again and again: why Morrissey fans feel so betrayed«, *The Guardian*, 30. Mai 2019.
[151] Guillaume Clément, »De *Britpop à Cool Britannia* : une identité britannique revue et corrigé par le New Labour«, *Observatoire de la société britannique*, 5 (2008), S. 195–209.
[152] Nice, a. a. O., S. 540.
[153] Hook, *L'Haçienda*, a. a. O., S. 272 f.
[154] Ders., *Substance*, a. a. O., S. 559.
[155] Haslam, *Manchester*, a. a. O., S. 208.
[156] Hook, *L'Haçienda*, a. a. O., S. 277.
[157] Robb, *Manchester*, a. a. O., S. 423; Haslam, *Manchester*, a. a. O., S. 205.

[158] Ryder, a. a. O., S. 245.
[159] Ebd., S. 303.
[160] Ebd., S. 282.
[161] Ebd., S. 306.
[162] Ebd., S. 308–310.
[163] Ebd., S. 312.
[164] Ebd., S. 317.
[165] Ebd., S. 323 f.
[166] Haslam, *Sonic Youth*, a. a. O., S. 111.
[167] Ebd., S. 135.
[168] Ebd., S. 173–175.
[169] Ebd., S. 177.
[170] Ders., *Manchester*, a. a. O., S. 214.
[171] Zit. in Robb, *Manchester*, a. a. O., S. 399.
[172] Ebd., S. 427.
[173] Ebd., S. 430.
[174] Étienne Menu, »World of Twist était une fiction kitchédélique«, *Musique Journal*, 27. April 2020.
[175] Cummins, *Manchester*, a. a. O., S. 301.
[176] Nice, a. a. O., S. 515.
[177] Smith, a. a. O., S. 83.
[178] Mat Whitecross, *Oasis. Supersonic*, OmU, DVD: Ascot 2016, 00:20:27.
[179] Marr, a. a. O., S. 275 f.
[180] Ebd., S. 277.
[181] Ebd., S. 278.
[182] Robb, *Manchester*, a. a. O., S. 435.
[183] Whitecross, a. a. O., 26'25".
[184] Robb, *Manchester*, a. a. O., S. 436.
[185] Ebd., S. 437.
[186] Zit. ebd.
[187] Whitecross, a. a. O., 28'50".
[188] Ebd., 31'35".
[189] Zit. in Robb, *Manchester*, a. a. O., S. 424.
[190] Marr, a. a. O., S. 276 f.
[191] Burgess, a. a. O., S. 90–94.
[192] Ebd., S. 89.
[193] Ebd., S. 96.
[194] Robb, *Manchester*, a. a. O., S. 400.
[195] Ebd., S. 439.
[196] Zit. in Ifaliantsoa Ramialison, »L'identité anglaise dans *Dr Dee: An English Opera* de Damon Albarn«, *Volume!*, 2015 (11, 2), S. 87.
[197] Zit. in: Cummins, *While We Were Getting High. Britpop and the '90s*, London: Cassell Illustrated 2020, S. 104.

Anmerkungen

[198] Clément, a. a. O.
[199] Burgess, a. a. O., S. 109.
[200] *United Kingdom of Pop (2/2)*, a. a. O., 01:18:17.
[201] Cummins, While We, a. a. O., S. 240.
[202] Zit. in Ramialison, a. a. O., S. 91.
[203] Cummins, *While We*, a. a. O., S. 6.
[204] https://www.officialcharts.com/artist/23268/nirvana/
[205] Zit. in Cummins, *While We*, a. a. O., S. 255.
[206] Pottier, a. a. O., S. 224.
[207] Ramialison, a. a. O. S. 87.
[208] Zit. in Robb, *Manchester*, a. a. O., S. 439.
[209] Lebecq (Hg.), a. a. O., S. 884 f.
[210] »Totally cool. Oasis: What the world is waiting for«.
[211] William Goodman, »Oasis' ›Definitely Maybe‹ Turns 25: Here's Where the Rock'n'Roll Stars Were Born«, *Billboard*, 29. August 2019.
[212] Cummins, *Manchester*, a. a. O., S. 305.
[213] Zit. in Robb, *Manchester*, a. a. O., S. 400.
[214] Whitecross, a. a. O., 56'55".
[215] Zit. in Robb, *Manchester*, a. a. O., S. 441.
[216] Ebd., S. 380.
[217] Zit. in Cummins, *While We*, a. a. O., S. 126.
[218] Siehe dazu Lemonnier, *L'Angleterre*, a. a. O., S. 152–169. Vgl. Wurm, Philipp: »Das große Duell des Britpop«, *Spiegel online*, 14. August 2020 (Anm. d. Übers.).
[219] Robb, *Manchester*, a. a. O., S. 448.
[220] *United Kingdom of Pop (2/2)*, a. a. O., 01:20:14.
[221] Burgess, a. a. O., S. 149.
[222] Robb, *Manchester*, a. a. O., S. 449.
[223] Cummins, *While We*, a. a. O., S. 105.
[224] Ders., *Manchester*, a. a. O., S. 310.
[225] Ebd.
[226] Robb, *Manchester*, a. a. O., S. 450.
[227] Burgess, a. a. O., S. 116.
[228] Ebd., S. 117.
[229] Sam Richards, »20 years on: 10 staggering facts about Oasis at Knebworth«, *BBC*, 10. August 2016.
[230] Marr, a. a. O., S. 289.
[231] Talia Soghomonian, »Whatever happened to Marion?«, *NME*, 26. Oktober 2011.
[232] Stuart Greer, »Voice that maid Marion is back« [sic], *Macclesfield Express*, 7. Dezember 2011.
[233] »Marion – A Joy Division for the Nineties?«, *Melody Maker*, 29. April 1995.
[234] Greer, a. a. O.
[235] Robb, *Manchester*, a. a. O., S. 380 f.

[236] Carl Stanley, »Interview: Ex-Seahorses Singer Chris Helme On Life With John Squire and His Solo Future«, *Live4Ever*, 6. Januar 2011.
[237] »Helme doesn't spare the Horses«, *NME*, 18. Mai 2000.
[238] Haslam, *Manchester*, a. a. O., S. 215.
[239] Hook, *Substance*, a. a. O., S. 627.
[240] Ebd., S. 630.
[241] Ebd., S. 632–634.
[242] Ebd., S. 637.
[243] Lebecq (Hg.), a. a. O., S. 901.
[244] Ebd., S. 885.
[245] Ebd., S. 894.
[246] François-Charles Mougel, »Tony Blair, le *New Labour* et la Troisième Voie – ou comment conquérir le pouvoir en Grande-Bretagne et en Europe«, *French Journal of British Studies*, 1. Februar 2002, S. 89.
[247] Virginie Barrier-Roiron, »Le *New Labour* et l'identité britannique dans le monde : continuité ou rupture ?«, *Observatoire de la société britannique*, 5 (2008), S. 257–271.
[248] Mougel, a. a. O., S. 83.
[249] Tom Campbell & Homa Khaleeli, »Cool Britannia symbolised hope – but all it delivered was a culture of inequality«, *The Guardian*, 5. Juli 2017.
[250] Sophie Orlando, »›L'artiste agent du changement social‹ ou comment les politiques culturelles britanniques ont annexé la production artistique au profit du programme New Labour«, *Marges*, 15. April 2010, S. 69.
[251] Zit. ebd., S. 70; vgl. »New Labour because Britain deserves better«, http://www.labourparty.org.uk/manifestos/1997/1997-labour-manifesto.shtml (Anm. d. Übers.).
[252] Orlando, a. a. O., S. 73.
[253] Ebd., S. 80.
[254] Darren Kalynuk, »Sing when you're winning«, *The Guardian*, 16. Mai 2003.
[255] Clément, a. a. O.
[256] Orlando, a. a. O., S. 70.
[257] Ebd., S. 75.
[258] Haslam, *Manchester*, a. a. O., S. 252 f.
[259] Smith, a. a. O., S. 97.
[260] Lebecq (Hg.), a. a. O., S. 885.
[261] Mougel, a. a. O., S. 85.
[262] Lebecq (Hg.), S. 886.
[263] Ebd., S. 894.
[264] Ebd., S. 885.
[265] Ebd., S. 893.
[266] Kathy Marks, »Police chief admits to racism in ranks«, *The Independent*, 13. Oktober 1998. (Anm. d. Übers.)
[267] Albert Potiron, *Profession Rock Critic*, Bd. 1, Paris: Gonzaï Media 2019, S. 74.
[268] Jenny Eliscu, »Gallagher Brothers Say Oasis Bassist's Departure Won't Kill The Band«, *Rolling Stone*, 25. August 1999.

[269] Hook, *Substance*, a. a. O., S. 656–660.
[270] Ders., *L'Haçienda*, a. a. O., S. 273.
[271] Ebd., S. 287.
[272] Ebd., S. 274 f.
[273] Haslam, *Sonic Youth*, a. a. O., S. 231.
[274] Hook, *L'Haçienda*, a. a. O., S. 283–287.
[275] Ebd., S. 305.
[276] Ebd., S. 307.
[277] Ebd., S. 308.
[278] Ebd., S. 306.
[279] Hook, *Substance*, a. a. O., S. 597.
[280] Haslam, *Manchester*, a. a. O., S. 254.
[281] Ebd., S. 18.
[282] Rumeana Jahangir, »Manchester IRA bomb: Terror blast remembered 20 years on«, *BBC*, 15. Juni 2016.
[283] https://manchesterarndale.com/about.
[284] Haslam, *Manchester*, a. a. O., S. 251.
[285] Ebd., S. 254.
[286] Hook, *L'Haçienda*, a. a. O., S. 311.
[287] Ryder, a. a. O., S. 373.
[288] Haslam, *Manchester*, a. a. O., S. 276.
[289] Julia Houston, »From bomb site to style capital«, *BBC*, 15. Juni 2006.
[290] Lebecq (Hg.), a. a. O., S. 885.
[291] Zit. in Cummins, *Manchester*, a. a. O., S. 297.
[292] Zit. in Robb, *Manchester*, a. a. O., S. 456.
[293] Andrew Bounds, »Manchester à l'heure du renouveau«, *Courrier international*, 21. Juli 2016. (»Manchester's remarkable rise from the IRA rubble«, *Financial Times*, 14. Juni 2016).
[294] Robb, *Manchester*, a. a. O., S. 456.
[295] Clément Ghys, »Peter Saville, référence graphique«, *M Le magazine du Monde*, 13. April 2019, S. 82.
[296] Nice, a. a. O., S. 545.
[297] »Friends fund Wilson's cancer drug«, *BBC*, 11. Juli 2007.
[298] »Tony Wilson and Sutent«, *BBC*, 17. Oktober 2007.
[299] Nice, a. a. O., S. 1 f.
[300] Ebd., S. 3.
[301] Ebd., S. 3 f.
[302] Zit. in Cummins, *Manchester*, a. a. O., S. 315.
[303] Ebd.
[304] Simon Binns, »Ten years on from Tony Wilson's death his indomitable spirit and legacy run through the city«, *Manchester Evening News*, 9. August 2017.
[305] Ebd.
[306] Zit. in Robb, *Manchester*, a. a. O., S. 456.

[307] Bounds, a. a. O.
[308] Zit. in Cummins, *Manchester*, a. a. O., S. 297.
[309] Heaney & Wainwright, a. a. O.
[310] Richard Wheatstone, »Crime down your street: City blackspot blighted by more than 40 crimes a day«, *Manchester Evening News*, 7. April 2013.
[311] Naylor, a. a. O.
[312] Bounds, a. a. O.
[313] Interview mit dem Autor, 3. November 2020.
[314] Sophie Halle-Richards, »Manchester United star Marcus Rashford pledges support for city's homeless – and he wants donations«, *Manchester Evening News*, 17. Oktober 2019. Siehe auch Julia Hippert, »Fußballer Rashford überzeugt Johnson von kostenlosem Schulessen«, *Süddeutsche Zeitung* (online), 9. November 2020 (Anm. d. Übers.).
[315] Gérard Bouchard, »Pour une nouvelle sociologie des mythes sociaux«, *Revue européene des sciences sociales*, 51 (1), 1. Juni 2013, S. 67 f.
[316] Morley, »The Sex Pistols«, a. a. O.
[317] Haslam, *Sonic Youth*, a. a. O., S. 262.
[318] Ryder, a. a. O., S. 278–280.
[319] Nice, a. a. O., S. 544.
[320] Bouchard, a. a. O., S. 72.
[321] Diego Gil, *Ian Curtis. Twenty-four hours*, Paris: Le Boulon/Éd. du Layeur 2020. *Control*. Regie: Anton Corbijn, Kamera: Martin Ruhe, Musik: New Order, UK 2007, 117'; Deborah Curtis, *Aus der Ferne. Ian Curtis und Joy Division,* übers. v. Ina Schott, Berlin: Die Gestalten 1996 (Anm. d. Übers.).

Epilog

[1] Haslam, *Manchester*, a. a. O., S. XXIV.
[2] Interview mit dem Autor am 3. November 2020.
[3] Ryder, a. a. O., S. 358.
[4] Hook, *Substance*, a. a. O., S. 722.
[5] Marr, a. a. O., S. 333.
[6] Joe Kasper, »Oasis are FINALLY recording a new album – but Liam Gallagher won't be involved«, *The Sun*, 21. Januar 2021. Siehe »Noel Gallagher: Er plant ein neues Oasis-Album«, *Stern* (online), 22. Januar 2021 (Anm. d. Übers.).
[7] https://manchesterartgallery.org/event/true-faith/.
[8] Nazia Parveen, »The Fall on a wall: Mark E Smith mural painted on side of chip shop«, *The Guardian*, 25. September 2018.
[9] Die Ausstellung öffnete im zweiten Halbjahr 2022, siehe https://www.scienceandindustry museum.org.uk/what-was-on/use-hearing-protection. (Anm. d. Übers.)
[10] Haslam, *Sonic Youth*, a. a. O., S 301.
[11] Marr, a. a. O., S. 355; Cooper Clarke, a. a. O., S. 468.

Anmerkungen

[12] Helen Carter, »›What are you going to do about your accent?‹ The fight against the bias that sees Northern actors ›cast as servants‹«, *Manchester Evening News*, 20. Juni 2020.
[13] Hook, *Substance*, a. a. O., S. 656.
[14] »La Grande-Bretagne frappé par l'attentat le plus meurtrier depuis douze ans sur son territoire«, *Le Monde*, 23. Mai 2017. Jansen, Frank: »»Terror in Manchester: IS reklamiert Anschlag für sich«, *Der Tagesspiegel* (online), 23. Mai 2017 (Anm. d. Übers.)
[15] Cummins, *While We*, a. a. O., S. 6.
[16] Sirin Kale, »Off their heads: the shocking return of the rave«, *The Guardian*, 30. Juni 2020.

Ausgewählte Literatur

Die Literaturauswahl des französischen Originaltextes wurde ergänzt durch weitere verwendete Bücher, die in deutscher Übersetzung vorliegen, sowie durch deutsche Publikationen, die im Zuge von Recherchen beim Übersetzen einzelner Passagen gefunden wurden. Sie werden jeweils in den Anmerkungen erwähnt.

Bangs, Lester: »Von Pop und Pies und Fun. Ein Programm zur Befreiung der Massen in Form einer Stooges-Rezension. Oder: Wer ist der Depp?« (1970), in: Greil Marcus (Hrsg.), Psychotische Reaktionen und heiße Luft. Ausgewählte Essays, übers. v. Peer Schmitt u. a., Berlin: Ed. Tiamat 2008. S. 64–101 (Psychotic Reactions and Carburetor Dung: The Work of a Legendary Critic: Rock'n'Roll as Literature and Literature as Rock'n'Roll, edited by Greil Marcus, New York: Knopf 1987).

Berry, Mark: Freaky Dancin': Me and the Mondays, London: Pan 1998.

Brewster, Bill, und Frank Broughton: Last Night a DJ Saved My Life. Un siècle de musique aux platines, übers. v. Cyrille Rvallan, Bègles: Le Castor Astral 2017. (Last Night a DJ Saved My Life. The definitive history of the DJ, London: Headline 1999.)

Brown, Len: Im Gespräch mit Morrissey, übers. v. Henning Dedekind und Karin Lembke, Höfen, Hanibal, 2010. (Meetings with Morrissey, London, Omnibus Press 2008)

Burgess, Tim: Telling Stories, London: Penguin Books 2013.

Cooper Clarke, John: I Wanna Be Yours, London: Picador 2020.

Cummins, Kevin: Joy Division, übers. v. Ronit Jariv, Hamburg: Edel 2011 (Joy Division. New York: Rizzoli 2010).

Cummins, Kevin: Manchester: Looking for the Light through the Pourring Rain, London: Faber and Faber 2009.

Cummins, Kevin: While We Were Getting High. Britpop and the '90s, London: Cassell Illustrated 2020.

Curtis, Deborah, Aus der Ferne. Ian Curtis und Joy Division, übers. v. Ina Schott, Berlin: Die Gestalten 1996 (Touching from a Distance – Ian Curtis and Joy Division. London: Faber and Faber 1995).

Curtis, Ian (herausgegeben von Deborah Curtis und Jon Savage): So this is permanence: Joy Division. Songtexte und Notizen, übers. v. Jan Böttcher, Reinbek: Rowohlt 2015 (So This is Permanence: Joy Division Lyrics and Notebooks. London: Faber and Faber 2014).

Dambre, Nicolas: Mix : Les musiques électroniques, Paris: Éd. alternatives 2001.

De Quincey, Thomas: Bekenntnisse eines englischen Opiumessers, Orig. 1821, übers. v. Walter Schmiele (1947), Frankfurt/M. & Leipzig: Insel 2009. (Confessions of an English Opium-Eater, London, Taylor and Hessey 1822).

Donnelly, Anthony, und Christopher Donnelly (mit Simon Spence): Still Breathing – The True Adventures of the Donnelly Brothers, Edinburgh: Black and White Publishing 2013.

Fogel, Benjamin: Le renoncement de Howard Devoto, Marseille: Le Mot et le Reste 2015.
Haslam, Dave: Manchester England, The story of the pop cult city, London: Fourth Estate 2000.
Haslam, Dave: Sonic Youth slept on my floor: Music, Manchester and More, A Memoire, London: Constable 2018.
Hook, Peter: L'Haçienda. La meilleure façon de couler un club, übers. v. Jean-François Caro, Marseille: Le Mot et le Reste 2012 (The Haçienda. How to not run a club, London: Itbooks 2014).
Hook, Peter: Substance. New Order vu de l'intérieur, übers. v. Suzy Borello, Marseille: Le Mot et le Reste 2017 (Substance. Inside New Order, London: Simon & Schuster UK 2017).
Hook, Peter: Unknown Pleasures. Die Joy-Division-Story, übers. v. Stephan Pörtner, Berlin: Metrolit 2013 (Unknown pleasures: Inside Joy Division. New York und London: Simon & Schuster, 2012)
Hylton, Stuart: A History of Manchester, Andover: Phillimore & Co. 2010.
Hylton, Stuart: The Little Book of Manchester, Stroud: The History Press 2013.
Ivain, Gilles (i.e. Ivan Chtcheglov): »Formular für einen neuen Urbanismus«, übers. v. Pierre Gallissaires und Hanna Mittelstädt, https://www.si-revue.de/formular-für-einen-neuen-urbanismus/(Internationale Situationniste, Nr. 1 (1958), S. 15, (Nachdruck) Paris: Fayard 1997).
Jezo-Vannier, Steven: Contre-culture(s). Des Anonymous à Prométhée, Marseille: Le Mot et Le Reste 2016.
Jones, Dylan: David Bowie. Ein Leben, übers. v. Friederike Moldenhauer, Berlin: Rowohlt 2018. (David Bowie: A Life. New York: Crown Archetype 2017)
King, Ray: Detonation. Rebirth of a City, Keighley: Clear Publications 2006.
Lebecq, Stéphane (Hrsg.), Histoire des îles Britanniques, Paris: PUF 2013.
Lemonnier, Bertrand: Culture et société en Angleterre de 1939 à nos jours, Paris: Belin 1997.
Lemonnier, Bertrand: L'Angleterre des Beatles, Une histoire culturelle des années soixante, Paris: Éd. Kimé 1995.
Luck, Richard: The Madchester Scene, Harpenden: Pocket Essential 2002.
Marr, Johnny: Set the Boy Free, übers. v. Stéphane Legrand, Paris: Le Serpent à Plumes 2018 (Set the Boy Free, New York: Dey Street 2016).
Morrissey, Steven: Autobiography, London: Penguin Books 2013.
Mougel, François-Charles: Une histoire du Royaume-Unis, de 1900 à nous jours, Paris: Perrin 2014.
O'Hara, Craig: The Philosophy of Punk. Die Geschichte einer Kulturrevolte, übers. v. Edward Viesel (Mitarb. Viola Nordsieck; 2001), Ventil: Mainz ^{6}2017 (The Philosophy of Punk: More Than Noise!! Stirling: AK Press 1995).
Orwell, George: Der Weg nach Wigan Pier, übers. v. Manfred Papst (1982), Zürich: Diogenes ^{5}2012 (The Road to Wigan Pier, London: Victor Gollancz 1937).
Poschardt, Ulf: DJ Culture. Diskjockeys und Popkultur, Stuttgart: Tropen 2015.
Pottier, Jean-Marie: Indie Pop 1979–1997, Marseille: Le Mot et Le Reste 2016.

Reynolds, Simon: Schmeiß alles hin und fang neu an. Postpunk 1978–1984, übers. v. Conny Lösch, Höfen: Hannibal 2007. (Rip It Up and Start Again: Postpunk 1978–1984. London: Faber & Faber 2005)

Robb, John: Manchester Music City 1976–1996, übers. v. Jean-François Caro, Paris: Payot et Rivages 2010. (The North will rise again. Manchester Music City 1976–1996, London: Aurum 2009.)

Robert, Philippe: Post-punk, No Wave, Indus & Noise: Chronologie et chassés-croisés, Marseille: Le Mot et le Reste 2011.

Ryder, Shaun: Twisting My Melon: Shaun Ryder the autobiography, London: Corgi Books 2012.

Smith, Mark E.: Renegade. The Lives and Tales of Mark E. Smith, London: Penguin Books 2009.

Thiériot, Jean-Louis: Margaret Thatcher. De l'épicerie à la Chambre des Lords, Paris: Perrin 2011 (2007).

Tournes, Ludovic: Musique! Du phonographe au mp3 (1877–2011), Paris: Autrement 2011.

Traïni, Christophe: »Angry Music«, in: Bodies in Protest. Hunger Strikes and Angry Music, ed. by Johanna Siméant, Christophe Traïni, James Jasper, Amsterdam: Amsterdam University Press 2016, S. 103–176.

Traïni, Christophe: La musique en colère, Paris: Presses de Sciences Po 2008.

Walsh, Peter: Gang War. The Inside Story of the Manchester Gangs, Preston: Milo Books 2005.

Filme

Control, Regie: Anton Corbijn, Kamera: Martin Ruhe, Musik: New Order, UK 2007, 117'.

Peterloo, Regie: Mike Leigh, Kamera: Dick Pope, Schnitt: Jon Gregory, UK 2018, 154'.

United Kingdom of Pop (2/2): *Britpop, Boygroups, Brexit*, Regie: Nicole Kraack und Stefanie Schäfer, Deutschland 2017, 60', Sendung auf ARTE am 21.06.2020.
https://programm.ard.de/TV/Programm/Sender/?sendung=287243117564278

The Making of THE HACIENDA, Riverside/Classic BBC Music/BBC Archive, UK 1983, 8:28'.
https://www.youtube.com/watch?v=aiRqIxRQqgo.

Index

52nd Street 81, 90, 92–94, 100, 102
808 State 138–141, 170, 173, 175, 180, 196 f.
99 Records 75

A Certain Ratio 52, 56, 64, 68–71, 74–77, 81, 91–93, 97, 111 f., 114 f., 128, 160 f., 166 f., 197, 207, 236
A Guy Called Gerald 139 f., 169
Adamson, Barry 53
Afrika Bambaataa 92, 94, 99
Albarn, Damon 216, 222, 224
Alberto y Lost Trios Paranoias 57
Allen, Keith 106, 183
Allen, Stu 127, 139
Ancoats 13, 46, 206, 231
Anderson, Andrew 230, 235
Anderton, James 80, 147, 205
Arndale 26, 227
Arthurs, Paul (Bonehead) 210, 224
Audioweb 221

Bailey Brothers 166
Baines, Una 43, 87
Baker, Arthur 94, 110
Baker, Jon 177, 199
Bananarama 96, 201
Band on the Wall 39, 41, 47 f., 56, 65, 91
Barrett, Jeff 154
Beach Club 74, 85
Beatles 16, 24 f., 46, 59, 95, 109, 211, 214, 218, 224
Be-Bop Deluxe 61
Beedle, Lawrence 39, 61

Beggars Banquet 112, 115, 161, 179, 213
Berry, Andrew 89, 101
Bez 153–155, 169, 197 f., 209
Big in Japan 58
Billboard 60, 95, 109 f., 119, 121, 173, 180, 189, 199, 207, 274
Biting Tongues 74, 107, 138, 169
Black Grape 208 f.
Blair, Anthony (Tony) 216, 221–223, 228
Blue Orchids 74, 87
Blur 213 f., 216–219, 222
Boardwalk 112, 114, 126, 138, 153, 160, 175, 178, 183, 206, 210, 225
Bodines 112 f., 160, 199
Boon, Clint 159 f., 213, 217
Boon, Richard 30, 39 f., 44 f., 74
Booth, Tim 95, 111
Bowie, David 26, 30, 45, 51 f., 67, 199, 214, 254
Bramah, Martin 43, 74, 87
Brewster, Bill 25, 118, 120, 122 f., 136 f., 142 f., 146 f., 165, 194, 244
Britannia Row 70
Brooks, Graham 37
Brotherdale, Steve 45
Broughton, Frank 25, 32, 118, 120, 122 f., 136 f., 142 f., 146 f., 165, 194, 244
Brown, Ian 144, 156–158, 171, 182, 210, 217, 236
Burgess, Tim 10, 163, 174, 176–179, 213, 219
Burns, Karl 43, 61

Index

Buzzcocks 30 f., 34, 37 f., 40 f., 44 f., 47–50, 53 f., 57 f., 61–63, 67 f., 79, 85, 152, 196, 199, 231, 235–237, 246

Cabaret Voltaire 58 f., 63 f., 92, 196
Cale, John 115, 154
Carey, Scott 159 f., 174
Cargo 63 f., 66, 68
Carroll, Cath 36, 196 f., 200
Carroll, Pat 153
Cassidy, Jenny 107
Cassidy, Larry 66, 78, 107, 167
CBS 51, 61, 68
Central Station Design 153, 164
Chambers, Tim 157
Channel 4 100, 180, 212
Charlatans 163, 174, 176–179, 181, 199, 204, 213 f., 218 f., 221, 224, 237
Cheetham Hill 132 f., 191, 193
Chemical Brothers 207, 219
Chtcheglow, Ivan 191, 253
Churchill, Winston 15
Cities in the Park 196
City Fun 36, 70, 74, 90
Clash 28, 37, 40, 51, 57, 156
Cobden, Richard 14
Collins, Rob 176, 213, 219
Colourfield 102, 150, 153
Connell, Andy 91, 115
Cons, Paul 125, 206
Continental Baths 121, 123
Cooper Clarke, John 10, 34 f., 38 f., 45–49, 61, 68, 72, 87, 92, 94, 106, 115, 132, 197, 238, 243
Corbijn, Anton 232, 237, 243, 277
Couzens, Andy 156, 158, 174
Cummins, Kevin 26, 32, 35, 113, 215, 219, 239, 247, 273

Curtis, Ian 45, 55, 64, 66, 68, 70–73, 76, 232, 237, 249

Damned 37
DaSilva, Jon 125, 139 f., 146, 194, 197, 238
De Quincey, Thomas 14, 243
Debord, Guy 29, 69
Decca 42, 59, 62
Decibel 89, 156
Deconstruction 128, 200 f., 226
Devoto, Howard 30, 32, 37, 39 f., 48 f., 53 f., 63, 72, 88, 96, 114, 160, 219, 231
Diggle, Steve 31, 34, 40, 115
Donnelly, Anthony 101, 146, 164, 261
Donnelly, Chris 101, 146, 164, 261
Donovan 208
Drones 41, 45
Dry 170 f., 191, 200, 225 f., 228
Duran Duran 87, 96
Durutti Column 57–59, 62 f., 65, 67, 69, 74, 76 f., 79, 93, 107, 113, 115, 154, 169, 176, 188, 193, 197, 221

Eagle, Roger 58, 112, 119, 157
Echo and the Bunny Men 161
Echobelly 217 f.,
Elbow 238
Electric Circus 35–37, 40, 45, 49 f., 54, 58, 62, 88
Electronic 161, 173, 184, 195, 197, 200, 212
EMI 37, 59, 90, 109, 151, 202
Engels, Friedrich 14, 103, 229, 243
Erasmus, Alan 57 f., 62, 64, 67, 75, 79, 107, 176, 191, 195 f., 201, 228
ESG 75, 81
Evans, Gareth 112, 157 f., 160, 168, 177, 207

Factory Records 10, 60, 62, 64–67, 69–70, 78, 89, 91 f., 97 f., 101, 107 f., 111, 113–115, 127, 136, 153 f., 160, 166, 169 f., 173–176, 183, 188, 191, 194–199, 201–203, 206 f., 227–229, 231 f., 238
Fall 32, 35, 41–45, 48 f., 53, 56, 59, 61 f., 66, 68, 72, 74, 81, 87, 95, 102, 112, 114, 132, 155, 179, 188, 196, 201, 211, 235–237, 247
Fanzine 35 f., 70, 74, 90, 101, 141, 179
Fast Breeder 41, 57
Formula, Dave 54, 72
Frantic Elevators 32, 41, 188
Free Trade Hall 16, 26, 31 f., 44, 47, 53, 79, 99, 112, 172, 175, 235

Gallagher, Liam 209, 211, 217, 220, 225, 233, 239
Gallagher, Noel 168, 209, 211, 214 f., 219, 222, 225, 233
Garett, Malcolm 53, 113
Garnier, Laurent 140, 238
Gilbert, Gillian 75, 195, 225
Gilbertson, Paul 95, 111
Glastonbury 62, 87, 108, 180, 217 f., 220
GMEX 114 f., 167, 180, 228
Gooch 133
Granada Television 31, 57, 169, 228
Gretton, Robert 41 f., 55 f., 62, 64–67, 69, 75 f., 79, 92, 98, 100 f., 150, 153, 191, 195–197, 207, 226–228
Grundy, Bill 37, 114

Haçienda 79–81, 85, 91–102, 112–114, 125–129, 134, 137, 140 f., 144, 149, 152 f., 155, 157 f., 162, 165, 167–176, 180–183, 189–195, 200, 205–207, 209, 211, 217, 225–229, 231 f., 235, 238

Hannett, Martin 39, 42, 49, 54, 61, 63, 65, 67, 69, 75, 77 f., 87, 92, 154, 157, 165 f., 178, 188, 196, 228, 235
Happy Mondays 112 f., 130, 132, 145, 151–155, 158, 160, 163–167, 169–175, 177, 179, 181, 183, 193, 195–197, 200–202, 208 f., 229, 233, 236 f.
Harrison, Steve 176–178
Haslam, Dave 10, 101, 112, 125 f., 137 f., 140, 146, 160, 163, 180 f., 183, 194, 197, 205 f., 225 f., 235, 238, 243, 246
Hillbillies 133, 191–193
Hollies 24, 109
Honoré, Annick 70, 76
Hook, Peter 10, 32, 44, 50, 64, 73, 77, 79, 93, 97, 99, 101 f., 134, 140 f., 147, 156, 161 f., 167 f., 170 f., 173 f., 189–191, 193, 195, 200, 207, 211, 221, 226, 232, 236 f., 244 f., 252
Hucknall, Mick 32, 58, 188
Hulme 16, 58, 137, 143–145, 194, 204
Human League 54, 77, 87, 96, 254
Hunt, Henry 14

Inspiral Carpets 141, 159 f., 164, 168, 172, 174 f., 181, 209 f., 213, 217
International 1 157, 183
IRA 86, 101, 205, 226 f., 230

Jackson, Martin 53 f., 95 f., 115
James 95, 111–113, 153, 166, 173, 180, 196, 205, 217
Jefferson, Marshall 124, 127, 135, 184
Johnson, Dean 126, 139 f.,
Johnson, Donald 56, 90 f.,100, 107
Jones, Howard 96, 99, 157
Jorn, Asger 29
Joy Division 9, 52, 55 f., 58 f., 61–67, 69–71, 73, 75 f., 78, 92, 107, 137, 152,

155, 166, 168, 187, 201, 203, 220,
226 f., 232, 235, 237 f., 246
Joyce, Mike 89, 189
Kalima 112 f., 150, 165
Kaye, Lenny 27, 111
Kerr, Jeremy (Jez) 56, 75
Kitchen 142, 145
Knuckles, Frankie 122–124, 127, 136
Konspiracy 141, 183, 191–194
Kraftwerk 30, 52, 56, 75 f.
Labour Party 14, 16, 73, 104, 188, 204, 216
Lambert, Graham 159, 209
Legends 99, 141, 166
Levan, Larry 122 f.
London Records 127, 174, 201, 203, 207, 220 f., 236
Ludus 34, 59, 63, 74, 93 f.
Lydon, John 34, 51, 59

M People 200, 217, 226
Macclesfield 45, 64, 71, 153, 220, 238
Magazine 49, 52–54, 57, 59, 62 f., 67, 71, 96 f., 115, 171, 236
Manchester Arena 226, 239
Manchester City 11, 113, 219
Manchester United 11, 16, 205, 231
Marion 220, 224
Marr, Johnny 10, 41, 73, 78, 88–90, 94, 98, 106, 108 f., 114, 150 f., 156, 161 f., 173, 182, 189, 195, 199, 202, 211 f., 236, 238, 252
Marx, Karl 14, 180, 243
Mason, Paul 113, 125, 170, 183
Massey, Graham 138, 140
May, Derrick 124, 136, 184
MC Tunes 170
McGeoch, John 53 f., 72, 236
McGough, Nathan 112, 160, 165, 179, 183, 198, 229

McGuigan, Paul (Guigsy) 210, 225
McLaren, Malcolm 28 f., 31, 33 f., 79 f., 164
Melody Maker 69, 72, 76, 78, 95, 111, 128, 141, 157, 165 f., 168, 172, 175, 178, 180, 183, 195, 197, 219 f., 252 f., 264, 266–268, 274
Mods 25, 33, 46, 118
Morgan, Marino 141, 192
Morley, Paul 32, 36, 40 f., 43, 50, 53, 66, 81, 86, 100, 114, 191, 216, 245, 247
Morris, Stephen 45, 61, 64, 73, 75, 77, 195
Morrissey, Steven 10, 26, 32, 41, 88–90, 98, 105, 109, 114, 127, 151, 189, 199, 202, 207, 220, 236, 255
Moscrop, Martin 56, 64, 74
Moss Side 86, 132 f., 139, 145, 193, 230
Mounfield, Gary (Mani) 156
MTV 86, 95, 127, 197, 199
Musicians' Collective 43, 56, 64
Musicians' Union 39, 87, 118

Naylor, Liz 36, 74
New Fast Automatic Daffodils 181, 197, 205
New Hormones 38, 40, 44, 60 f., 74, 93, 107
New Musical Express (NME) 30, 61, 64 f., 69, 72, 78, 86, 88, 95, 98, 100, 107, 111, 128, 168, 172 f., 176, 178, 181, 195, 215, 217 f., 225, 275
New Order 9, 72–79, 81, 91–95, 97–102, 106, 110, 112, 115, 127, 137, 145, 149, 151, 153, 155, 160 f., 167–169, 171, 173, 176, 189, 195, 198, 200 f., 203, 207, 221, 225–227, 229, 233, 236–238
Nico 87, 115
Northern Soul 25, 43, 118 f., 188

Northside 172, 175, 178, 181, 196, 201, 207
Nosebleeds 41, 57, 61, 88

Oakenfold, Paul 129, 136 f., 168, 172, 179, 181, 197
Oasis 9, 161, 201, 209-214, 216-219, 224, 235-237, 239
Old Trafford 16, 226, 239
Orchestral Manoeuvre in the Dark 64, 66, 196
Orwell, George 13, 103, 243

Panic 127
Paradise Garage 33, 99, 119, 121, 123
Paris Angels 160, 174 f., 181, 183, 196, 205, 209
Park, Graeme 125 f., 128, 140, 180, 194, 238
Peel Session 44, 154, 168
Peel, John 44, 49, 62, 64, 66, 71, 77, 93-95, 159, 168, 181
Pepperhill 133
Perry, Mark 36
Pickering, Mike 76, 81, 91, 95, 98 f., 101 f., 125 f., 128, 137, 140, 146, 153, 160, 170, 180, 194, 197, 200, 238
Pips 26, 55, 141
Pop, Iggy 29, 52, 59
Prestwich 42, 69, 132, 238
Price, Martin 138
Primal Scream 182, 199, 219
Proto Idiot 230, 235
Public Image Limited 52, 54, 59, 66
Pulp 211, 214 f., 217

Quando Quango 76, 91 f., 99, 102, 107, 128

Rabid Records 39, 42, 49, 55, 60-63
Radiohead 201, 217, 220, 224
Rafters 39, 41 f., 45, 50, 54 f., 58, 113, 154
Railway Children 112 f., 115, 160, 174, 196, 201
Ranch 41, 43, 50
Reid, Jamie 29, 79
Reilly, Vini 41, 43, 57, 67, 77, 81, 115, 154, 169, 188
Revenge 161, 173, 183, 189, 197, 200, 207, 211
Reynolds, Simon 44, 51, 53, 61, 87, 143, 166, 180, 215, 244
Robb, John 53, 70, 111, 137, 142-144, 169, 172, 175, 178, 213, 218 f., 228, 244
Robinson, Allan 37
Rochdale 62 f., 130
Rolling Stones 25, 46, 59, 95, 156, 181 f., 188, 208, 214, 218
Rough Trade 60 f., 63, 67, 72, 81, 87-89, 94, 109 f., 112, 151, 168, 173, 202, 220
Rourke, Andy 90, 150, 189
Rowbotham, Dave 57, 193, 198
Royal Family and the Poor 92, 112, 165
Russell Club 47, 56, 58, 63 f., 66, 74, 113
Ruthless Rap Assassins 170, 196, 208 f.
Ryan, Tosh 39, 61
Ryder, Shaun 10, 130, 132, 145, 151-155, 158, 165, 168, 170, 172, 193, 197 f., 208 f., 229, 232, 258

Salford 13, 16, 32, 39, 41 f., 45, 47, 57, 61, 87, 92, 112, 115, 132-134, 151, 153, 176, 180, 191, 205, 227, 229, 236, 238

Index

Saville, Peter 63, 66, 72, 75, 78–80, 113, 168, 195, 228 f.,
Saxe, Phil 119, 152 f., 155, 163 f., 175, 211
Seahorses 220, 224
Section 25 66, 68, 70–72, 74, 76, 78, 81, 107, 166
Sex Pistols 28–32, 34, 37, 41, 44 f., 47 f., 50 f., 53, 59, 79, 88, 112, 114, 219, 231, 235
Shelley, Pete 30, 32, 39 f., 45, 48, 54, 58, 61, 81, 87, 114, 160, 219, 231, 236
Simply Red 32, 112, 188, 193, 226
Simpson, Gerald 138 f., 175, 238, 252
Siouxsie and the Banshees 33, 37, 55, 57, 72
Sire 98, 111, 179, 199
Situationistische Internationale 29, 57, 69, 79, 253
Slaughter and the Dogs 31, 40 f., 61 f.
Smith, Mark E. 10, 35, 42–44, 48, 68, 72, 81, 132, 155, 188, 211, 217, 237 f., 246
Smith, Patti 27, 43, 54, 154, 196
Smiths 9, 26, 32, 87, 89 f., 94, 97–99, 101, 105 f., 108–111, 114, 127, 149–151, 162, 187, 189, 202, 211, 220, 236 f., 256
Sounds 38, 66, 111, 157, 178, 246, 256
Squat Club 41, 75
Squire, John 156, 220
Steel Pulse 57 f.
Sterling, Linder (Linda) 31, 34, 36, 48, 59, 63, 88, 93
Stockholm Monsters 91 f.
Stone Roses 141, 144, 156–158, 160, 164, 168, 171–174, 177–181, 206, 210 f., 217–220, 236 f.
Strawberry 63, 65, 70, 77, 94 f., 157, 166, 178

Street, Stephen 109, 151, 169
Stretford 16, 88
Suede 201, 214 f., 220
Sumner, Bernard 10, 32, 45, 64, 73, 101, 107, 151, 154 f., 161, 170, 195, 200, 236
Swamp Children 74, 93
Sweet Sensation 25
Swing Out Sister 115

Take That 207, 239
Talking Heads 40, 57, 66, 68, 98, 150, 197
T-Coy 128 f., 169
teddy boys 131
Thatcher, Margaret 10, 65, 73, 85, 101, 103–106, 128, 132 f., 137, 141, 143, 145, 147, 187, 204, 215, 223
Thunderdome 142, 183, 191, 194
Tilson, Martha 75, 91
Ting Tings 238
Topping, Simon 56, 128, 200
Turing, Alan 16
Twisted Wheel 25, 119, 153

Ultravox 86, 96
United Artists 40, 44, 62, 67

Velvet Underground 30, 56, 72, 87, 115, 154
Verve 212, 218
Virgin 49, 53 f., 62, 66, 71, 87, 96, 115

Wagstaff, Paul (Wags) 174, 209
Walsh, Peter 132, 142, 243
Warner 65, 90, 110, 179, 188, 202
Warsaw 40 f., 44 f., 49, 55
Wayne Fontana and the Mindbenders 46, 114

Westwood, Vivienne 33, 164
Who 46, 95, 156, 224
Wilson, Anthony (Tony) 10, 31 f., 38, 40, 49, 55–58, 62–65, 67, 69, 72, 75, 78 f., 87, 89, 93–95, 98, 100, 102, 111 f., 114 f., 119, 128, 136, 146, 150, 152–155, 157, 169, 173, 183, 190 f., 194–197, 200–202, 211, 228, 232, 237, 269
Wilson, Greg 99–101, 170

Wise, Alan 58, 81, 87, 196
World of Twist 188, 210
Worst 41, 45, 49, 114
Wran, Alan (Reni) 156
Wythenshawe 41 f., 231

X-O-Dus 58, 66

ZTT 100, 140